세대 감각

GENERATIONS
Copyright ⓒ Bobby Duffy, 2021
All rights reserved.

Korean translation copyright ⓒ 2022 by Across Publishing Group Inc.
Korean translation rights arranged with ATLANTIC BOOKS
through EYA(Eric Yang Agency)

이 책의 한국어판 저작권은 EYA(Eric Yang Agency)를 통해
ATLANTIC BOOKS와 독점 계약한 어크로스출판그룹㈜이 소유합니다.
저작권법에 의하여 한국 내에서 보호를 받는 저작물이므로 무단 전재 및 복제를 금합니다.

시대의 변화를
직시하는
법

세대 감각
GENERATIONS

바비 더피 지음 | 이영래 옮김

어크로스

지미, 버디, 바비, 메리, 짐, 앤, 짐, 루이스, 브리짓, 마사,
200년의 역사를 보게 될 4대에 걸친 우리 가족에게 바칩니다

차례

서문   **우리 세대의 문제**   9
삶의 그래프를 펼쳐보다 | 세대에 대한 망상 | '우리는 미래를 볼 수 있다'

1장   **자산**   37
불경기는 우리를 어떻게 갈라놓는가
더 오래 더 가난하게 | 피해자를 비난하다 | 자산 격차의 심화 | 미래에 대한 믿음의 상실

2장   **주거**   63
내 집 마련의 꿈과 멀어지다
주택 소유율에서의 적신호 | 무너진 시장, 깨어진 꿈 | 둥지에 갇힌 청년들 | 위기를 기회로? | 충족되지 않은 기대

3장   **교육과 노동**   91
가장 많이 배우지만 가장 적게 벌다
교육 수준이 가장 높은 세대 | 일에서의 실제 변화 | 자동화의 영향 | 세대별 맞춤 컨설팅이라는 사기 | 모든 것이 세대 문제는 아니다

| 4장 | **행복** | **119** |

지금 얼마나 불행하십니까?

중년기의 위기 | 아이들은 괜찮을까? | 외로움에 대한 근거 없는 이야기들 | 자살률의 진정한 의미 | 간단한 해답은 오답이다

| 5장 | **건강** | **157** |

더 오래, 더 건강하게

금연 정책의 효과 | 습관적 음주자 대 노알콜족 | "마약, '싫다'고 말해요" | 국가별 허리둘레 | 퇴보의 징후들

| 6장 | **사생활** | **181** |

성생활의 침체, 출생률의 급감, 결혼의 종말

우리는 얼마나 하고 있을까? | 출생률 저하의 의미 | 순결에 관한 인식과 현실의 괴리 | '결혼은 급하지 않다' | 이혼율의 하락과 황혼 이혼의 증가 | 포르노가 성생활에 미치는 영향 | 당황만 하고 있을 순 없다

| 7장 | **문화** | **219** |

사회의식은 얼마나 달라졌을까

인종에 대한 편견 | 성역할 인식 | 젠더 이분법 | 종교의 미래 | 세대 '간' 문화 전쟁이라는 허상

8장　　**정치**　　　　　　　　　　　　　　**257**
　　　　　　민주주의의 위기 신호

기성세대 대 청년세대 | 서서히 몰락하는 정당? | 노령화는 어느 정당에 유리할까? | 정치 신뢰의 위기는 예외가 아닌 상례다 | 세대 분열에 기생하는 정치

9장　　**환경**　　　　　　　　　　　　　　**287**
　　　　　　지구를 소비하다

우리는 여전히 단기적으로 생각한다 | 자동차 문화의 종말? | 젊은 이들의 지속 가능 소비가 지구를 구할까? | 장기적 관점

10장　　**세대 가르기**　　　　　　　　　　**311**
　　　　　　'우리' 대 '그들'

'당신은 어느 세대에 속하십니까?' | 온라인 공간에서의 세대 분리 | '코로니얼'의 부상 | 단절된 시대에 유대를 구축하다

11장　　**모든 세대를 위한 조언**　　　　　　**341**

왜 세대가 중요한가 | 허위의 고정관념이 허위의 세대 전쟁을 키운다 | 유대의 상실 | 지연되는 생애 주기, 바뀌는 삶의 경로 | '노인의 것을 빼앗는 것'은 해법이 아니다 | 불평등, 세대 간 문제가 되다 | 위기와 쇠퇴는 불가피하지 않다 | 우리에게는 미래부 장관이 필요하다 | …X, Y, Z

감사의 말　　　　　　　　　　　　　　　　　**361**
미주　　　　　　　　　　　　　　　　　　　**363**

서문
우리 세대의 문제

금방이라도 세대 전쟁으로 치달을 것 같다. 세대 간의 싸움과 배신이 나이 든 사람과 젊은 사람들 사이의 관계를 오염시키는 모습이 어디에서나 눈에 띈다. 기성세대는 젊은 세대의 미래를 훔쳤고, 젊은이들은 기성세대가 소중히 여기는 전통을 말살하고 있다. 새롭게 부상하는 '사회 정의의 투사들'은 자신들이 '깨어 있음의 전쟁war on woke'('woke'는 사회 정의와 인종 정의와 관련된 문제들에 대한 지속적인 인식을 의미하는 단어다―옮긴이)에 직면하고 있다고 여긴다. 베이비부머Baby Boomer는 이기적인 소시오패스이고, 밀레니얼 세대Millennial는 자기애에 빠진 나약한 공상가snowflake(본래는 '눈송이'라는 뜻―옮긴이)다.

이야기는 끝도 없이 이어진다. 그런데 이런 이야기가 정말 사실일까? 나는 여러 세대들에 관한 근거 없는 믿음과 현실을 구분하기 위해 연구에 착수했고, 이렇게 책으로까지 이어졌다. 우리는 우리가 누구인지, 우리가 어디로 향하고 있는지에 관한 중요한 것을 이해하는 데 세대 개념이 도움이 된다고 본능적으로 파악하고 있는 듯하다. 하지만 이 주제에 대한 논의로 보이는 것들 상당수가 고정관념이나 나태한 사고를 기반으로 하고 있다. 그 결과 논의 자체를 무익하게, 심지어는 위험하게 만들고 있다. 세대 역학 속에서는 우리 자신에 대해 아주 귀중한 것을 배울 수 있지만, 날조된 싸움과 진부하고 상투적인 사고들의 혼합물 속에서는 배울 점이 없다. 우리는 개인으로서 우리, 사회로서 우리의 모습을 형성하는 힘을 주의 깊게 선별해야 한다. 우리가 속한 '세대'는 '생애 주기'라는 엄청난 힘과 여러 '사건'들의 영향과 더불어 큰 그림을 이루는, 주요 요소 중 하나일 뿐이다.

세대에 대한 더욱 체계적인 사고와 이를 바탕으로 하는 장기적 관점을 가져야, 진짜 문제는 세대 간 전쟁이 아니라 젊은이와 나이 든 이들 사이의 분리가 점점 심해지는 상황임을 이해하게 될 것이다. 그래야만 경제 변화의 본질이나 주거 및 의료의 불평등과 더 관련 높은 사안은 다른 세대에 대한 사람들의 분노임을 알게 될 것이다. 또 우리의 문화가, 특히 인종이나 젠더 정체성과 같은 핵심 사안에서 어떻게, 왜 변화하고 있는지 이해할 수 있을 것이다. 정당 지지도가 어떻게 변화하는지 파악하고, 민주주의가 정말 종말을 맞고 있는지도 알게 될 것이다. 기후 변화에서 우리의 정신 건강에 이르기까지, 인류가 직면하고 있는 여러 문제들에 대해서도 많은 것을 알게 될 것이다.

결론적으로 새로운 세대의 필연적 특성이라고 여겨지는 사회적 진보가 사실은 전혀 필연적이지 않다는 사실도 알게 될 것이다.

사회 진보는 세대 공통의 의지, 우리 후손에게 더 나은 미래로 이어질 다양한 기회를 보장하겠다는 헌신적 염원의 산물이다. 지금은 미래가 점점 더 위협받고 있다.

코로나19의 대유행으로 세대에 대한 장기적 시각을 갖추는 일이 더 시급해졌다. 바이러스, 그리고 바이러스를 통제하기 위해 도입된 수단들이 세대별로 극히 다르게 영향을 미쳤기 때문에 장기적이고 체계적인 시각이 더더욱 필요해졌다. 예컨대 연령에 따라 건강에 대한 위험도가 크게 달랐다. 2차 세계대전 발발 무렵이나 그 이전에 태어난 사람들은 예방 접종을 하지 않고 바이러스에 감염될 경우 사망 확률이 20분의 1에 육박했다. 반면 연령 범위의 반대쪽 사람들은 사망 가능성이 몹시 낮았다. 나이가 여덟 살씩 많아질 때마다 죽음의 위험은 두 배가 되었다. 팬데믹은 기하급수적 증가라는 것이 얼마나 무서운 것인지 뼈저리게 알려주었다.[1]

팬데믹이 시작하던 즈음에는 이런 극심한 연령별 격차 탓에 젊은이들이 바이러스 통제 수단을 무시할까 조바심을 내는 논평들이 줄을 이었다. 〈월스트리트저널(Wall Street Journal)〉은 "코로나바이러스를 두고 세대 간 전쟁 조짐이 보이고 있다"고 주장했다[2]. 잠깐 동안 코로나바이러스를 "부머 제거제Boomer remover"라고 부르는 이들까지 있었지만 곧 사라졌다. 극소수를 제외하고는 모두에게 불쾌감을 주는 용어였기 때문이다.[3] 오히려 세대 간에 나타난 결속이 사람들을 놀라게 했다. 주로 노인들을 보호하기 위한 유례없는 조치들이 취해졌으나 여러 국가와 연령 집단이 이를 믿기 힘들 정도로 잘 따랐다.

젊은 세대는 봉쇄 조치로 경제적, 교육적 측면에서 부정적 영향을 가장 크게 경험하고 있음에도 반항하는 모습을 보이지 않고 있다. 영국의 경우 젊은이들은 사회적 거리 두기에 가장 크게 영향받는 부문(예를 들어 접객)에서 일할 가능성이 2.5배 높았다.[4] 이런 직접적인 영향 외에도 경제학자들은 지금의 이례적 충격이 경제에 남길 파장을 언급한다. 국가는 물론 개인 측면에서도 장기간에 걸쳐 진보를 찾아보기 어려울 수 있다는 것이다. 손실 규모가 어느 정도나 될지는 아직 알 수 없다. 하지만 젊은이들이 나이 든 사람들에 비해 더 큰 고통을 겪을 것은 분명하다. 이 상흔과 함께 더 오래 살아야 하기 때문이다.[5] 2008년 금융 위기(이전까지 시대를 규정하는 경제적 사건으로 여겨졌던 위기)에 이미 불균형적으로 영향을 받은 젊은 세대에게는 엄청난 불운이다. 이 엄청난 세계적 경기 침체는 여러 서구 국가에 걸쳐 젊은 세대의 경제적 진전을 중단시키거나 역전시켰다.

질병의 영향은 나이 든 사람들에게 집중되고, 보호 수단의 영향은 젊은이들에게 집중된다. 세대 간 유대를 깨뜨리기 위해 일부러 만든 것같이 보일 정도인 상황이다. 하지만 실제 결과는 세대들을 서로 맞서는 상대편으로 보는 데 길들여진 우리를 놀라게 했다.

기후 변화를 예로 들어보자. 2019년 말 그레타 툰베리Greta Thunberg는 〈타임Time〉이 선정한 올해의 인물이 되었다. 16살에 불과한 툰베리는 여기에 이름을 올린 사람들 중 나이가 가장 어렸다. 〈타임〉은 툰베리를 "세대 간 투쟁의 기수, 전 세계 젊은 운동가들의 아바타"라고 불렀다. 기사는 툰베리 또래의 젊은이들이 미국의 총기 규제 운동, 홍콩의 민주화 시위, 경제적 평등을 위한 칠레의 시위에서 그녀를 본보기로 삼았다고 했다.

환경 운동에서 이룬 이례적 성과를 고려하면 툰베리는 상을 받을 자격이 충분하다. 그렇지만 툰베리가 구세대와 신세대 사이의 전쟁에서 제1선에 서 있다는 〈타임〉의 평가는 정말 옳을까? 툰베리가 특정한 유형의 나이 든 (주로 남성인) 비판가들에게서 많은 노여움을 이끌어낸 것은 사실이다. 도널드 트럼프Donald Trump는 그녀가 '분노 조절 장애'부터 해결해야 한다고 말했고, 텔레비전 진행자 피어스 모건Piers Morgan은 요트로 대서양을 건너 뉴욕까지 온 그녀가 어린 시절을 빼앗겼다고 주장했다. 하지만 우리가 앞으로 이야기할 것처럼 사람들이 기후 변화에 대해 정말로 어떻게 느끼는지 보여주는 자료들은 기후 변화가 단순히 나이를 기반으로 한 싸움이 아님을 시사한다. 환경 운동은 생애 주기의 끝에서 다른 끝까지, 툰베리와 수천의 젊은 운동가들부터 '익스팅션리벨리온Extinction Rebellion'의 설립자인 로저 할람Roger Hallam (55세)과 게일 브래드브룩Gail Bradbrook (48세)을 거쳐, 작가이자 환경 운동가인 빌 매키번Bill McKibben (60세), 전 미국 부통령 앨 고어Al Gore (73세), 데이비드 애튼버러David Attenborough (95세)까지 아우른다.

기후 변화, 불평등 심화, 경제 발전 지연, 정치 양극화에 대한 우려는 모든 세대가 미래를 어떻게 보느냐와 연관된다. 이것들은 근본적으로 세대적 문제다. 우리보다 한 걸음 더 나아간 후손들을 보고 싶은 열망과 이어져 있기 때문이다. 세대 진보에 대한 확신은 코로나19의 대유행 전부터 이미 감소하고 있었고, 그 경향은 여러 서구 국가에서 특히 두드러졌다. 모든 연령의 사람들이 우리의 경제와 정치 체제가 효과적인가 하는 의문을 갖게 된 핵심 이유는 바로 이것이다.

연령 집단 간의 사이가 '전쟁'이라는 말로 단순화할 정도는 아니더라도, 젊은이들이 발전의 지연과 미래의 위협을 더 예민하게 느끼는 것만은 틀림없다. 나이는 여러 국가에서 가장 눈에 띄는 정치적 구분선이 되었고, 팬데믹으로 이 경향은 더욱 가속할 것으로 보인다. 역사 이래 여러 저명 사상가들은 격동의 시대에 세대에 대한 인식이 일깨워진다고 주장해왔다. 세대적 사고의 아버지라 불리는 헝가리 사회학자 카를 만하임 Karl Mannheim은 20세기 전반, 자신이 살던 격동의 시기를 기반으로 세대 인식이 왜 중요한지에 대해 설득력 있는 통찰을 내놓았다. 만하임은 세대를 그저 동시에 태어난 사람들의 집단으로 보지 않았다. 각 세대는 공통적이고 종종 충격적인 경험을 통해 형성되는 사회적 정체성을 가진다.[6] 우리의 가치 체계와 행동 방식은 청소년기 후반과 성인기 전반에 형성되는 경향이 있기 때문에, 그 시기에 중요한 사건들을 경험한 사람들에게 훨씬 큰 영향을 미칠 수밖에 없다. 세대가 각기 다른 맥락에서 형성되고 삶에 대해 다른 전망을 가지게 되면, 세대 간 결합은 점점 더 힘들어질 수밖에 없다.

만하임이 말했듯이, 급속한 기술·사회적 변화 중에는 세대 간 유대를 유지하는 일이 더 중요해지면서도 더 어려워진다. 우리가 사는 시대가 이전의 시대에 비해 더 빠르게 변하고 있다는 주장을 분석할 때는 주의를 기울일 필요가 있다. 모든 세대가 이렇게 생각하는 경향이 있지만, 신기술의 채택 속도와 영향 범위는 세대마다 다르다. 과거 산업혁명기 발명들이 광범하게 채택되는 데에는 수십 년이 걸렸지만 현대적 삶의 중심이 되는 기술, 즉 스마트폰이 세계적으로 채택되는 데에는 불과 13년밖에 걸리지 않았다.[7] 독일의 사회학자 하르트무트 로자Hartmut Rosa에 따르면 "기술 가속화가 사회 변화 속도를 증가시키고, 따라서 삶의 경험 속도가 불가피하게 증가하며, 이후 시간 절약을 위한 기술 가속화의 지속적 수요를 촉발할 때 가속화의 순환이 발생한다."[8] 우리 시대가 '엄청난 가속화'를 경험하고 있든 아니든, 기술 변화는 연령 집단 사이의 단절을 키운다. 오늘날 세대들이 각자 다른 물리적 공간, 디지털 공간에서 서로 다른 삶을 사는 경향이 점점 강해지고 있으며, 이는 더 심각한 오해와 고정관념을 낳는다.

경제 발전의 불안, 다음 세대의 존망과 관련될 수 있는 여러 가지 위협, 젊은 세대와 기성세대 사이의 유대를 깨뜨리는 기술 변화의 속도 때문에 미래를 이해하는 데 세대에 대한 분석이 필수가 되었다.

세대적 관점은 더욱 장기적인 시각을 갖도록 장려한다. 먼 미래를 내다보며 나아갈 수 있는 능력은 인간을 정의하는 특성 중 하나다. 하지만 진화론적 측면에서 이것은 비교적 새로운 기술이다. 우리는 보통 당면한 가까운 미래를 가장 걱정하고, 그다음 시기에 대해서는 모호하게 우려하며, 먼 미래는 전혀 고려하지 않는다. 기후 변화와 같은 존재론적 위기 앞에 있는 상황에서 이런 태도는 엄청난 도박과 같다. 우리가 더 나은 미래를 만들 기회를 종종 놓치고 있다는 의미다.

이 책의 세대 분석이 이런 큰 사회적·경제적·기술적 문제에만 집중하는 것은 아니다. 우리가 삶의 모든 측면에 걸친 태도, 신념, 행동의 진화를 이해하는 데에도 이바지하려 한다. 최근 몇십 년에 걸쳐 사람이 자동차를 소유하고 사용하는 것처럼 사소해 보이는 행동에서조차 큰 변화가 나타나고 있다는 점을 생각해보자. 이것은 오늘날의 젊은이들이 화석 연료에 대해 다른 태도를 가지고 있기 때문일까, 쓸 돈이 적기 때문일까, 좀 더 도시적인 생활 방식을 영위하고 있기 때문일까, 독립성이 약하고 늦게 성장하기 때문일까? 이런 변화가 일어나고 있는 이유를 이해하면 앞으로 미래를 계획하는 데 도움이 될 것이다.

내 목표는 모든 것을 세대 차이로 설명할 수 있다거나 세대 차이가 사회에서 가장 중요한 구분이라고 증명하는 것이 아니다. 이 책의 상당 부분은 세대에 대한 잘못된 믿음, 우리의 주의를 실제의 경향에서 멀어지게 하는 세대 신화를 부각하는 데 할애한다. 내 목표는 사회가 실제로 변화하고 있는지, 어떻게 변화하고 있는지, 그것이 미래와 관련해 어떤 의미일지를 파악하는 것이다.

삶의 그래프를 펼쳐보다

사람들 대부분은 성인 세대가 가장 젊은 세대에서 가장 나이가 많은 세대로, 즉 'Z세대', '밀레니얼 세대', 'X세대', '베이비부머', 2차 세계대전이 끝나기 전에 태어나 현재 살고 있는, 즉 가장 나이가 많은 '전쟁 전 세대'로 이어진다는 것을 알고 있다. 이런 구분들 각각이 실제로 어떤 의미인지까지는 굳이 알 필요가 없다. 보통 우리는 존재하지도 않는 수많은 세대 간 차이를 지적하는 피상적이고 질 낮은 전문가적 견해를 통해 세대를 이해한다. 있지도 않은 차이를 부각하는 신화들은 개인 수준에서는 사소하고 때로는 재미있을지 모르지만, 사회 분위기에 영향을 미쳐 분별 있는 회의론자의 의견과 행동에까지 침투한다. 모든 밀레니얼 세대가 자기애적이고, 물질주의적이고, 공민의식이 강하다고 단언하는 것은 누구에게도 도움이 되지 않는다. 이런 신화를 이용해 돈을 버는 '세대 산업'이 수백만 달러 규모로 성장했고, 그 영향으로 연구자들까지 인구가 가진 대단히 다양한 면면을 몇 안되는 특성과 행동으로 축소해버리고 만다.

도움이 되지 않는 세대 사고의 또 다른 가닥은 각각의 세대가 이전 세대에 대한 반작용으로 형성되며 똑같은 파동이 반복된다고 보는 것이다. 미국의 작가 윌리엄 스트라우스William Strauss와 닐 하우Neil Howe가 1990년대에 발전시킨 이 장기적 시각은 모든 세대의 공통적 특징이 '이상주의적', '반응주의적', '공민적', '적응적' 중 하나의 유형으로 규정된다고 본다. 스트라우스와 하우는 미국 역사 전체에 걸쳐 이들 세대가 같은 순서로, 즉 위기와 갱신의 80년 주기로 등장해 각 시대의 사회 상황을 주도했다고 주장했다. 스트라우스와 하우의 설명은 흥미롭고 설득력도 있다. 하지만 한편으로 한 세대와 다음 세대가 양립할 수 없는 다른 특성을 가진다는 가정을 강화하는, 학문적 연구라기보다는 점성술에 가까운 미심쩍은 역사 읽기라고 할 수 있다. 앨 고어나 공화당 전략가 스티브 배넌Steve Bannon이 (두 사람이 정치적으로 전혀 다른 극단에 있음에도) 그들의 분석을 받아들였고, 위기의 시대가 2000년대 중반과 2020년대 중반을 집어 삼킬 것이라는 예언이 맞아떨어진 탓에, 그들의 견해는 지금에 와서는 예언처럼 느껴지기도 한다. 물론 우리가 살고 있는 코로나19의 시대가 이후 눈에 띄는 역사적 위기로 여겨지지 않으리라고 장담하는 것은 무모한 일이다. 하지만 팬데믹이 중국 우한 지역에서 유래한 새로운 코로나바이러스로 시작됐다는 사실은, 이 위기가 스트라우스와 하우가 발견한 4세대 파국 주기와 특정 세대 유형의 결과라는 주장이 터무니없는 것임을 드러낸다.

우리는 동시에 두 가지 잘못된 방향을 택했다. 스트라우스와 하우가 영감을 준 사고방식은 지나치게 장기적인 시각으로 세대들이 몇 가지 유형으로 반복된다는 점성술에 가까운 예언을 내놓는다. 또 세대 간에 조수와 같은 큰 변화의 흐름이 존재한다고 본다.

반면 진정한 세대적 사고는 우리 시대의 변화와 도전을 이해하는 데 도움을 주는 강력한 도구가 될 수 있다. 이는 과소평가된 사실을 인식하는 데에서 시작한다. **모든** 태도, 신념, 행동이 시간에 따라 어떻게 변화하는지 설명할 수 있는 것은 다음의 **세 가지**뿐이다.

— 시대의 영향
— 생애 주기의 영향
— 코호트cohort [특정의 경험(특히 연령)을 공유하는 사람들의 집체—옮긴이]의 영향

이 세 가지 영향이 개별적인 우리의 모습과 전체로서 우리 모습을 어떻게 형성하는지 공부한다면 우리 사회가 어떻게, 왜 변하고 있는지 새롭고 깊이 있게 이해할 수 있을 것이다. 또 우리 시대의 중요한 사안들과 관련해 다음에 일어날 일을 예측할 수 있는 역량을 더욱 키울 수 있을 것이다.

- 시대의 영향: 사회의 태도, 신념, 행동은 전 연령 집단에 일관된 방식으로 변화를 일으킬 수 있다. 시대의 영향은 질병의 대유행이나 전쟁, 경제 위기같이 모두에게 직·간접적으로 영향을 주는 큰 사건들에 대응해 나타나는 경우가 많다. 그래프로 나타내 보면 대개 다음 쪽 그림 0.1에서 보이는 패턴을 그린다. 이 사례는 프랑스 내 테러에 대한 우려를 측정한 것이다. 2015년과 2016년 이전에는 세대를 불문하고 테러를 우려하는 사람들이 거의 없었으나, 200명 이상이 목숨을 잃은 일련의 테러 공격 이후 우려감이 크게 치솟았다. 설문 대상자인 모든 성인 세대가 비극적 사건에 같은 반응을 보인 것이다.

- 생애 주기의 영향: 사람들은 나이를 먹으면서, 또는 집을 떠나거나 아이를 갖거나 은퇴하는 등 삶에서 생기는 주요한 사건들의 결과로 변화한다. 다음 쪽 그림 0.2는 영국 각 성인 세대에서 '적정 체중'을 가진 것으로 분류되는 사람들의 비율을 연령별로 기록한다. 자신이 속한 세대의 그래프를 따라가면 사람들이 나이가 들면서 평균적으로 체중이 늘어나는 것을 알 수 있다(누구

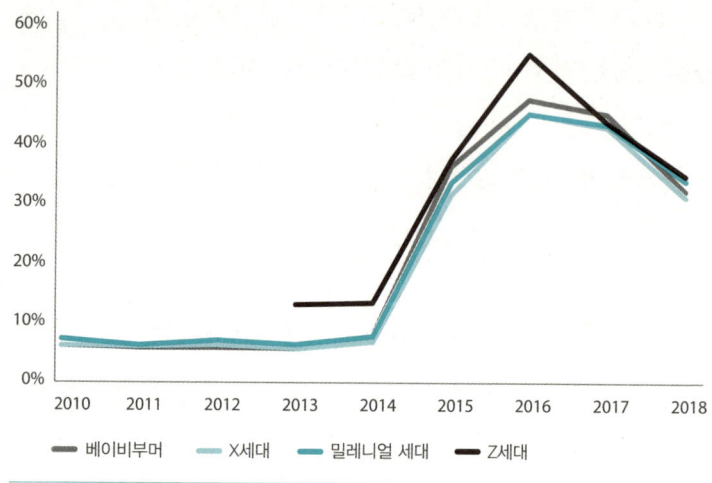

그림 0.1 테러가 국가에서 가장 걱정스러운 문제라고 응답한 프랑스 성인의 비율[9]

보다 내가 잘 아는 상황이다). 각 세대에서 적정 체중을 가진 사람의 비율은 천천히 하향한다. 신진대사는 저하되는 데 반해 지나치게 많은 칼로리를 섭취하고 충분히 운동을 하지 않은 결과다. 중년이 되면 적정 체중을 가진 사람은 전체의 4분의 1 정도에 이른다.

- 코호트의 영향: 세대에 따라 태도, 신념, 행동에는 차이가 있다. 다른 세대와 다른 조건에서 사회화하기 때문이다. 따라서 나이가 들어서도 다른 코호트와 구분되는 특징을 유지한다. 그림 0.3은 최소한 일주일에 한 번씩 예배에 참석한다고 말한 미국 성인의 비율을 보여준다. 가장 나이가 많은 세대가 정기적으로 예배에 참석할 가능성이 훨씬 높고, 그 비율은 확연히 하락

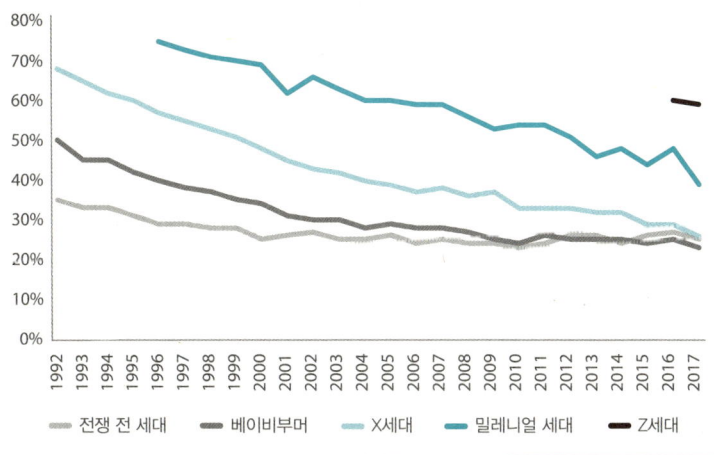

그림 0.2 적정 체중(BMI 지수 18.5~24.9 사이)인 영국 성인의 비율[10]

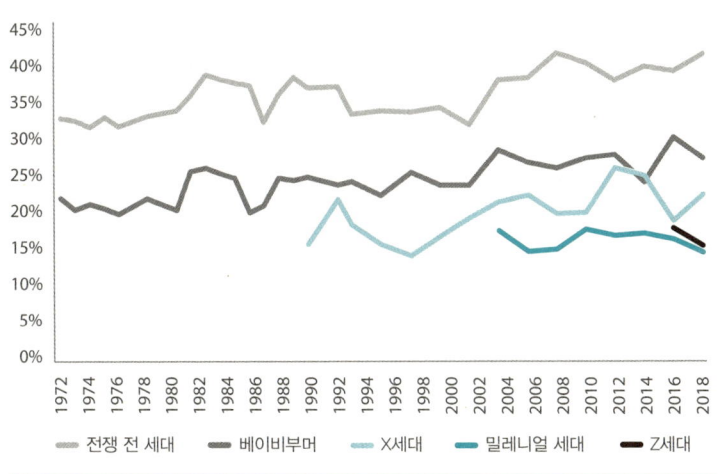

그림 0.3 최소한 일주일에 한 번 예배에 참여하는 미국 성인의 비율[11]

서문: 우리 세대의 문제

해 밀레니얼 세대와 Z세대에서 최저점에 이른다. 이런 세대 차이의 패턴은 1975년부터 거의 변함이 없어, 출생 시점이 종교와의 관계를 형성하는 데 얼마나 중요한 요인인지 보여준다.

사회적 태도, 신념, 행동의 모든 변화는 이 세 가지 영향 중 하나(종종 한 개 이상의 조합)로 설명할 수 있다. 여기서 대부분 논평에 등장하는 세대 '분석'의 기본 문제가 드러난다. 즉, 사람이 언제 태어났는가가 그들의 모든 태도와 행동을 설명한다는 가정은 코호트의 영향만을 찾느라 사회적 변화를 온전히 이해했을 때 얻을 수 있는 통찰력의 3분의 2는 놓치는 것이다. 세 가지 영향을 고려하는 세대 사고는 선정주의적 주장보다 훨씬 설득력이 있고 유용하다. 모든 사회적 변화가 이 세 영향의 조합으로 설명된다는 점을 인식하면 우리가 지금 어디에 있고 다음에 올 것은 어떤 것인지 더욱 깊이 있게 이해할 수 있는 체계를 갖추게 된다. 사회적 변화에 대해 '이것이 코호트의 영향인가, 시대의 영향인가, 생애 주기의 영향인가' 하는 질문을 던지게 될 것이고, 이런 간단한 질문은 정말 중요한 것이 무엇인지 확인하는 데 큰 도움이 될 것이다.

우리는 이 책 전체에 걸쳐 이 같은 표들을 보고 비슷한 추세를 이끌어낼 것이다. 여기에는 '합성 코호트 분석synthetic cohort analysis'이라는 그럴듯한 이름이 있지만, 사실은 전적으로 본능적인 것이다. 우리가 하는 일은 사람들이 태어난 때에 따라 집단을 정의하고 나이가 들면서 그들이 보이는 평균적인 진전 상황을 추적하는 것이라고 요약할 수 있다. 물론 패턴 대부분은 앞서의 사례들만큼 명확하게 드러나지 않으며, 모든 경우에 세 가지 영향(시대, 생애 주기, 코호트)을 구분해내는 것은 불가능하다.¹² 그 셋은 거의 항상 상호작용한다. 그 상호작용을 이해하는 것은 대단히 가치 있는 일이다.

우리가 어떻게 변화하고 있는지 진단하기 위해 나는 지난 50년 동안 전 세계에서 이루어진 대규모 설문을 분석했다. 세대 차이에 대한 잘못된 믿음과 현실을 분리하기 위해 이들 설문에서 300만 개가 넘는 인터뷰의 데이터세트를 조합했다. 이로써 전 세계에서 일어나는 근본적 변화들에 더욱 가까워질 수 있었다. 또 나는 이 책을 위해 세계적인 리서치 기업 입소스Ipsos에 특별히 의뢰한 일련의 새로운 설문 결과도 이용했다.

내용을 상세히 살피기 전에 우선 실제적인 변화를 확인하는 데 장애가 되는 일반적 오해들 몇 가지를 파악해야 한다. 특히 나이를 세대와 혼동하고 나이 든 사람과 젊은이를 정형화하는 분석들이 자주 보인다.

세대에 대한 망상

나이 든 사람들은 항상 젊은이들과 갈등했다. 20세기 초 케임브리지의 학자 케네스 존 프리먼Kenneth John Freeman에 따르면 고대의 철학자 소크라테스는 젊은이들이 가진 갖가지 문제를 비판했다.

사치, 무례, 권위에 대한 경멸, 연장자 무시, 운동을 멀리하고 말이 많은 것…. 어린이는 가정의 노예가 아닌 폭군이 되기 시작했다. 연장자가 들어와도 자리에서 일어나지 않는다. 부모의 말을 거스

르고, 사람들 앞에서 수다를 떨고, 식탁에서 맛있는 음식을 게걸스럽게 먹고, 다리를 꼬는 것과 같이 헬라 취향에 반하는 갖가지 행동을 보인다."[13]

젊은이들에 대한 불평은 고대 그리스에서 시작된 것도 아니고 거기에서 끝난 것도 아니다. 1624년 런던 교회의 목사였던 토머스 반스Thomas Barnes는 "과거의 젊은이들은 결코 이렇게 건방지지 않았다. 절대 이렇게 무자비하게 건방지지 않았다"고 불평했다. '나약한 공상가'가 젊은이들을 공격하는 말이 된 때로부터 무려 250년 전인 1771년에 〈타운앤드컨트리Town and Country〉라는 잡지의 한 독자는 젊은이들이 "나약하고, 자화자찬에 능하고, 초췌하고, 경박한 종족"이라고 한탄했다. 7대 섀프츠베리Shaftesbury 백작은 1843년 하원에서 빌스턴 시내 시장의 "젊은 여성들이 석탄차를 몰고, 두 다리를 벌려 말에 올라타고, 술을 마시고, 욕을 하고, 싸우고, 담배를 피우고, 휘파람을 불고, 노래를 하고, 남의 이목을 전혀 신경 쓰지 않는다"고 통탄했다.[14] 19세기 빌스턴은 밤마실을 나가기에 딱 좋은 곳이었던 것 같다.

젊은이는 항상 최신 유행과 패션에 민감하고, 위험하고 새로운 재밋거리와 기술을 위해 전통 가치를 기꺼이 버리는 사람들로 여겨졌다. 1906년(폭력적인 비디오게임이 등장하기 거의 한 세기 전), 캐나다 북서부 유콘의 〈도슨데일리뉴스Dawson Daily News〉는 "젊은이들이 엉망이 됐다. 싸구려 소설이 아이들을 망치고 있다"고 노성을 터뜨렸다.[15] 그보다 조금 앞선 1859년 〈사이언티픽아메리칸Scientific

American〉의 한 기사는 체스 열풍이 "매우 열등한 기질"의 아이들에게서 "치명적인 흥분"을 유발한다고 경고했다.¹⁶

도덕적 공황 상태는 주기적으로 반복된다. 밀레니얼 세대가 와인 코르크에서부터 결혼반지, 올림픽, 뜻밖의 행운까지 모든 것을 '없애고' 있다는 식의 출처가 불분명한 이야기가 등장하고 있다.¹⁷ 밀레니얼 세대 때리기는 소셜 미디어에서 재빨리 풍자의 소재로 자리를 잡았다. 뉴칼리안@NewCallieAnn은 "아보카도를 자르다 손가락을 베어서 이제 머리를 틀어 올릴 수가 없다"(밀레니얼 세대를 나약하다고 비난하는 풍조를 표현한 말—옮긴이)라는 트윗을 올렸다.¹⁸

밀레니얼 세대, 차츰 Z세대까지 아우르는 가차 없는 비판은 이들 세대의 본질적 성격과는 전혀 관계가 없는 일련의 편견이 낳은 결과다. 사람들은 과거를 실제보다 좋게 생각하는 경향이 있다. 나쁜 일들, 자신이 젊었을 때 하던 위태로운 행동은 잊기 때문이다. 이런 편견을 '장밋빛 회상rosy retrospection'이라고 부른다. 우리는 시간이 흐르면서 변화하는 사회적 규범과 보조를 맞추는 데에도 어려움을 겪는다. 나이 든 사람들은 자신들이 젊었던 때 지배적이던 가치의 틀을 통해 젊은이들을 본다. 사회적 가치, 신념, 태도는 시간이 지나면서 변하지만 무엇이 옳은지, 무엇을 수용할 수 있는지에 대한 개인의 생각은 '꼼짝도 하지 않는다.' 이 때문에 기성세대의 눈에는 새로운 태도와 행동이 이상하고 불안하게 보이기 마련이다.

대중의 상상 속에서 받는 대우라면 나이 든 세대도 젊은 세대보다 나을 것이 없다. 심리학자들은 여러 서구 문화가 나이 든 사람들을 '괴팍한', '심각한 문제가 있는', '의기소침한', '은둔하는', '완벽한 조부모의 모습', '인생의 황금기에 있는', '보수적인'의 일곱 가지 전형으로 분류한다는 것을 발견했다. 그중 절반 이상이 부정적이다.[19] 스카이다이빙을 하는 백발의 매력적인 노인, 전동 휠체어 손잡이를 꼭 쥐고 저녁 8시면 잠자리에 드는 겁 많고 연약한 노인 등, 오락물이나 광고에서는 나이 든 사람이 거의 항상 이 일곱 가지 전형 중 하나로 묘사된다. 그것도 등장할 때의 이야기다. 60세가 넘은 사람들은 매체에 거의 등장하지 않는다. 세계 인구에서 그들이 차지하는 비중이 상당히 크며 자산에서는 더 큰 비중을 차지하고 있는데도 말이다.

이 주제를 다룬 뉴스 분석 기사가 이렇게 많다면, 똑똑한 광고주들은 오래전부터 인구통계의 변화를 이해하고 그에 대처하고 있지 않을까? 실제로 한 〈타임〉 표지 기사는 일부 광고 기획사들이 나이 든 성인들을 연구하고 그들의 속성을 반영하기 위해 특별한 분과를 만들고 있다고 언급했다. 기사는 이렇게 말하고 있다. "광고주들이 중년 이후의 사람들을 스타킹보다 오래가는 제품은 사지 않는 사람들로 보고 행동하던 시절이 있었다. 더이상은 그렇지 않다."[20] 기사가 나온 것이 1988년, 그러니까 33년 전이었지만 놀랍게도 그 이후로도 변한 것은 거의 없다. 대형 유통업체 CEO였던 한 사람은 회사가 55세 이하 고객을 12개 범주로 나누면서 55세 이상은 모두 하나의 범주에 포함시켰다고 털어놨다.[21]

현재 나이 든 사람들의 대표 세대인 베이비부머 역시 공격 대상이다. Z세대의 탐탁지 않은 시선을 표현하는 "베이비부머는 이제 그만하시죠OK, Boomer"라는 말이 자리를 잡았고, 심지어 기후 변화 문제를 두고 논쟁을 하던 뉴질랜드 의회에서 젊은 하원 의원 하나가 이 말을 사용하기도 했다.[22] 밀레니얼 세대만큼 가차 없는 평가는 아닐지라도, 베이비부머가 받는 평가도 만만치 않다. 밀레니얼 세대가 여러 전통과 산물을 없애고 있다던 이야기를 기억하는가? 베이비부머는 **모든 것을** 망쳐놓았다는 이야기를 듣는다.[23] 사회가 특정 대상을 어떤 시각으로 보는지 알아보는 새로운 방법 중 하나는 그 대상을 구글 검색창에 적고 자동완성 기능이 어떤 단어를 제시하는지 보는 것이다. 베이비부머에 따라오는 말들은 그리 긍정적이지 않다. '문제', '이기적인', '자기중심적인', '최악의 세대'라는 단어들이 등장한다.

젊은 세대와 나이 든 세대 사이에 X세대가 있다. 내가 속한 세대다. 그렇다. 세대에 대한 나의 집착과 내가 속한 세대가 관심을 거의 받지 못하는 현실이 극적인 대조를 이루는 이 아이러니한 상황을 나도 인식하고 있다! X세대인 한 사람은 이런 트윗을 올렸다. "나는 밀레니얼 세대도 베이비부머도 아니다. 나는 사람들이 굳이 미워할 성의도 보이지 않는 논외의 세대에 속해 있다."[24]

시작은 좋았다. 우리 세대의 이름은 1991년 더글러스 코플랜드Douglas Coupland가 낸 소설 《X세대Generation X》에서 비롯됐다. 당시 20대들의 소위 '게으름뱅이slacker' 라이프스타일이 낳은 결과였다. 코플랜드는 자신의 책 제목을 문화 평론가 폴 퍼셀Paul Fussell이 미국의 계층 체계를 다룬 1990년의 책에서 따왔다. 퍼셀은 '최상층'에서 '중류 프롤레타리아', '최하위'까지 계층을 나누면서 젊은 사람들이 이런 융통성 없는 체계에서 완전히 벗어나기 위해 어떻게 노력하고 있는지 묘사했다. "X세대는 오만, 지성, 아이러니, 기백을 기반으로 다른 사람들을 에워싸고 있는 계층의 극장에서 뒷문으로 탈출했다."[25] 오만, 지성, 아이러니, 기백이라니! 우리 세대는 분명 어떤 세대보다 근사하다.

하지만 X세대는 잠깐 반짝한 그 시대 이후로 거의 관심을 받지 못했다. 한 작가의 표현대로 X세대는 베이비부머와 밀레니얼 세대라는 인구학적 문화적 유력 세대 사이에 끼어 있는 "눈에 띄지 않는 '둘째 아이'"다.[26] X세대에 대한 이목 부족으로 그들에 대한 언급은 세대 논평의 하위 장르가 됐다. 초대받지 못한 가족 모임에 억지로 끼어드는 상황이 연상될 지경이다. 여기에는 X세대가 세상을 구할 것(혹은 "모든 것을 미숙한 상태로 놓아두지 않을 것"[27])이라는 주장이 있는 반면, 젊은이들에 대한 당혹스러운 맹공 쪽으로 기우는 경우도 있었다. "밀레니얼 세대의 평판은 지난 몇 년간 난도질을 당했다. 일부는 근거가 없었지만, 대부분은 정당했다. 그들은 농담을 알아듣지 못하는 자신감 없고 나약한 자들이다."[28]

X세대는 그저 소설에서 이름을 따온 별 볼 일이 없는 세대처럼 보인다. 책의 작가는 이렇게 적고 있다. "자동차는 버터 색깔이고 범퍼에 붙은 스티커에는 '우리는 아이들에게 물려줄 것을 다 써 버리고 있습니다'라는, 맥도날드에서 8시간을 일하고 나서 짜증을 내는 유행에 뒤떨어진 사람을 연상시키는 메시지가 적혀 있다." 관심 밖에 있는 이 낀 세대에게, 주목을 받던 젊은 시절은 먼 과거가 되었다.

전쟁 전 세대	베이비부머	X세대	밀레니얼 세대	Z세대
1945년 이전 출생	1945~65년 출생	1966~79년 출생	1980~95년 출생	다양한 정의: 1996~2010년 출생, 1997년 이후 출생, 2000년 이후 출생
2021년 현재 나이				
77+세	56~76세	42~55세	26~41세	약 11~25세

표 0.1 세대별 출생 연도와 나이

세대의 행렬에서 당신은 어디에 속하는가? 표 0.1은 가장 보편적인 정의다. 미국은 전쟁 전 세대를 '위대한 세대Greatest Generation'(1928년 이전 출생)와 '침묵의 세대Silent Generation'(1928~1945년 출생)로 나눈다. 이 책에서는 두 그룹을 하나로 묶었다. 미국 외에는 위대한 세대니 침묵의 세대니 하는 용어가 사용되지 않기 때문이기도 하고, 현재 위대한 세대가 인구에서 차지하는 비중이 매우 적기 때문이기도 하다.

한 세대가 어디에서 끝나고 시작하는지 명확하게 합의된 바는 없다. 경계가 막 생기기 시작한 밀레니얼 세대와 Z세대는 특히 더 그렇다. 선이 그어지는 곳은 어느 정도 임의적이다. 각 집단의 경계에 있는 사람들은 태어난 연도에 인접한 양 집단의 성격을 공유하는 경향이 있다. 사회적 변화란 갑작스럽기보다는 점진적이기 때문이다. 하지만 이것이 세대 사고의 가치를 깎아내리지는 않는다. 우리가 앞으로 보게 될 것처럼 이런 분류를 사용해서 확인할 수 있는 뚜렷한 특징이 분명 **존재**하기 때문이다. (계층이나 민족성 같은) 다른 많은 사회적 분류 역시 근저가 되는 현실을 단순화하는 면이 있지만, 여전히 사회의 구성과 사회 내부의 태도들에 대해 유용한 사실을 이야기해준다.

일부 연구자들은 벌써 Z세대의 종료점을 정하고 다음 세대를 '알파 세대Generation Alpha'라고 부르기 시작했다. 이 책에서는 아주 어린 세대는 다루지 않을 것이다. 가장 나이가 많은 구성원이 10살에 불과하고 가장 어린 구성원은 아직 태어나지도 않은 때에 그 세대를 다룬다는 것이 터무니없는 일이기 때문이다.

어린이들과 아직 잉태조차 되지 않은 존재들로 이루어진 세대에 이름을 붙이려는 시도는 우리가 세대의 이름을 만드는 일에 얼마나 집착하는지를 드러낸다. '베이비부머'라는 용어를 만든 것은 미국 인구조사국US Census Bureau이라는 것이 거의 확실하고, 'X세대'라는 용어는 더글러스 코플랜드가 만들어 대중에게 알렸다는 데 의심의 여지가 없다. 윌리엄 스트라우스와 닐 하우는 '밀레니얼 세대'라는 용어를 만든 것으로 알려져 있고, 'Z세대'는 밀레니얼 세대에게 처음 주어진 이름인 'Y세대'를 뒤따른 것이다. 하지만 이런 요약 뒤에 세대 명명에서 있었던 수많은 실패한 시도들이 감추어져 있다. '나나나 세대Generation Me', '우리 세대Generation We', 'N세대Net Generation', '베이비부머 후세대Next Boomer', '센테니얼Centennial', '아이 세대iGen', 'K세대Generation K'[소설과 영화로 나온 "헝거 게임(The Hunger Games)" 시리즈의 주인공 캣니스 에버딘(Katniss Everdeen)의 이름을 땄다] 등이 잠시 동안 나타났다 사라졌다.

이미 예상했던 것처럼 한 매체는 코로나19의 대유행이 젊은 세대에게 주는 영향을 분석하면서 이미 '코로나 세대'라는 말을 사용했다. 이 용어가 영향력을 가지게 될지는 시간이 지나야 알 수 있겠지만, 영화 주인공을 기반으로 한 이름보다는 좀 더 유력해 보인다. 나는 세대의 명명에는 특별히 관심을 두지 않는다. 진정 가치 있는 것은 이름이 아니다. 추세가 다양한 과거 집단들의 경험과 관련해 무엇을 보여주는가, 그것이 우리의 미래에 대해 무엇을 말해주는가다.

'우리는 미래를 볼 수 있다'

이 책의 세대 분석은 필연적으로 미래에 초점을 둔다. 하지만 과장된 차이나 점성술적 사고에서 비롯하는 논리적 비약을 요하지는 않는다. 이 책의 세대 분석은 인간에 대한 몇 안되는 명백한(혹은 유일한) 사실 세 가지, 즉 태어나서 나이를 먹고 죽는다는 사실을 기반으로 한다. 이는 시간에 따른 코호트의 성인 인구 점유율(다음 쪽 그림 0.4)에서 알 수 있다. 1972년에는 영국 성인의 80퍼센트가 2차 세계대전이 끝나기 전 태어난 이들이었지만 지금 그들이 차지하는 비율은 12퍼센트에 불과하다. 그들이 모두 사라질 날이 멀지 않았다. Z세대가 성인기에 접어들면서 그들을 '대체'하고 있다. 세대 간의 진정한 차이가 무엇인지 이해하지 않고서는 전체로서 사회가 미래에 어떻게 변화할지 이해할 방법이 없다.

과거의 세대 변화를 이용해 미래를 예측한다는 생각에 반대하는 사람도 있을 것이다. 나심 니콜라스 탈레브Nassim Nicholas Taleb는 《블랙 스완The Black Swan》에서 "역사와 사회는 기어가지 않는다. 뛰어간

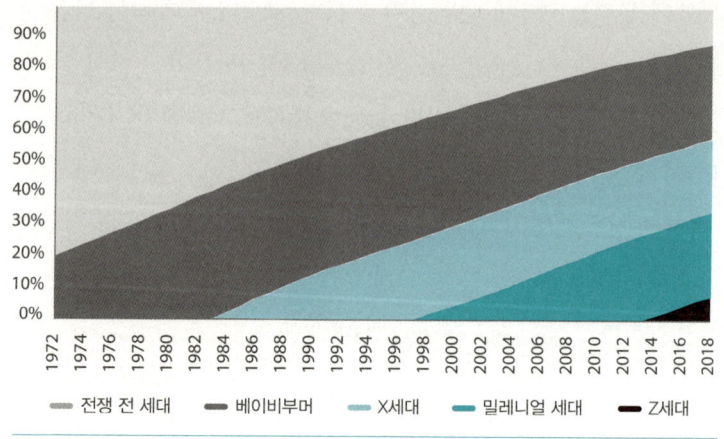

그림 0.4 영국의 세대 구성[29]

다"라고 적었다. 그는 우리가 다가오는 이런 뜀박질을 예상할 수 없다고 주장한다. 변화는 탈레브의 분석에서 초점이 되는 '블랙 스완' 사건(2008년의 금융 위기, 지금의 더 강력한 코로나19 대유행과 같은 사건)에 의해 주도된다. 매우 드물게 일어나는 이런 사건은 사회에 극도의 충격을 가한다. 나중이 되면 우리는 그런 일이 일어날 것을 알고 있었다고 생각한다. 하지만 돌이켜볼 때나 예측 가능했던 것처럼 보일 뿐이다.[30]

탈레브는 미래의 결과에 대한 심각한 예측불가능성을 실증하기 위해 수학자 마이클 베리Michael Berry가 제시한 사례를 인용한다. 마이클 베리는 당구대에서 당구공의 움직임을 예측하는 문제를 탐구했다. 처음에는 쉽게 시작한다. 하지만 아홉 번째 충격에서는 결과가 대단히 미세한 균형을 이루기 때문에 당구대 옆에 서 있는 사람의 인력까지 고려해야 한다. 56번째에서는 우주에 있는 모든 소립자의 위치까지 계산에 넣어야 한다. 복잡한 인간계에서 벌어질 미래를 어떻게 정확히 이해할 수 있을까? 누군가 다가와서 당구대를 뒤집는 것에 비유할 만한 2008년의 금융 위기나 지금의 팬데믹과 같은 예기치 않은 '블랙 스완' 사건을 경험할 때라면 말할 것도 없다.

그러나 세대의 경계들을 따라가는 수년에 걸친 연구 끝에 나는 미래를 볼 수 있는 능력에 대해 그리 비관적이지 않은 입장을 갖게 되었다. 물론 나이가 들어도 체중이 증가하지 않을 수 있고 Z세대 전체가 기독교를 받아들일 수도 있다. 하지만 가능성은 낮아보인다. 탈레브도 갑작스러운 충격이 일어나지 않는 부분에서는 '길고 조용한 흐름'이 있다고 인정한다. 우리는 앞으로 여러 표를 통해 그런 흐름들을 많이 보게 될 것이다. 세대 분석은 예기치 못한 일의 영향을 이해하는 데에도 유용하다. 예를 들어 우리는 2008년 금융 위기가 만들어낸 젊은 세대의 독특한 경제생활 경로를 생생하게 관찰하게 될 것이다.

결정적으로 우리가 이미 걷고 있는 좀 더 느린 궤적에 대해 명확한 시각을 가질 때, 금융 위기나 전염병의 대유행과 같은 시기에 발생하는 충격이 사람들에게 어떤 영향을 주는지 훨씬 더 잘 이해할 수 있다. 모든 위기의 영향은 그것이 존재하는 맥락에 의해 형성된다.

세대라는 틀은 수명 연장이나 점차 노령화되는 사회와 같은 주요한 인구학적 추세의 영향을 이해하는 데에도 유용하다. 이것은 가장 눈에 띄는 변화 중 하나이며, 우리가 미래를 이해하는 데에도 시사하는 바가 크다. 일본의 경우 2015년 중위 연령(전체 인구를 어린이부터 노인까지 일렬로 세울 경우 가운데 있는 사람의 연령)은 46세였으나 2050년에는 53세로 높아질 것이다. 7세의 증가가 큰 변화가 아닌 것처럼 보일지도 모르겠으나 이것은 점차 노령화되는 사회를 반영한다. 현재 60세 이상이 일본 인구에서 차지하는 비중은 33퍼센트이지만 2050년에는 42퍼센트에 이를 것이다.

일본은 '노령화 사회'의 표본으로 여겨지지만 훨씬 극적인 변화가 찾아오고 있는 나라들도 있다. 예를 들어 브라질의 중위 연령은 2015년 31세에 불과했지만 2050년에는 45세로 높아질 것이다. 60세 이상이 전체 인구에서 차지하는 비율은 2015년의 13퍼센트에서 2050년에는 30퍼센트로 치솟을 것이다. 인구 내 연령 균형의 변화는 수명 연장뿐 아니라 전 세계에서 관찰되고 있는 출생률의 급격한 저하에서도 기인한다. 세대적 관점에서 보면 이것은 갑작스러운 변화가 아니라 전환이 엄청나게 어려운 장기적 추세의 결말이다.

나는 한 나라가 아닌 여러 나라를 대상으로 이런 추세들을 검토한다. 세계적 시각이 점차 중요해지고 있기 때문이다. 만하임과 같은 20세기 초반 사상가들은 세대를 국가 단위로 한정해서 보는 경향이 있었다. 의미 있는 코호트가 형성되는 데 공유된 경험이 중요하기 때문이다. 하지만 삶의 너무나 많은 측면이 세계화되면서 사회학자들은 세대 역시 세계화될 수 있다는 것을 인식하게 되었다. 기업과 소비재가 자연스럽게 다국적 성격을 띠게 되었고, 새로운 커뮤니케이션 기술로 국가라는 경계를 넘어 경험을 공유하는 다양한 방법들이 생겨났다. 코로나19 이전에도 기후 위기, 경제 위기, '테러와의 전쟁' 등 대단히 충격적인 사건과 위협이 세계적 영향력을 발휘했다. 코로나19의 대유행은 이런 추세를 더욱 가속해 놀라운 세계적 상호 연결성을 강화했다. 이 글을 쓰고 있는 현재 213개 국가가 바이러스 감염 사례를 보고했으며, 각 국가의 대응과 대응 조치의 경제적 영향 면에서도 대유행 이전 어느 때보다 긴밀한 유대가 형성되어 있다.[31]

국가 간의 차이가 중요치 않다는 말이 아니다. 사실 '코호트보다 국가'는 이 책의 고정적 메시지가 될 것이다. 지금과 같은 시대에도 당신이 **어디에서** 태어났는지가 **언제** 태어났는지보다 중요한 경우가 많다. 세대의 국제적 연구가 가지는 진정한 가치는 세계적 세대 집단이 존재한다는 것을 입증하는 일이 아니라 세대별 차이가 언제, 왜 중요한지 이해할 수 있게 해주는 데 있다.

일부 선진국에서는 이미 코로나19 팬데믹 이전부터 우리 후손들이 더 나은 미래를 향유할 것이란 가정이 증발한 상황이 나타났다. 예를 들어 2008년 금융 위기가 있고 10년이 더 지난 시점에도 젊은이들의 더 나은 삶을 기대하는 프랑스 국민은 전체 국민의 13퍼센트에 불과했다. 60퍼센트는 미래가 더 악화할 것이라고 생각했다. 중국, 인도네시아, 인도와 같은 저소득 국가와는 극명하게 대조되는 결과였다. 이들 국가의 국민 3분의 2 이상이 젊은이들이 더 나은 미래를 얻을 것이라고 확신하고 있었다. 우리는 이것이 사람들에게 큰 의미가 있다는 점을 잘 알고 있다. 같은 연구에서 모든 세대의 생활수준이 이전 세대보다 **더 나아져야만 한다**는 데 동의한 사람들은 전체의 77퍼센트, 동의하지 않은 사람은 15퍼센트였다.[32] 서구 국가의 사람들이 (모든 세대가) 점차 비관적인 견해를 갖는다면, 그 파급효과는 엄청날 것이다. 젊은이들이 낙관주의와 패기를 잃을 위험이 있는 것은 물론이고, 발전이 중단됐다고 생각하는 사람들은 시스템 전체의 가치에 의문을 품기 시작할 것이다.

영국과 미국의 극단적 통계가 보여주듯 미래에 대한 미래 세대들의 비관적 시각은 선진국의 새로운 추세다. 후손들의 미래가 더 나아질 것이라고 생각하는 영국인의 비율은 2003년에서 2019년 사이 절반이 되었고 아이들이 더 나은 미래를 가질 가능성이 없다고 생각하는 미국인의 비율은 거의 2배가 되었다.[33]

최근 젊은 세대의 소득과 자산이 얼마나 정체되어 있는지 보면 그 이유를 알 수 있을 것이다.

1장

자산

**불경기는 우리를 어떻게
갈라놓는가**

"베이비부머, 그들은 부모만큼 잘살 수 있을까?" 1983년 3월 〈머니Money〉가 우려 속에 제기한 의문이다.¹ 기사 속의 사진은 이 세대의 경제적 안정에 대한 묵시적 위협을 암시하는 제목과는 동떨어져 있다. 실제 부부의 모습과 함께 (1980년대 기준으로) 화려하고 멋지게 장식된 집이 엿보이기 때문이다. 더 노골적인 설명도 곁들여 있다. 이 부부는 "아직 서른도 되지 않았지만" 두 가지 탄탄한 커리어를 가지고 있으며 가외로 번창하는 사업체를 운영하고 있다. 제로아워 계약zero-hour contract(정해진 노동시간 없이 임시직 계약을 한 뒤 일한 만큼 시급을 받는 노동 계약—옮긴이)으로 아마존 창고에서 힘들게 일하면서 이베이eBay에서의 거래로 빈약한 수입을 보충하고 자신들의 일자리가 드론으로 대체되는 때를 기다리고 있는 최저임금 근로자의 1980년대 버전이 아닌 것만은 분명하다.

〈머니〉의 표적 시장은 특정되어 있다. 융자 계산과 절세형 저축 계획에 관심이 있는 부유한 중류층이다. 일이 어떻게 전개되었는지 알고 있는 지금에 와서 보면 이 질문에 함축된 불확실성이 오히려 더 충격적이다. "그들은 부모만큼 잘살 수 있을까"라는 질문은 세대 간 '사회적 계약'에 생기를 불어넣는 근본적 믿음을 반영한다. 개인으로서 우리는 아이들이 우리보다 잘살기를 간절히 바라며, 전체로서 사회가 세대를 거치면서 계속 발전한다는 생각에 익숙해져 있다.

사람들은 베이비부머에게도 진보가 당연한 것이 아니었다는 사실을 쉽게 잊는다. 여러 경제학자들이 베이비부머의 재정적 미래에 의구심을 가졌다. 리처드 이스털린Richard Easterlin 교수는 《출생과 운명Birth and Fortune》에서 교육, 자원, 일자리에 대한 경쟁을 고려할 때 베이비부머와 같은 대규모 코호트의 일원이라는 것은 경제적 성공에 불리하다고 주장했다. 전쟁과 전쟁 사이에 태어난 세대처럼 소규모 코호트에 속하는 것은 '운 좋은 소수'라는 의미다. 노동력에 대한 수요가 공급을 훨씬 넘어서면서 임금이 상승하기 때문이다. 당시 많은 사람들에게 이는 완벽하게 합리적인 추정처럼 보였다. 그러나 데이비드 윌레츠David Willetts가 그의 2010년 작 《핀치The Pinch》에서 개술했듯 세계화는 그런 계산을 완전히 뒤집어놓았다.

인건비가 싼 중국 같은 나라들이 1990년대 무역을 개방한 후 베이비부머에 뒤이은 세대들은 훨씬 더 많은 사람들과 경쟁을 해야 했고, 따라서 임금은 계속해서 하락했다. 윌레츠의 표현대로 "베이비부머는 두 가지 점에서 혜택을 보았다. 정치적인 힘과 정부가 내리는 모든 결정에서 대규모 코호트로서 이점을 누렸다. 반면 전후 세계 노동력 시장에서는 작은 코호트였다. 베이비부머는 자신의 노동력에 높은 값을 받아낼 수 있는 희소한 자원이었다".[2]

서구 여러 국가에서 나타난 재정적 발전의 하향 추세는 베이비부머가 견고한 커리어를 만들고 폭풍을 헤쳐갈 능력이 커진 후에 나타난 현상이다. 이후 2008년 금융 위기가 찾아왔다. 코로나19 팬데믹 이전까지는 2008년 금융 위기가 시대를 규정하는 경제적 사건이었고, 특히 젊은 세대들에게 큰 타격을 준 잃어버린 10년의 원인이었다. 2010년 말 세대 진보의 회복 조짐이 일시적으로 존재했기 때문에 세대를 규정하는 코로나 충격이 찾아온 시점이 훨씬 더 잔인하게 느껴진다.

금융 위기의 영향으로 여러 나라의 젊은 세대가 받는 소득이 정체되거나 역전되었다. 반면 지난 10년간 증가한 부의 대부분은 나이 든 세대들이 차지했다. 세대적 시각, 즉 시대의 영향, 코호트의 영향, 생애 주기의 영향을 나누는 것은 이런 변화하는 경제 조건이 전체 코호트들의 삶의 경로를 어떻게 바꾸었는지 이해하는 데 필수다. 경제적 성공의 기회는 우연히 당신이 태어난 시점에만 영향을 받는 것이 아니라 부모의 자산(그 정도가 점점 심해지고 있다)으로부터도 영향을 받는다.

더 오래 더 가난하게

영국에 기반을 둔 싱크탱크 레졸루션재단Resolution Foundation은 가장 나이가 많은 베이비부머가 24세이던 1969년을 시작점으로 미국, 영국, 스페인, 노르웨이, 핀란드, 덴마크의 자료를 이용해 개인

소득을 분석했다. 이 연구는 5년 단위로 세 개 코호트의 평균 실질 가처분 소득(인플레이션을 감안하고 주거비를 공제한 소득)을 비교했다. 세대별로 같은 나이였을 때, 즉 30대였을 때(밀레니얼 세대 : X세대, X 세대 : 베이비부머), 40대였을 때(X세대 : 베이비부머, 베이비부머 : 전쟁 전 세대), 60대였을 때(베이비부머 : 전쟁 전 세대)를 비교한 것이다.[3] 세대가 내려갈수록 소득은 계속 감소했다.

베이비부머는 전쟁 전 세대에 비해 45~49세 때 소득이 36퍼센트 높아 중년에 상당한 소득 증가를 경험했다. 같은 나이일 때 X세대는 베이비부머들에 비해 출발이 좋았지만 가장 나이가 많은 X세대가 40대 초반에 만난 2008년 글로벌 경기 침체의 여파로 소득이 정체되면서 베이비부머를 단 3퍼센트 앞서는 데 그쳤다. 가장 놀라운 것은 각기 30대 초반일 때 밀레니얼 세대의 실질 가처분 소득이 X세대 소득보다 4퍼센트 낮아졌다는 점이다. 금융 위기로 인해 진보가 정체된 데 그치지 않고 **역전**된 것이다.[4]

그런데 이런 평균치는 나라들 사이에 존재하는 상당한 편차를 가린다. 밀레니얼 세대에게 가장 좋은 나라는 노르웨이다. 노르웨이의 30~34세 밀레니얼 세대는 같은 나이 때의 X세대보다 수입이 13퍼센트 높다. 나쁘지 않다고 생각하는가(노르웨이 취업 비자 요건을 살펴보면서)? 그럼에도 이는 경제 발전의 점진적 둔화를 나타낸다. 같은 나이 때 X세대는 베이비부머보다 수입이 35퍼센트 많았다.

더욱 전형적인 패턴은 미국에서 나타난다. X세대는 45~49세에 베이비부머보다 실질 소득이 5퍼센트 낮았고, 밀레니얼 세대는 30~34세에 X세대보다 5퍼센트 낮은 수입을 올렸다.

미국의 상황이 사기를 꺾지만 다른 곳에 비하면 아무것도 아닙니다. 이탈리아는 45~49세 X세대의 소득이 베이비부머에 비해 11퍼센트 낮았고, 30~34세 밀레니얼 세대의 수입은 같은 연령 때 X세대에 비해 17퍼센트 낮았다. 단계적 감소라기보다 자유낙하에 가깝다.

영국의 추세는 이만큼 심각하지는 않지만 진보가 중단되었다는 오싹함을 느끼게 한다는 점에서 크게 다르지 않다. 이것은 밀레니얼 세대에게서 특히 두드러진다. 2018년부터의 자료에 따르면 40대 초반에는 X세대가 베이비부머를 약간 앞섰으나 밀레니얼 세대는 30대 초반에 X세대에 비해 약간 뒤처졌다.[5]

영국의 여러 세대가 가지고 있는 느낌에는 이런 경제 현실이 여실히 반영된다. 이것은 중요한 문제다. 집단이 부당한 대우를 받고 있다고 느끼면 사회 계약 전체에 이의를 제기할 가능성은 높아지기 때문이다. 1983년부터 영국인의 사회적 태도British Social Attitude 설문조사는 사람들에게 자신이 고, 중, 저 중 어느 소득 집단에 속한다고 생각하는지 질문했다. 지난 35년 동안 각 세대에서 자신을 '저소득' 집단에 속한다고 말한 사람의 비율을 보면, 거대한 삶의 스토리가 다섯 개의 단순한 선으로 펼쳐지는 것을 볼 수 있다(다음 쪽 그림 1.1).

슬픈 이야기가 등장한다. 2008년에서 2015년 사이 밀레니얼 세대와 다른 세대 사이의 격차를 보라. 커리어의 초중반에 있는 (2015년 가장 나이가 많은 밀레니얼 세대는 35세) 이렇게 많은 사람들이 이렇게 오랫동안 (은퇴한 세대를 비롯해) 다른 인구보다 더 가난하다고 느끼는 것은 정상이 아니다.

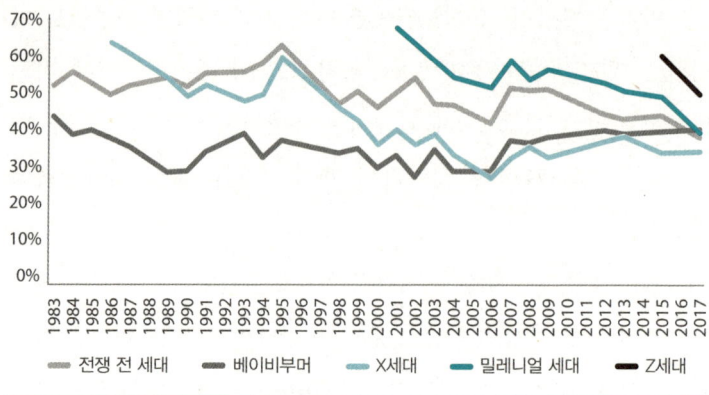

그림 1.1 '자신은 소득에서 고, 중, 저 중 어느 계층에 속한다고 생각합니까?'라는 질문에 '저소득'이라고 답한 영국 성인의 비율[6]

밀레니얼 세대의 상대적 경험을 설명해주는 가장 큰 요인은 지난 20년 동안 자신이 저소득 계층이라고 여기는 살아 있는 가장 나이가 많은 코호트, 즉 전쟁 전 세대의 비율이 눈에 띄게 줄어들었다는 점이다. 이 추세는 해당 기간 전쟁 전 세대가 노동 시장에서 차지하는 위치가 어떻게 바뀌었는지 생각해볼 때 특히 이례적이다. 1983년에는 전쟁 전 세대의 26퍼센트만이 은퇴한 상태였지만 가장 젊은 전쟁 전 세대가 72세인 2017년에는 거의 모두가 은퇴를 한 상태였다.

여기에는 기대 수준의 하락도 한몫을 했겠지만(보통 사람들은 은퇴 후에 낮은 소득을 예상한다), 이전 세대와 지금 생산 연령에 있는 사람들과 비교할 때 이전 세대의 많은 사람들이 노후 자금을 훨씬 든든하게 마련해놓고 있다는 것을 반영하기도 한다. 영국 통계청Office for National Statistics은 연금 수급자의 실질 가처분 소득이 2008년에서 2018년 사이 16퍼센트 상승한 것으로 추산했다. 반면 노동 가구의 소득은 단 3퍼센트 상승했다.[7] 2001년까지는 은퇴자들의 주거비용을 제외한 순소득이 은퇴 전보다 주당 70파운드 하락했으나 2016년에는 주당 20파운드 상승했다. 엄청난 변화다. 이에 그치지 않고 패턴은 각 집단의 최하위층에까지 확장된다. 노동 연령 가구의 최하위층 20퍼센트는 최하위층 은퇴자들에 비해 연소득이 2000파운드 적었다.[8]

그래프의 우측은 젊은 세대들에게 희망찬 미래를 약속하는 것처럼 보인다. 저소득이라고 말한 밀레니얼 세대의 비율이 급격히 감소하고, 성인기에 진입하는 Z세대의 소득이 밀레니얼 세대보다 전체 평균에 훨씬 가까워졌다. 이들은 여전히 스스로 가난하다고 느낄 가능성이 가장 높은 두 세대지만 그 격차가 가까운 과거에 비해 감소했다. 하지만 코로나19 대유행이 소득에 미칠 지속적 영향을 평가하기엔 아직 이르다. 안타깝게도 이런 희미한 낙관주의가 사라질 기미가 보인다. 중국, 한국, 일본, 이탈리아, 미국, 영국을 대상으로 한 분석은 한국을 제외한 모든 곳에서 젊은이들이 나이 든 사람들에 비해 이미 소득의 감소를 경험하고 있을 가능성이 훨씬 높다는 것을 보여준다. 영국은 상대적 감소폭이 가장 큰 곳이다.[9]

피해자를 비난하다

소득에서 큰 변화가 일어나는 와중에 젊은 세대들을 겨냥하는 '충고'가 나와 젊은이들을 격노하게 하고 있다. 2019년 바클레이은행Barclays Bank의 보도 자료에 나온 "밀레니얼 세대들은 '스와프라이피스Swaprifice'(포기가 아닌 교체. 커피를 사 먹는 대신 직접 만들고, 외식을 하는 대신 집으로 손님을 초대하는 식으로 돈을 아끼는 방법 ─ 옮긴이)로 연간 105억 파운드(약 16조 원)를 아낄 수 있다"는 구절은[10] 이런 충고들 중에서도 가장 황당한 사례다. 기억에 남는 용어를 만들어보려는 시도가 큰 죄악이 될 수 있다는 것을 증거일뿐더러, 어려운 재정적 상황의 피해자인 젊은이들을 오히려 비난하고 있다.

이 '분석'의 취지는 젊은이들이 간식, 외출, 패션에 연간 3300파운드(약 500만 원)의 돈을 쓰는 행태를 파헤치고, 이어 이 집단이 '소비 습관의 작은 변화'로 '엄청난' 액수를 절약할 수 있다고 지적하는 것이다.[11] 3300파운드는 1년 동안 이런 다양한 유형의 지출을 감당할 만큼 큰 액수가 아니다. '음식'과 '옷'과 같은 것들을 포함한다면 특히 더 그렇다. '간식' 항목만도 연간 지출을 합치면 441파운드(약 68만 원), 하루 약 1.1파운드(약 1700원)다.

이 사례는 오늘날 젊은 코호트들이 겪는 기이한 이중고를 전형적으로 보여준다. 경제적으로 훨씬 힘겨운 시기를 살고 있는데다 간신히 하고 있는 지출까지 줄여야 한다는 비판까지 받고 있는 것이다. 이런 시각은 상황의 진정한 변화도 놓치고 있다. 예를 들어 영국에서는 50대 이상이 인구에서 차지하는 비율이 3분의 1에 불과하지만 소비 지출에서는 47퍼센트를 차지한다. 2003년 이래

8퍼센트 증가한 수치다.[12] 미국의 경우 이미 개인 지출의 50퍼센트 이상이 50세가 넘는 사람들에 의해 이루어지고 있으며, 최근의 지출 증가에서 그 어떤 코호트보다 큰 원인이 되고 있다.[13] 수치는 충격적이다. 전미은퇴자협회American Association of Retired Persons, AARP는 미국에서 50세 이상이 매년 약 8조 달러를 지출하는 것으로 추정하고 있다. 이는 프랑스와 독일의 GDP를 합한 것보다 크다.[14]

여러 나라에서 젊은 가구와 노령 가구 사이의 새로운 소비 격차가 나타나고 있다. 1989년 영국의 25~34세와 55~64세 집단은 옷, 유흥, 여행, 외식 등 주택 외의 소비재에 매주 약 260파운드를 소비했다. 2014년 55~64세 성인들의 평균 소비액은 25~34세 성인들에 비해 주당 50파운드(거의 20퍼센트)가 많았다.

여기에서 알 수 있듯 방탕한 젊은이들이라는 서사는 사실과 다르다. 그럼에도 여전히 광범하게 퍼져 있다. 2만 명을 대상으로 한 세계적 규모의 설문 조사에서 밀레니얼 세대를 묘사하는 수식어로 두 번째에 꼽힌 것이 '물질주의적인'이었다. 이런 고정관념이 자리 잡은 데에는 밀레니얼 세대와 Z세대에 대한 정형화된 생각이 끊임없이 반복되고 있다는 점이 한몫했다. 《나나나 세대Generation Me》의 작가 진 트웬지Jean Twenge는 이렇게 표현했다. "자기중심적이라고 일컬어지는 밀레니얼 세대의 특징은 물질주의에서도 드러난다."[15] Z세대를 다룬 다음 저서 《아이세대》에서 트웬지는 미국 고등학교 학생들에 대한 일련의 설문 조사를 기반으로 이렇게 결론 내린다. "Z세대는 이전 세대보다 부유해지는 데 관심이 훨씬 많으며 의미에는 크게 집중하지 않는다."[16]

이런 식으로 전면적 일반화를 하려면 주장을 뒷받침할 확실한 자료가 필요하다. 하지만 물질주의의 증거('부모보다 돈을 더 벌고 싶어 한다', '금전적으로 부유한 것이 중요하다고 믿는다', '필요 없는 물건을 사게 만드는 광고에 아무런 문제의식이 없다')로 제시된 각 설문 조사 결과에 근거하면, 실제적 변화는 베이비부머와 X세대 사이에서 일어났고 밀레니얼 세대와 Z세대의 태도에는 특별히 새로울 것이 없다. 또한 여러 가지 역추세도 존재한다. 예를 들어 최근의 세대들이 친구나 가족이 무엇을 얼마나 가지고 있는지에 두는 관심은 과거 세대의 절반에 불과하다.[17]

수치들을 살피면 물질주의 추세가 밀레니얼 세대와 Z세대의 독특한 특징으로 새롭게 나타난 것이라고 말할 수 없다. 오히려 그런 길을 연 것은 X세대이고, 젊은 코호트는 그것을 고수하고 있을 뿐이다. 미국의 X세대가 소비지상주의가 힘을 얻던 시대에 자랐고 새로운 기술의 등장에도 불구하고 지난 40년 동안 별로 바뀐 것이 없는 광고에 노출되어 왔기 때문일 수도 있다. X세대가 경제적으로 불안정한 시기에 성인기에 접어들었고, 그런 경험의 흉터를 가지고 있기 때문일 수도 있다. 실제로 미국의 경우 소득 정체 현상은 밀레니얼 세대가 아닌 X세대부터 시작되었다.

재정적 전망이 어두워지는 시기에 돈에 주의를 집중하게 되는 것은 당연한 일이다. 실제로 빈곤에 관한 행동과학에서 이런 경향을 관찰할 수 있다. 자원이 부족해지면서 당면한 목표가 지엽적 목표보다 우선하는 '결핍 의식scarcity mindset'이 유발되는 것이다.[18] "결핍으로 인해 자동적으로 충족되지 않은 욕구를 지향하게 된다."[19]

트웬지는 미국 고등학교에서 젊은이들을 대상으로 한 설문을 인용하고 있는데, 그 자료에는 젊은이들이 성인기에 접어드는 시기에 재정적 발전 가능성이 불투명했다는 부정할 수 없는 사실이 반영되어 있다.

이처럼 예리하지 못한 성격 묘사는 맥락에 의해 만들어진 특성만으로 젊은 세대를 비난하려는 경향을 반영한다. 인과관계의 오류는 또 다른 흔한 편견으로 이어진다. 사회심리학자들은 이런 편견을 '기본적 귀인 오류fundamental attribution error'라고 부른다. 스탠퍼드대학의 리 로스Lee Ross 교수가 만든 이 말은 다른 사람에게서 관찰된 행동을 해석할 때 성격에 기반을 두는 설명에 지나치게 집중하고 상황적 설명은 충분히 고려하지 않는 경향을 뜻한다. 예를 들어 막히는 도로에서 내 앞에 끼어든 운전자는 나쁜 놈이다. 하지만 중요한 약속에 늦어서 내가 그런 일을 했을 때는 그렇지 않다. 불운의 피해자가 오히려 비난의 대상이 되는 일이 발생하는 것이다.

앞서 인용한 고등학생 대상의 설문 조사는 좋은 자료다. 하지만 행동의 진정한 세대별 변화를 보여주는 대상을 선별하지는 못했다. 장기에 걸쳐 같은 연령 집단을 추적했기 때문이다. 우리는 그들에 이어 고등학교에 들어온 여러 학생 집단이 어떻게 행동했고 나이를 먹으면서 어떻게 변했는지 알지 못한다. 세대 분석에서 이런 추세의 확인이 중요한 이유다.

다음 쪽 그림 1.2를 통해 독일의 사례를 살펴보자. 이 자료의 2003년부터 2012년까지를 해석하면 '물질주의적인 밀레니얼 세대는 현명한 노인이 되는 것보다 부유한 노인이 되는 것이 중요하

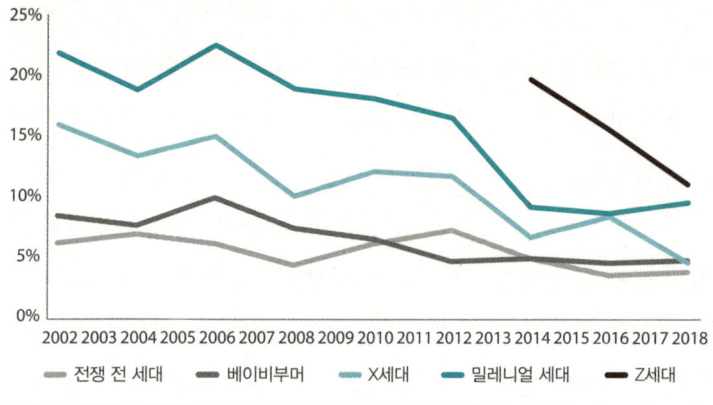

그림 1.2 '부자가 되는 것이 중요하다'는 데 동의한다고 말한 독일 성인의 비율[20]

다고 말할 가능성이 두 배 높다'가 될 것이다. 하지만 이런 요약은 2014년에서 2016년 사이의 Z세대에도 그대로 적용할 수 있다. 부자가 되는 것에 집중하는 것은 주로 생애 주기의 영향, 즉 나이가 들면서 사라지는 젊은 시절의 특징이 분명하다.

자산 격차의 심화

부자가 되겠다는 어린 시절의 꿈을 이루는 것이 점차 소득이 아닌 자산 측면으로 변하고 있다. 지난 몇십 년간 여러 나라에서 일어난 주요한 경제적 변화는 소득보다 자산이 훨씬 빠르게 증가하는 모습이다. 특히 주택 가격 상승이 이런 추세를 주도했다. (연령별로) 자산이 소득보다 더 불평등하게 분배되어 있다 보니 나이든 집단들에 자산이 크게 집중되는 결과가 나타났다. 사실 2007년부터 영국에서 추가로 창출된 모든 재산은 45세 이상에게 돌아갔고, 그 3분의 2는 65세 이상에게 집중되었다.[21] 이는 소득의 격차보다도 더 공정치 못하게 느껴진다. 액수가 대단히 큰데다 우리가 생각하는 가치나 근면한 노력과 명확하게 연결되지 않기 때문이다.

영국도 이런 추세에서 벗어나지 못하고 있다. 국제투자은행 크레디트스위스Credit Suisse는 매년 글로벌 자산 보고서를 발표한다. 엄청난 순자산을 보유한 개인들에 대해 자세히 알아보기 위해 내가 매년 기대하며 기다리는 자료다. 2017년 보고서에는 젊은 세대가 즐겁게 읽을 내용이 거의 없다. 모든 장이 "불운한 밀레니얼 세대"에 할애되어 있다.[22]

보고서는 2008년의 대침체와 그에 이은 실업률 증가 그리고 임금 하락이 젊은 세대, 특히 부유한 국가에 사는 젊은 세대의 저축 가능성에 미친 영향을 설명한다. 소득이 정체되었을 뿐 아니라, 금리를 인하하고 시스템 내에 돈을 주입함으로 기존 주택 보유자들을 지원하는 정부 조치 때문에 주택 가격이 여전히 높게 유지됐다. 여러 국가에서는 늘어나는 학자금 대출 부담과 맞물려 자산의 축적을 억누르는 '설상가상'의 상황이 빚어졌다. "번영으로 인한 막대한 우발적 이득, 연금과 주가의 상승 등 다양한 요인들이 베이비부머의 부를 증대시켰다"는 것을 알 수 있다.

오스트레일리아에서 이루어진 또 다른 분석은 점점 불균형해지는 부의 분배를 실증한다. 2010년 상반기 오스트레일리아에서 창출된 가계 자산 2조 3000억 달러의 3분의 2 이상이 55세 이상에게 돌아갔다. 2015~2016년 평균 연령 65~74세였던 그들은 12년 전 같은 나이였던 집단에 비해 재산이 48만 달러 더 많았다. 반면

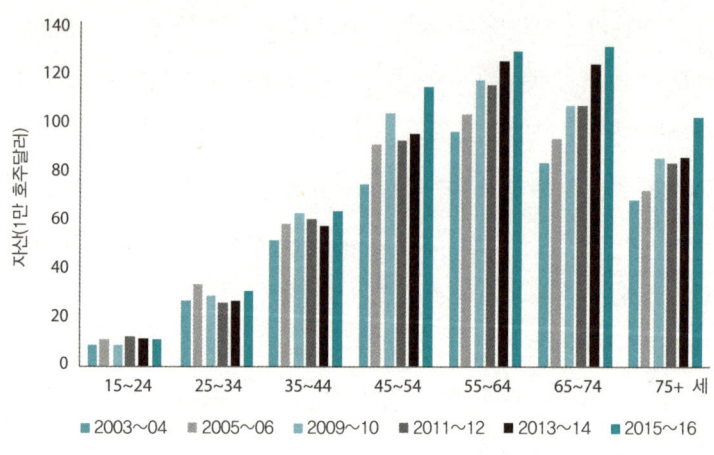

그림 1.3 2003~2016년 오스트레일리아 가구의 재산 증가[24]

35~44세 구성원으로 이루어진 가구의 재산은 25~24세 가구 재산(4만 달러 이하)보다 평균 12만 달러 많은 데 그쳤다.[23] 그림 1.3은 나이가 많은 코호트만이 큰 혜택을 보고 있는 믿기 힘든 부의 곡선을 보여준다.

이런 이득은 나이 든 사람들의 검소한 습관 때문이 아니다. 검소함과 같은 것들은, 금전에 대해서는 노인들로부터 많은 것을 배워야 한다고 말하는 여러 기사들이 촉진한 견해다. 〈포브스Forbes〉가 내놓은 "밀레니얼 세대가 조부모로부터 배울 수 있는 금전에 대한 다섯 가지 조언"이라는 제목의 기사에는 다음과 같은 한 할아버지의 지혜가 담겨 있다. "저렴한 식당에서 밥을 먹어라.… 어차피 다음 날이면 똥으로 변하니까."[25] 크레디트스위스의 보고서가 말하는 것처럼 나이 든 세대의 훨씬 큰 부는 이런 넌더리 나는 조

언을 따른 데에서 비롯된 것이 아니라 예기치 않은 우발 이익의 결과다.[26]

경제학자들은 '수동적' 자산 증가(시장의 전반적인 성과로 인해 이익을 얻는 경우)와 '능동적' 자산 증가(우리의 투자 결정이 결과에 영향을 주는 경우)를 구분한다. 대부분 서구 국가에서 자산 증가의 절대 다수는 사람들이 그저 편안히 앉아서 반복되는 부동산 호황과 주식시장 상승의 물결에서 이익을 본 결과다. 즉 수동적 자산 증가인 것이다.[27]

그렇다면 젊은이들이 지금은 참았다가 돈 많은 부모로부터 물려받은 유산에서 '수동적 수익'을 올릴 날을 기다려야 할까? 세대 서열의 최상단에 모여 있는 자산들 모두가 곧 젊은이들에게로 흘러내리는 것이 확실할까? 대단히 많은 양의 부가 여기에서 창출됐다. 영국에서 물려받은 땅의 가치는 지난 20년간 두 배가 넘게 상승했고 앞으로 15년간 또 두 배가 될 것이다.[28]

그러나 그것이 어려움을 겪는 중년 집단들이 힘든 시기를 헤쳐 나오는 데 도움이 될 것 같지는 않다. 우선 유산 상속이 점차 삶의 후반으로 밀려나고 있다. 영국의 경우 현재 20~35세인 사람들이 유산을 상속받는 평균 예상 연령은 61세다.[29] 재정난에 처한 밀레니얼 세대와 Z세대에게는 너무나 긴 기다림인 데다, 한편으로 오래 사는 부모를 돌보는 비용으로 점점 더 많은 돈이 소비될 가능성이 높아지고 있다.[30]

증여나 대여를 통해 부의 이전을 앞당기는 것도 물론 가능하다. 실제로 많은 사람들이 '엄마아빠 은행Bank of Mum and Dad, BOMAD'

에 의존도를 높여가고 있다. BOMAD는 그 초기만 해도 2004년 BBC TV 프로그램이 보여주듯이 마치 알코올 의존증에 대한 개입을 세대에 적용하듯 부모와 전문가가 나서 무책임한 자녀에게 돈의 가치를 알려주는 데 이용됐다.[31] 그러나 오늘날은 BOMAD 규모가 훨씬 커졌다. 예를 들어 미국 밀레니얼 세대의 3분의 2는 성인기를 시작할 때 부모가 '많이' 혹은 '어느 정도' 도움을 주었다고 말하고 있다. 삶의 동일한 단계에 이런 수준의 재정적 도움을 받은 부모 세대가 36퍼센트에 불과한 것과 비교하면 상당한 차이다.[32] 런던 정치경제대학의 학자들은 연구를 통해 2017년 영국에서 첫 집을 산 사람들의 약 34퍼센트가 자기부담금을 낼 때 부모의 도움을 받았다는 것을 보여주었다. 액수는 상당했다. 2018년 BOMAD가 영국에서 담보 대출 업체 10위에 이름을 올렸을 정도다. 부모들이 자녀들에게 그만큼 돈을 많이 줬다는 의미다.[33]

하지만 BOMAD는 진짜 은행이 아니다. 거의 모든 자산의 이전이 대출이 아닌 증여 형식을 띤다. 런던 정치경제대학의 설문에 응답한 67세의 한 부모는 이렇게 말했다. "오늘날 젊은이들은 나와 남편보다 훨씬 힘든 시기를 겪고 있다고 생각합니다. 우리 아들과 며느리는 학자금 대출에 끔찍하게 비싼 월세, 하늘 높은 줄 모르는 주택 가격이라는 삼중의 짐을 지고 있어요. 우리가 도움이 될 수 있어서 대단히 기쁩니다." 또 다른 75세 부모는 "이런 식으로 아이들을 도울 능력이 있는 우리는 행운아입니다. 아이들도 그렇고요"라고 말했다.

도움을 줄 수 있는 부모를 둔 사람들은 확실히 행운아다. 나이

든 세대들이 누린 부의 평균적 증가에는 큰 차이가 숨어 있다. 나이 든 세대 중 대부분이 유산을 전혀 혹은 거의 받지 못했다. 나 자신도 세이코Seiko 시계와 위스키에 대한 애정 외에는 물려받은 것이 없다(둘 다 아버지에게 물려받았다). 이 유산은 내게 큰 의미를 갖지만, 내가 융자를 갚는 데 도움이 되지는 않는다. 이런 차이가 미래에는 큰 문제 중 하나가 될 것이다. 젊은 코호트들과 그 뒤를 잇는 코호트들이 유산에 의존하지 않고서는 부의 축적이 어려운 상황을 맞이할 경우, 상위와 하위의 격차가 벌어지면서 불평등이 심화할 것이다.[34]

물론 부자들이 자녀에게 부를 대물림하는 것은 역사 내내 이어진 일이다. 경제학자 그레고리 클라크Gregory Clark와 닐 커민스Neil Cummins는 634개 희귀 성['비기(Bigge)', '앵거스타인(Angerstein)', '노티지(Nottidge)' 등] 데이터베이스를 만들어 1858년부터 2012년까지 영국과 웨일스의 공증 기록에서 5대에 걸친 유산 상속을 추적했다. 그들은 1세대에 사망한 사람의 각 재산 가치에 근거해 부유한지 가난한지 구분하고, 현재까지의 재산 흐름을 관찰했다. 두 세계대전 사이에 높은 상속세가 도입된 후에도 부자의 자녀들은 (눈에 띌 정도로) 계속 부유한 상태를 유지했다. 클라크와 커민스가 내린 결론대로 "가진 자에게 더 많은 것이 주어진다."[35]

이 패턴은 역사가 길지만, 부의 규모 증가와 세대 집중은 새로운 것이다. 예를 들어 2016년 영국에서 최상위 베이비부머(백분위 75번째)는 개인 총 자산이 60만 파운드(약 9억 원)였고 최하위 사람들(백분위 25번째)의 자산은 10만 파운드(약 1억 5000만 원)였다. 지난 10년간 베이비부머 전반의 자산 증가는 상위 자산의 성장 가속화로 요약된다. 2006년에서 2016년 사이 백분위 75번째의 자산은 10만~20만 파운드 증가한 반면 백분위 25번째는 자산의 증가가 거의 없었다.[36] 미국에서도 같은 패턴이 나타났다. 2004년에는 미국 베이비부머 상위 5퍼센트가 코호트 내 전체 금융 자산의 52퍼센트를 소유하고 있었지만 그 수치는 2016년 60퍼센트로 증가했다. 반면 하위 50퍼센트는 얼마 안되는 몫마저 감소해 자산의 비율이 3퍼센트에서 2퍼센트로 하락했다.[37]

자산의 큰 증가와 편증은 불평등의 세대 전이로 이어진다. 사회학자 로버트 퍼트넘Robert D. Putnam이 《우리 아이들Our Kids》에서 역설했듯이 여기에는 단순한 돈 이상의 문제가 얽혀 있다. 부유한 부모 밑에서 태어난 아이들에게는 이점이 쌓이며, 성공이 거의 보장된다. 하위에서 고생하는 삶들은 이와 정반대의 상황에 처한다. 퍼트넘은 비만, 아이가 있는 여성의 취업, 편부모, 금전적 스트레스, 대학 교육, 교우관계 등 모든 요소에서 상위와 바닥의 격차가 커지는 수십 개의 '가위 그래프'를 보여준다. 이런 상황은 점차 지역적 차원으로 이동하면서 이웃에서도 경제적 구분이 나타나고, 학교·교회·공동체 집단에서도 사회적 구분이 이루어진다. 퍼트넘은 이렇게 말한다. "부유하든 가난하든, 우리 아이들은 점차 우리와 비슷한 부모를 둔 아이들과 자라게 된다." 퍼트넘은 이것이 "계급 차별의 조짐"을 나타낸다고 경고한다.[38]

부유한 사람들과 가난한 사람들 사이에 점점 커지는 격차는 뒤처진 개인들에게만 영향을 주는 것이 아니라 사람들이 전체 시스템을 보는 방식에도 영향을 끼친다. 100개국을 대상으로 하는 세계에서 가장 큰 규모의 사회 조사 월드밸류서베이World Values Survey에는 부가 늘어나서 모든 사람이 충분히 부유해질 것이라고 생각하는지 아니면 사람들이 다른 사람들의 희생으로 부유해진다고 생각하는지 묻는 문항이 있다. 여러 선진국의 젊은 세대들은 상위에서 늘어난 부가 정말 아래로 흘러내리는지에 의심의 시선을 보내고 있다. 독일의 경우 1997년 전쟁 전 세대 중 거의 3분의 2가 '부가 모든 사람에게 충분할 정도로 늘어날 수 있다'는 말에 동의했다. 2010년대 중반에는 가장 나이 많은 세대의 절반 정도만이 그렇게 믿었고, 밀레니얼 세대의 3분의 1만이 같은 생각을 했다. 여기에는 코호트 영향과 시대의 영향이 모두 작용한다. 전쟁 후 태어난 사람들 모두가 전쟁 전 태어난 사람들보다 암울한 시각을 가지고 있으며, 전반적으로 신념이 약해지고 있다.

　이런 인식은 경제 현실을 기반으로 한다. 사회학자 더글러스 매시Douglas Massey에 따르면 전후 시대의 대부분 동안에는 "경제의 밀물이 모든 배를 들어올렸다."[39] 또 퍼트넘의 표현대로 이 시기의 초기 몇십 년간은 "소형 보트가 요트보다 약간 더 빠르게 상승했다."[40] 실제로 미국 사회 하위 20퍼센트의 소득은 상위 20퍼센트에 비해 매년 조금 더 많이 상승했다. 그러나 1980년대에 흐름이 변하기 시작했다. 우선 소득 증가가 정체되었고, 다음으로 2008년 경제 위기 이후에는 역전되는 사례가 많아졌다.

　독일에서 감지되는 정서가 보여주듯 가장 나이가 많은 세대의 대부분은 시스템이 과거에도 효과가 있었기 때문에 지금도 유효하다는 견해를 고수했지만 이런 믿음은 그들과 함께 사라지고 있다.

그렇다면 우리는 왜 이런 일이 벌어지게 놓아두었을까? 가장 큰 이유는 여러 나라에 걸쳐 개인주의가 계속 증가하는 데 있다. 대단히 강력한 이 문화 조류는 우리가 이 책에서 보게 될 많은 추세에 영향을 미친다. 월드밸류서베이의 책임자이자 미시간대학의 명예교수인 로널드 잉글하트Ronald Inglehart와 동료들은 수십 년 동안 수십 개국에 걸쳐 '안보 가치security values'(경제성장과 질서 유지의 중요성과 같은 가치)부터 '자기표현의 가치'(표현의 자유와 성평등과 같은 가치)에 이르는 다양한 인식 변화를 추적했다.[41] 헤이르트 호프스테드Geert Hofstede와 샬롬 슈바르츠Shalom H. Schwartz와 같은 사람들은 다른 모델을 이용해서 비슷한 요소들을 측정했다.[42] 연구자들 각각이 연구에 특유의 시각을 끌어들였으나, 그들 모두가 비슷한 추세를 발견했다. 여러 나라의 각 척도에서 극단적 개인주의 쪽으로 진화적, 세대적 전이가 지속되고 있었던 것이다.

우리 정치의 장기적 추세 역시 우리를 개인주의의 길로 밀어내고 있다. 마거릿 대처Margaret Thatcher의 1975년 보수당 콘퍼런스 연설은 이런 정치적 세계관의 모범 사례다. "우리는 '사람들이' 개인이 되어야 한다고 믿습니다. 우리 모두는 서로 다릅니다. 다른 어느 누구와도 같지 않습니다. 아무리 많은 사회주의자들이 그 반대인 것처럼 행동해도 이 사실은 달라지지 않습니다."[43] 로널드 레이건Ronald Reagan은 '강인한 개인주의rugged individualism'의 충실한 신봉자였다. 그는 "선택의 시간A Time for Choosing"이라는 1964년의 유명한 연설에서 사람들을 '대중'이라고 칭하는 경향에 분노를 표하고 개인의 자유가 여전히 20세기의 복잡한 문제를 해결하는 데 가장 좋은 접근법이라고 주장했다.[44] 오늘날 젊은 세대들은 이 긴 전환의 끝에 있으며, 인생이 어떻게 전개되는지에 대해 책임감이 특히 강하다. 그들은 자신을 탓하는 경향이 있다.

미래에 대한 믿음의 상실

몇 년 전 〈가디언〉과 함께 세대 차이에 대해 설문 조사를 진행한 적이 있다.[45] 세상에서 가장 부유한 국가에 사는 사람들 사이에서 젊은이들이 더 나은 미래를 경험할 것이란 신념이 약해지고 있다는 사실을 보여준 초기 연구 중 하나다. 우려한 것은 나 혼자만이 아니었다. 경제협력개발기구OECD의 사무총장 앙헬 구리아Ángel Gurría도 마찬가지였다. 그는 이 설문에 대해 다음과 같은 반응을 보였다. "젊은이들이 우리 사회에 주입할 것이라 기대하는 특성, 즉 낙관주의가 영구적인 상처를 입게 된다면 얼마나 큰 비극이겠는가? 우리는 그런 상황을 감당할 수 없다."[46] 세계 경제 조직의 리더들이 더 나은 미래에 대한 믿음이 세대마다 약해지는 것을 걱정하는 데에는 이유가 있다. 상황이 더 나아지지 않는다면, 체제 자체를 완전히 전복시키려는 시도를 무엇으로 막을 수 있겠는가? 그동안은 길게 이어진 개인주의로의 전환과 개인적 책임감의 증가가 그런 결과의 발생 가능성을 낮춰 왔다. 하지만 거기에도 한계가 있다. 세대를 거칠수록 진전이 정체되고 있는 상황은 (혁명까지는 아니더라도) 폭발 가능성을 안은 긴장으로 이어진다.

그렇다면 우리는 어떻게 해야 할까? 이것을 간단한 일처럼 이야기하는 분석이 많다. 나이 든 사람들의 것을 젊은이들에게 주면 된다고 말이다. 언론은 '이기적인' 베이비부머가 행복한 방종의 삶 속에서 경제와 환경을 어떻게 약탈했고 미래 세대들을 방치했는지 떠들면서 그런 분위기를 조성했다. 최근 들어 《10년의 도둑질: 베이비부머는 밀레니얼 세대의 경제적 미래를 어떻게 훔쳤는가The Theft of a Decade: How the Baby Boomers Stole the Millennials' Economic Future》와 같은 제목을 가진 책들의 출간이 이어지고 있다. 그중에는 우발적 상황과 정치적 결정이 만나 오늘날의 세대 격차를 야기했다고 지적하는 합리적인 분석도 있다. 하지만 이런 심각한 누명은 한 세대 전체가 우연히 입은 추세의 혜택 때문에 비난받아야 한다는 뜻이기도 하다. 《소시오패스의 세대: 베이비부머는 어떻게 미국을 배반했나A Generation of Sociopaths: How the Baby Boomers Betrayed America》라는 책은 소시오패스 지표를 이용해 베이비부머를 평가한다.

여러 세대 분석가들이 언젠가는 세대 간 계약이 무너질 것을 예견해왔다. 1992년 뉴질랜드의 학자 데이비스 톰슨David Thomson은 이런 질문을 던졌다. "1990년대 이후 태어난 젊은 성인들이 나이 든 사람의 복지를 위해 돈을 내야 하는 이유는 무엇인가? 어떤 유대, 어떤 의무, 어떤 계약이 그들에게 이런 일을 요구하는가? 그들이 이제는 세대 간의 계약이 존재하지 않는다고, 연장자들의 행동 때문에 무효가 되었다고 주장하지 않을 이유는 무엇인가?"[47]

설득력 있는 주장처럼 보일지도 모르지만 이 주장은 가족 내의 명확한 '유대'와 '의무'를 과소평가하고 세대적 동인을 과대평가하고 있다. 사실 사람들 대다수는 나이 든 세대에 원한을 갖고 행동하지 않는다. 미국 제너럴소셜서베이General Social Survey의 설문에는 '정부가 노인들에게 적절한 기준의 생활을 보장해줄 책임이 있는가'라는 질문이 있다. 1984년에는 열 명 중 아홉 명이 여기에 동의했고 세대별 격차는 없었다. 2016년에도 견해는 정확히 같았다. 오히려 미국 밀레니얼 세대와 X세대의 경우 은퇴 수당에 더 많은 돈을 써야 한다고 말할 가능성이 약간 더 높았다.[48] 이 패턴은 다른 나라에서도 매우 흡사하게 나타났다. 영국 각 세대의 대부분은 정부 지출 확대에서 우선해야 할 항목으로 일관되게 은퇴 수당을 꼽았다.[49]

모든 연령 집단에서 노인들이 공정한 몫 이상을 받아내야 한다는 의견을 내는 나라는 없다. 그렇다고 그 반대를 요구하는 것도 아니다. 젊은이들의 삶의 질이 더 나아질 방법에 대한 영국의 한 연구에서, 가장 인기가 높은 답변은 일자리 안정성을 높이고, 경제 성장을 뒷받침하고, 주택 보급을 늘리고, 의료 제도를 개선하는 등 모두에게 혜택을 줄 수 있는 조치였다. 나이 든 사람들의 세금 부담을 늘리거나 은퇴자 대상의 복지 혜택을 줄이는 조치를 선택한 사람은 극소수였다.[50]

이런 증거를 보면 적어도 경제적 측면에서는 분노를 기반으로 '세대 간 전쟁'이 임박했다는 조짐은 찾을 수 없다. 여기에는 여러 가지 타당한 이유가 있지만 가장 명확한 것은 실제적, 정서적 요소가 주도하는 가족 간의 유대다. 우리는 부모님이나 조부모님이 부당한 입장에 놓이는 것을 원치 않는다. 그분들을 사랑하기 때문이기도 하고 우리의 시간과 돈이 들어가기 때문이기도 하다. 더욱이 일반적으로 우리는 기여를 한 사람은 반드시 지원을 받아야 한다는, 그리고 오래 산 사람들이 더 많은 기여를 했다는 굳건한 믿음을 갖고 있다.[51]

세대 간 긴장이 심각하지 않은 것은 우리 자신 역시 모든 연령대를 거쳐갈 수밖에 없다는 사실과도 연관된다. 성별, 인종, 민족성, 사회적 계층이나 소득과 달리 연령과 관련해서는 그 누구도 범주의 **변화를 피할 수 없다**(죽지 않는 한). 결과적으로 우리는 연장자들에게서 우리 자신의 미래를 본다. 그 미래에는 우리가 정부로부터 얻는 지원의 수준과 종류도 포함된다. 일반적인 오해와 달리 과세와 복지의 주된 결과는 다른 소득 집단 간 돈의 재분배가 아니라 생애 주기 간 재분배(삶의 여러 시기에 걸친 돈의 이전)다.[52] 이런 측면에서 시스템을 바라본다면 젊은 세대가 세대 간 계약을 파괴하려 할 것이라는 생각은 이치에 맞지 않는다. 노인들에게 불리하게 많은 부담을 지운다면 삶의 후반에 자신이 손해를 입게 될 가능성이 크다. 이런 모든 측면을 생각한다면 젊은이들이 조부모와의 전쟁에 나설 생각이 없다는 것은 놀라운 일이 아니다.

현재 젊은 세대들이 미래에 부모보다 경제적으로 가난할 것이란 우려는 떨쳐버릴 수 없다. 세대 간 사회적 계약은 심각한 긴장 상태에 있다. 그렇지만 이것은 부가 점점 소수에게 집중되면서 인구 대부분의 경제적 불안정성이 확대된 결과다. 진짜 문제는 커지는 불균형과 그로 인한 불평등이다. 이것은 미래 세대에 대한 낙관을 되찾기 위해 우리가 집중해야 할 문제이기도 하다.

2장

주거

내 집 마련의 꿈과 멀어지다

1960년대 말, 잘 차려입은 영국 남자 네 명이 샤토 드 샤슬라Château de Chasselas 와인 한 병을 앞에 두고 힘겨웠던 어린 시절을 회상하고 있다. 그들은 모두 가난하게 자랐지만 자기 힘으로 성공을 거뒀다. 전후 호황기에 노동인구에 편입된 행운 덕이라고 말할 수도 있겠다. 하지만 그들이 자수성가한 데에는 외적인 경기 외에 그 유명한 요크셔인들의 근성도 한몫을 했다. 어린 시절 그들의 주거 상태는 충격적이었다.

― 우리는 다 허물어져 가는 작고 낡은 집에서 살았어. 지붕에 커다란 구멍이 있었지.
― 집이라고? 집이라도 있으면 다행이지! 우리는 스물여섯 명이 방 한 칸에서 살았어. 바닥의 절반은 없었고 우리는 떨어질까 봐 한구석에 뭉쳐 있었어.
― 방이라고? 방이라도 있으면 행운이지! 우리는 복도에서

살아야 했다고.
— 복도라고? 우리는 복도에라도 사는 게 꿈이었어! 우리에겐 그곳도 궁전이었지. 우리는 쓰레기장에 있는 물탱크 안에서 살았어. 매일 아침 썩은 물고기 더미가 던져지는 통에 깨어나곤 했지. 집이라니!
— 내가 '집'이라고 하는 건 찢어진 천 조각을 덮은 구덩이라는 뜻이야. 하지만 그게 우리에겐 집이었지.
— 우리는 그 땅굴에서마저 쫓겨나 호수 안에서 살아야 했어.
— 호수가 있었다니 다행이네! 우리 150명이 넘는 사람들은 길바닥에 있는 구두 상자에서 살았어.
— 판지 상자 말이야?
— 그렇지.
— 그렇다면 행운아네![1]

요크셔인들은 응석받이 젊은이(베이비부머 세대)들이라면 이런 얘기를 전혀 믿지 않을 것이라 결론을 내린다.

오늘날 젊은이들의 주거 상태가 얼마나 나쁜지에 대한 기사를 읽을 때마다 이 〈몬티 파이튼Monty Python〉의 촌극에서 마이클 폴린Michael Palin이 구사하는 걸쭉한 요크셔 사투리가 떠오른다. 밀레니얼 세대와 Z세대가 "밤에 숨만 쉬었을 뿐"인데 곰팡이가 생기거나 "찬장에 음식을 보관"해서 쥐가 들어온 일로[2] 피해를 입었으면서도 집주인에게 비난받는 이야기들을 듣고, 나이 든 세대가 자신이 겪은 끔찍한 주거 상태를 떠올리며 내놓는 반응은 이런 것이다.

"세 들어 산다는 건 다 그런 거야. 왜 너만 다를 거라고 생각해?"[3]

키보드 워리어keyboard warrior의 주장에도 일리는 있다. 주거 상태는 상대적으로 멀지 않은 과거에만 해도 훨씬 열악했다. 악랄한 주인 때문이 아니라 기본 편의 시설 측면에서 말이다. 1967년 미국과 영국 가구의 약 7분의 1에는 수세식 화장실이 없었으며[4] 영국인의 22퍼센트는 수도에서 뜨거운 물이 나오는 환경에 살지 못했다.[5] 1970년 중앙난방이 되는 집에 산 영국인은 전체의 3분의 1에 불과했으며 보통은 방 하나만 난방이 가능했다.[6] 이것이 우리 부모님을 비롯한 많은 베이비부머 세대가 어린 시절 경험한 생활 조건이다.

"마룻바닥에서 민달팽이가 기어 나왔다: 밀레니얼 세대가 영국에서 세 들어 산다는 것"과 같은 기사가 등장한 적이 있다.[7] 물론 시간이 흐르고 사회가 발전하는 만큼 생활환경이 개선되길 기대하는 것은 과한 욕심이 아니다. 다만 이 기사는 문제의 요점을 놓치고 있다. 진짜 문제는 치솟는 주택 가격, 엄격해지는 대출 규정, 소득 정체, 부채 증가와 2008년 금융 위기와 코로나19의 대유행 이후의 경제 성장 불안이 젊은이들이 부모의 집에서 떠나는 시기를 늦추고, 주택에 들어가는 소득의 비율을 늘리고, 자기 집을 살 수 있다는 희망을 흐리고 있다는 것이다. 이 주요한 변화는 부의 창출에 대한 가능성, 가족 관계의 속성, 독립성에 대한 감각, 장기적 인간관계와 부모로의 이행 시점 등 젊은이들의 삶에 연쇄적 영향을 미친다. 언제 태어났느냐가 주택 구입에 대한 전망과 결과를 틀 짓는 현상이 여러 나라에서 나타나고 있다. 주택 문제는 '지연된 성인기'와 전반적으로 늦어진 삶의 경로라는 추세를 뚜렷이 보여준다.

장기적 영향까지는 아니더라도 '63세 베이비부머 린디'의 집과 관련된 경험담이 보여주듯이 불안정한 주거 상황은 젊은이들이 젊음을 경험하는 방식을 바꾸어 놓았다.[8] 1980년대 린디는 런던의 한 건물 꼭대기 층에서 살았다. 그녀와 동거인은 그 집을 '메종 크랩Maison Crap'(메종은 집, 크랩은 쓰레기라는 뜻—옮긴이)이라고 불렀다. 이 버려진 건물에 사는 다른 세입자는 비둘기뿐이었다. 하지만 린디는 "요즘 애들은 자신이 어떤 시대에 태어났는지 통 모른다"라고 한탄하는 대신 지금의 젊은 세대가 직면한 주택 가격의 급상승을 지적한다. 그녀가 20대일 때는 월급의 4분의 1로 집세를 충당했던 반면, 요즘 영국에서 세 들어 사는 보통의 젊은이들은 소득의 절반을 주거비로 사용한다.[9] "20대들이 우리처럼 인생을 즐기지 못하는 모습을 보면 마음이 아픕니다." 그녀가 말한다. "우리 세대의 많은 사람들은 속 편하게 살 수 있었던 운이 좋은 사람들이었습니다."[10]

우리가 앞으로 보게 될 것처럼 주택 문제는 젊은이들의 나약함이나 무기력보다는 전적으로 최근 수십 년에 걸쳐 부동산 소유에 대한 재정적 장벽이 높아진 데 원인이 있다. 금융 위기와 그 여파로 주택과 관련된 생애 주기에 큰 변화가 일어났다. 이는 진보에 대한 기대를 충족하거나 관리하는 것이 얼마나 어려운지, 나이를 먹으면서 당연히 걷게 되리라고 생각했던 경로에서 벗어났을 때 그 실망감이 얼마나 큰지 분명히 보여준다.

주택 소유율에서의 적신호

1장에서 살펴본 재산 축적의 세대별 격차 대부분은 지난 몇십 년간에 걸친 주택 가격의 엄청난 상승으로 설명할 수 있다. 현재 상상하기 힘들 만큼 많은 돈이 집에 들어가 있다. 그 액수는 약 2000조 달러로, 세계 주식 시장에 상장된 모든 주식의 가치를 합한 것보다 3배가 많다.[11]

일부 국가에서는 1970년부터 2019년 사이 집값이 세 배가 되었다(인플레를 감안한 수치다). 실제 집값은 아일랜드에서 256퍼센트, 영국에서 227퍼센트, 오스트레일리아에서 212퍼센트, 캐나다에서 197퍼센트 상승했다. 미국의 수치는 69퍼센트로, 이들만큼 극적이지는 않다. 그러나 집값이 이만큼 상승했다는 것은 주택 가격 상승이 많은 사람들이 감당할 수 있는 범위를 훨씬 넘어섰다는 뜻이다. 소득이 정체된 상태에서는 특히 더 그렇다. 1975년 중위 임금을 받는 사람이 미국에서 중위 주택을 구입하는 데 필요한 20퍼센트의 자기부담금을 저축하려면 9년이 걸렸다. 현재 미국의 평균은 14년이고 샌프란시스코와 로스앤젤레스처럼 집값이 비싼 도시에서는 최대 40년이다.[12] 영국은 사정이 더 심각하다. 1980년대에 27~30세 성인이 가장인 평균적인 가정이 평균 정도의 자기부담금을 저축하는 데에는 단 3년이 걸렸지만 2016년에는 19년으로 늘어났다. 집값 상승은 물론 대출 규정 강화도 한몫을 했다.[13]

젊은 세대들이 점점 주택 소유를 고려하지 않게 되는 것이 당연하다. 영국에서는 이런 현상이 특히 확연하다(다음 쪽 그림 2.1). 1984년 평균적인 베이비부머가 20대일 때 그들 세대의 3분의 2는

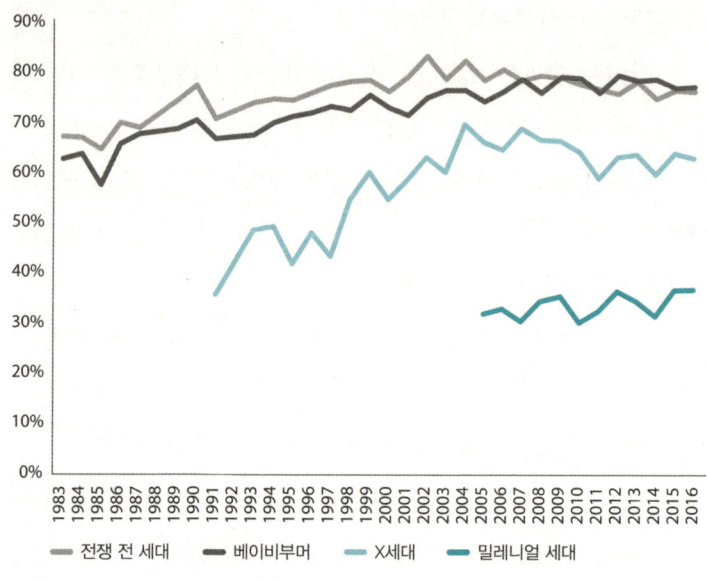

그림 2.1 집을 소유하거나 융자로 집을 구입해서 부모로부터 독립해 사는 영국 성인의 비율[14]

이미 자기 집을 갖고 있었다. X세대가 동일한 평균 연령에 이른 2001년, 주택 보유자는 전체의 약 59퍼센트에 조금 못 미쳤다. 2016년 밀레니얼 세대의 평균 연령이 20대 후반이던 때, 주택 보유자는 전체의 37퍼센트에 불과했다. 두 세대 만에 급격히 하락한 것이다.

그림 2.1에서는 사회적 변화의 세 유형(시대의 영향, 생애 주기의 영향, 코호트의 영향) 모두가 작용해 세대별 그래프가 분기하는 모습을 볼 수 있다. 경제 활동을 시작했지만 이전 세대들보다 주택 소유 수준은 훨씬 낮은 밀레니얼 세대의 경우 코호트 영향이 뚜렷하

다. 주택 소유의 생애 주기가 완전히 바뀌었다는 것도 알 수 있다. 과거에는 나이를 먹으면서 주택 소유의 비율이 높아지는 명확한 패턴이 나타났다. 2000년대 중반까지 X세대가 보여주는 것처럼 그들의 주택 소유 수준은 베이비부머나 전쟁 전 세대와 비슷했다. 하지만 이후 주택 가격 상승과 그에 이은 신용 경색은 그들의 경로를 완전히 바꾸었다. 2008년부터 X세대의 그래프가 평탄해진 것은 거대한 시대 영향이 인생을 바꾸는 충격이 될 수 있음을 보여준다.

주택 소유의 사다리에서 멀어진 것은 밀레니얼 세대만이 아니다. 중년 코호트 대다수 역시 몇 년만 일찍 태어났어도 기대할 수 있었던 것과는 크게 다른 가구 형태에 직면하고 있다. 35~44세 영국인 중 아파트를 공유하는 사람들의 숫자는 2009년부터 2014년 사이 거의 두 배로 늘어났고, 45~54세 중에서는 3배로 증가했다.[15] 오랫동안 방영된 영국 시트콤 〈핍 쇼Peep Show〉에 출연했던 코미디언이자 배우인 데이비드 미첼David Mitchell은 41세에 아홉 번째 시즌을 마지막으로 하기로 결정하고 이렇게 말했다. "중년 남자 둘이 이런 식으로 아파트를 같이 쓴다는 것은 너무 슬프다. 이젠 그만해야 한다. 우리는 나이를 너무 먹었다."[16] 슬프게도 드라마가 계속되는 편이 추세와는 더 잘 맞았을 것이다. 드라마는 밀실공포를 자아낼 만한 집 안에서의 생활과 빠듯한 예산에 맞춰 살아가는 데에서 비롯되는 절망감을 묘사했다("토스트에 버터를 바르고, 토스트를 먹고, 토스트를 똥으로 싸고. 세상에, 삶은 정말 무자비하군").

젊은 세대 사이의 주택 소유 감소로 인해 불가피해진 것은 불편한 아파트 공유만이 아니다. 임대료도 상승했다. 영국과 같이 공공 지원 주택이 제한적인 나라에서 임대료 상승은 임차인이 결국 더 비싸고 규제가 약한 민간 임대 시장에 발을 들여야 한다는 것을 의미한다. 영국 베이비부머가 평균적으로 20대 후반이던 1984년 사계약으로 집을 임차한 사람은 전체의 11퍼센트에 불과했다. X세대의 평균 나이가 그와 비슷했던 1999년, 그 비율은 두 배가 됐다. 그리고 한 세대 만에 다시 한번 두 배로 늘어나 밀레니얼 세대가 20대 후반이던 2016년 이들의 민간 임대 비율은 44퍼센트가 되었다(그림 2.2). 감소의 기미는 전혀 없었다.

이런 상황은 재정적 측면에 엄청난 영향을 미쳤다. 주거 유형을 불문하고 모든 주택 가격이 수십 년 동안 계속 상승했다. 영국의 경우 전쟁 전 세대가 20대 후반일 때 평균 소득 중 주거에 사용하는 돈은 전체 소득의 9퍼센트에 불과했다. 이 수치는 밀레니얼 세대에 와서 24퍼센트가 되었다. 민간 임대의 경우는 더 심각해서 소득의 3분의 1을 집세로 지출해야 한다. 수입의 대부분이 집세로 빠져나가면서 부를 창출할 수 있다는 희망도 사라졌다. (대체로 나이가 많은) 집주인의 부만 늘어나고 있다.[17]

그림 2.3이 보여주는 미국의 주택 소유 패턴은 영국과 무서울 정도로 비슷하다. X세대 평균 연령이 30대 초반이던 2004년 그들의 주택 소유 비율은 전체의 54퍼센트로 베이비부머가 같은 나이였던 1986년의 주택 소유 비율을 약간 앞질렀다. X세대의 주택 소유 비율은 2008년 금융 위기까지 가파르게 상승해 약 80퍼센트를 유지하던 베이비붐 세대의 수준에 이르렀다. 하지만 영국과 마찬가지로 X세대의 주택 보유 비율은 이후 감소하고 정체되었다. 현

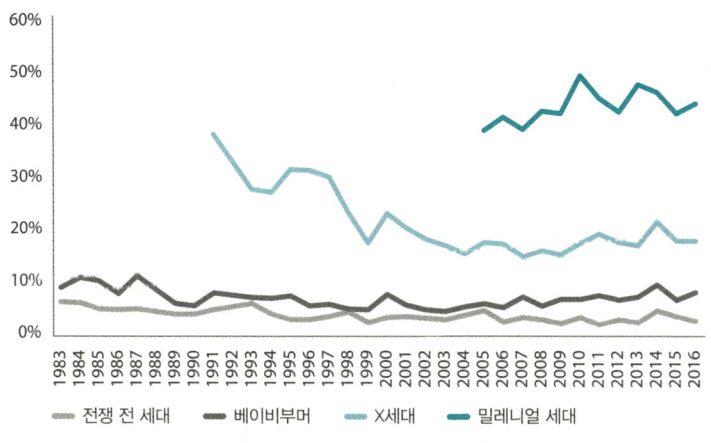

그림 2.2 부모로부터 독립해 민간에서 임대한 집에 사는 영국 성인의 비율[18]

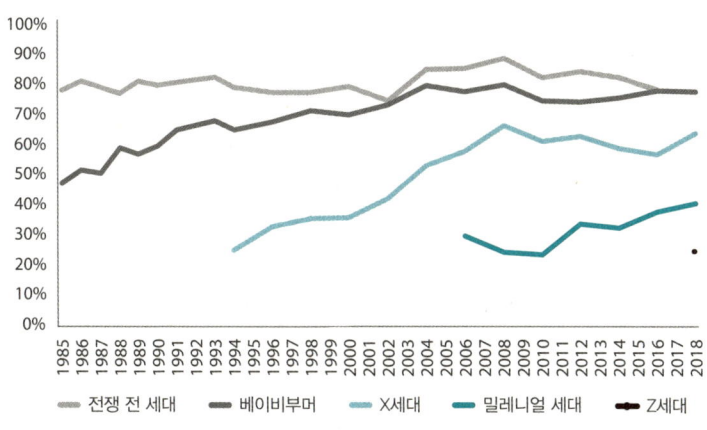

그림 2.3 집을 소유하거나 융자로 집을 구입해 부모로부터 독립해 사는 미국 성인의 비율[19]

2장 주거: 내 집 마련의 꿈과 멀어지다

재 40~50대인 X세대는 같은 나이였던 때의 베이비부머에 크게 뒤처져 있다. 주택과 금융의 위기는 밀레니얼 세대가 주택 구입 잠재력을 가지는 시기의 초반에 일어났고, 그들은 평균 나이가 30대 초반이던 2018년 같은 나이 때의 X세대보다 훨씬 낮은 40퍼센트의 주택 보유 비율을 기록했다.

주택 시장의 성격이 이들과 매우 다른 국가들에서도 주택 보유에 대한 세대 간 압력의 조짐이 보이기 시작했다. 독일의 경우 주택 보유율이 전통적으로 다른 나라에 비해 눈에 띄게 낮았고 주택 소유가 인생의 후반에나 일어나는 경향이 있었다. 독일 베이비부머의 경우 평균 연령이 57세에 이른 2012년에야 주택 보유율이 최고점(66퍼센트)에 도달했다. 2차 세계대전 이후 주택 재건 계획과 민간 임대 부문에 대한 민감한 규제와 지원, 까다로운 융자 절차, 주택 소유를 권장하는 세제 혜택의 부재 등 오랜 세월에 걸쳐 독일 정부가 한 일련의 선택으로 인해 주택 시장이 이런 특징을 띠게 된 것이다.[20] 독일 사회는 다른 나라에 비해 주택 임대를 소유보다 훨씬 더 선호했고, 그 결과 주택 소유 비율과 집값이 안정적이었다.

최근까지 독일의 세대들은 앞 세대와 비슷한 길을 걷는 것으로 보인다. 밀레니얼 세대는 X세대의 주택 소유 추세선을 그대로 뒤따랐다. 하지만 새로운 분석은 상황이 변화하고 있음을 보여준다. 25~34세 성인의 12퍼센트만이 자기 집을 가지고 있다. 1990년대 말 같은 나이 사람들의 주택 보유 비율 23퍼센트와 크게 차이가 나는 수치다.[21]

무너진 시장, 깨어진 꿈

주택 가격의 상승이 다른 곳보다 극심하지 않은 독일에서도 젊은이들 사이의 주택 소유 비율이 감소하고 있다는 사실은 이 추세가 단순히 주택의 시장 가치에 관한 문제가 아님을 시사한다. 나이 든 세대는 수십 년에 걸친 정책의 혜택으로 비교적 쉽게 주택을 구입할 수 있었지민 이후 부동산 거품이 꺼지자 더욱 엄격한 규제를 도입해야 한다는 압력이 일었다. 미국의 나이 든 세대는 느슨한 규제와 대출 이자에 대한 세금 감면에서 혜택을 보았다. 1980년대와 1990년대 영국의 베이비부머들에게는 임대주택을 100퍼센트 담보 보증으로 50퍼센트 할인가에 구입할 권리, '매입권'이 주어졌다.[22] 매입권 계획은 계속됐지만 조건의 매력과 접근성은 훨씬 떨어졌다. 2008년 금융 위기에 뒤이어 정부는 기존 소유자들이 압류를 피할 수 있도록 도움을 준 반면 새롭게 시장에 진입하는 사람들에게는 대출 규제를 강화했다. 다른 나라에서도 이런 일이 일어났다.[23] 담보 대출을 얻는 것이 어려워지고 자기부담금이 더 늘어난 것은 독일 젊은이들의 주택 보유 비율이 감소한 가장 큰 이유다.[24]

결국 주택 보유 수준은 정책들과 변화하는 경제 상황의 상호작용에 좌우된다. 2008년 금융 위기로 세대를 구분 짓는 지점이 만들어졌으나, 압력은 한동안 계속됐다. 여기에는 최근의 세대들에게 더 큰 영향을 주고 있는 다른 재정적 부담들 외에 우리가 1장에서 본 소득 정체도 포함된다. 뉴욕 연방준비은행의 연구원들은 2007년부터 2015년 사이 28~30세 미국인 주택 보유율 하락의 35퍼센트가 학자금 대출의 상승 때문이라는 점을 발견했다.[25] 미국 밀레니얼 세대의 거의 절반은 교육비를 내기 위해 돈을 빌려 썼고(이는 X세대보다 10퍼센트, 베이비부머보다 25퍼센트 높은 수치다) 액수는 이전 세대보다 훨씬 더 많았다.[26]

다시 말하지만 재산 소유의 가능성에 영향을 주는 것은 당신이 언제 태어났는지와 다른 불평등한 요소들 사이의 **상호작용**이다. 예를 들어 미국에서는 교육 정도에 따른 주택 보유율의 격차가 1990년에서 2015년 사이 세 배로 늘었다.[27] 미국 밀레니얼 세대 주택 보유자의 4분의 1은 대학 학비와 주택 보증금 모두에서 부모의 도움을 받았다. 전체 밀레니얼 세대 인구 중 주택 보유자가 3퍼센트에 불과하지만 말이다.[28] 이는 누적된 이득이 행운아들만 진입하는 '특권의 깔때기'로 흘러내린다는 것을 보여준다.[29]

그 결과 중년에도 세를 사는 사람이 늘어나고 있다.[30] 40대에 접어들고 나면 첫 집을 구매할 가능성이 줄어들기 때문에 은퇴할 때까지 세를 사는 사람이 더 많아진다. 이런 추세는 광범한 영향력을 발휘한다. 오스트레일리아 학자 앨런 모리스Alan Morris는 나이 든 사람들에게 민간 임대차와 주택 보유가 미치는 영향을 비교했다. 높은 임대비는 연금을 크게 깎아먹고 그 결과 사회 활동을 할 돈이 줄어들며 따라서 세를 사는 사람들은 고립감과 외로움을 훨씬 더 많이 느끼게 된다.[31] 모든 나이 든 사람들이 외롭다는 생각은 세대에 대한 나태한 고정관념이지만, 일부 집단에 대해서는 틀린 말이 아니다. 자원이 희박하고 동거 형태가 불안정한 경우에는 특히 더 그렇다. 모리스의 분석은 비교적 소수 노인에게서 생기는 추세를 보여주지만, 주택 보유에서 세대적 변화가 계속된다면 이런 추세는 다음 몇십 년 동안 훨씬 더 일반화할 것이다.

사람들이 자기 집을 보유하는 것을 선호하는 데에는 집의 **사용 가치**(사용함으로써 얻는 가치), **교환 가치**(축적된 부), **상징적 가치**(성취감, 소속감, 신분의 상징 등) 등 여러 가지 이유가 있다.[32] 융자가 일종의 '강제적 저축'이라는 사실을 비롯해 다양한 행동상의 이득도 있다.[33] 이런 이득 중에는 당신이 어디에 사는지에 상관없이 적용되는 것도 있지만, 국가 경제와 문화에 좌우되는 것도 있다. 독일과 같은 나라에서는 주택 보유의 동기가 비교적 약한 반면 영국, 미국, 오스트레일리아에서는 여러 동인들로 주택 보유가 거의 보편적인 염원이 되고 있다.

하지만 항상 그런 것은 아니었다. 지난 20년 동안 영국 모든 세대의 약 80퍼센트 이상이 세 들어 사는 것보다 주택 보유를 선호한 것은 맞지만, 이전에는 이 정도로 의견 일치가 이루어지진 않았다. 1990년대 초 전쟁 전 세대의 겨우 절반만이 집을 사는 게 꿈이라고 말했다. 우리가 주택 구입을 최선의 선택으로 생각하도록 사회화된 것은 그 이후의 일이었고, 이는 주택 가격이 올라가면서 시작됐다.

젊은 집단이 열망과 현실 사이에서 괴리를 느끼고, 제도에 갇히는 사람들이 점점 많아지면서, 암울한 미래가 심각한 사회적 위협이 되고 있다. 지리학자 조엘 코킨Joel Kotkin은 이런 최근의 추세를 유사 봉건 체제로의 회귀로 본다. "열망과 실망 사이의 세대 격차가 우리의 인구학적, 정치적, 사회적 미래를 규정하는" 체제로의 회귀라고 말이다.[34]

코로나19 팬데믹의 여파는 더 큰 와해로 이어질 가능성이 크다. 위기의 초기 단계에 영국은 기업과 소득을 뒷받침하는 엄청난 정부 재난 지원금과 취득세 면제와 같은 직접적인 주택 시장 지원으로 집값을 유지하거나 심지어는 높이는 데 초점을 뒀다. 분석가들은 이번 대유행이 경제에 미치는 장기적 영향으로 부동산 가격이 상당히 하락할 것이라고 예상하고 있지만,[35] 이는 주택 가격을 유지하려는 정부의 욕구를 과소평가하는 것일 수 있다. 젊은 세대들이 감당할 만큼의 집값 가격 조정이 있을 것이란 기대는 실현되기 어렵다.

이는 우려할 만한 문제다. 세 들어 사는 연금 수급자들이 재정적 압박에 직면하면서 정부의 지원에 더 의존하게 될 것이기 때문이다. 영국의 경우 연금 수급자에 대한 주택 수당 지급액이 연간 30억 파운드(약 4조 7000억 원) 이상 증가할 것으로 추정된다.[36] 이런 비용 증가가 유인이 되어 지금의 주거 상황에 대한 개선 노력으로 이어져야 할 것이다.

둥지에 갇힌 청년들

많은 나라에서 많은 사람이 자기 집을 갖는 꿈을 꾼다. 하지만 현실에서는 어린 시절부터 사용하던 침실조차 벗어나지 못하는 젊은이들이 늘고 있다. 꿈은 시내의 호화로운 아파트나 아늑한 교외의 주택이지만, 10대 시절 붙여 놓은 밴드 포스터가 너저분하게 남은 방 안의 낡은 싱글 침대가 점점 많은 젊은이들의 현실이 되고 있다. 최근 부모님의 집으로 다시 들어간 한 28세의 젊은이는 이렇게 말했다. "이를 닦아주던 사람들과 살면서 어른이 됐다는 느낌을 갖기란 쉽지 않다."[37]

성인기까지 부모님 집에서 사는 것이 그리 드문 일이 아닌 나라들도 있다. 세계의 자료를 보면 지역에 따라 환경이 엄청나게 다르다는 점이 가장 두드러진다. 예를 들어 25~34세 이탈리아인 절반 정도가 여전히 부모님과 사는 데 비해 노르웨이와 스웨덴의 경우 그 비율은 5퍼센트에 불과하다. 영국과 미국은 두 극단 사이에 있다.[38] 형성기의 경험에 큰 영향을 미치는 이 요소의 폭은 매우 넓다.

하지만 많은 나라의 점점 많은 가정들이 새로운 현실을 받아들여야 하는 상황에 놓이고 있다. 다음 쪽 그림 2.4가 보여주듯 1999년 평균 연령 27세인 미국 X세대의 18퍼센트가 부모님 집에서 살고 있었으나 2014년 같은 나이의 밀레니얼 세대의 경우 그 비율은 31퍼센트로 증가했다. 밀레니얼 세대는 평균 연령이 30세가 넘은 이제야 부모님 집에서 나오고 있어, 2017년 부모님 집에 사는 밀레니얼 세대의 비율은 16퍼센트로 떨어졌다. 하지만 이것이 추세의 끝이 아니다. Z세대는 이전 세대보다 부모님 집에 발이 묶일 가능성이 더 높아 보인다.

영국의 패턴도 거의 비슷하다. X세대는 20대 후반까지 부모님과 사는 비율이 20퍼센트였지만, 2014년 밀레니얼 세대의 비율은 31퍼센트로 상승했다. 미국에서와 마찬가지로 영국의 밀레니얼 세대는 30대가 되어서야 집에서 나오는 비율이 조금씩 늘기 시작해, 2016년에야 비로소 그 비율이 19퍼센트로 떨어졌다. 하지만 이런 추세는 Z세대로 이어지고 있다. 영국에서는 1999년에 비해 2019년

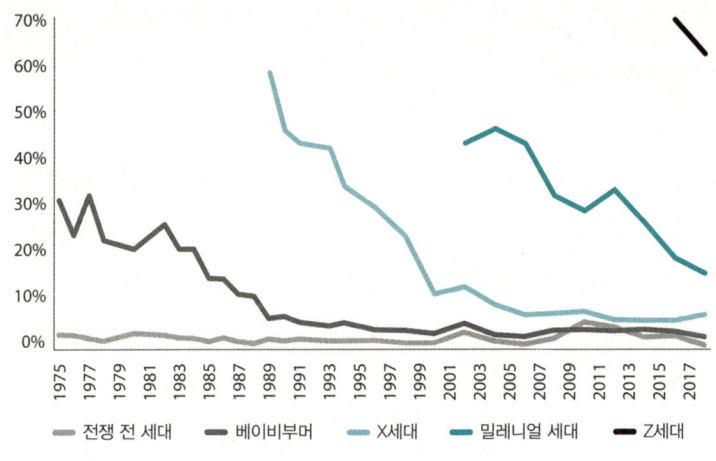

그림 2.4 부모님 집에 사는 미국 성인의 비율[39]

100만 명 이상 더 많은 젊은이가 부모님 집에서 살고 있었다. 이것은 사는 방식의 놀라운 변화다.[40]

독일에서조차 비슷한 현상이 목격되고 있다. 월드밸류서베이에 따르면 2013년 독일 밀레니얼 세대의 40퍼센트가 부모님과 살고 있다고 답했다. 1999년 X세대의 26퍼센트와 비교되는 수치다. 독일의 경우 이미 오래전부터 부모님과 사는 젊은 성인 비율이 높긴 했지만, 어쨌든 이동의 방향은 동일하다.

아들은 딸에 비해 성인기에 부모와 살 가능성이 더 높다. 여기에는 다양한 이유가 있다. 여성은 자신보다 나이가 많은 남성과 관계를 맺는 경향이 있고, 남성은 직접 아이들을 돌볼 가능성이 낮기 때문에 주택 수당에 대한 접근이 낮은 경향이 있다.[41] 하지만 흔한 묘사들과 달리 이 추세는 단순히 비디오 게임이나 하면서 부모님 집 지하에서 행복하게 사는 수염이 덥수룩한 34세 남자의 수가 늘어난 결과가 아니다. 큰 변화는 연령대의 초반에 집중됐다. 지난 20년 동안 부모와 함께 사는 25~27세 젊은이가 급격하게 늘어나면서 그 비율은 이제 3분의 1에 이르렀다. 반면 2018년 부모님과 사는 33~34세 영국인은 6퍼센트에 불과하며, 이 숫자는 1996년 이래 거의 변하지 않았다. 대부분의 경우 부모와 함께 사는 것은 영구적인 라이프스타일이라기보다는 단기적인 대처 전략인 것이다.

하지만 살아가는 방식의 측면에서는 영속적인 전환처럼 보이기도 한다. 따라서 이것을 새로운 생애 단계인 '성인 진입기emerging adulthood'라고 보는 사람들도 있다. 이 말을 만든 것은 클라크대학의 심리학자 제프리 옌센 아네트Jeffrey Jensen Arnett다.[42] 아네트는 성인 진입기를 청소년기와 완숙한 성인기 사이와 다른 별개의 단계로 본다. 18~29세를 사랑, 일, 세계관에 대한 정체성의 탐색이 이루어지는 시기로 보는 것이다. 아네트의 이론은 발달심리학자들로부터 상당히 비판받았다. 이 현상을 개인의 재정적 상황이 낳은 결과가 아니라 적극적 선택으로 파악하고 있다는 것이 비판의 이유 중 하나였다.[43] 미국의 한 연구가 보여주듯 소득 하위 절반에 속한 가구의 사람들은 소득 상위 절반에 속한 사람들보다 27세 이전에 부모님 집을 나갈 가능성이 낮고, 주택을 보유하고 있는 부모를 둔 사람들은 그렇지 않은 사람보다 부모님 집을 나갈 가능성이 높았다.[44] 따라서 성인 진입기보다는 '지연된 성인기'가 더 적절한 표현일 것이다.

이런 변화에 대한 반응은 그리 좋지 않다. 변화가 점점 일반화하고 있는 나라들의 경우는 반응이 특히 부정적이다. 밀레니얼 세대를 '나나나 세대'라고 명명한 2013년 〈타임〉 커버스토리의 부제는 "밀레니얼 세대는 아직도 부모님과 함께 사는, 게으르며 자기 도취자라는 이름을 받을 만한 자들이다"였다.[45] '부메랑 세대boomerang generation'라는 용어가 암시하듯 부모들은 아무리 노력해도 아이들을 떼어낼 수 없다. 퓨리서치센터Pew Research Center가 실시한 2019년의 설문 조사는 많은 사람들이 이런 변화에 익숙해지지 못하고 있다는 것을 보여준다. 미국 대중의 64퍼센트는 22세면 부모로부터 재정적으로 독립해야 한다고 생각했지만 실제로 그 나이에 독립을 이룬 것은 24퍼센트에 불과했다.[46]

위기를 기회로?

미국이나 영국과 같은 나라에서 젊은 사람들이 부모와 더 오래 살고 있고, 지난 10년간 여러 세대로 구성된 가구의 수 역시 그와 유사하게 증가하고 있다는 사실을 전적으로 나쁘다고만 보아서는 안 된다. 경제가 어려운 시기에는 분별 있는 전략이 될 수 있으며, 어떤 상황에서는 세대 간 유대를 증진하는 데에도 도움이 될 수 있기 때문이다.

하지만 세대 간 접촉의 증가는 젊은이와 나이 든 사람들 사이를 멀어지게 하는 더욱 큰 힘 앞에서 왜소해진다. 세계에서 세대 통합이 가장 잘 이루어진 사회 중 하나였던 미국은 지난 한 세기 동안 연령의 분리가 가장 두드러진 사회로 변모했으며,[47] 국가 대부분에서 연령 간 분리가 인종 간 분리만큼이나 극심했다.[48] 한 연구에 따르면 60세 이상의 미국인들은 6개월간 '중요한 문제'를 함께 논의한 사람들 중 35세 이하인 사람이 전체의 4분의 1이었다고 했다. 친척을 제외하면 그 수치는 6퍼센트로 떨어진다.⁴⁹

연령 간 분리는 다양한 개혁의 도입에서 비롯됐다. 정규 교육은 단일 교실에서 별개의 단계로 세분화되었고, 노동인구는 산업적 방식으로 전문화되었으며, 젊은이들은 도시로 이동한 반면 나이 든 사람들은 노인 센터, 양로원, 은퇴자 공동체로 들어가면서 지방으로 분리되었다. 다양한 세대 간 프로그램을 설계한 마크 프리드먼Marc Freedman의 말대로 우리는 "점차 경제, 가정, 전체적인 자원에서 쓸모없는 폐기물로 인식되는" 노인들을 공공시설에 밀어 넣기 시작했다.⁵⁰

이런 연령 간 분리는 잠재 수요를 충족시키는 듯한 모습을 보여주었다. 부동산 개발업자 델 웹Del Webb은 1960년 애리조나 사막에 미국 최초의 대규모 자급형 은퇴자 공동체, 선시티Sun City를 만들어 젊은 세대의 짜증에서 벗어나 "즐겁게 나이 먹는" 노후를 약속했다. 이것은 피할 수 없는 죽음에 대한 생각을 미연에 방지하는 방식, 프리드먼의 표현대로 향수 어린 "여름 캠프로 돌아가는 여행"이었다. 심지어는 "청춘의 샘을 향한, 기술 문화에서 벗어난 시도"로 느껴질 수도 있다.⁵¹ 선시티가 문을 연 첫 주에 10만 명이 새로운 도시에 모여들면서 미국 역사상 최대의 교통 체증이 빚어졌다.

추세가 너무나 광범해진 나머지 여러 세대가 더불어 산 수 세기에 비교하면 이것이 비교적 새로운 추세라는 점이 잊힐 지경이다. 코넬대학 교수인 칼 필레머Karl Pillemer의 말대로 "우리는 위험한 실험 와중에 있다. 지금 사회에서는 그 어느 때보다 극심한 연령 분리가 나타나고 있다."52

미국만 그런 것이 아니다. 영국의 한 연구는 2001년 평균 연령이 국가 평균보다 10퍼센트 높은 곳은 343개 지자체 중 15개, 10퍼센트 낮은 곳은 17개뿐이었다는 것을 보여준다. 하지만 2018년 이 수치는 두 배 이상 증가했다.53 보고서의 저자들이 지적했듯 우리는 지역을 '젊은' 지역과 '나이 든' 지역으로 특징짓는 경향이 있지만, 그런 구분은 국가 전체의 변화 정도를 가리는 효과를 낸다. 예를 들어 2015년 영국에는 평균 연령이 세계에서 가장 고령화된 나라인 일본보다 높은 지방 정부가 60개(주로 노스노퍽과 같은 농어촌 지역)였다. 반면 평균 연령이 OECD 국가 중 가장 낮은 칠레(34세)보다 낮은 지방 정부는 23개였다.

영국 싱크탱크 센터포타운스Centre for Towns가 실시한 1981년부터의 장기 분석은 이것이 얼마나 새로운 현상인지 보여준다. 그림 2.5는 생산 가능 인구 중 65세 이상 인구가 차지하는 비율을 측정한 노령 의존 비율을 보여준다. 1991년까지는 거의 변화가 없었으나 그 이후 비율이 높아지는 시골과 낮아지는 도시로 분기가 나타났다.54

무엇이 젊은이와 나이 든 사람들의 급속한 분리를 유발하는 것일까? 한 지역의 평균 연령에 영향을 줄 요인은 출생률, 사망률, 다른 지역 혹은 지역 내의 이주율 등 몇 가지에 불과하다. 이 분석은 이런 영향들의 조합이 도시가 노령화될지 그 반대로 갈지를 결

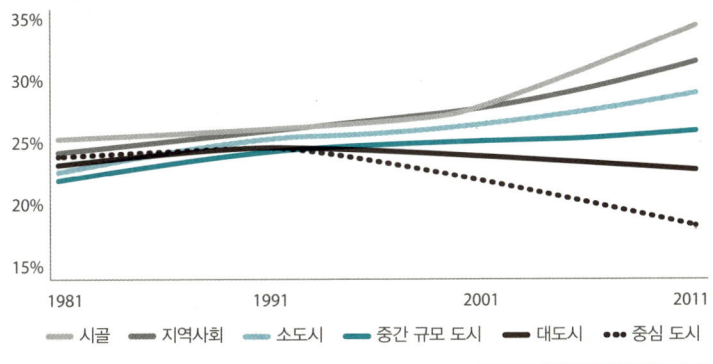

그림 2.5 영국의 지역 유형별 노령 의존도[55]

정한다고 말한다. 노령화가 빠르게 진행되는 지역은 특히 유입 인구의 부족과 가임 연령 인구의 부족으로 인한 낮은 출생률의 영향을 크게 받는다. 반면에 도시 지역의 평균 연령이 낮아지는 것은 영국의 다른 지역과 해외로부터 젊은 인구가 유입되는 영향이 크다. 학생 인구의 증가와 더불어 도시에 경제적 기회가 점차 집중되는 상황도 이런 현상에 한몫을 하고 있다.[56]

세대 간의 물리적 분리는 서로와 긍정적인 관계를 발전시키는 능력에도 영향을 미친다. 미국의 사회심리학자 고든 올포트Gordon Allport는 '집단 간 접촉 이론intergroup contact theory'의 개척자다. 접촉 이론에 따르면 다른 그룹들 사이의 접촉을 잘 관리할 경우(상호작용에서 동등한 위치에 있고 공통의 목표를 가질 때) 고정관념, 편견, 차별을 줄일 수 있다.[57] 실험을 통해 여러 맥락에서 이러한 유형의 접촉이 효과가 있다는 것이 반복해서 입증됐다. 익숙함은 경멸이 아닌 긍정적 감정을 낳는다. 접촉 이론은 연령대 간의 격차 해소보다는 인종적, 종교적 분열을 해결하는 데 주로 이용됐다. 하지만 연령에도 같은 원칙이 적용되며, 연령 집단의 물리적 분리가 늘어나면서 이런 조치의 필요성도 늘고 있다.

연령을 불문하고 다른 연령 집단 간의 접촉에는 큰 혜택이 따른다. 여러 연구들이 양로원의 노인들이 어린이들에게 책을 읽어주거나 그들과 놀면서 보내는 시간에서 유익함을 얻으며, 어린이들은 지혜와 삶의 경험을 흡수할 기회를 얻는다는 것을 보여주었다.[58] 젊은이들과 나이 든 사람들의 이런 상호적 요구는 다른 연령 집단을 하나로 묶는 여러 뛰어난 계획의 기반이 된다. 예를 들어 미국에는 은퇴자 공동체를 대학 인근에 지어 노인들이 학생들과 함께 행사에 참여하게 하는 추세가 존재하며, 일부 은퇴자 공동체는 학교와 통합되어 지어지고 있다. 세대 간 접촉을 촉진하는 비영리 조직 제너레이션유나이티드GenerationsUnited와 오하이오대학은 2018년의 연구를 통해 미국 내에 105개 공유 사이트 프로그램을 만들었다.[59]

이런 다양한 계획에는 긍정적 영향이라는 명백한 증거가 있다. 하지만 세대 간 분리에 압력을 넣는 거대한 추세에 비해서는 규모가 작다. 사회적 기업가들은 박수를 받아 마땅한 반면, 정부가 이 문제를 오래전부터 인식해왔으면서도 더욱 체계적인 지원책을 내놓지 않고 있다는 점이 무척 아쉽다. 영국의 전국노인복지협의회National Old People's Welfare Council가 1949년 내놓은 보고서에는 이렇게 적혀 있다. "노인이 나머지 공동체로부터 분리되지 않도록 하는 것이 필수다. 그들의 주거지가 일반 주거지에 포함되어야 노인들이 겪는 고립감과 외로움을 덜 수 있다." 우리가 주의를 기울이지 않은 탓에 결국 문제의 영향이 우리에게 미치게 되었다.

충족되지 않은 기대

우리의 집단 기억이 우리를 속이고 있다. 이것은 〈몬티 파이튼〉의 요크셔인들이 그랬듯이 과거의 영웅적 이미지를 강화하기 위한 노골적 허풍이 아니다. 우리는 과거에 비해 정말로 다른 것이 무엇인지 정확히 인식하지 못하고, 모든 상황이 다 그렇게 될 운명이었다고 잘못 의식한다.

아모스 트버스키Amos Tversky와 대니얼 카너먼Daniel Kahneman이 1970년대에 발표한 논문은 우리가 이런 "후판단편향hindsight bias"에 쉽게 빠진다는 점을 부각했다.[60] 이후 금융부터 사법권, 의료에 이르기까지 모든 분야에 후판단편향이 존재한다는 것이 드러났다. 심지어는 위키피디아에서도 발견된다. 예를 들어 후쿠시마 원전 사고 이전에는 이 원전이 쓰나미에 취약하다는 언급이 거의 없었지만, 사고 이후 작성된 항목들은 결과의 불가피성을 지적하고 있다.[61] 코로나19 팬데믹에 대한 정부의 대응에서도 같은 경향이 나타난다. 조치가 취해진 당시에는 나름의 이유가 있었을 테지만 돌이켜보면 터무니없이 부적절해 보이는 조치들이 드러나는 식이다.

후판단편향은 어떻게, 어디에 사느냐에 대한 우리의 관점에도 영향을 준다. 젊은이와 나이 든 사람들이 점차 다른 공동체로 분리되는 것은 실제로는 완전히 새로운 삶의 방식인데도 자연스럽게 느껴진다. 높은 주택 보유율과 이것이 가져다준 부 등 나이

든 세대의 행운은 지금 와서는 필연적 결과로 보인다. 실은 나이 든 세대도 그것을 전혀 쉽게 얻지 않았으며, 자신들이 이후 세대들에 비해 특별히 행운아의 운명을 타고났다고 생각지 않는다. 어린 시절 그들은 주택 보유에 대해 심한 압력을 받은 나머지 지금이라면 주목을 끌만한 극단적인 행동에 나서곤 했다. 예를 들어 BBC는 1964년 히드로공항 근처 선버리온템스에 개발되는 새로운 주택의 첫 입찰자가 되기 위해 진흙 바닥에서 4일 동안 야영을 한 젊은 부부의 이야기를 다루었다.[62]

지금은 어떻게 보이든, 당시에 그들은 일확천금의 꿈을 꾸며 그런 일을 한 것이 아니었다. 실제로 주택 보유가 현명한 투자라기보다는 부담처럼 보이던 시대도 있었다. 금리가 15퍼센트나 인상된 후 1990년에서 1996년 사이 40만 채에 가까운 영국의 주택이 압류당했다.[63] 그렇지만 일이 일어나고 나면 우리는 그 사실을 '내내 알아왔던 것'처럼 생각할 가능성이 대단히 높다. 베이비부머의 행운이 필연적이었다는 데에서 우리가 느끼는 분노의 일부는 정신의 속임수다.

그럼에도 세대별 그래프는 이전의 코호트들이 밟은 경로에서 크게 벗어났다. 독립적인 생활과 주택 보유에 대한 기대는 달성 가능한 현실과 큰 격차가 생겼고, 이는 충족되지 않는 평생의 염원으로 남는다. 주택이 우리의 삶에 가지는 중요성을 생각할 때, 이런 퇴행은 진보하고 있다는 우리의 믿음을 훼손하는 주요 요인이 된다. 우리가 가는 길과 우리가 가족으로부터 얻은 자원의 연관성이 점점 커지고 있다. 주택 보유의 문제에 대한 해법을 찾지 않고서는 정부가 세대 간 사회계약을 다시 활성화할 방법을 찾기 어려울 것이다.

필요한 접근법은 나라마다 다르겠지만 방법은 기존의 주택 보유에 대한 염원을 충족시키는 것과 그런 열망에 변화를 주는 것 사이의 선택으로 귀결한다. 집을 갖고 있는 나이 든 세대의 행운을 우리가 유지할 수 없는 수십 년간의 이상 현상으로 본다면, 지금은 힘겨운 조정의 시기다. 여기에 비싼 임대비용과 주택 소유자와 그렇지 않은 사람들 사이에서 계속 커지게 될 부의 격차를 고려하면, 시스템 내의 세대 간 불평등은 훨씬 더 커질 것이다. '더 나은 재건Build Back Better'을 바란다면 코로나 이후 회복 계획의 중심에는 주택이 있어야 할 것이다. 더 나은 재건은 단순히 주택 공급 확대만으로는 달성되지 않을 것이며, 포괄적 범위의 대책이 필요할 것이다.

공공 지원 주택의 공급 확대와 민간 임대의 더 나은 규제를 통해 부모님 집에서 나오려 애쓰는 사람들을 지원할 필요가 있다. 엄마아빠 은행에 기대지 않는 생애 첫 주택 구매자들을 더욱 직접적으로 지원해 주택 보유 사다리의 발판에 오르려고 노력하는 사람들을 도와야 한다.

3장

교육과 노동

가장 많이 배우지만 가장 적게 벌다

"젊은이들, 그들의 희망·목표·기대와 기업이 젊은 사람이 원한다고 생각하는 것 사이에는… 단절이 있다. 나는 내 역할을 통역가로 생각한다." 대기업에 젊은 직원들과 더 나은 관계를 맺는 방법을 조언하는 자칭 '세대 컨설턴트'가 내놓은 견해다. '세대 컨설팅'은 일종의 산업이 되었다. 2015년 미국 기업들은 이 업계에 7000만 달러를 사용했다. 업계 전문가라는 사람들이 많게는 시간당 2만 달러를 번다. 링크드인에는 자신을 '밀레니얼 세대 전문가'나 '밀레니얼 컨설턴트'라고 묘사하는 사용자가 무려 400명이나 있다.[1] 〈월스트리트저널〉은 이를 기업 관리자들이 실상 파악이 미흡하다는 데 불안을 느끼는 데 착안해 사이비 전문 지식을 바탕으로 만들어낸 '부정한 돈벌이'라고 쓰고 있다. 밀레니얼 세대 전문가 혹은 컨설턴트라는 사람들이 바로 이 현상의 주범들이다.

일부 컨설턴트들이 퍼뜨리고 대기업이 앞다퉈 끌어들이는 식견이 어떤 것인지 살펴보면 쉽게 이해가 될 것이다. 미국의 소매

체인 타깃Target은 관리자들에게 종이를 한 장씩 나눠주었다. 여기에는 세대의 업무 스타일, 권위자의 견해, 일과 가족 간 균형에 관한 태도 지침이 담겨 있다. 전쟁 전 세대의 노동자는 '일을 잘했다고 개인적으로 인정받는 것'을 좋아했지만 밀레니얼 세대는 '공개적인 칭찬'을 선호한다는 식의 가르침이 관리자에게 전달됐다. X세대는 돈을 포기하고 휴식을 얻는 것을 좋아하는 데 반해 베이비부머는 급여 조건 측면에서 욕심이 많은 것으로 여겨진다. 안내서 한 부를 입수한 한 기자는 다음과 같이 요약했다. "모든 세대에게 맞는 코칭 비결: 모든 사람을 그들의 방식으로 가르친다."[2]

이 특별한 컨설팅 분야만을 특이하고 터무니없다고 할 수도 없다. 완벽하지 않은 체제를 사용해서, 혹은 특별히 엄정할 것도 없는 연구를 기반으로 진지하게 조언하는 경우가 허다하기 때문이다. 하지만 이런 세대별 고정관념은 파괴적인 힘을 갖는다.

기업들이 지불하는 돈은 (단지 낭비뿐 아니라 해까지 되는) 세대별 차이를 확대하는 명확한 유인책이 된다. 또한 세대 컨설팅이 내놓는 산만한 '식견'은 현실에 존재하는 세대 간 큰 변화에 대한 진지한 논의가 설 자리를 빼앗는다. 요즘의 젊은 직원들이 유난히 나태하고 불성실하다는 진부한 이야기가 들려온다. 조금만 자세히 살펴도 곧 오류가 드러나지만, 이런 이야기들이 우리를 교육계와 노동계에서 일어나는 진정한 극적 변화로부터 멀어지게 한다.

칭찬을 사람들 앞에서 하느냐, 이메일로 하느냐 하는 것보다 훨씬 중요한 딜레마들이 많다. 시대의 영향, 생애 주기 영향, 코호트 영향을 주의 깊게 분리한다면 우리는 높은 교육 수준이 여전히 값어치를 하는지, 점점 커지는 고용 불안이 젊은 세대와 나이 든 세대 모두에게 어떤 영향을 주는지, 인공지능과 자동화가 일의 성격을 변화시킬지 등 사회적 진보에서 중요한 문제들에 대한 식견을 얻을 수 있다.

교육 수준이 가장 높은 세대

영국 사람들에게 젊은이들이 부모보다 더 나을 것이라고 기대할 수 있는 삶의 영역이 무엇이냐고 물으면 하락보다 발전을 기대하는 사람이 많은 영역은 단 네 가지다. 그중 하나가 교육이다. 교육 외에 전망이 밝은 영역들은 자기표현의 자유, 해외여행 능력, 정보와 오락거리에 대한 접근권이다.[3]

이 상대적 낙관론은 전 세계적으로 지난 몇 세대에 걸쳐, 특히 신흥 경제국에서 교육 수준이 믿을 수 없을 만큼 높아진 데 기인한다. 이들 나라의 나이 든 세대들의 경우 고등 교육은커녕 중등 교육에 대한 접근권도 제한적이었다. 중국이 특히 생생한 사례다. 중국의 중학교 입학률은 2006년 64퍼센트에서 2016년에는 94퍼센트로 급증했고 그에 따라 중학교를 마친 학생 수도 연쇄적으로 늘었다. 1999년 고등 수준의 교육을 받는 중국 젊은이는 전체의 6.4퍼센트에 불과했으나 이 수치는 2006년 21퍼센트로 세 배 이상 증가했고 2014년에는 39퍼센트로 다시 거의 두 배 증가했다.[4] 비율이 아닌 숫자로 보면 더 놀랍다. 2017년에 대학을 졸업한 중국 학생은 800만 명으로 1997년의 10배였다.[5] 1998년까지는 매년 고등학교에 입학하는 미국 학생의 수가 중국 학생보다 2배 많았지만 단

10년 사이 상황이 역전됐다. 이런 증가는 결코 우연이 아니다. 공산당 정부는 1999년부터 중국의 입학률(자국은 물론 해외까지)과 중고등 교육의 질을 높이기 위해 일련의 개혁에 착수했다. 효과는 확실했다.

다른 국가들 역시 교육 수준에서 큰 성장을 경험했다. 중국과 같은 중앙의 계획이 없이도 말이다.[6] 그림 3.1은 출생 연도별 코호트에서 25~34세에 고등 교육을 수료한 비율을 보여준다. 가장 위쪽의 막대는 상위 연령의 X세대, 가운데는 하위 연령의 X세대, 맨 아래는 밀레니얼 세대를 나타낸다.

이 패턴은 모든 나라에서 똑같이 나타난다. 각 코호트는 앞선 코호트보다 교육 수준이 높다. 눈에 띄는 부분들도 있다. 예를 들어 한국의 경우 1966~1975년 태어난 사람 중에 20대 후반이나 30대 초반까지 고등 교육을 수료한 사람의 비율은 37퍼센트였으나 다음 세대에는 그 비율이 거의 70퍼센트에 이르렀다.

마찬가지로 영국에서도 고등 교육을 수료한 사람들의 숫자가 거의 두 배가 된 것을 볼 수 있다. 상위 연령의 X세대가 20대 후반에서 30대 초반일 때는 전체의 4분의 1 정도가 대학 졸업장을 갖고 있었다. 당시 영국은 대부분의 국가, 특히 같은 나이 젊은이들의 40퍼센트 이상이 학사 학위를 갖고 있던 캐나다나 일본에 크게 뒤처져 있었다. 하지만 영국 밀레니얼 세대의 첫 물결이 20대 후반에서 30대에 이르자, 고등 교육을 받은 사람들의 비율이 50퍼센트로 급증했다. 오스트레일리아와 스위스도 비슷한 길을 걸었다.

이런 추세는 영국의 각 세대가 학사 학위를 받은 비율을 추적

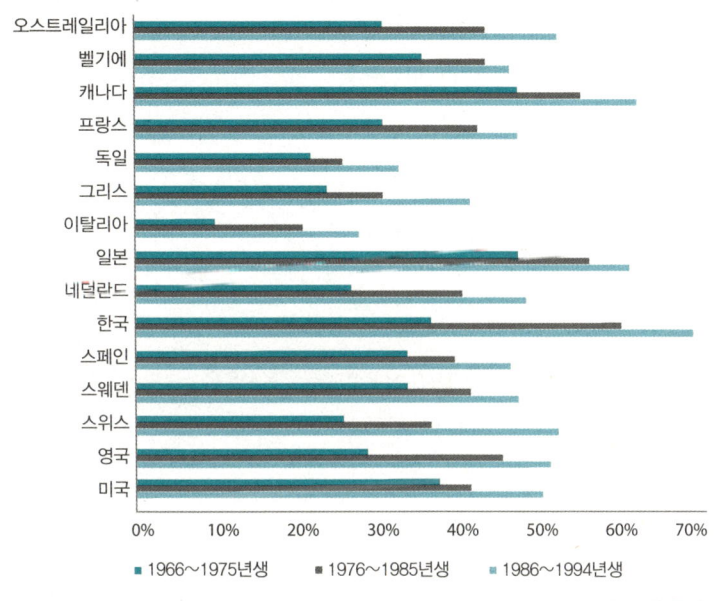

그림 3.1 OECD 국가에서 고등 교육을 수료한 24~34세의 비율[7]

한 다음 쪽 그림 3.2에서도 볼 수 있다. 밀레니얼 세대는 이미 X세대를 추월했고 이 격차는 앞으로 몇 년 동안 계속 커질 것이다. 밀레니얼 코호트의 일부가 아직도 교육 시스템을 거치고 있기 때문이다. 같은 평균 나이 때의 각 세대를 비교하면 상황을 좀 더 쉽게 파악할 수 있을 것이다. 영국 밀레니얼 세대의 평균 연령이 30세이던 2018년 40퍼센트가 학사 학위를 갖고 있었던 반면, X세대는 같은 나이였던 2002년 그 비율이 26퍼센트에 그쳤다.

미국에서도 몇 가지 차이만 있을 뿐 비슷한 패턴이 나타난다. 영국의 경우 대학 교육의 인기가 훨씬 늦게 찾아와 전쟁 전, 베이

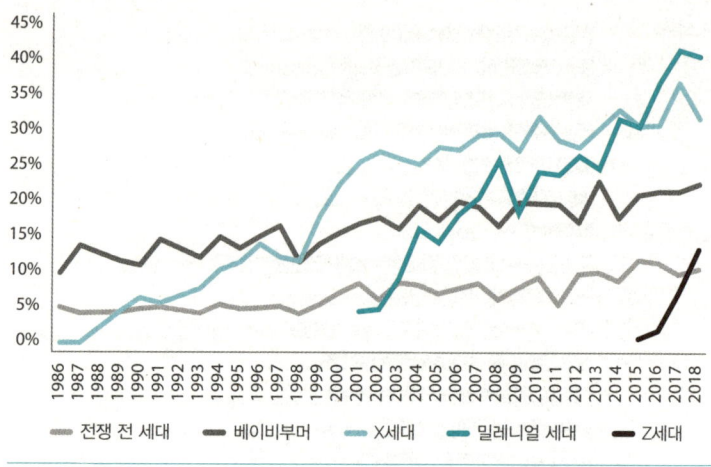

그림 3.2 학사 학위를 가진 영국 성인의 비율[8]

비부머, X세대 사이에 미국보다 큰 격차가 생겼다. 미국의 나이 든 세대들은 영국의 또래들보다 대학에 훨씬 큰 접근권을 가졌고, 미국 베이비부머들은 교육에서 X세대와 대등한 수준이다. 국가 간 차이는 1994년에 통과된 미국의 제대군인원호법GI Bill이 2차 세계대전 이후 고향에 돌아온 군인들이 학사 학위를 받는 데 도움을 준 것이 한몫했다. 1956년까지 미국의 전쟁 전 세대 중 200만 명 이상, 2차 세계대전 참전자 중 거의 절반, 한국전쟁 참전자 중 약 43퍼센트가 이 기회를 이용해서 아메리칸드림의 일부로 대학 졸업장을 받았다. 베트남전쟁 이후 참전 용사의 거의 80퍼센트가 이런 혜택을 누렸다.[9] 반면 영국의 뒤늦은 고등 교육 붐은 젊은이들의 절반을 대학으로 보내겠다는 토니 블레어Tony Blair 노동당 정부의 약속 이후 1990년대 후반부터 X세대 그래프에서 명확하게 드러난다.

또 다른 특징이 있다. 대학 졸업장을 가진 나이 든 세대의 비율이 느리지만 꾸준히 상승한 것이다. 예를 들어 전쟁 전 세대 중 가장 나이가 어린 사람이 42세이던 1986년에는 단 5퍼센트만이 학사 학위를 가지고 있었지만, 2018년 그 비율은 10퍼센트가 됐다. 평생교육에서의 작은 혁명처럼 보이지만, 이는 잘못된 해석이다. 교육과 관련된 수명의 차이라는 설명이 더 적절하다. 고등 교육을 받은 사람들은 고등학교를 마치지 못한 사람들에 비해 평균 수명이 7년 더 길다. 사회적, 경제적 집단 사이에 불평등한 건강상의 결과를 초래하는 일련의 요인으로 인한 것이다.[10] 즉, 나이 든 코호트의 평균적인 교육 수준이 점차 높아지는 주된 원인은, 안타깝게도 교육 수준이 낮은 사람들의 조기 사망에 있다.

대단히 장기적인 장점에도 불구하고 고등 교육에 대한 투자의 증가가 개인적으로나 국가적으로 그만큼의 가치가 있는지에 대해서는 의구심이 커지고 있다. 고등 교육을 받는 사람들의 숫자가 엄청나게 늘고 비용도 상당히 늘어나면서 수많은 기사들이 그것이 여전히 '가치' 있는 투자인지 질문을 던졌다. 미국의 경우 1940~1950년대 주립대학 등록금은 300달러, 연간 학비는 약 600달러로 지금 돈으로 환산하면 6000달러[11] 정도였다. 현재는 평균 1년 학비만 2만 달러다. 뉴욕 연방준비은행 Federal Reserve Bank of New York은 25세 학생의 평균 부채가 2003년에서 2015년 사이 두 배 이상 증가한 것으로 추산했다.[12] 미국 대학 졸업생들의 부채 총액은 1조 5000억 달러다. 2017년 대학을 졸업한 사람은 평균 2만 8650달러의 부채를 안고 있다.[13]

높은 비용과 대학 학위 희소성의 감소에도 표면적으로는 대학이 여전히 이득이 된다. 학위를 가진 사람들은 그렇지 않은 또래에 비해 평균적으로 돈을 훨씬 많이 번다. 영국의 경우 남성 대학 졸업자는 세금과 학비 상환을 고려하더라도 평생 13만 파운드(약 2억 원), 여성의 경우 10만 파운드(약 1억 5000만 원)를 더 벌 것으로 기대할 수 있다.[14] 이 패턴은 미국에서도 동일하다. 미국의 경우 대학 졸업장의 '평균적인 수익률'은 최근 들어 약간 하향했지만, 2018년 여전히 14퍼센트로 1980년 같은 학력 수준 수익률의 거의 두 배였다.[15] 학위를 따려면 3~4년을 공부에 투자해야 하지만, 추가 수익이 전체 근로 시간과 비교해 상대적으로 짧은 시간 안에 비용을 상쇄해주는 것이다. 미국에서는 고등 교육 비용이 상쇄되는 시점이 평균적으로 33세이며,[16] 이 패턴은 다른 나라에서도 관찰된다.[17]

하지만 이런 추산으로 전체 상황을 알 수 있는 것은 아니다. 우선 졸업 배당은 기존에 대학을 졸업할 능력과 자원이 있다는 것을 반영한다. 이런 사람들은 학위가 없어도 자신의 능력이나 부유한 가족의 지원으로 좋은 성과를 올렸을 것이다. 이것이 상당히 큰 차이를 설명한다는 몇 가지 증거가 있다. 영국의 재정학연구소Institute for Fiscal Studies, IFS는 이들 요소를 감안할 경우 남성들의 졸업 배당이 겨우 8퍼센트라고 계산했다.[18]

둘째, 공부한 것이 어떤 것인지, 어디에서 공부했는지에 따라서도 큰 차이가 있다. 또 다른 IFS 보고서는 졸업생이 29세가 될 때까지 대학에 다니지 않은 사람들보다 **적은** 수입을 올리는 교육 기관 12곳과 어느 대학에 속해 있든 상대 수익률이 낮은 창작예술과 같은 학과들을 찾아냈다. 이와는 대조적으로 의학이나 경제학을 공부한 남성들은 평생 50만 파운드(약 7억 8000만 원)를 더 벌 수 있다.[19] 전반적으로 대학 졸업생의 80퍼센트가 순수익을 올리지만 20퍼센트는 그렇지 못하다. 이런 결과의 차이는 미국에서도 똑같이 나타나며, 대학 교육이 가치가 있느냐는 질문에 대한 졸업생들의 견해가 다양한 이유를 설명해준다. '확실히 그렇다', '아마 그럴 것이다', '아마 그렇지 않을 것이다', '전혀 그렇지 않다'라고 답한 졸업생의 비율은 각각 25퍼센트였다.[20]

마지막으로 학위가 가치나 기술의 습득 수단인지 아니면 바람직한 기본 소양의 표식으로 보는 고용주를 위한 값비싼 확인 절차인지의 문제를 생각해보자. 후자는 경제학자 브라이언 캐플런Bryan Caplan이 《교육 반증The Case Against Education》에서 주장한 것이다. 고등 교육 접근권이 확대되면서 일부는 다른 특질(더 높은 수준의 학위, 특별한 기관의 학위)을 추구하고 다른 일부는 결국 졸업장이 필요치 않은 일을 하게 된다. 캐플런은 이를 콘서트에 비유했다. 청중 몇 명이 일어서면 일어선 사람들은 공연을 더 잘 볼 수 있겠지만 주위 사람들도 일어서기 시작하면서 모두가 편치 않게 되고, 모두가 잘 볼 수 없게 된다. 문제는 사람들에게 앉으라고 설득하기가 대단히 어렵다는 데 있다. 청중 뒤에 새로운 세대가 도착한다면 특히 더 그렇다.

이렇게 보면 고등 교육의 엄청난 확대에도 불구하고 특히 젊은이들 사이에서 고등 교육에 대한 욕구가 여전히 크다는 것도 놀랄 일은 아니다. 베이비부머들 사이에서는 지지 수준이 하락했지만 X세대, 밀레니얼 세대, Z세대의 약 절반은 고등 교육 접근성 확대를 원한다고 말하고 있다. **축소**를 바란다고 말한 사람은 모든 세대에서 소수(베이비부머와 전쟁 전 세대에서 약 16퍼센트)다.

우리는 계속해서 대학 교육을 우선하고 있다. 단순히 경제적인 성공 때문만이 아니라 폭넓은 경험에 두는 가치 때문이기도 하다. 개인적 수준에서 고등 교육은 강의와 지도를 넘어 새로운 사상과 사람들에게 노출될 기회와 새로운 관심사 탐구, 재능 발굴과 광범한 기술 개발의 여지를 준다. 이런 혜택은 정량화하기가 매우 힘들다. 일부에서는 대학에 다니는 일의 '인지적' 혜택을 측정하려고 시도했다. 심리학자 어니스트 파스카렐라Ernest Pascarella와 패트릭 테렌지니Patrick Terenzini는 30년간의 연구를 바탕으로 대학에 다니는 사람들은 비판적 사고 기술이 대학에 다니기 전 수준이나 가정적 요인을 통해 예상되는 것보다 훨씬 더 크게 발전한다고 했다. 중요한 것은 단지 강의실에서만 일어나지 않는다. 비판적 사고 기술 향상의 거의 절반은 강의실 밖에서의 경험 덕이다.[21]

이는 수익이 줄어들지 않는다거나 더 나은 시스템이 더 좋은 혜택을 주지 못한다는 의미가 아니다. 영국과 미국 같은 나라에서는 고등 교육에 너무 집중한 나머지 비학문적인 교육이나 훈련에 대한 지원이 소홀하다. 데이비드 굿하트가 《머리, 손, 가슴Head, Hand, Heart》에서 주장했듯이 "가능한 한 많은 사람을 대학에 보내기보다는 '성취'의 원천을 넓히고 '대학이 아닌' 부분의 위상을 높이려 노력하는 것이 낫지 않을까? 사회적 성공에 대한 기대를 높이는 과정, 대부분 실망으로 이어지는 이 과정은 경제가 필요로 하는 중급 기술을 외면하고 있지는 않은가?"[22] 학위를 가진 젊은이들의 급증은 축하할 만한 성공이지만 연쇄반응 없이는 근본적 변화를 이루기 힘들다. 이런 결과가 빚어진 것은 학위를 추구하지 않는 사람들을 방치해 둔 탓으로 보인다. 이는 교육 수준이 왜 그토록 큰 사회적 차이를 만들었는지를 설명해준다.

일에서의 실제 변화

노동 시장은 단 몇 세대 만에 큰 변화를 겪었다. 가장 명확한 사례는 3~4세대를 거치는 동안 거의 모든 나라에서 여성 고용률이 비약적으로 증가한 데에서 찾아볼 수 있다.[23] 1941년 15세 이상 캐나다 여성 중 경제적 활동을 한 사람은 22퍼센트에 불과했으나 2016년에는 61퍼센트로 급증했다.

코로나19 대유행 직전, 영국은 노동 인구의 고용률이 75퍼센트라는 기록적 수준에 있었다.[24] 그 대부분은 여성의 고용률 증가에 의한 것이었다. 각 여성 세대가 증가세를 기록했지만 20대 중반부터 30대 중반까지 세대에서 특히 두드러졌다. 이는 주로 자녀 양육 기간의 고용률이 높아진 덕분이다. 베이비부머 여성들의 거의 70퍼센트가 20세 전후에는 고용 상태였으나 이 비율은 20대 후반에 56퍼센트로 떨어졌다. X세대와 밀레니얼 세대 여성의 고용률은 그보다 약간 나이가 들었을 때 최고점인 70퍼센트를 기록했다. 이것은 고등 교육 참여 증가로 인한 것이며, 자녀를 양육하는 기간에도 고용률은 하락하지 않았다.

거의 모든 세대의 여성 고용률 증가가 기혼 여성에 집중되어 있다는 사실을 보면, 성역할에 대한 사회적 규범의 변화, 출생률의 감소, 산모의 건강과 보육의 발전이 여성 고용 증진에 대단히 중요하다는 것이 명확하게 드러난다. 미국 노동 시장의 기혼 여성 참여도는 1950년대의 약 30퍼센트에서 1990년대에 약 60퍼센트로 증가해 여성 고용률의 전체 변화에서 가장 큰 부분을 설명해주고 있다.

최근 고용 패턴에서 나타난 다른 중요한 변화는 고령 노동자의 이례적 증가다. 미국에서는 1998년부터 지난 몇십 년 동안 총 고용자 수가 2200만 명이라는 엄청난 상승세를 보였다. 하지만 《100세 인생The 100-Year Life》의 저자 린다 그래튼Lynda Gratton과 앤드류 스콧Andrew Scott이 지적하듯 이것은 실리콘밸리의 역학이나 오늘날 젊은이들이 보여주는 사업에 대한 집착과는 큰 관계가 없다.[25] 실제로 이런 상승의 90퍼센트는 55세 이상 노동자의 높은 고용률 덕분이다. 단순히 나이 든 사람이 더 많아졌기 때문이 아니다. 변화의 가장 큰 요소는 노동 시장에 머무르거나 진입하는 노령 인구 비율의 급증이다.

영국의 경우 55세 이상 집단의 고용률이 두 배, 독일의 경우 세 배 증가했다. 독일, 일본, 영국, 미국에 걸쳐 창출된 3300만 개의 일자리 중 2900만 개가 이런 고령 노동자에게 돌아갔다. 변화는 노령 여성에게서 특히 두드러진다. 독일에서 일을 하는 55~64세 여성의 수는 4명 중 1명에서 2~3명으로 상승했다.

이렇게 고용이 연령과 성별 전체로 더욱 고르게 확산된 반면, 고용 안정성은 낮아졌다. 젊은 세대는 이런 추세의 희생자가 되는 경향이 더 짙다. 젊은 세대의 실업은 전체 실업률보다 항상 높은데다, 젊은이들은 2008년 금융 위기에 뒤따른 경기 침체의 영향도 가장 크게 받았다. 경기가 최저점이던 때 35개국의 전체 실업률은 약 8퍼센트를 유지한 반면 젊은이들은 20퍼센트 이상이 실업 상태였다. 일부 국가는 믿기 힘들 정도로 극적인 변동을 겪었다. 이탈리아의 경우 전체 실업률은 약 12퍼센트였지만 청년 실업률은 40퍼센트 이상으로 급증했다. 같은 패턴이 코로나19 위기에서도 펼쳐졌다. 미국에서 이 위기의 첫 3개월 동안 일자리를 잃은 젊은이는 25퍼센트로 다른 연령 집단의 2배였다.[26]

젊은 노동자들은 노동의 구조적 변화에 가장 먼저 영향을 받는 경향이 있다. 커리어를 시작하는 시기에는 까다롭게 굴 수가 없기 때문이다. 밀레니얼 세대는 나이 든 세대보다 '비정규적'이거나 '불안한' 자리에서 일할 가능성이 높다. 영국 노동 인구 30명 중 한 명이 소위 제로아워계약 상태이지만 25세 이하 청년의 경우 그 수치는 10명 중 1명이다.[27] 이런 변화는 긴 교육 기간에도 불구하고 젊은 세대의 전체 소득이 저조한 이유를 설명해준다. 스페인과 이탈리아, 프랑스, 미국과 같은 일부 국가에서는 대부분 코호트의 소득이 상승하고 있지만 과거만큼 큰 상승은 보이지 않는다. 그리스와 영국과 같은 나라에서는 대부분 코호트에서 실질 소득이 감소하고 있으며, 세대가 이어질수록 같은 나이의 이전 세대보다 소득이 감소하고 있다.[28]

직업 안정성의 저하와 재정 상황의 악화로 정규직 청년들이 일자리에 그 어느 때보다 집착하는 것은 당연하다. 직장을 자주 옮겨 다닌다는 그들의 이미지와는 정반대되는 상황이다. 〈포브스〉

의 2017년 기사 "밀레니얼 세대와 충성심의 종말"에 따르면 "밀레니얼 세대는 충성심이라는 개념을 전혀 믿지 않게 되었다. 그들은 가만히 머물면 몸이 으깨질 것이란 생각으로 여기저기를 계속 옮겨 다니는 개구리 행세를 하고 있다."[29] 젊은 미국인들이 나이 든 직원들보다 한 직장에 머무는 시간이 짧아진 것은 사실이지만 (25~34세 연령 집단에서 평균 3년), 사실 이런 현상은 베이비부머가 젊은이였던 1983년부터 시작되었다.[30]

실제로는 55~64세의 직장 유지 기간에 특히 큰 하락이 나타나면서 나이 든 노동자에서부터 이동성이 강해졌다.[31] 이 수치는 모든 직업 이동을 아우르는 것이기 때문에 일부는 자발적이 아니라 타의에 의한 이동일 수 있다. 하지만 자발적 이동만을 대상으로 한 영국의 비슷한 분석은 해고가 핵심 요인이 아니라고 말한다. 밀레니얼 세대는 같은 나이였던 X세대들보다 자발적인 직장 이동의 가능성이 20~25퍼센트 낮으며, X세대는 베이비부머보다 이동성이 낮다.[32] 세대가 이어질수록 변덕과는 거리가 멀어지고 직장에 머무는 시간이 길어지고 있다. 안정된 직장을 찾기가 힘들어졌고, 따라서 사람들이 기존 직장을 고수하기 때문이다.

세대에 관련한 근거 없는 믿음은 상황 변화 때문에 젊은이들이 부당하게 비난을 받는 것보다 훨씬 심각한 문제다. 사실이 아니기 때문만이 아니라 일자리를 자주 바꾸지 않아 소득이 감소하기 때문이다. 충성심을 가지는 것은 임금 상승에 좋지 않은 영향을 주는 것이 보통이다. 위로 올라가기 위해서는 밖으로 나가야 한다. 커리어 초반에는 특히 더 그렇다. 2016년 직장에 머물러 있는 사람의 평균 임금 상승률은 1.7퍼센트에 불과했지만 직장을 바꾼 사람의 임금은 평균 7.8퍼센트 상승했다.[33]

젊은 세대는 신의가 없다는 비난 외에도 게으르다는 소리를 듣는다. 게으름은 〈타임〉의 "나나나"라는 표제 기사에서도 언급되었으며 대중을 상대로 하는 세계적인 설문 조사에서도 젊은 코호트와 가장 연관이 깊은 형용사 중 하나로 선택되었다. 이 주제는 "밀레니얼 세대는 부모들보다 훨씬 짧은 시간을 일한다. 그런데 왜 더 스트레스를 많이 받는 것일까"와 같은 기사에서 볼 수 있듯이 직장과 연결되는 경우가 많다. 하지만 이런 기사들은 시대의 영향과 코호트의 영향이 뒤섞인 자료를 부분적으로만 해석하고 만들어진 것들이다.[34]

사실 주당 근무 시간은 장기간에 걸쳐 모든 연령 집단에서 크게 줄어들었다. 고용 유형의 변화와 생산성 향상이 반영된 결과다. 예를 들어 1870년 프랑스의 주당 평균 근로 시간은 66시간이었으나 2000년에는 37.5시간이었다.[35] 영국에서는 산업혁명기 일반적인 근무 일이 주 6일이었다. 《옥스퍼드 영어사전Oxford English Dictionary》에 따르면 '주말'이 하루 쉬는 날이 아닌 이틀을 뜻하는 것으로 사용되기 시작한 것은 1878년에 이르러서였다.[36] 영국 정부는 1847년부터 일일 근로 시간을 10시간으로 제한했고, 그것조차 여성과 아이들만이 대상이었다. 이런 역사적 추세는 현대에까지 이어졌다. 독일의 주당 평균 근로 시간은 1984년의 41.5시간에서 2017년에는 39시간으로 단축됐다. 다음 쪽 그림 3.3이 보여주듯이 **모든** 세대가 과거보다 적은 시간을 일하고 있다. 근면 성실한 윗세

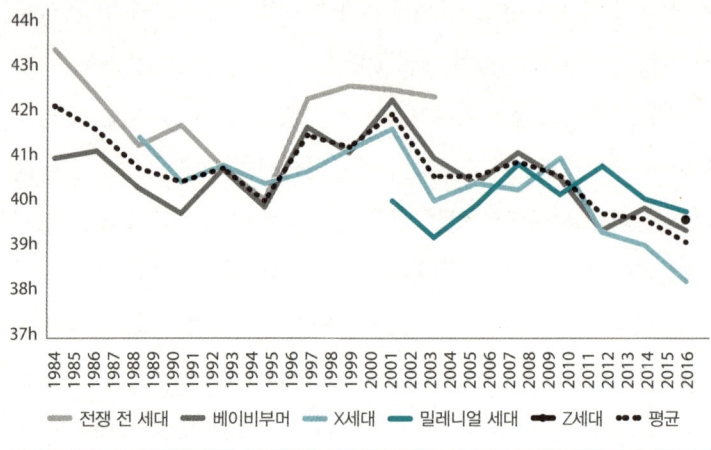

그림 3.3 초과 근무를 포함한 독일 성인의 주당 평균 근로 시간[37]

대를 맥 빠지게 하는 게으른 젊은 세대의 문제가 아닌 것이다. 이와 비슷한 패턴은 영국을 비롯한 다른 나라에서도 관찰된다.[38]

실제로 젊은이들은 일을 적게 하는 것이 아니라 더 하고 싶다고 말한다. 물론 일을 더 하는 것이 더 많은 돈을 버는 것을 의미한다면 말이다. 노르웨이가 전형적인 예다. 각 세대는 젊은 시절 일을 더 하는 것을 선호할 가능성이 높았고 이후 나이가 들면서 이런 선호도는 감소했다.[39] 이는 미국의 고등학생을 대상으로 한 트웬지 연구에서 '열심히 일하고 싶지 않다'고 말하는 사람의 비율이 1976년 25퍼센트에서 2015년 40퍼센트로 상승했던 것과 반대로 보인다.[40] 하지만 '돈을 더 많이 벌기 위해서 일을 더 할 것인가'라는 질문에 대한 미국의 자료는 다른 나라들과 같은 패턴을 보여준다. 청소년들이 가장 예민하게 반응한 것이다. 고등학생들이 일을 적

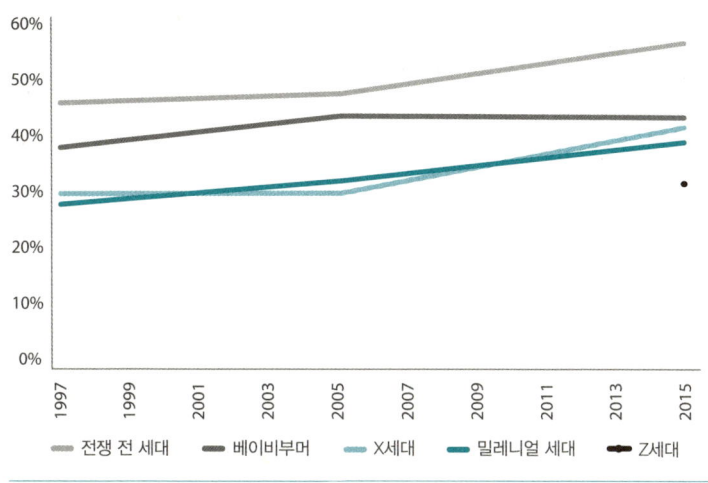

그림 3.4 일은 돈 버는 수단일 뿐이라는 데 동의한 일본 성인의 비율[41]

게 하고 싶다고 말하기는 쉽다. 하지만 그들도 생계를 이어가야 할 필요가 있을 때는 최소한 이전 세대만큼 의욕을 보인다.

젊은 세대들이 일이 주는 금전적 보상에 따라서만 움직인다는 의미는 아니다. 사실 그들은 그림 3.4에서 일본의 사례가 보여주듯이 '일은 돈 버는 수단일 뿐이다'라는 데 동의할 가능성이 훨씬 낮다. 이 역시 트웬지가 미국에서 확인했던 추세, 즉 1976년(베이비부머)과 2015년(Z세대) 사이에 '일은 생계 수단일 뿐'이라는 데 동의한 고등학교 졸업반 학생들의 비율에 큰 상승이 있었던 것과 반대되는 것처럼 보인다. 하지만 그들이 성인이 되자 미국의 패턴은 다른 곳과 같아졌다. Z세대는 일은 돈에 대한 문제일 뿐이라는 데 동의할 가능성이 가장 희박하다.[42] 이는 생애 주기의 영향으로 각 세대의 관점이 여러 삶의 단계를 거치는 동안 변화한다는 것을, 또한 성인 세대의 모습을 어린 시절 가졌던 관점을 바탕으로 일반화하는 것이 얼마나 위험한지 보여준다.

자동화의 영향

자동화와 인공지능의 발달이 가속되면서 앞으로는 인간이 할 일이 훨씬 적은 세상이 올 것이다. 학자들과 정책 결정권자들은 일이 무엇을 위한 것인가라는 심각한 문제와 마주하게 되었다. 영향을 받게 될 직종은 더 이상 '단조로운' 혹은 자동화가 쉬운 일로 보였던 것들에 제한되지 않고 판단이나 심지어는 직관이 필요한 의료 진단과 같이 대단히 전문적인 역할까지 아우르고 있다. 예를 들어 고도로 숙련된 피부과 전문의는 오랜 시간 어렵게 개발한 기술에 의지해 점이 악성 종양인지 판단하는 반면, 프로그램은 수십만의 사례를 뒤져 더욱 정확한 진단을 내린다.[43]

물론 우리는 이전에도 이런 상황을 경험했다. 사람들은 기술의 변화에 여러 차례 불안을 느꼈다. 결국 기술의 변화는 엄청난 진보를 이루고 계속 인간을 위해 일했다. 독일의 경우 1586년 안톤 뮐러Anton Möller가 노동력을 절감하는 리본 직조기를 발명하자 단치히 시의회가 특허 신청을 기각하고 그를 교수형에 처하라는 명령을 내렸다. 좀 더 최근에는 존 F. 케네디에서 앨버트 아인슈타인까지 훌륭한 리더와 사상가들이 자동화가 그들의 창조자를 압도하는 혼란의 원인이 될 것이라고 경고했다. 하지만 지금까지는 매번 변화가 이끈 성장이 일자리 상실보다 훨씬 앞섰다.

하지만 미래에는 다를 수 있다고 생각할 만한 여러 근거가 있다. 경제학자 대니얼 서스킨드Daniel Susskind는 《노동의 시대는 끝났다A World Without Work》를 통해 자동화가 일자리의 수와 성격에 미치는 영향에서 기계가 인간에게서 일을 빼앗아 가는 '대체' 효과가 항상 '보완'과 균형을 유지해왔다고 말한다.⁴⁴ 보완 효과는 상품과 서비스를 더욱 저렴하게 만드는 생산성의 증가를 낳으면서 성장과 부를 불러온다. 서스킨드의 표현대로 이런 혁신은 '더 큰 파이'를 만들기 때문에 로봇이 일부를 가져간다고 해도 인간의 몫은 더 커진다. 이런 발전이 인간이 당장은 생각할 수 없는 상품과 서비스를 제공할 수 있게 해주기도 한다.

그러나 서스킨드는 대체 효과와 보완 효과의 균형 사이에서 티핑 포인트tipping point에 이를 수밖에 없을 것이라고 생각한다. 기술의 진보에는 한계가 없는 것처럼 보이기 때문이다. 노동은 빅뱅과 같은 종말을 맞는 것이 아니라 서서히 시들어갈 것이다. 특정 부문은 큰 영향을 받고 빠르게 사라질 가능성이 있지만, 전반적으로는 점진적이되 가차 없이 진행되는 종말을 맞을 것이다. 매킨지 앤드컴퍼니McKinsey & Company의 한 연구는 약 50개국 800개 직종의 추세를 검토하고 2030년까지 전체 일자리의 15퍼센트에 해당하는 4억 개의 일자리가 대체될 것으로 추산했다.[45] 다른 많은 것이 그렇듯이, 코로나19는 이런 기존의 추세를 가속할 수 있다. 기업들이 운영을 '전염병의 대유행에 영향을 받지 않도록' 할 것이기 때문이다. 미래의 새로운 바이러스에 대한 두려움과 장기적인 사회적 거리 두기 조치로 로봇에 대한 투자가 더욱 매력적으로 보이게 될 것이다.

지금은 알려지지 않은 것이 너무나 많기 때문에 우리에게 어떤 조언이 필요한지 확실치가 않다. 어떤 직종은 안전한 반면 어떤 직종은 사라질 운명이라는 말들은 과거의 그런 예상이 얼마나 빗나갔었는지 인지하지 못하고 있다. 서스킨드가 지적하듯 자동화되는 것은 일 전체가 아니라 그 안에 있는 과제들이다. 따라서 우리는 언론이나 논평가들이 집중하곤 하는 '희망이 없는 직종'의 목록이나 표에 의심의 시선을 보낼 필요가 있다. 그러면서 한편으로는 과거를 주시하고 그로부터 교훈을 얻어 엄청난 재조정에 대비해야 한다. 산업혁명이 가져온 진보의 전반적인 영향은 놀라웠지만, 그것이 개인에게 미친 단기적인 영향은 재앙인 경우가 많았다. 수십 년간 임금이 정체되고 영아 사망률이 증가하고 수명은 짧아졌다. 미래에 대해 낙관적 시각을 갖고 있는 사람들조차 경제학자들이 '마찰'이라고 부르는 것이 존재하리란 점을 인식해야 한다. 자신이 보유한 기술, 현재 직업과의 연관성, 공간적 제약 등으로 인해 사람들은 새로운 가능성을 곧바로 받아들일 수가 없다.

자동화가 특정 코호트에게 다른 코호트보다 큰 타격을 주기 때문에 표면적으로는 세대별로 자동화의 영향이 다른 것처럼 보일 것이다. 기계가 적대적인 일자리 탈취를 시작하거나 우리를 일의 부담에서 벗어나게 해주는 식의 극적인 특이성의 순간이 올 수도 있다. 이후 의미 있는 여가로 가득한 삶을 사는 '황금 세대'가 나타날 수도, 일이 잘 풀리지 않는다면 '터미네이터 세대'가 나타날 수도 있다. 그러나 변화가 가진 점진적 성격을 고려하면 그 영향은 세대별로 달라지기보다는 세대 전체로 확산할 가능성이 높다. 삶의 방식에서 모든 주요한 변화가 그랬듯 그 영향은 당신이 삶의 어디쯤에 있는지, 커리어의 어디쯤에 있는지에 좌우될 것이다. 나이 든 집단은 적응하고 재교육을 받느라 고생을 할 수도 있고, 젊은 세대는 커리어 초기의 (처음 시작할 때 의지했던) 과제 기반 역할이 사라지는 것을 목격할 가능성이 높다.

세대별 맞춤 컨설팅이라는 사기

노동 공급 쪽에 큰 변화가 있다 보니 세대 논의와 일에 대한 논의의 초점이 '세대별 노동자의 성격이 얼마나 다른가'와 같은 의미 없는 헛소리에 맞춰지는 경우가 엄청나게 많다. 이런 분위기를 조성하는 사람들이 세대 컨설턴트다. "당신의 직업은 무엇인가? 오늘날 노동 인구인 밀레니얼 세대의 관리"와 같은 제목의 세미나를 통해 사실무근의 고정관념을 퍼뜨린 그 사람들 말이다.[46]

그들의 조언은 몇 가지 심각한 일반화로 시작하는 것이 보통이다.

— "X세대는 냉소적이고 독립적이다. 밀레니얼 세대는 낙관적이고 자기중심적이다. Z세대는 개방적이고, 배려심이 있고, 성실성과 끈기를 갖고 있다."[47] (이런 묘사는 점성술과 별반 다르지 않다. 놀랍게도 황소자리, 양자리, 사수자리 각각이 정확히 같은 특성을 가지고 있다. 아니면 말고. 내 추정이다.)

그런 다음 그들은 이런 성격에 대한 통찰을 근거로 노동 태도에 미치는 영향을 이야기한다.

— "밀레니얼 세대는 협력적인 직장을 좋아하지만 독립적으로 일하고자 하는 Z세대는 협력에 흥미를 갖지 않을 것이다. 밀레니얼 세대의 단체 점심, 부스형 사무 공간, 협력 프로젝트는 여러 Z세대의 구미에는 맞지 않을 것이다."[48]
— "칭찬이 무엇보다 중요하다. 밀레니얼 세대 모두는 트로피를 받길, 칭찬을 받길, 단지 참가만 해 놓고도 보상을 받길 바라는 세대다."[49] (나도 칭찬을 좋아한다.)
— "전국적인 설문 조사는 Z세대가 밀레니얼 세대를 전혀 좋아하지 않는다는 것을 입증한다. 실제로 두 세대는 너무나 다르다. 하나만은 확실하다. Z세대는 직장에서의 성취를 위해 언제든 독해질 태세를 갖추고 있다."[50] (이것이 무슨 의미인지 모르겠지만 어쨌든 이 설문 조사는 이 점을 입증하지 않았다.)
— "그들과 큰 꿈을 꾸자. 밀레니얼 세대의 삶에서 꿈은 큰 부분을 차지한다. 그들은 어린 시절부터 꿈을 꾸라는 격려를 받았고 매일같이 계속해서 꿈을 꾸고 있다.… 당신의 꿈이 자신의 것만큼 크지 않다는 것을 알면 그들은 의욕이 꺾일 수 있다."[51] (세대 컨설턴트는 희망과 꿈에 집중한다.)
— "밀레니얼 세대의 평균 주의 지속 시간은 놀랍게도 12초다. Z세대는 더 실망스럽게도 8초다."[52]

마지막 주장은 아주 오래전부터 돌아다니는 세대에 대한 신화 중 하나다. 절대 죽지 않는 것이 좀비를 생각나게 한다. 이 이야기는 처음에는 밀레니얼 세대에게 적용되었다가 Z세대로 옮아갔으나 이를 뒷받침하는 믿을 만한 증거는 전혀 없어 보인다. 가장 많이 인용되는 출처는 2015년 마이크로소프트 캐나다Microsoft Canada 소비자인사이트 팀의 보고서다. 이 보고서는 다시 그 출처로 스태티스틱브레인Statistic Brain이라는 웹사이트를 지목하는데 여기에는 세대별 주의 지속 시간에 대한 실제 데이터가 없다.[53] 실제로 '주의 지속 시간'은 복잡한 개념이다. 테스트가 간단치 않고 세대별로 초 단위의 평균이 나오지도 않는다.[54] 평균적인 인간의 주의 지속 시간을 정확히 비교할 수 있는 추세 자료는 존재하지 않는다.

이런 고정관념은 전체 세대에 대한 우리의 시각에 부정적 영향을 끼치기 때문에 위험하고 해롭다. 미국의 조직심리학 교수 데이비드 코스탄자David costanza와 리사 핀켈스타인Lisa Finkelstein이 지적했듯 "세대 구성원의 속성"은 보호를 받지 못하는 범주다. 사람들 대부분은 나이 든 사람들이 집중을 하지 못한다고, 흑인들이 냉소적이라고, 여성이 칭찬을 좋아한다고 말하는 것을 불편하게 여기면서도 전체 세대를 같은 특성으로 묶는 것은 수용한다.[55]

그렇다면 직장에 실제로 존재하는 세대별 차이는 어떤 것일까? 그런 차이는 거의 존재하지 않는다. 직업 만족도, 조직에 대한 헌신, 자발적인 직장 이동의 차이에 중점을 둔 20개 연구의 메타 분석은 "결과의 패턴으로 판단할 때 세대와 직무 결과 사이에는 연관성이 낮거나 보통이었고 여러 사례에서는 연관성이 0에 가까웠다"라고 결론 내린다.[56] 《세대 차이를 없애다Retiring the Generation

Gap》의 저자 제니퍼 딜Jennifer Deal은 하버드비즈니스리뷰Harvard Business Review 팟캐스트에서 다음과 같이 결론지었다. "근본적으로 밀레니얼 세대가 원하는 것은 더 나이 든 세대들이 항상 원해 왔던 것이다. 보수가 좋은 흥미로운 일을 하고, 좋아하고 신뢰하는 사람들과 일할 수 있고 발전 가능성에 접근할 수 있으며, 정기적으로 인정을 받고, 해고당할 위험이 없는 직장 말이다."

모든 것이 세대 문제는 아니다

코호트, 생애 주기, 시대의 영향을 구분하는 것은 세대에 대한 신화에 빠지지 않기 위한 최선의 방어책이다. 코호트의 직장 내 행동 방식이나 반응 방식에 집중하는 생각들처럼 세대에 대한 통찰이란 이름으로 유포된 진부한 생각들은 너무 근거가 없어서 무의미하다. 커리어의 다른 단계에 있는 사람들은 당연히 다른 것을 추구하기 마련이다. 이런 생애 주기의 영향이 최근 몇십 년간 크게 바뀌었다는 결정적 증거는 없다.

직장 내에 존재하는 세대 신화, 즉 세대에 대한 근거 없는 믿음은 단순히 시간과 돈의 낭비만 유발하는 것이 아니다. 자칫 고용주가 잘못한 일인데도 코호트에게 책임을 돌리는 일이 생길 수 있다. 젊은이든 나이 든 사람들이든 직원의 의욕이나 직장 유지율에서 문제가 있는 회사라면 점성술과 다름없는 만병통치식 해법을 찾기보다 스스로를 돌아봐야 한다. 직장이 이런 허황된 주장의 배경이 되는 것이 이상할 따름이다. 근거 없는 주장을 하는 사람들이 세대의 문제를 억지로 만들어낸 뒤에 그것을 바로잡는다며 돈을 벌고 있다.

생애 주기의 영향은 우리를 틀 속에 집어넣는다. 커리어를 시작하는 시기처럼 삶의 중요한 전환점에서는 그런 경향이 특히 두드러진다. 여기에 주목해야 하는 이유는 각 세대의 태도에 대한 신화 대부분이 이른 시기에, 즉 대상자들이 10대에 불과할 때 발견된 특성에 근거를 두기 때문이다. 모두 알다시피 이런 차이는 성장하면서 완화된다. 사람들은 형성기에 여러 경험을 거치면서 변화하며, 따라서 10대에 보인 신뢰할 수 없는 특성들은 사라지는 경우가 많다. "내 나이 열네 살일 때는 아버지가 너무나 무지해서 난 그를 좀처럼 가까이 하려고 하지 않았다. 하지만 7년 후 스물한 살이 되었을 때 나는 아버지가 얼마나 많은 것을 알고 있는지 깨닫고 놀라고 말았다." 정말 마크 트웨인Mark Twain이 했는지는 명확치 않지만, 누가 했든 일리가 있는 말인 것만은 분명하다.

세대 신화의 문제는 교육이나 일에서 일어난 최근의 이례적 변화, 정말 세대적인 변화에 주의를 기울이지 못하게 한다는 점에 있다. 여성들은 단 몇십 년 전에만 태어났어도 노동 시장에서 완전히 다른 경험을 했을 것이다. 현재 나이 든 사람들은 부모들보다 더 오래 노동 인구로 남아 있으며 젊은 노동자들은 새로운 형태의 고용 불안에 직면하고 있다. 대학 졸업자들의 그래프가 만드는 높은 경사도는 축하해야 할 일이지만, 급속한 변화는 긴장을 유발하고 의문을 제기하도록 하기 마련이다. 가장 중요한 것은 세대 신화가 교육과 훈련에서 대안적 경로를 지지하는 일에 집중하지 못하게 한다는 점이다. 질 좋은 도제 교육을 비롯한 다양한 유형의 기술 교육을 받은 젊은이들 역시 대학 졸업자들과 비슷한 성장 경로를 걸을 수 있도록 만들어 미래에 인생 기회의 격차가 더 벌어지지 않게 해야 한다.

4장

행복

지금 얼마나 불행하십니까?

행복이 삶의 핵심 목표여야 한다는 것은 두말할 나위 없다. 정부조차 행복 추구를 자신들 역할의 일부로 본다. 부탄의 뒤를 이어 프랑스와 영국이 국내총생산Gross Domestic Product, GDP과 함께 '국민총행복Gross National Happiniess'을 국가적 우선 과제로 삼기 시작했다. 2019년 뉴질랜드 정부는 세계 최초로 '행복 예산well-being budget'을 만들었다.¹ 아랍에미리트는 현재 '행복증진국가프로그램National Program for Happiness and Well-being'의 실행만을 전문적으로 다루는 각료를 두고 있으며, 영국은 '외로움 담당 장관Minister for Loneliness'을 지명했다.

최근의 이런 개입은 행복을 원하는 인간의 깊고 변함없는 열망에 대한 논리적 반응으로 보일 수도 있다. 하지만 적극적인 행복 추구는 사실 비교적 최근의 현상이다. 되돌아보면 고대인들은 고통을 자연스러운 상태라고 생각했다. 그리스의 역사가 헤로도토스Herodotus는 기원전 5세기에 이 점을 포착해 암울한 글을 남겼다. "여기든 어디든, 세상에 죽기보다 살기를 원할 만큼 행복한 사람은 없다."² 페이스북에 올릴 만한 허세글로 제격이다.

대개 역사가들은 행복이 도덕적 삶의 결과라기보다 달성 가능한 감정적 상태라는 개념이 계몽주의 시대에 등장했다고 본다. 20세기에 들어 삶의 기본 부분이 개선되면서 이런 변화도 속도가 빨라졌다. 정서적인 면에 집중하고 행복할 권리에 대한 인식이 커진 것이다. 1920년대 미국에서는 《행복은 선택이다》, 《행복으로 향하는 100개의 길》과 같은 제목의 책들이 쏟아져 나왔다.³ 이후 몇십 년에 걸쳐 행복은 소비지상주의의 성장과 결합되어 더 많은 물건을 파는 방법으로 자리 잡았다. '사람을 행복하게 만든다'는 사명을 내세운 디즈니, 사람들이 '콜라를 먹고 미소를 짓게' 하겠다는 코카콜라처럼 대기업들이 시류에 편승했다. 또한 행복은 양육의 새로운 목표가 되었다. 이전까지는 일과 복종이 양육의 초점이었다면, 이때부터 양육서에는 (의도는 좋지만 분명히 잘못된) '행복이 음식만큼이나 필수적인 것'이라는 조언이 담기기 시작했다.⁴

이런 변화는 과거 몇 세기 동안 이어진 인간 진보의 가속화를 반영한다. 우리는 천 년간의 최저 생활을 뒤로 하고 '생존'에서 '자기표현'으로 옮겨왔다. 여기에는 물론 좋지 않은 면도 있다. 기대에 부합하지 않는 경우에는 행복에 대한 압력이 불만을 낳을 수 있기 때문이다. 이후 세대에서 진전이 중단되면서 사회 전반이 미래에 대한 희망을 잃고, 심지어 자살이라는 비극을 비롯해 광범한 영향이 나타났다.

우리는 1970년대와 1980년대부터 삶의 만족도에 대한 생각을 발전시켜 왔다. 당시의 심리학자들은 인간이 '쾌락의 쳇바퀴hedonic treadmill'에 갇혀 있다고,[5] 즉 복권에 당첨되는 것이든 팔다리를 잃는 것이든 우리에게 닥친 어떤 것도 장기적으로는 개인의 행복 수준을 현격히 바꿀 수 없는 상황에 갇혀 있다고 말했다. 지금으로서는 그렇게 명확해 보이지 않는다. 행복에는 고정적인 요소가 있고, 각 개인의 성향에 따라 어떤 기준선이 있겠지만, 그것은 우리에게 일어나는 일의 결과에 따라 변화한다. 어쨌든 행복은 여전히 복잡하고 이해하기 힘든 주제다. 행복이란 주제를 둘러싼 많은 것들에는 여전히 이론의 여지가 있으며 이유가 밝혀지지 않은 것들도 많다. 우리는 끊임없이 새로운 그리고 간단한 해답을 찾지만, 그런 답들은 우리를 잘못된 방향으로 향하게 할 때가 많다.

세대를 둘러싼 신화나 고정관념은 이런 혼란에 도움이 되지 않는다. 우리는 수십 년을 하나의 단위로 보고 행복과의 관계에 어떤 특징이 있는지 말한다. '흔들리는 60년대', '우울한 70년대', '탐욕의 80년대', '쾌락의 90년대' 등과 같이 말이다. 우리는 이런 시대의 특징에 '금욕적인 전쟁 전 세대', '태평한 베이비부머', '까다로운 X세대'를 거쳐 현재의 젊은 세대, 즉 '정서적 상처가 있는 나약한 공상가'에 이르기까지 코호트 특징을 덮어씌운다. 젊은이들의 불안, 중년의 고통, 노인의 외로움에 대한 자극적인 기사들을 원동력 삼아 생애 동안 행복과의 관계가 어떻게 변하는지에 대해 과장된 생각을 품는다.

시대, 코호트, 생애 주기에 대한 다양한 이미지에 간혹 진실의 요소가 들어 있을 때도 있다. 하지만 우리는 진실을 가려내거나, 무엇이 정말로 중요한지 파악하는 일에는 재주가 없다. 앞으로 살펴볼 것처럼 우리는 젊은이들 사이에서 자살이, 노인들 사이에서 외로움이 '유행병'처럼 번진다는 주장을 듣고서 실제 추세보다 더 큰 위협을 느끼곤 한다. 서로 다른 영향을 더욱 주의 깊게 분리해서 보면 실제 상황은 우리가 생각하는 것보다 덜 위협적일 때가 많다. 반대로 이런 신화들이 중요하고 비극적인 현실을 숨길 수도 있다.

숨겨진 진실 중 하나는 행복을 둘러싼 가장 중요한 이야기들 대부분이 젊은이나 노인에 대한 이야기가 아니라 중년에 대한 것이란 점이다.

중년기의 위기

"오늘은 내 인생 최악의 날이야." 바트 심슨[만화 〈심슨 가족(The Simpsons)〉의 주인공]이 신음한다. 그는 앞서 아버지 호머에게 크러스티버거까지 스케이트보드를 타고 가되 올 때는 '홀딱 벗고' 오라는 과제를 받은 참이다. 처음에는 망설였지만("여자 아이들이 내 소중이를 보면 어떻게 해요") '평생 겁쟁이'라고 놀린다는 아버지의 위협에 어쩔 수가 없었다. 일은 놀랄 만큼 수월하게 진행됐다. 경찰이 '미국적 결벽성'의 이름으로 그를 불러 세우고 버거를 사러 가는 사이 가로등 기둥에 수갑으로 바트를 묶어 놓기 전까지는. 당연히 호머가 티셔츠와 양말을 들고 아들을 구하러 왔다. 그러나 바지와 속옷은 없었다. 그는 어떤 면으로 보나 큰 실수를 저질렀지만, 늘 그렇듯 걱정을 사라지게 하는 지혜를 끌어들였다. 바트의 말을 "지금까지 중 인생 최악의 날이야"라고 고쳐주면서 말이다.

호머의 말이 옳았다. 바트에게는 내리막길이 펼쳐질 가능성이 높다. 가족들에게 빈대를 붙거나 문제투성이인 결혼 생활을 접는 등 개인적으로 잘못된 삶의 선택이나 성인 바트를 기다리는 불행한 경로 때문만이 아니다. 만화 주인공의 상상의 미래와 무관하게 수많은 연구가 젊을수록 행복하다는 것을 입증하고 있다.

가장 잘 알려진 모델은 성인기를 행복하게 시작해서 40대 후반이나 50대 초반에 바닥을 치고 다시 점차 행복해지는 'U자형 행복 곡선'이다.[6] 삶의 만족도에 대한 분석가로 유명한 미국의 학자 앤드류 오스왈드Andrew Oswald와 전 잉글랜드은행Bank of England 정책 입안자 데이비드 블랜치플라워David Blanchflower는 엄청나게 다양한 국가의 설문 조사를 바탕으로 수십 년에 걸친 행복과의 관계를 검토했다. 블랜치플라워는 145개국을 대상으로 한 그의 최근 연구를 기반으로[7] "조건이나 예외 같은 것은 없다. 행복은 연령에 따른 U자 곡선을 이룬다"라는 결론을 내렸다.

블랜치플라워는 그의 연구에 포함된 수십 개 부유한 국가에서는 47.2세의 행복 지수가 압도적으로 낮다는 것을 발견했다. 고백하건대 이 장을 쓰고 있는 바로 지금의 내 나이다. 블랜치플라워의 발견은 책을 쓰는 과정에서 내가 이렇게 우울한 이유를 설명하는 데 도움이 될 것이다. 하지만 밝은 면을 보자면 당신이 이 책을 읽고 있을 때쯤 나는 상승 곡선을 타고 있을 것이다.

중년의 불행에 대한 설명에서 부각되는 여러 특징들이 있다. 중년은 압박감으로 규정되는 시기다. 아이들, 부모, 커리어와 연관된 책임감에 묶여 있는 경향이 있고 이런 책임감이 우리 자신과 개인의 인간관계에 긴장을 유발한다. 우리 삶에 대한 재평가가 시작되는 시기이기도 하다. 앞으로 남은 시간보다 걸어 온 시간이 더 많고, 젊은 시절 꿈꾸었던 것은 멀리 있기 마련이다. 아일랜드의 코미디언 딜런 모런Dylan Moran은 셰익스피어가 나눈 인생의 7단계를 중년의 권태를 완벽하게 포착한 단 4단계로 압축했다. "어린이, 실패, 노인, 죽음."[8]

블랜치플라워의 U자 패턴이 여러 나라에 걸쳐 비교적 일관되게 나타난다는 점은 이것이 우리의 생명 작용으로 인해 존재하는 순수한 연령의 영향일 가능성을 떠올리게 한다. 이런 생각은 오스왈드와 다른 네 명의 학자가 수행한 연구에서도 확인된다. 이 연구에서는 오스트레일리아, 캐나다, 일본, 싱가포르, 미국의 동물원 사육사와 관리인들이 장기간에 걸쳐 침팬지와 오랑우탄의 심리 상태를 평가했다. 유인원들의 행복은 인간의 나이로 45~50세에 해당할 때 최저점에 이르렀다. 논문의 저자들은 다음과 같이 결론 내린다. "우리의 연구 결과는 인간의 행복 곡선 형태가 인간에게만 적용되는 것이 아니며, 일부는 인간의 생활과 사회라는 측면에서 설명되지만 그 근원은 영장류와 공유하고 있는 생명 작용에도 있을 수 있음을 시사한다."[9]

U자형 행복 곡선은 상당한 논란을 낳는다. 행복이 나이 든 집단에서 다시 차츰 감소하는, 보다 평평한 U자 형태, 심지어는 뒤집힌 U자 형태를 발견한 다른 연구들도 있다.[10] 이런 다양한 결과는 행복을 다른 측정치로 바라보거나 다른 국가에서 측정할 때 가끔 발생한다. U자 형태의 패턴은 더욱 발전된 서구와 연관되는 반면, 세계의 다른 쪽에서는 다양한 패턴이 나타난다. 서구권 국가라고

하더라도 치열한 반론이 있다. 경제학, 심리학, 노인학 분야에서 발표된 연구들을 철저히 검토했지만, 행복의 관계가 정말로 U자 형태인지에 대해서는 어떤 확신도 할 수 없었다. 분석에 대한 접근 방법이 결론을 좌우하기 때문이다.[11]

나이가 들면서 정말로 행복이 어떻게 변화하는지 이해하는 데 도움이 되는 세 가지가 있다. 첫째, 이들 분석은 설문 결과를 있는 그대로 제시하기만 하는 것이 아니다. 고통의 최고점을 47.2세로 본 블랜치플라워의 연구를 비롯한 대부분의 분석은 연령이 행복에 미치는 순수한 영향을 확인하기 위해 삶의 만족도와 관련된 다른 요소들을 통제한다.

예를 들어 고용, 재산, 건강, 인간관계와 같은 특성들이 행복과 관계있다는 것은 누구나 아는 사실이다. 우리는 이들 범주 각각에서 자신의 위치가 주로 나이에 따라 달라진다는 것도 알고 있다. 따라서 일부 분석가들은 오로지 연령이 행복과 어떻게 연관되는지 이해하고 싶다면 이런 다른 요인들의 영향을 자료에서 제거해야 한다는 입장을 취한다. 이는 보통 나이 든 사람들의 '조정된' 행복도를 높인다. 고령자들은 건강 상태가 좋지 못하고 배우자를 잃고 혼자 살 가능성이 높기 때문이다. 다음 쪽 그림 4.1은 유럽 35개국의 유로바로미터Eurobarometer 자료를 이용하는 블랜치플라워 연구에서 제시된 그래프다. 통제가 가해지면 U자 형태가 더 확연하게 드러나고, 통제가 없으면 노년의 극적인 반등이 덜하다는 것을 알 수 있다.

일부에서는 이런 통제를 '데이터 조작'으로 여긴다. 서로 다른 연령 집단이 가지는 실제 삶의 만족도를 연구 결과가 반영하지 못

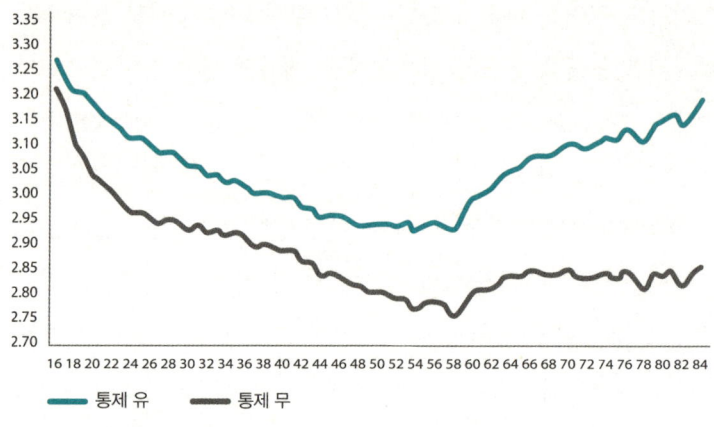

그림 4.1 유럽의 연령별 삶의 만족도[12]

한다는 의미이기 때문이다. 행복에 대한 또 다른 저명한 분석가인 리처드 이스털린Richard Easterlin은 이렇게 적고 있다. "인간이 가족을 형성하는 때보다 노년에 행복할 가능성이 더 높은지 알고 싶다면 노인들의 소득이 낮고, 건강 상태가 좋지 못하고, 혼자 살 가능성이 높다는 사실을 따로 떼어 생각해서는 안 된다."[13] 맞는 말이다. 하지만 순수한 연령의 영향을 이해하는 것도 유용하다. 블랜치플라워가 지적하고 있듯 흡연이 건강에 미치는 위험을 파악할 때는 오로지 흡연의 영향에 대한 진정한 이해를 위해 소득과 같이 흡연과 질병 모두에 관련된 다른 요소들을 통제한다. 진짜 문제는 결과가 알려지는 방식, 그들이 '중년의 고통'이라는 표제로 사실을 단순화한다는 데 있다.[14]

두 번째로 우리가 이해해야 할 중요한 부분은 중년의 행복감

저하가 실제로 얼마나 큰지의 문제다. 통계적으로는 유의미한 차이이지만(조사로 규모가 대단히 큰 것이 부분적 원인이다) 통계학자들이 '유효 크기'라고 부르는 것이 무엇인지 알 필요가 있다.[15] 그림 4.1을 다시 본다면 생애 대부분 동안 우리의 행복 점수는 4점 만점에 2.8에서 3.1점 사이라는 것을 알 수 있을 것이다. 고점에서 저점까지의 이런 작은 차이를 무시해서는 안 된다. 예를 들어 이런 차이가 실업의 평균적 영향일 수도 있다. 이런 하락을 중년의 당연한 절망이라고 해석해서는 안 된다. 이것은 단순한 하락일 뿐이다. 사람들 대부분이 느끼는 행복의 정도는 크게 다르지 않고, 개인적인 행복은 환경에 관계없이 확고히 자리를 잡고 있으며, 우리는 상황의 변화에 적응하는 경향이 있다.

마지막으로 상충되는 결과가 나오는 부분적인 이유는 우리의 행복 수준에 영향을 주는 것들이 대단히 많다는 데 있다. 연령의 영향에 초점을 두는 경우가 압도적으로 많지만, 우리의 행복과 우리가 언제 태어났는지(코호트 영향), 당시 나라에서 어떤 일이 일어났는지(시대의 영향) 사이에서 관계를 찾아내는 연구들도 있다. 코호트 영향의 증거는 나라마다 일관성도 없고 엉망이다. 이는 주로 태어난 시점의 영향이 상당히 작은 경향이 있기 때문이다.[16] 눈에 띄는 예외가 하나 있다. 블랜치플라워와 오스왈드는 20세기 미국인의 삶의 만족도가 출생 후 10년마다 감소했다는 것을 발견했다. 이 패턴에 대해서는 이후 미국에서 '절망' 증가에 대해 다룰 때 다시 이야기할 것이다.[17]

모든 국가의 전체 인구가 특정한 시기에 행복한지 불행한지에 대해 좀 더 일관적인 증거가 있다. 코로나19 위기는 행복도에 매우 극적인 영향을 미쳤다. 예를 들어 코로나로 인해 봉쇄 조치가 시작되자 자신의 행복도에 가장 낮은 점수를 준 영국인의 비율이 2019년 말의 8퍼센트에서 21퍼센트로 증가했다.[18] 하지만 이 점수들은 몇 주 내에 다시 회복되기 시작했다. 우리의 행복은 회복력이 있다. 극단적인 환경에서도 말이다.

그렇지만 이것이 이번 팬데믹이 행복에 미친 영향의 끝일 것 같지는 않다. 경제 상황과 우리 삶의 만족도 사이에는 연관이 있는 것이 분명하며, 경기 하락은 경기 활황이 우리를 행복하게 하는 것보다 훨씬 더 우리를 슬프게 만드는 것도 확실하다. 경제학자 얀 에마뉘엘 드 네브Jan-Emmanuel De Neve와 마이클 노턴Michael Norton은 150여 개국에 대한 연구를 통해 불황 기간은 행복의 하락과 유의미한 연관이 있으나 경제가 성장한 기간과 행복도 상승 사이의 관계는 훨씬 약하다는 것을 보여주었다.[19] 블랜치플라워와 마찬가지로 유로바로미터의 연구를 기반으로 삼은 그들은 우리의 주관적인 행복이 호황의 긍정적인 영향보다는 불황의 부정적인 영향에 약 6배 더 민감하다는 것을 발견했다. 그리스는 가장 극단적인 예다. 그리스의 경우 1980년대부터 2000년대 대부분 동안 경제가 50퍼센트가 넘는 성장을 기록했는데도 삶의 만족도는 거의 변하지 않았다. 하지만 2008년의 침체 이후 행복도는 역사적인 저점까지 급락했다.

앞서 우리가 논의했던 추세들이 이런 비대칭성을 설명하는 부분적 이유가 된다. 평범한 사람들은 임금 증가의 정체로 최근 수십 년의 경제 성장에서 큰 혜택을 받지 못한 반면, 경기 침체는 그들에게 계속해서 심한 타격을 주었다. 그것은 부분적으로 우리의 강한 '손실 회피loss aversion' 성향과도 연결된다. 우리는 손실은 예민하게 받아들이는 반면 점진적인 이득을 챙길 때는 잘 알아차리지 못하는 경향이 있다.[20] 또한 우리에게는 '불만 편향complaint bias'이 있다. 일이 잘 진행될 때는 그런 기조가 계속되거나 심지어는 더 좋아질 것이라는 희망을 품고 그에 대해 입을 다문다. 하지만 일이 잘 되어 가지 않을 때는 변화를 촉진하기 위해 감정을 알리려 하기 마련이다.[21]

행복도를 세대별로 나눌 때에는 이런 상충하는 시대의 영향, 생애 주기의 영향, 코호트의 영향이 가지는 상대적 중요성이 훨씬 더 명확해진다. 블랜치플라워 분석과의 일관성을 위해 나 역시 유로바로미터의 자료를 사용했다. 여러 국가에 걸쳐 눈에 띄는 것은 중년의 만족도 하락보다는 시간의 흐름에 따라 모든 연령 집단에서 나타나는 기복이다. 명확하게 반복되는 예외는 단 하나뿐이다. 각각의 젊은 세대는 나이 든 세대에 비해 눈에 띄게 높은 행복도에서 출발하는 경향이 있다.

다음 쪽 그림 4.2에서 볼 수 있듯이 스페인에서는 이런 패턴이 가장 두드러진다. 스페인의 모든 세대가 시대의 영향에 큰 변동을 보이는 것을 알 수 있다. 1990년대 초반과 2008년의 침체기 전후에 눈에 띄는 하락이 있고 이후 2012년부터 점진적인 회복이 나타난다. 코호트 영향의 명확한 징후는 없다. 또한 중년의 하락은 별로 눈에 띄지 않는다. X세대는 40대 후반에 이르러도 다른 세대들에

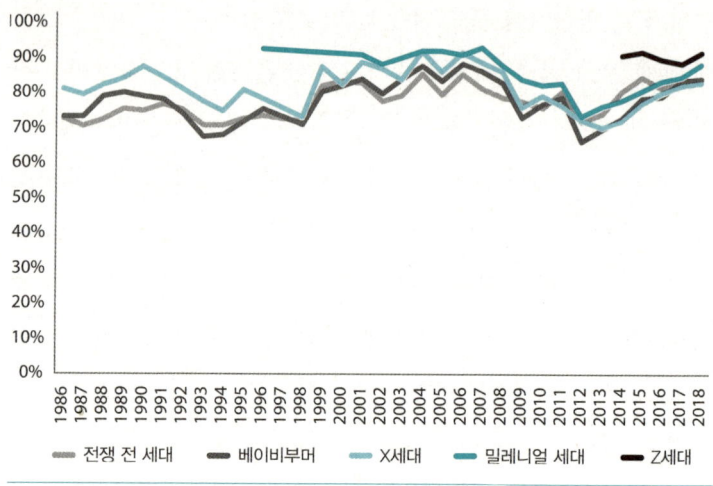

그림 4.2 영위하는 삶에 대단히 만족하거나 비교적 만족하는 스페인 성인의 비율[22]

비해 큰 고통을 겪지 않는다.

연령 기반의 패턴에서 두드러지는 것은 각 세대가 자료에 진입하는 시기에 모든 코호트 중에서 가장 행복도가 높은 상태에서 출발해 다른 세대와 비슷한 수준으로 하락한다는 점이다. X세대는 2000년대 초의 밀레니얼 세대나 지난 몇 년간의 Z세대와 마찬가지로 1980년대 말에 비교적 원기 왕성했지만 이런 긍정의 물결은 곧 소멸됐다. 우리는 같은 종류의 패턴을 네덜란드, 이탈리아, 영국, 기타 다른 나라에서도 볼 수 있다.

전반적으로 중년기 사람들이 가장 비참하다는 주장에는 상당한 근거가 있지만, 언론에서 보도하는 정도만큼 심각하지는 않다. 모델들 대부분이 우리가 나이 들면서 건강이나 인간관계 측면에서 상황이 더 나빠지며, 이것이 상대적인 불행에 큰 기여를 한다는 점을 올바르게 가정하고 통제하기 때문이다. 자료는 중년의 불안과 고령자들의 회복력을 강조하고, 세대별 그래프는 집단별로, 또 시간에 따라서 어떤 큰 변화가 있는지를 보여준다. 다행히도 코호트 간에 큰 차이가 있다는 증거는 많지 않다. 그 대신 언제 태어났는지와 관계없이 젊은이들의 행복도가 계속해서 비교적 높게 나타난다는 점이 두드러진다. 젊은이들이 직면하는 서로 다른 상황에도 불구하고 대다수 국가에서는 현재 젊은 세대의 행복도가 이전 세대에 비해 전반적으로 떨어진다는 징후를 찾을 수 없다.

아이들은 괜찮을까?

비교적 장밋빛인 이런 그림은 젊은 세대의 정신 건강에 대한 우려와 상충되는 것처럼 보인다. 밀레니얼 세대의 시작부터 지금의 Z세대까지 "정신적으로 가장 문제가 많은 세대"[23] 혹은 "가장 불안하고 불행한" 세대[24]라는 기사가 넘쳐난다.

행복에 대한 우리의 자료와 언론에서 내보이는 서사 사이의 명백한 부조화는 세대에 관한 신화가 아니다. 행복과 정신 건강은 분명히 연관이 있지만 이는 인간 경험의 서로 다른 측면이다.[25] 예를 들어 심각한 정신질환을 앓고 있는 사람들도 조건만 잘 관리된다면 높은 수준의 행복을 누릴 수 있다. 정신 건강의 조건이 개인의 행복도를 크게 낮추는 경우조차 그에 영향받는 인구의 비율은 그리 높지 않고, 전체 젊은이의 평균적인 행복도에 영향을 주지 않을 수 있다.

바로 미국에서 이런 일이 일어난 것으로 보인다. 트웬지와 동료들의 2019년 연구는[26] 지난 12개월간 심각한 우울증과 일치하는 증세를 보고한 미국 청소년의 비율이 2005년부터 2017년 사이 8.7퍼센트에서 13.2퍼센트까지 상승한 것을 보여준다. 젊은 성인들은 심각한 우울 증세와 심각한 심리적 고충 모두에서 거의 같은 추세를 보였다. 이 기간 동안 다른 연령 집단 사이에서는 그에 상응하는 증가가 없었다. 이것은 일반적인 시대의 영향이라기보다는 현재의 젊은 세대에게서 새로 생겨난 패턴으로 보인다.

심각한 정신 건강 측면에서는 큰 비율로 상승했지만, 이것이 곧 젊은이들이 나이 든 집단보다 평균적으로 행복도가 낮다는 것을 의미하지는 않는다. 이런 문제가 영향을 미치는 젊은이의 비율은 상대적으로 낮기 때문이다. 실제로 트웬지는 그녀의 책 《Z세대Gen Z》에서 젊은이들의 전반적인 행복도가 계속해서 비교적 높게 유지되고 있음을 보여준다.[27]

영국 젊은 세대의 상황은 걱정스럽게도 미국과 비슷한 상태다. 그림 4.3은 영국 건강설문Health Survey의 일환인 일반건강설문-12General Health Questionnaire-12, GHQ-12라는 척도를 기반으로 1991년부터 2016년까지의 세대별 변화를 추적한다. 광범하게 사용되는 이 척도에는 우울증, 불안, 수면 장애, 자신감의 전반적인 수준을 측정하는 12개 항목이 있다. 그림 4.3은 정신 건강 장애의 가능성이 높은 사람들을 보여준다.[28]

대부분의 경우 해당 기간 동안 여러 세대의 그래프는 비슷한 범위에서 움직이고 있으며 눈에 띄는 변화는 거의 없다(세계적인

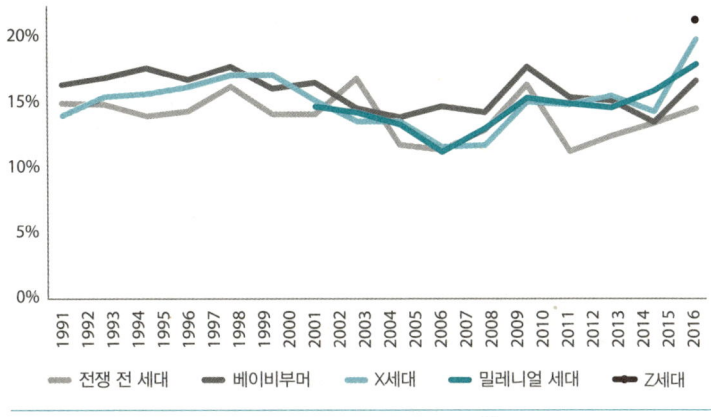

그림 4.3 GHQ-12 척도에서 4점 이상을 받은 영국 젊은이의 비율[29]

금융 위기 이후 2009년에 주목할 만한 일시적 변화가 있었다). 그렇지만 Z세대는 다를 수 있다는 징후가 있다. 가장 최근의 이 젊은 세대 중 5분의 1 이상이 공통적인 정신 질환의 조짐을 가진 채 성인기를 시작하고 있다. 밀레니얼 세대가 같은 나이였던 1998년 15퍼센트였던 것과 비교하면 큰 증가다.

이것은 정신 질환의 가능성을 측정하는 비임상적이고 간단한 설문의 단일 측정값일 뿐이므로, 결과에 지나치게 집중하는 것은 위험할 수 있다. 그러나 한편으로 이 결과는 전반적인 추세가 성인 초반기 여성과 청소년기 여성으로 이루어진 최근 세대들에게서 유난히 걱정스러운 패턴으로 나타난 영국의 다른 연구들에 의해 뒷받침되고 있기도 하다. 예를 들어 어린이·청소년 정신건강Mental Health of Children and Young People 조사는 정신 질환에 대한 상세한 진단 도구를 사용하며 임상에서 훈련을 거친 전문가가 모든 사

4장 행복: 지금 얼마나 불행하십니까?

례를 검토한다. 첫눈에 보기에는 그리 걱정스러운 상황이 아닌 듯하다. 5~15세 어린이들 사이의 불안이나 우울과 같은 정서 질환은 1999년과 2004년의 약 4퍼센트에서 2017년 약 6퍼센트로 증가했다. 하지만 연령 집단과 성별 집단 사이에 큰 차이가 있어, 17~19세 여성의 22퍼센트가 정서 장애를 가진 것으로 분류되었다.[30]

16~24세 사람들을 아우르는 성인정신질환율조사Adult Psychiatric Morbidity Survey 등 영국에서 이루어진 다른 연구들은 이것이 새로운 추세라는 것을 시사한다. 그림 4.4가 보여주듯 심각한 불안이나 우울증이 있는 것으로 분류된 여아와 젊은 여성들이 1993년과 2000년 10퍼센트 미만에서 2014년 약 15퍼센트로 급증한 반면 남아와 젊은 남성의 수치에는 거의 변화가 없었다. 이 연구는 같은 기간 여아와 젊은 여성의 자해에 대한 보고도 약 6퍼센트에서 거의 20퍼센트로 보기 드문 상승을 보였다는 것을 강조한다. 같은 기간 남아와 젊은 남성의 수치도 증가하긴 했으나 약 8퍼센트로 훨씬 낮은 수준이었다.[31]

이런 성특성적 연구 결과는 미국의 결과와 무서울 정도로 비슷하다. 미국의 경우 10대 소녀들의 심각한 우울증 유병률이 2011년 약 12퍼센트에서 2015년 19퍼센트로 급격히 증가한 반면 소년들의 비율은 5~6퍼센트로 상당히 안정적이었다.[32] 영국의 전체적인 추세는 그만큼 뚜렷하지는 않지만 걱정스럽게도 비슷한 길을 따라가고 있는 것으로 보인다. 이것은 영국이나 미국만의 현상이 아니다. 세계보건기구World Health Organization는 유럽 전체의 청소년과 젊은 성인의 '정신 건강과 행동 장애의 비율 증가'에 우려를 표

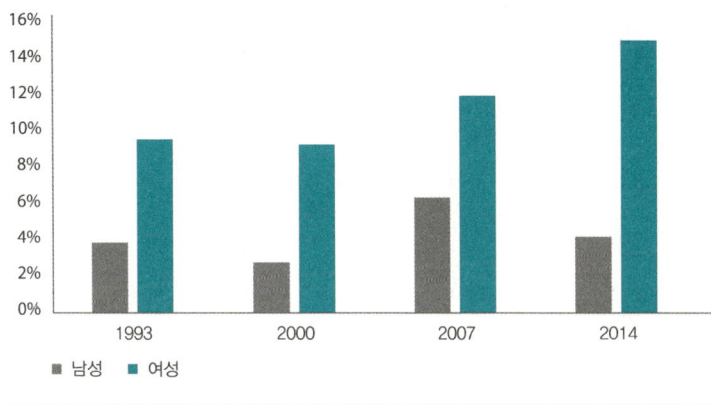

그림 4.4 심각한 불안과 우울증을 가진 16~24세 영국인의 비율[33]

했다.[34]

    코로나19가 정신 건강에 미친 영향에 대한 초기 검토에 따르면 사회적 고립의 직접적 영향과 경제의 장기적 영향이 이런 걱정스러운 추세를 두드러지게 할 것으로 예상된다. 실제로 많은 연구가 이미 인구 전반에 정신 건강 장애가 증가하고 있음을 보여주었다.[35] 영국 왕립정신의학대학Royal College of Psychiatrists 학장은 "2차 세계대전 이후 최대의 정신 장애 증가가 있을 것이며 이번 위기의 직접적인 결과로 1000만 명이 새로 혹은 추가로 정신 건강 지원이 필요할 것이다"라고 말했다.[36] 코로나19 팬데믹의 영향을 둘러싼 많은 것들이 그렇듯 이것은 어린이와 젊은이를 비롯해 이미 취약한 계층에 불균형적으로 큰 영향을 미치고 있다.[37] 영국의 한 추적 연구는 18~24세 사람들이 대유행의 결과로 희망이 없다는 느낌을 받을 가능성이 전체 인구에 비해 두 배 높다는 것을 보여준다.[38] 사람들에게 가해지는 엄청난 충격은 주로 훨씬 더 느린 속도의 장기적 변화에 의해 결정된다.

현재의 젊은 세대 사이에서 나타나는 변화의 주범으로 자주 지목되는 것은 스마트폰과 소셜 미디어의 출현이다. 트웬지는 이것이 마치 "사과의 가운데에 있는 벌레"처럼 보이지 않는 곳에 숨어 있는 최악의 것이라고 생각한다. 그녀만의 생각이 아니다. 2019년 영국의 보건부 장관 매트 핸콕Matt Hancock은 정신 건강에 대한 영향을 지적하면서 13세 이하 어린이들의 소셜 미디어 사용을 금지하는 새로운 법안을 발의했다. 영국 건강보험공단National Health Service의 대표 사이먼 스티븐스Simon Stevens는 기술 기업과 소셜 미디어 플랫폼이 "젊은이들 사이에 정신 건강 문제가 급속히 확산하는 상황의 책임을 건강보험공단에 떠넘겼다"고 지적했다.[39]

표면적으로는 증거가 명확한 것처럼 보인다. 예를 들어 영국 자료에 대한 내 분석에 따르면 평일에 소셜 네트워킹 사이트에서 3시간 이상을 보내는 어린이들은 그런 사이트를 전혀 이용하지 않는 어린이들에 비해 정신 장애 증상을 보일 가능성이 두 배 이상 높다(25퍼센트 대 12퍼센트).[40] 이용 빈도가 높은 사람들이 더 큰 영향을 받는다는 것을 보여주는 다른 연구들도 있다. 예를 들어 14세 청소년 1만 명을 대상으로 한 한 연구는 이용 빈도가 낮은 소셜 미디어 사용자가 우울증 증세를 보이는 확률은 12퍼센트인 데 비해 이용 빈도가 높은 사용자의 경우 38퍼센트라는 것을 보여준다.[41] 이런 설명은 여아와 남아 사이의 커지는 격차에 대한 합리적 근거를 제공하기 때문에 특히 더 솔깃하다. 하루에 3시간 이상 소셜 미디어를 이용하는 남아는 전체의 20퍼센트인 데 비해 여아는 40퍼센트에 이른다.

여기까지만 보면 결론이 나온 것 같다. 하지만 그렇지가 않다.

우선 소셜 미디어 사용 빈도와 정신 건강 문제 **모두**의 원인이 될 수 있는 다른 요인이 고려되지 않았다. 다양한 범주의 요인들을 연구 모형에 포함시킬 경우 소셜 미디어와 기술의 영향은 그만큼 극적으로 나타나지 않는다. 영국과 미국의 35만 대상자를 인터뷰한 한 대규모 연구는 마리화나 흡연과 집단 괴롭힘이 기술 사용보다 청소년의 행복에 훨씬 큰 부정적 연관이 있다는 것을 보여준다.[42] 충분한 수면과 규칙적인 아침 식사와 같은 단순한 활동이 기술 사용 감소의 평균적인 영향보다 행복에 훨씬 더 긍정적으로 연관된다.

실제로 행복과 규칙적으로 감자를 먹는 것 사이의 연관성은 기술 사용과의 연관성과 거의 유사한 부정적 연관성이 있다. 하지만 감자 소비가 "한 세대를 망치고 있다"고 한탄하는 논문은 찾기 힘들다.[43]

소셜 미디어의 영향에 집중한 영국 정부의 다른 연구 역시 다른 요인을 통제할 경우 소셜 미디어 사용과 심리적 건강 사이의 연관성이 매우 미미해진다는 것을 보여준다.[44] 충분한 수면과 친구와의 만남이 주는 긍정적 영향이 약 세 배 더 크며 온라인이든 오프라인이든 집단 괴롭힘의 부정적 효과는 약 여덟 배 더 크다. 연구자들이 이런 다른 요인을 고려할 경우 소셜 미디어 사용은 심리적 건강과 연관성이 극히 적어진다.[45]

결국 최선의 결론은 소셜 미디어와 어린이나 젊은 성인의 전반적 건강 사이에는 연관성이 비교적 적다는 것이다. 소셜 미디어와 10대 소녀와 같은 특정 집단의 정신 건강 사이에는 강한 연관성이 있을 수 있지만, 높은 사용 빈도와 관련된 더욱 광범한 문제가 더 중요하다는 증거가 있다. 예를 들어 소셜 미디어를 사용하는 시간은 더욱 정적인 행동과 관련되며 이는 건강상의 여러 부정적 결과들과 연결된다. 소셜 미디어는 젊은이들을 집단 괴롭힘에 더 많이 노출되게 할 수 있으며 수면 위생을 방해할 수 있다. 이 두 가지 모두 우울증을 비롯한 정신 건강 문제와 관련된다. 수면 위생을 증진하고 활동량을 늘리며 집단 괴롭힘을 줄인다는 면에서 소셜 미디어 사용의 제한이 좋은 아이디어라고 생각할 수도 있을 것이다. 그러나 중요한 점은 젊은이의 가정생활, 인간관계, 경제·사회적 계층, 교육 상황, 유전적 특성 등과 관련된 다른 요인들과 비교할 때 소셜 미디어 사용이 이런 매개 요소들의 예측변수로 특히 좋다고 말할 수 없다는 데 있다.

이 점을 바로잡는 것은 대단히 중요한 일이다. 잘못되었을 때 큰 위험이 따르기 때문이다. 부모들에게 아이의 휴대전화를 빼앗게 하거나 입법자들이 소셜 미디어 플랫폼 사용에 대한 법안을 상정하게 하는 것이 문제를 눈에 띄게 줄이리란 증거는 현재로서 거의 없다. 간단한 답을 받아들이려는 경향이 인간의 강한 특성이긴 하지만, 이것은 단일한 해법이 존재하기 힘든 복잡한 사안이다. 연구를 통해 젊은이들에 대해 온갖 상세한 사항을 조사한다 하더라도, 우리가 행복도의 변동에서 설명할 수 있는 부분은 약 30~40퍼센트에 불과하다. 우리가 모르고 있는 것이 너무나 많다.

특히 신생 기술과 관련된 큰 문제들에 대해서는 단순한 해답에 의심을 가질 필요가 있다. 모든 종류의 혁신에서 비롯된 '도덕적 공황moral panic'은 역사 내내 반복되어 왔다. 성경의 대량 번역과 인쇄에서부터 소설, 자전거, 전기, 폭력적인 비디오게임 등 모든 것이 기존 사회 질서에 대한 위협으로 여겨졌다. 근본적으로 이것은 대단히 세대적인 현상이다. 새로운 세대는 혁신에 적응하는 데 더 능숙하며 이는 나이 든 세대들 사이에서 문화(실은 그들 자신도 형성에 일조한 문화)에 대한 통제력을 잃고 있다는 인식을 낳는다.[46]

이런 빈약한 증거를 고려하면 정치인들과 고위 관리들이 강한 확신으로 소셜 미디어에 대한 입법 조치를 요구하는 것이 놀랍게 느껴진다. 하지만 그것은 반복되는 패턴이다. 2005년 힐러리 클린턴Hillary Clinton은 폭력적인 비디오게임에 대한 노출이 '어린이들의 IQ를 낮추는 것은 물론 공격적인 행동을 늘린다'는 증거를 들며 게임 규제 강화 법안을 제정하려 했다.[47] 하지만 대법원은 그 증거가 조치를 뒷받침할 만한 것이 아니라고 판결했다. 비디오게임의 위협에 주의를 촉구한 것은 클린턴이 처음이 아니다. 1983년 미국의 보건총감은 〈애스터로이즈Asteroids〉, 〈스페이스 인베이더스Space Invaders〉, 〈센티피드Centipede〉와 같은 게임들이 가정 폭력의 주된 원인이라고 말했다.[48] 도덕적 공황의 예전 사례들이 최신의 사례들보다 우스꽝스럽게 들리는 이유는 세상이 더 나빠졌기 때문이 아니다. 그저 우리가 나이가 들어가고 있기 때문이다.

외로움에 대한 근거 없는 이야기들

영국 건강보험공단의 대표가 젊은이들의 '정신 질환 확산'을 언급한 것, 특히 그런 추세를 가속하기 시작한 것으로 보이는 코로나19 이전부터 이 문제를 언급한 이유는 충분히 이해할 만하다. (단 몇 퍼센트이긴 하지만) 이미 드러난 유병률의 증가로 젊은이 수십만 명이 추가로 지원을 신청하고 있다. 이미 늘어날 대로 늘어난 지원 서비스에 엄청난 부담이 가해지고 있는 것이다.

그러나 지난 몇 년간 수백 종에 이르는 의학 논문은 우리가 '외로움의 확산'을 경험하고 있다는 점에 오해의 소지가 상당하다고 주장한다. 때로 외로움의 확산은 젊은이들에게,[49] 또 때로는 노인들에게[50] 집중된다. 여러 나라에서 이 모두가 자명한 진리로 자리 잡고 있다. 증거가 거의 없다는 것을 생각하면 이상한 일이 아닐 수 없다. 외로움의 세대별 척도를 보여주는 설득력 있는 표를 제시하고 싶었지만 어떤 나라에서도 장기간에 걸친 일반 대중 자료를 찾을 수 없었다.

대개 인구의 특정 부분을 대상으로 하는 추세 자료들은 장기간에는 거의 변화가 없다는 것을 보여준다. 예를 들어 미국 심리학자들과 사회학자들로 이루어진 한 그룹은 전쟁 전 코호트에 비해 베이비부머들 사이에 외로움이 커졌는지 진단하는 연구를 실시했다. 그들은 베이비부머들 사이에서 외로움이 눈에 띄게 증가했다거나 지난 10년간 특별히 증가했다는 증거를 찾지 못했다.[51] 다른 선진국의 연구 결과도 비슷했다. 스웨덴에서 이루어진 85세, 90세, 95세 성인 대상의 반복적인 횡단 설문조사에 따르면 지난 10년간 외로움의 증가는 없었다.⁵² 베를린노화연구Berlin Aging Study의 자료를 이용한 연구자들은 75세 집단의 외로움 수준이 상당히 낮다는 것을 발견했고, 또 다른 연구는 핀란드의 70세 집단의 경우 외로움의 수준이 이전 세대에 비해 낮은 것을 발견했다.⁵³

한 심리학자 팀은 연령 스펙트럼의 반대쪽, 즉 미국 10대들 사이이 장기직 추세를 분석해 1976년부터 2010년 사이에 외로움의 증가 징후가 없다는 것을 발견했다. 그들은 고등학생들 사이에서 통계적으로 유의미한 외로움의 **감소**를 발견했다. 다만 영향의 규모는 작았다.⁵⁴

외로움은 연령 집단들 차이의 편차가 크다. 하지만 이런 패턴은 장기에 걸쳐 일관된 것으로 보인다. 노인들의 외로움에 집중하는 최근 몇 년의 경향을 생각하면 영국, 미국, 뉴질랜드, 일본의 연구들에서 젊은 성인이 외로움을 느낄 확률이 확실히 더 높다는 점은 대단히 놀랍다.⁵⁵ 이런 현상은 영국의 한 연구를 기반으로 한 다음 쪽 그림 4.5의 그래프에서 확인할 수 있다. 세대별 변화를 단정 짓기에는 기간이 너무 짧지만, 그래프를 보면 왜 젊은이들의 외로움 증가가 부각되고 있는지 알 수 있다. Z세대는 나이 든 연령 집단보다 외로움을 느낀다고 말할 가능성이 약 두 배 높다.

우리가 젊은 시절에 어떤 감정을 품고 있었는지 떠올린다면 젊은이들이 외로움을 가장 많이 느끼는 이유를 쉽게 알 수 있다. 이 시기는 사교가 대단히 중요하고 사회적 고립이 큰 상처가 되는 때다. 외로움은 사회적 유대의 희망 수준과 실제 수준 사이의 주관적 차이라고 할 수 있다.

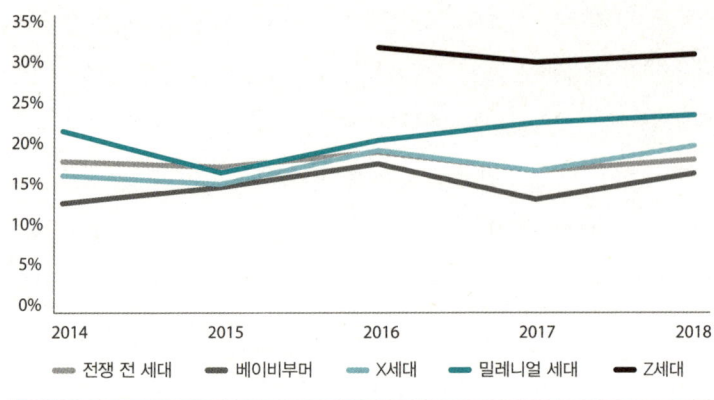

그림 4.5 '때때로' 혹은 '자주' 외로움을 느낀다고 답한 영국 성인의 비율[56]

　이런 정확한 정의를 적용하더라도, 삶의 방식에서의 큰 변화에도 불구하고 외로움 증가의 증거를 거의 찾아볼 수 없다는 사실은 놀랍게 느껴진다. 사회학자 에릭 클리넨버그Eric Klinenberg의 표현대로 "우리 종은 주목할 만한 사회적 실험에 착수했다." 인간은 역사의 그 어느 때와도 다른 삶을 살고 있다.[57] 예를 들어 미국 인구조사국이 2018년 예상하기로 1인 가구는 미국 전체 가구의 28퍼센트였다. 1950년에는 단 9퍼센트였다.[58] 여러 나라에서 같은 패턴이 나타난다. 30여 개국 유로바로미터 자료를 분석해보니 1인 가구는 1971년의 11퍼센트에서 2019년에는 24퍼센트로 증가했다.

　혼자 사는 것은 온전히 최근의 현상이라고만 할 수 없으며 수십 년에 걸쳐 여러 차례 관심을 불러일으켰다. 미국의 심리학자로 외로움의 영향을 집중적으로 연구하고 있는 줄리언 홀트룬스태드Julianne Holt-Lunstad는 이렇게 설명한다. "우리는 산업 사회가 부상한 이래 외로움에 대해 내내 염려해왔다. 마을에서 벗어나기 시작해 이웃을 많이 알지 못하는 도시로 모여든 이후부터 우리는 외로움을 걱정했다.… 우리는 아파트 거주자, 차를 운전하는 사람들, 영화를 보러 가는 사람들, 사교 생활 대신 전화기를 붙들고 있는 사람들을 걱정했다."[59]

영국의 역사학자 페이 바운드 앨버티Fay Bound Alberti는 《고독의 전기A Biography of Loneliness: The History of an Emotion》에서 비슷한 장기적 관점으로 외로움이라는 용어가 1800년 이전에는 거의 눈에 띄지 않았다고 지적하며 외로움이 산업 사회의 산물이라고 말한다.[60] 앨버티의 견해에 따르면 현대의 외로움은 자본주의와 세속주의의 산물이며 18세기부터 시작된 '자기와 세계' 사이의 구분에서 초래되었다. 혼자 살며 외로움을 느끼는 것은 개인주의의 정치학과 경제학에서 비롯됐다는 것이다. 우리가 검토한 다른 여러 패턴들과 마찬가지로 가장 중요한 추세는 하룻밤 사이의 확산이라기보다는 장기적인 문화 진화의 결과다.

외로움의 영향이 중요치 않다는 말이 아니다. 미국의 심리학자 존 카시오포John Cacioppo는 외로움의 기제와 영향에 대한 중요한 연구 결과를 내놓았다. 카시오포는 외로움을 배고픔이나 목마름과 비슷한 생물학적 충동에 비유한다. 외로움은 다른 사람과 함께하고자 하는 데 동기를 부여하는 유용한 역할을 한다. 인간의 역사에서 다른 사람을 곁에 두는 것은 보호책의 한 형태였고 힘을 사용하는 가장 효과적인 방법이었기 때문이다. 외로움의 감정은 위협의 감각을 높이며, 이는 혈압이 높아지는 등 생물학적 반응으로 이어질 수 있다.

일부 연구자들은 직접적인 생물학적 영향 외에도 외로움이 다른 파괴적 행동을 뒷받침하는 것으로 본다. 미국의 보건총감이었으며 외로움의 영향에 대한 인지도를 높인 인물 중 한 명인 비벡 머시Vivek Murthy는 이렇게 설명한다. "나는 보건총감으로 있으면서 미국 전역의 소도시와 대도시의 사람들로부터 듣게 되는 많은 이야기가 중독, 폭력, 우울증과 불안에 대한 이야기라는 사실을 깨닫기 시작했다. 하지만 정작 그 뒤에 있는 배경은 외로움이었다."[61]

외로움의 지독한 결과들을 확인시켜주는 것처럼 보이는 흥미로운 연구들이 있다. 외로움이 하루에 담배 15개비를 피우는 것만큼 치명적 영향을 줄 수 있다는 연구도 있다. 머시를 비롯해 외로움의 중요성을 강조하는 사람들이 이 주장을 인용했다. 주장의 출처는 북아메리카, 유럽, 일본, 중국, 오스트레일리아에 걸친 148개 연구에 대한 메타 분석이다.[62] 연구에 따르면 사회적 유대가 좋은 사람들은 사회적 유대가 좋지 못한 사람들에 비해 장기에 걸친 생존 가능성이 50퍼센트 높았다. 이 정도라면 금연에 준하는 수치다. 그렇지만 결정적으로 연구자들은 구체적으로 외로움이 아니라 모든 사회적 유대의 영향을 측정했다. 여기에는 다양한 척도, 즉 대상자가 다른 사람의 실질적인 지원을 받는지, 스스로 얼마나 지원을 받고 있다고 인식하는지 등은 물론 결혼 여부, 친구 네트워크의 크기와 깊이, 혼자 사는지의 여부도 포함된다. 우리는 이런 연구들이 인과관계보다는 연관성만을 증명한다는 점을 기억해야 한다. 흡연과의 비교는 눈길을 끌지만 인과성을 확신하기는 어렵다.[63]

하지만 외로움의 확산 정도와 중요성을 생각하면 궁극적으로는 더 주의를 집중하는 것이 현명한 일일 듯하다. '전염병'이라는 수사에 과장된 면이 있을지라도 말이다. 상대적으로 가려져 있는 사안의 인지도를 높이는 것은 그 자체로 효용이 있을 수 있으며, 코로나19의 영향이 논의를 부각하는 역할을 해줄 것이다. 최초의 '외로움 담당 장관'인 트레이시 크라우치 Tracey Crouch는 이렇게 말한다. "10년 전에는 정신 질환이 있어야 외롭다고 생각했다. 사람들은 정신 건강 문제에 대해 이야기하지 않았었다. 이제야 우리는 그 오명을 제거하고 있다." 사람들 사이의 실질적, 감정적 유대를 구축하는 조치를 취하려면 관심이 급증하는 지금 상황을 이용해야 한다. 여기에는 사람들이 만나서 상호작용할 수 있는 장소를 지원하고, 적절한 사람들에게 이를 수 있는 새로운 방법을 찾는 것이 포함된다. 예를 들어 병원을 찾는 사례의 상당 부분은 외로움에 뿌리를 두고 있다. 크라우치가 지적하듯이 지원 네트워크를 제공하는 지역 단체와 유대를 쌓을 수 있도록 하는 '사회적 처방 social prescribing'이 알약보다 더 효과적일 수 있다.

자살률의 진정한 의미

젊은이들 사이에서 자살이라는 또 다른 '유행병'이 번지고 있다는 주장에는 그리 공감하지 못하겠다. 예를 들어 〈선데이타임스 Sunday Times〉는 2019년의 표제 기사에서 Z세대를 "자살 충동을 느끼는 세대 Suicidal Generation"라고 부르면서 그 이전 8년간 영국 10대들 사이에서 사망자 수가 두 배로 늘었다고 지적했다. 그렇지만 저널리스트 톰 시버스Tom Chivers가 간단명료하게 표현했듯이 이런 식의 자료 해석과 대유행이라는 광범위한 주장은 "완전한 개소리"다.[64]

우선 명심해야 할 것은 자살이 대단히 드물다는 점이다. 영국에서 1년간 스스로 목숨을 끊는 젊은이의 수는 10만 명 중 7명 미만이다. 다른 어떤 연령 집단보다 낮은 수준이다. 반면 2018년 45~59세 중년 중 자살한 사람은 10만 명 중 18명이었다. 우리는 자살이 젊은 사람들 사이에서 더 문제가 된다고 흔히 오해한다. 이는 부분적으로 자살이 영국, 캐나다, 미국, 오스트레일리아를 비롯한 여러 나라에서 가장 흔한 사망 원인인 '암'에 이어 주요 사망 원인 2위를 차지하기 때문이기도 하지만, 가장 큰 이유는 젊은이들의 전반적인 사망률이 낮다는 데 있다.

젊은 시절의 자살이 흔치 않기 때문에 거기에 더 집중하는 것이 이해가 되기도 한다. 피해자의 남은 인생을 생각하면 각 사례가 특히 비극적인 면도 있다. 그러나 걱정거리가 되려면 자살률이 실제로 꾸준히 두 배 정도는 유지되었어야 할 것이다. 자료를 검토해보면 보도의 방향이 얼마나 잘못되었는지 알 수 있다. 〈선데이타임스〉의 기사는 최근의 수치를 비교하면서 이용할 수 있는 최저치를 선정했다. 가능한 한 단기적 급상승을 보여주기 위해서 말이다. 실제 추세를 살피면 그림 4.6에서와 같이 젊은 사람의 자살률 패턴은 1980년대 말과 1990년대에 고점을 기록한 뒤 장기적으로는 사실상 감소세라는 것을 알 수 있다.[65]

이런 종류의 엉성한 보도는 실제 패턴으로부터 주의를 흩뜨릴 위험이 있다. 훨씬 더 정확한 것은 장기에 걸쳐 연령별 자살률

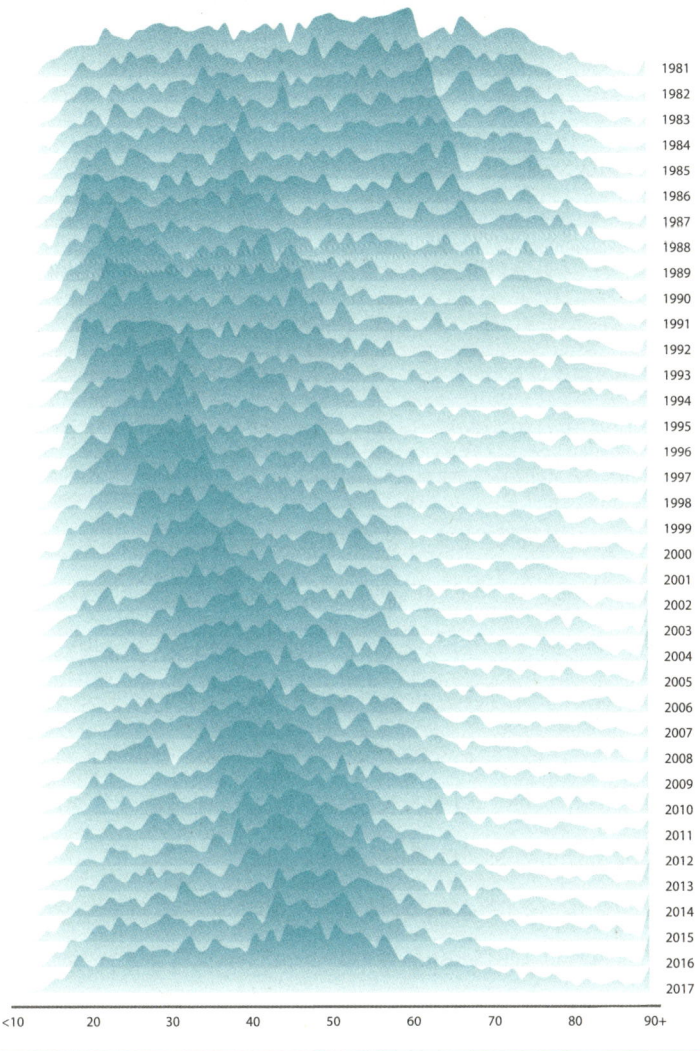

그림 4.6 영국과 웨일스의 연령별 자살 건수[66]

을 도표화한 영국 통계청의 분석이다.[67] 1980년대 초 자살은 영국과 웨일스 인구의 전 연령 집단으로 확산하였고, 60~70대에게 더 많은 영향을 주었다. 1986년부터는 높은 자살률의 물결이 모든 세대에 미쳤다. 정확히 X세대의 출발점에 태어난 사람들이 20대 초반에 들어서면서 정점을 찍으며 시작된 상황이었다. 1998년에는 30대 후반 사람들의 자살률이 가장 높았고 2018년에는 40~50대를 아울렀다. 각각의 최고점은 X세대의 인생 경로와 완벽하게 일치한다. 내가 10년 동안 코호트 영향을 확인하려 시도해 발견한 사실이 이렇다. 슬프게도 '자살 충동을 느끼는 세대'라는 묘사가 더 적절한 세대는 X세대다.

물론 이것도 심하게 과장된 별칭이다. 이 코호트 내에서도 자살은 극히 드문 일이고 여성과 남성, 부유한 사람들과 그렇지 않은 사람들 사이에 큰 차이가 있다. 예를 들어 45~49세의 최근 자살률에서 남성이 차지하는 비중이 전체의 4분의 3이다. 영국에서 가장 빈곤한 지역의 자살률은 그렇지 않은 지역에 비해 2배 이상 높다.[68] 영국의 빈곤 지역에서 X세대 남성으로 태어난 것은 특히 좋지 않은 조합으로 보인다.[69]

어떤 이론에서는 X세대와 자살 사이에 강력한 코호트 연관성이 있는 것같이 보이는 이유를 X세대의 '둘째 아이' 위치와 관련 짓는다. 그들은 두 개의 특유한 문화적, 경제적 시기에 다리를 걸치고 있고, 일부는 양쪽의 나쁜 영향을 모두 받았다. 더 나이 든 영국 코호트들보다 경기 침체와 내핍 생활에서 큰 타격을 받았고, 젊은 코호트에 비해 어려움을 겪을 때 도움을 구하려는 경향이 낮다.[70]

X세대 이야기의 또 다른 안타까운 요소는 약물 중독으로 인한 사망을 추적한 통계청의 분석에서 나타난다. 약물 중독으로 인한 사망률의 최고점은 1992년 20대 초반에서 2017년에 40대 중반으로 이동했다. 자살률에서와 같이 시간이 흐르면서 X세대를 따르는 궤적을 그린 것이다.

이는 영국의 X세대가 막 10대에 진입한 1980년대부터 마약, 특히 헤로인의 입수 가능성이 크게 높아진 것으로 설명할 수 있다. 2017년 약물 중독 사망의 절반 이상이 헤로인으로 인한 것이었다.[71] 길어진 수명이라는 요소는 장기적으로 비극을 키웠다. X세대 내 코호트의 약물 중독으로 인한 연간 사망자는 1990년대 초 50명에서 지금 150명으로 세 배 증가했다. 영국 통계청은 이것이 부분적으로 생애 주기의 영향일 수 있다는 추측을 내놓고 있다. 이 세대에 속하는 나이 든 약물 사용자의 신체는 장기적인 복용의 영향을 감당하기 힘들다는 것이다.

경제학자 앤 케이스Anne Case와 앵거스 디턴Angus Deaton은 미국의 경우 자살과 약물 중독이라는 별개로 보이는 현상들이 서로 명백하게 연관되어 있다는 것을 보여주었다. 그들은 약물로 인한 죽음의 동기를 밝히기가 어렵고 죽음을 자살로 분류하는 것을 꺼리는 분위기를 고려할 때, 자살과 약물 중독의 관계가 모호하다고 말한다. 알코올 중독과 연관된 죽음과 마찬가지로 그런 죽음을 미국 내에서 점점 늘어나고 있는 '절망의 죽음death of despair'으로 봐야 한다는 것이 그들의 의견이다.[72] 이런 자기 파괴적 추세는 미국 사회의 여러 부문에 보기 드문 영향을 주고 있으며 전반적 수명에까지 영향을 미쳤다. 미국 인구의 수명은 수십 년에 걸친 일관적 증가를 뒤로하고 감소하기 시작했다. 케이스와 디턴의 분석은 수명의 역전이 인구 전반의 광범한 현상이 아니라 교육 정도가 낮은 백인들에게만 거의 온전히 집중되어 있음을 보여준다.

케이스와 디턴에 따르면 1990년에서 2017년 사이 학사 학위가 없는 45~54세 백인 남녀 사이에서 '절망의 죽음'이 세 배 증가한 반면 대학을 졸업한 백인들 사이에서는 거의 변화가 없었다. 그들 역시 분석의 초점을 중년에 두었지만 미국의 코호트 영향은 방금 내가 묘사한 영국의 경우와 상당히 다르다. 각 코호트의 상황이 앞선 코호트보다 차츰 악화하고 있는 것이다. 예를 들어 1960년 출생한 코호트 출신으로 대학 졸업장이 없는 45세 백인 남성은 자살, 약물 중독, 알코올 중독으로 사망할 위험이 1950년대 출생 코호트보다 50퍼센트 높고, 1970년대 코호트는 1960대 코호트보다 다시 두 배가 더 높다. 이것은 세대의 비극이 분명하다. 교육 정도가 낮은 백인의 경우 사실상 그 사람이 태어난 시점이 그 사람이 어떤 사람인지를 결정한다.

왜 이런 일이 일어나는지에 대한 정설은 없다. 케이스와 디턴은 절망의 죽음이 백인 노동자 계급이 오랫동안 유지해온 삶의 방식을 잃었다는 것을 나타낸다고 주장한다. 이것은 가난이나 불평등, 2008년 금융 위기 때문만은 아니다(각자가 역할을 하기는 했지만 말이다). 그들의 견해는 "자본주의가 전반적인 번영의 엔진이 아닌 상층으로의 재분배를 위한 부정한 돈벌이로 보이기 시작했다"라는 로버트 퍼트넘의 말과 궤를 같이한다.

케이스와 디턴의 분석은 대단히 세대적이다. 코호트가 이어지면서 삶의 기회가 가차 없이 줄어든다는 의미에서만 그런 것이 아니다. 케이스와 디턴은 세대 진보에 대한 기대가 얼마나 깊이 뿌리내려 있는지, 그런 기대가 어긋났을 때 얼마나 큰 절망감을 주는지에 주의를 기울인다. 그들이 개술하는 바에 따르면 "20세기에 일어난 건강과 생활 수준에서의 진보는 세기말까지 계속됐다. 사람들은 진보가 계속될 것이라는 합리적인 기대를 갖게 되었고 그들의 삶이 그랬던 것처럼 자녀들의 삶에도 진보라는 축복이 있을 것이라 생각했다.… 그뿐 아니다. 2차 세계대전 이래의 발전 속도가 너무나 꾸준하게 오래 지속된 나머지 미래 세대가 현 세대보다 더 잘 살 것이라는 전망이 거의 확실시되었다." 그러나 현실은 기대를 충족시키지 못했다. 이런 충격적 반전에서 느낀 배신감, 여기에 여러 사람에게 영향을 준 현실의 비극적 사건들이 합쳐지면서 체제에 대한 신념을 위협하게 되었다.

핵심은 이것이 미국만의 독특한 현상이냐는 것이다. 어쩌면 이는 정말로 현재 자본주의의 문제일지도, 미국이 다른 나라들도 곧 따라올 길을 먼저 걷고 있는 것인지도 모른다. 하지만 어느 쪽이든 분명히 미국에만 영향을 미친 요인들이 있다. 케이스와 디턴은 인종 간 긴장과 편견의 역사, 사회적 보호의 부족, 아주 특이한 건강 보험 제도가 모두 큰 의미를 띤다고 말한다.

케이스와 디턴의 결론대로 미국 특유의 추세일 수도 있고 장래에 다른 곳에서 나타날 추세일 수도 있다. '절망 죽음'의 숫자에서 미국이 다른 나라를 월등히 앞서지만 캐나다, 아일랜드, 오스트레일리아, 영국(특히 스코틀랜드)에서도 상승세가 감지되고 있다. 영국 자료를 분석한 바에 따르면, 다행히도 이 특정한 비극이 X세대에게서 발생하고 있고, 다른 세대에서는 동일한 증가가 나타나지 않고 있다. 영국이 미국의 뒤를 따르는 것이 아직은 불가피한 일이 아니다.

간단한 해답은 오답이다

우리는 패턴과 설명을 찾게끔 프로그램되어 있다. 토르티아에서 예수의 얼굴을, 그릴 치즈 샌드위치에서 성모의 얼굴을 본 수많은 사례는 임의성을 이해하려는 우리의 욕구를 증명한다. 이는 코넬대학 심리학과 교수 토머스 길로비치Thomas Gilovich가 설명한 '동일 사건 연속 발생에 의한 착각clustering illusion'과 연관된다. 길로비치는 한 연구에서 'OXXXXXXXXXXXXOOXXXOOXXOO'와 같은 배열을 수백 명에게 제시하고 이것이 임의적이라고 생각하는지를 물었다. 대부분은 여기에 계획된 패턴이 있다고 생각했다. 우리는 무리를 이루고 있는 것을 보면 디자인이 있다거나 그 뒤에 의미가 있다고 생각하는 경향이 있다(이 배열은 임의적이다).[73]

패턴에 이유가 있다고 설득하는 데에는 그다지 많은 것이 필요치 않다. 이유가 간단해 보인다면 말이다. 우리는 단일한 원인을 알고 싶어 하며, 이런 단순성에 대한 선호는 정신적 게으름 때문만은 아니다. 단순성을 원하기 때문에 우리는 조치가 필요한 대상을 명확하게 특정하게 된다. 예를 들어 중세의 유럽인들은 이가 건강에 좋다고 믿었다. 아픈 사람 몸에는 이가 드물었기 때문이다. 따라서 병이 들면 의도적으로 이를 찾으려 했다. 사람이 아플 때 이가 사라지는 것인데, 반대로 이가 떠나면 아파진다고 추론한 것이다. 이는 체온에 극히 민감하다. 열이 조금만 올라도 새로운 숙주를 찾아간다. 체온계가 아직 발명되지 않은 때라서 이런 온도 상승을 거의 알아채지 못했고, 이가 사람이 아파지기 전에 떠난다고 본 것이다. 원인과 결과를 뒤집어 생각한 것이지만, 문제의 원인과 해법을 단순화하는 것은 만족감을 준다.[74]

이 장에서 우리는 몇 가지 명확한 변화를 목격했다. 예를 들어 최근 몇 년간 일부 국가에서 젊은 사람들의 정신 장애가 증가했다는 데에는 강력한 증거가 있다. 하지만 휴대전화나 소셜 미디어가 원인이라는 데에는 피상적 증거만 있을 뿐이다. 오히려 더욱 중요하고 복잡한 일이 일어나고 있다고 생각할 만한 이유가 충분하다.

간단한 해답의 유혹에 저항할 필요가 있다. 우리의 주의를 빼앗아 필요한 조치를 취하지 못하게 만들기 때문이다. 미국의 저널리스트 H. L. 멩켄H. L. Mencken은 다음과 같은 말로 이런 경향의 위험을 포착했다. "모든 복잡한 문제에는 간단한 해답이 있다. 그리고 그 답은 오답이다."[75]

원인이 진정한 본성을 드러내기까지는 시간이 많이 걸린다. 1980년대 당시만 해도 영국 젊은이들 사이의 자살률 증가는 일시적 상황 변화처럼 보였다. 하지만 장기적 그림은 그런 변화가 X세대 특정 하위 집단에 영향을 미치는, 세대와 관련이 훨씬 더 깊은 문제라는 것을 보여준다. 사람들의 반응은 현실을 반영하며, 즉각적인 간단한 해답으로 좌우할 수 없다는 점을 유념해야 한다. 특정 코호트에 그들이 필요로 하는 지원을 하려면 더 큰 노력이 필요하다는 것은 장기적 시각에서 볼 때 깨달을 수 있다.

세대 간 패턴의 중요성은 역사가 기어가기보다 도약을 거듭한다는 견해에 의문을 제기하게 한다. 케이스와 디턴의 연구가 시사하듯 2008년 세계 금융 위기와 현재의 코로나19처럼 빠른 도약의 영향이 큰 때이더라도 결과는 훨씬 긴 시간 다양한 집단이 발전시킨 일련의 특정한 환경에 따라 달라진다. 급속한 변화의 시대에도 큰 변화 사이에 낀 조용한 시대에서만큼이나 장기적 추세에 대한 이해가 필수다.

5장

건강

더 오래,
더 건강하게

건강 증진과 수명 연장은 한쪽에 노화 과정, 한쪽에 의료와 사회 발전을 두고 그 사이에서 일련의 전투를 벌인다. 여기서 우리의 '생애 주기'는 강력한 영향력을 발휘한다. 유아일 때는 죽음의 위험이 대단히 높았다가 10대에는 감소하며 그 후 남은 생애 동안 매년 증가한다. 30대부터 사망 확률은 10년마다 두 배가 된다(중년의 고통을 배가시켰다면 미안하다).[1]

하지만 '수명' 역시 당신이 어느 시대에 태어났는지에 따라 크게 달라진다. 1800년 세계 평균 수명은 약 30세였다. 가장 발달한 나라에서조차 약 40세에 불과했다. 산업혁명을 통해 경제가 엄청나게 성장했음에도 이런 상황은 20세기 초입까지 큰 변화가 없었다. 이후 경제 진보에 의학 발전이 결합되어 의료 서비스가 확대되고 위생 시설이 개선되면서, 기대 수명이 크게 늘어났다. 이 눈에 띄는 상승세는 그리 오래지 않은 과거에 시작되어 지금까지 이어지고 있다. 1950년 스페인의 기대 수명은 63세, 프랑스는 66세, 캐

나다는 68세였으나 2015년 이들 각 나라의 기대 수명은 82세 이상이었다.²

명백히 세계적인 추세였다. 개발도상국들의 발전은 더 이례적이었다. 예를 들어 20세기 초 인도의 기대 수명은 25세에 불과했으나 2019년에는 70세였다. 최근에는 가장 빈곤한 지역의 기대 수명까지 빠르게 늘어나면서 현재 대부분 국가의 사람들이 1950년대 가장 부유한 나라의 국민만큼 긴 수명을 기대할 수 있게 됐다.

생애 주기의 영향과 코호트 영향은 건강 측면에서 일어나는 변화의 핵심이다. 엄청난 충격(경제 붕괴나 테러 공격 같은 갑작스러운 시대 영향)도 국가 전체의 건강에는 직접적으로 큰 영향을 주지 않는다. 하지만 코로나19는 예외다. 이번 팬데믹은 확산을 막기 위해 유례없는 수단이 도입되었음에도 세계인의 건강에 엄청난 영향을 미쳤다. 지금은 모든 코호트에게 진정한 세대 규정의 순간이 될 것 같다. 영향이 나타나기까지는 시간이 좀 필요할 것이다. 세대적 관점은 팬데믹이 **현재** 우리에게 어떤 영향을 주고 있는지 이해하는 데에 유용하다.

우선 코로나19로 인한 사망 가능성을 좌우하는 것은 '태어난 시점'이다. 이탈리아의 경우 팬데믹이 시작되었을 때 75세 이상 인구가 전체 인구에서 차지하는 비율은 12퍼센트에 불과했지만, 전체 사망자에서 그들이 차지한 비율은 70퍼센트에 달했다. 치사율의 연령별 증감률은 아주 가팔랐다. 이탈리아 인구의 70퍼센트 이상이 60세 이하이지만, 이들이 코로나19로 인한 사망자에서 차지하는 비중은 3퍼센트에 불과하다.

팬데믹에는 '시기'도 영향을 미쳤다. 코로나19는 나심 니콜라스 탈레브가 정의한 전형적인 역사의 '도약'이지만, 그 충격의 정도는 경제, 사회, 의료 기술의 느린 진화에 영향을 받았다. 이 점은 코로나19가 건강에 미친 직접적 영향을 1918년의 스페인독감의 영향과 비교하면 더 명확해진다. 스페인독감으로 인한 사망자는 5000만 명으로 추정된다. 당시 인구 17억의 3퍼센트에 해당한다.[3]

스페인독감의 엄청난 충격은 빈곤, 영양부족, 과밀한 생활환경, 위생 시설 부족의 문제가 광범하게 퍼져 있던 시대가 지금 시대와 얼마나 달랐는지 보여준다. 스페인독감으로 인한 사망 중 많은 수가 바이러스 감염보다 2차 세균 감염과 연관된다.[4] 항생제가 널리 쓰일 수 있었다면 사망률은 크게 감소했을 것이다. 세계적인 커뮤니케이션에서도 큰 변화가 있었다. 우리의 대응이 더 신속했고, 전 세계에 걸쳐 더욱 일관적이었다는 의미다. 코로나19에 대한 대응으로 여러 정부가 내린 조치가 완벽과는 거리가 멀었다고는 하지만, 오늘날에는 적어도 스페인독감이 유행하던 당시처럼 정보를 제한하는 것이 불가능하다.[5]

하지만 긍정적인 변화만 있었던 것은 아니었다. 생활환경이 크게 개선되었고 의학이 엄청나게 발전했지만, 질병을 유발하는 생활 방식의 다른 요인들은 다른 방향으로 움직였다. 우리는 몇십 년 전만 해도 존재하지 않던 건강과 불평등 사이의 새로운 상호작용을 목도하고 있다. 코호트의 영향, 시대의 영향, 생애 주기의 영향을 분리해서 보면, 영국과 같은 부유한 나라에서 가난한 집단의 일원으로 태어난 경우 길고 건강한 삶의 가능성이 더 이상 자동적으로 증가하지 않는 새로운 패턴과 만나게 된다.

장기적 시각이 반드시 필요한 문제, 장기적 시각의 진정한 성공 사례, 흡연에서 시작해보자.

금연 정책의 효과

흡연은 상상하기 어려울 정도로 많은 사람을 죽였다. 한 추정치에 따르면 20세기에 흡연 탓에 조기 사망한 사람이 1억 명 이상이라고 한다.[6] 매년 약 800만, 전체 사망자의 약 15퍼센트가 흡연으로 사망한다. 흡연으로 인한 사망 비율은 선진국에서 더 높다. 미국의 경우 매년 48만 명 이상이 흡연으로 사망한다. 전체 사망자 5명 중 1명에 해당한다.[7]

흡연율이 지속적으로 감소하지 않았다면 이 놀라운 수치는 더 악화되었을 것이다. 2018년 영국의 성인 중 흡연자는 14퍼센트에 불과했다.[8] 1976년의 46퍼센트에 비해 크게 감소한 것이다.[9] 미국에서도 비슷한 고점까지 이르렀다가 14퍼센트로 감소했다.[10] 물론 추세가 보편적이지는 않다. 크로아티아, 이집트, 인도네시아 등 여러 국가에서는 지난 10년 동안 흡연자의 비율이 증가했다. 하지만 몇 년 전부터 마침내 담배 총 판매량(2016년 5조 7000억 달러라는 놀라운 양)이 감소하기 시작했다.[11]

흡연이 전반적으로 감소하는 상황에서 생애 주기, 코호트, 시대 영향이 결합된 또 다른 세대 패턴이 보인다. 영국을 예로 들면 그림 5.1처럼 각 그래프가 아래로 향하면서 장기에 걸쳐 모든 세대의 흡연이 감소한 것이 명확하게 드러난다. 하지만 패턴은 각각 다

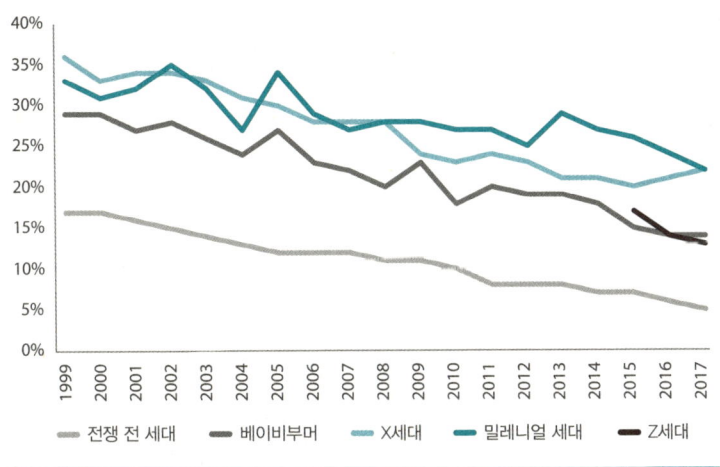

그림 5.1 현재 흡연을 하는 영국 성인의 비율[12]

르다. 전쟁 전 세대는 흡연과 암의 관계가 명백히 드러나기 전에 성장한 사람들임에도 흡연율이 가장 낮았다. 계속해서 흡연을 한 사람들의 사망률이 높은 영향도 있겠지만, 나이 든 세대의 금연 경향이 높은 결과이기도 하다. 한 연구에 따르면 전쟁 전 세대의 40퍼센트 이상이 과거 흡연을 했다.[13]

X세대 그래프와 밀레니얼 세대 그래프가 눈길을 끈다. 초반에는 X세대 흡연자가 밀레니얼 세대 흡연자보다 약간 많았지만, 이후 그래프가 교차하면서 2009년부터 최근 몇 년까지는 밀레니얼 세대 흡연자가 더 많았다. 그러나 이 기간 동안에도 밀레니얼 세대의 흡연율은 계속 감소했다. 1999년에 흡연자는 33퍼센트였지만 현재는 22퍼센트다. 다만 몇 년 전까지는 밀레니얼 세대의 감소세가 다른 세대보다 느렸는데, 이 현상은 다른 영역에서 목격했던

'지연된 성인기'라는 주제와 맞아떨어진다. 결혼을 하거나 자녀를 갖는 등 금연을 자극하는 일들이 늦게 일어나거나 전혀 일어나지 않는 것이다. 밀레니얼 세대는 더 오랫동안 '젊은이'처럼 행동한다.

미국의 흡연 패턴은 영국에서 관찰되는 패턴과 놀라울 만큼 비슷하다. 모든 세대에서 흡연율이 천천히 감소하고 있고, 세대 간 서열도 같다. 2000년 미국의 밀레니얼 세대와 X세대의 흡연율은 비슷했지만 이후 밀레니얼 세대의 흡연율이 높아져 수년간 X세대 위에 머무르다가 격차를 좁히고 있다. '지연된 성인기'의 추세는 미국에서도 나타나는 것으로 보인다.

미국과 영국에서 가장 중요한(가장 고무적인) 패턴은 Z세대가 완전히 다른 출발점에 있다는 것이다. 양국 모두 Z세대의 흡연율은 12~13퍼센트로 다른 코호트에 비해 훨씬 낮아 흡연 습관에서 놀라운 세대별 차이를 보이고 있다.

물론 이런 추세에는 전자담배의 급격한 성장이 영향을 미쳤다. 비교적 새로운 이 상품에는 니코틴과 향료가 들어 있으며, 여기에서 만들어지는 수증기를 사용자가 흡입한다. 전자담배는 특히 미국에서 폭발적으로 성장했다. 2019년의 한 연구에 따르면 17~18세 청소년의 27퍼센트가 지난 30일 동안 전자담배를 사용했다. 이런 급속한 사용 증가에 2019년 말 폐 질환의 증가와 전자담배 사용자들의 사망률 증가가 결합되면서 낳은 우려감이 전자담배의 안전성에 대한 격론으로 이어졌다. 그 결과 트럼프 행정부는 전자담배를 비롯한 담배 제품 구입의 법적 연령을 21세로 상향하고 젊은이들에게 특히 인기 있는 것으로 보이는 일부 착향 제품을 금했다.

이와 관련해 공중 보건이 걸어야 할 길은 매우 험난하다. 세대 간 균형이 필요한 문제이기 때문이다. 기존 흡연자가 전자담배로 갈아타면 건강상 이득을 본다(한 독자적 조사에서 전자담배가 일반 담배보다 95퍼센트 안전하다는 결론이 도출되었다[14]). 하지만 전자담배가 아니었다면 흡연을 하지 않았을 사람이 전자담배를 통해 니코틴에 중독되어 담배에 이르게 될 위험이 그런 이득을 상쇄할 수 있다. 미국의 많은 사람들이 이런 우려를 표하고 있다. 보건복지부장관 알렉스 아자르 Alex Azar 는 이렇게 말한다. "우리는 이런 제품이 젊은 세대가 궐련이나 니코틴 중독으로 가는 진입 차선이 되도록 두고 보지 않을 것이다."[15]

여기에서는 연령이 중요한 역할을 한다. 흡연은 우리가 10대와 성인 초기에 태도와 행동을 어떤 식으로 형성하는지를 보여주는데, 흡연자의 약 90퍼센트가 19세 이전에 담배를 처음 접하기 때문이다.[16] 전자담배는 '오랜 흡연자를 덜 해로운 행동으로 전환시키는 제품으로 홍보할 것이냐', '흡연을 시작하는 위험으로부터 젊은 세대를 보호해야 할 것이냐' 하는 세대적 선택의 문제를 제기한다.

흡연 문제가 지금 중요한 것은 Z세대가 고비에 있기 때문이다. 흡연율 감소에서 거둔 성공의 기반은 흡연 연령 상향, 담배 가격 인상, 공공장소 금연, 담배 포장·후원·광고의 변화 등 일련의 장기적 조치들이었다. 2000년 캐나다가 담뱃갑에 그림을 기반으로 한 경고 표시를 도입하고 2012년 오스트레일리아가 완전한 무지

포장을 도입하는 등의 몇몇 조치들(이 두 조치를 여러 다른 나라가 본받았다)은 신중한 세대적 투자였다. 공중보건학 교수로 흡연 통제에 관심을 집중하고 있는 데이비드 하몬드David Hammond의 설명대로 이런 조치들은 기존 흡연자의 금연을 위해서가 아니라 "어린이들이 담배 포장의 긍정적인 브랜드 이미지에 현혹되지 않고 성장하면서 장기간에 걸쳐 그 혜택이 축적되고 증가할 것이란 기대"에서 만들어진 것이다.[17] 약 20년간 흡연을 했던 사람으로 담배 브랜드의 디자인에 여전히 강한 애착을 갖고 있는 내가 보기에 매우 적절한 조치다. 세대적 투자가 효과를 내고 있는 것이다.

습관적 음주자 대 노알콜족

술과의 관계 역시 우리가 언제 태어났는지와 깊은 연관이 있다. 사실 잦은 음주는 우리가 이 책에서 보게 될 코호트 영향 중에서 가장 확실하다. 그림 5.2는 영국에서 지난 20년 동안 일주일에 5일 이상 술을 마셨다고 말한 사람의 코호트별 비율을 추적한다. 그래프는 놀라울 정도로 기복이 없다. 세대별 서열이 확실하고 각 세대 간 격차가 극히 일정하다.

전쟁 전 세대 10명 중 약 3명이 일주일에 5일 이상 술을 마신다. 그들은 늘 그래왔고 앞으로도 그럴 것이다. 연구에 감정을 이입하면 안 된다는 것은 알지만 가장 젊은 사람이 75세인 이 코호트에게는 대단한 일이라는 생각이 들지 않을 수 없다. 베이비부머들도 20퍼센트 정도로 그리 뒤지지 않는다. X세대로 가면 비율은 10~15퍼센트로 하락하며 밀레니얼 세대에서는 약 5퍼센트로 다시

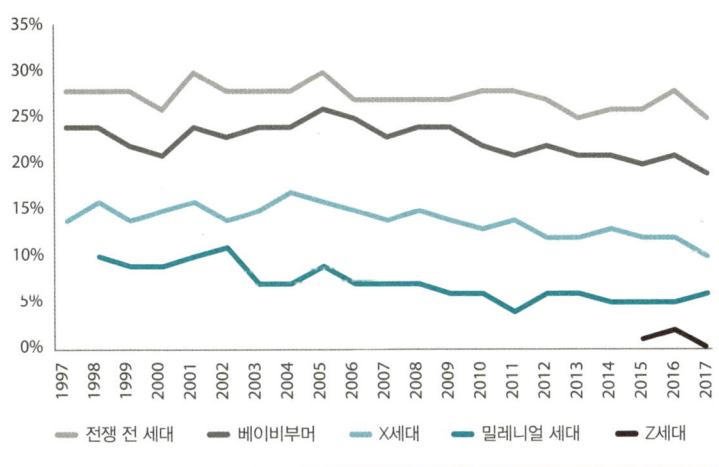

그림 5.2 일주일에 5일 이상 술을 마시는 영국 성인의 비율[18]

하락한다. Z세대의 경우 이렇게 잦은 음주는 1퍼센트 미만으로 거의 사라진 행동이 된다.

중간 코호트의 일원인 나는 이 스펙트럼의 양극단이 약간 당황스럽다. 너무나 많은 동년배들이 거의 매일 술을 마시는 코호트의 일원이 되는 것도 상상하기 힘들지만, 아무도 그렇게 하지 않는 세상을 그리는 것도 무척 어렵다.

나는 10대에 술을 '접해 보지 않은' 사람들에 대한 세대별 패턴을 봤을 때도 똑같이 놀랐다. 밀레니얼 세대는 13~15세이던 2000년 10명 중 7명이 술을 마셔보았다고 말했다. 하지만 2016년 13~15세 Z세대의 경우 이 비율이 절반인 36퍼센트로 떨어졌다. 단 한 세대만에 엄청난 변화가 일어난 것이다. 영국에서만 관찰되는 추세가 아니다. 질병통제·청소년위험행동방지센터Centers for Disease Control and

Prevention's Youth Risk Behavior의 연구는 1991년부터 미국 젊은이들의 음주행태를 추적했다. 이 연구도 비슷한 추세를 보여준다. 연구 첫해에 X세대의 가장 나이 어린 구성원을 대상으로 한 결과, 82퍼센트의 고등학생이 술을 마셔봤다고 답했다. 그러나 2017년 10대 Z세대의 경우 이 비율은 60퍼센트로 떨어졌다(좀 더 나이 든 청소년을 포함시켰기 때문에 영국에 비해 비율이 높다).

물론 '전혀 접해 보지 않은' 것이나 '잦은 음주'는 극단적 척도다. 장기에 걸쳐 각 코호트의 전체 술 소비량을 추적하는 일은 간단치가 않다. 이는 부분적으로 술의 '단위'에 대한 정의가 비교적 새로운 것이기 때문이다. 그럼에도 여러 증거가 젊은 코호트가 전반적으로 술을 덜 마신다고 말하고 있다. 예를 들어 2014년 밀레니얼 세대의 4분의 1만이 주당 14단위 이상의 술을 마셨다. 베이비부머는 31퍼센트, X세대는 30퍼센트였다.[19]

영국과 미국만의 추세가 아니다. 스웨덴, 독일, 오스트레일리아 등 대부분 부유한 OECD 회원국에서 젊은 세대의 전체 술 소비량이 감소하고 있다.[20] 배경이 그토록 다양한 국가들에서 왜 이런 일이 일어나고 있는지 명확하게 설명할 수는 없다. 분명히 여러 요소의 결합이 원인일 것이다. 예를 들어 여러 국가가 미성년 음주에 대한 강력한 법적 제재 조치를 시행하고 있으며 주류세를 크게 올렸다. 늘어난 비용이 여러 나라 젊은이들이 직면한 빠듯한 재정 상황과 결합하면서 젊은이들의 술 소비 여력이 감소했다.

학계에는 술의 인기가 '긴 파동'에 따라 변한다는 이론이 오랫동안 존재해왔다.[21] 술은 문화의 고정된 부분처럼 느껴지지만 사실 소비 수준은 시간에 따라 크게 변화한다. 예를 들어 영국의 1인당 술 소비는 1960년대에서 2000년대 사이에 두 배로 증가했지만 그 이후로는 감소했다. 사회가 어느 정도 이상의 '포화점saturation point' 에 도달했다는 견해와 맞아떨어진다. 술의 해악이 개인과 정치인 모두에게 큰 걱정을 불러일으키는 시점에 도달한 것이다. 이후 이런 문화적 변화를 포착하고 정부가 시행한 강한 규제 정책과 맞물려 소비가 감소한다. 결국 소비는 이전의 우려가 과장처럼 보이는 지점까지 억제되었다가 다시 태도의 완화와 음주의 증가로 이어지며, 그렇게 사이클이 반복된다.

이는 위험에 대한 젊은이들의 인식 변화와도 일치한다. 전체로서 Z세대는 흡연, 음주, 범법 행위 그리고 다음 장에서 살펴볼 성적 활동의 낮은 비율을 반영하듯이 '거칠기보다는 온화'하다는 평판을 듣는다. 대체로 흡연, 성행위, 불법 약물의 위험에 대한 인식에는 큰 증가가 없었다. 영국에서 유일한 예외는 술이었다. 2018년 Z세대의 70퍼센트는 과도한 음주가 대단히 위험하다고 보았다. 2004년 밀레니얼 세대의 수치는 56퍼센트였다. 현재 10대 Z세대의 4분의 1은 술을 가지고 있는 것만으로도 위험하다고 말하고 있다. 이것이 2004년에는 물어볼 가치조차 없는 질문이었다는 사실은 문화적 규범이 얼마나 많은 변화를 겪었는지를 뚜렷하게 보여준다.

물론 전체 인구의 건강 면에서는 긍정적 변화다. 2016년 전 세계 사망 원인의 3.5퍼센트가 술이었다.[22] 술에 신중한 태도를 보이는 것은 긍정적 변화다. 잠깐의 유행이 아닌 장기적이고 꾸준한 문화적 변화로 볼 때는 특히 더 그렇다.

"마약, '싫다'고 말해요"

흡연과 음주의 세대별 추세가 하락하고 있다는 것은 명백한 반면, 약물 사용의 패턴 변화는 대학 파티의 대마초 물담배만큼이나 베일에 가려져 있다. 단순한 메시지에 목말라 있는 언론은 이런 복잡성에 혼란을 느끼면서도 어쨌든 달려들고 본다. 〈바이스Vice〉의 한 기사에 이런 이야기가 담겼다. "오늘날 10대의 삶이라는 것은 유기농 식품과 극단적인 요가에 집착하는 신성한 수도자 집단에 들어가는 것과 같다. 하지만 속을 들추면 약물로 인한 사망이 소용돌이치고, 학교 운동장에는 해피 벌룬happy balloon[흡입하면 마취 감이 느껴지는 아산화질소(N_2O)를 충전한 풍선 — 옮긴이]과 대마초가 널려 있다."[23]

실제 상황은 당신이 어디를 보는지, 무엇을 측정하는지에 따라 달라진다. 국내외 모두에 서로 다른, 종종 상충되는 패턴이 존재한다. 최근 미국에서 특정 인구에 집중된 아편 위기가 있었고 영국의 경우 X세대 일부가 심각한 약물 중독으로 큰 피해를 입은 것 외에는, 어느 방향으로도 일관된 세대적 변화의 징후나 명확한 패턴은 보이지 않는다. 국가별로 대마초 사용이 상당히 꾸준하게 지속되고 있거나 감소하는 가운데 전체적으로는 최근 젊은 세대 사이에서 강력한 약물 사용이 약간 감소했다.

예를 들어 지난 10년 동안 미국의 마리화나, 코카인, 필로폰, 헤로인 등 불법 마약 수거 조치는 여러 세대에 걸쳐 꽤 안정적 패턴을 보여준다. 장기에 걸쳐 코호트별로 약간 차이가 있기는 하지만, 모두 1950년대 초반에서 1960년대 후반 사이에 1퍼센트 범위에 속하며 뚜렷한 이동 방향은 보이지 않는다.

장기간에 걸친 미국 10대들의 마리화나 사용만을 놓고 보면 세대별 약물 추세에 대한 매체의 보도가 왜 그렇게 혼란스러운지 알 수 있다. 예를 들어 이전 1년간 약물을 사용한 적이 있는 17~18세 미국인의 비율은 1970년대 말의 약 50퍼센트 고점에서 1980년대 말과 1990년대의 저점 20퍼센트까지 꾸준히 하락한 후 2000년 전후부터 지금까지는 약 35퍼센트로 다시 뛰어올랐다. 가장 눈에 띄는 것은 1980년대 말과 1990년대 초의 최저점이다. 논평가들은 상대적으로 약한 지금의 단기적 변화를 과장하고 있는 듯하다.[24]

다음 쪽 그림 5.3에서 볼 수 있듯 1980년대 미국의 마리화나 사용 감소는 합법화 지지의 큰 감소를 반영한다. 사용과 태도에서의 이런 추세는 미국의 강도 높은 '마약과의 전쟁', 즉 레이건 행정부와 1980년대 초반부터 10년 동안 이어진 "'싫다'고 말해요" 캠페인의 핵심 목표와도 일치한다. 합법화에 대한 지지는 그 직후 다시 상승하기 시작했다. 이 사례는 문화적 추세와 정치 리더들이 설정한 분위기 사이의 상호작용이 대중의 태도에 어떻게 반영되는지 보여준다.

매우 강직했던 시기가 지난 후, 미국 내 모든 세대들 사이에서 마리화나 합법화에 대한 지지도가 크게 상승했다. 2018년 전쟁 전 세대를 제외한 모든 세대의 60퍼센트가 합법화에 찬성했다. 2012년 이래 미국 11개 주에서 마리화나가 완전 합법화되었고 많은 다른 주에서도 마리화나를 기소 대상에서 제외하고 의료적 사

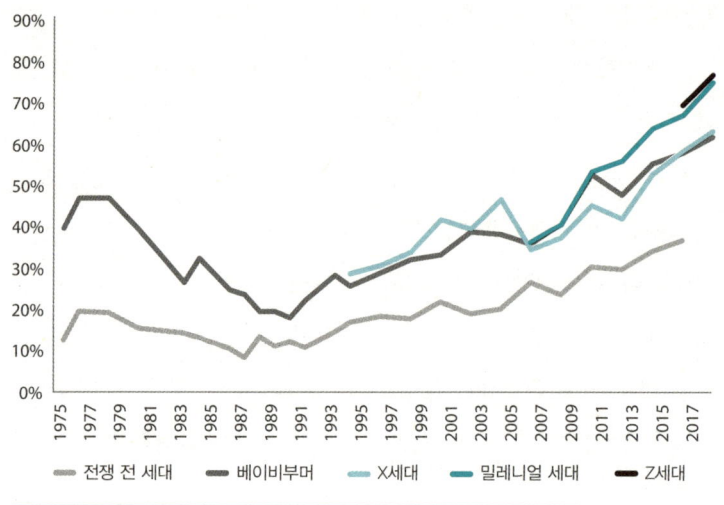

그림 5.3 마리화나 합법화에 동의하는 미국 성인의 비율[25]

용을 허용했다. 이것이 마리화나를 이용하는 사람의 수를 어떻게 변화시켰는지에 대한 증거는 별로 없다. 마리화나를 합법화한 주의 일부 연구는 약물 사용과 관련된 사망률의 감소를 주장한다.[26] 의견의 세대별 추세를 보면 더 많은 주에서 제재를 완화할 것으로 보인다.

마찬가지로 1989년에는 영국인 10명 중 6명이 대마초가 '도덕적으로 옳지 않다'고 생각했지만, 2019년에는 그 비율이 29퍼센트로 감소했다. 이런 감소는 세대별 변화에서 기인한 것으로 두 시점에 55세 이상의 우려가 큰 폭으로 감소했다. 이는 우리가 두 개의 매우 다른 노령 세대, 즉 형성기의 경험이 매우 다른 1934년 이전 출생자들과 1964년 이전 출생자들을 비교하고 있다는 사실을 반영

한다.[27]

마리화나의 도덕성에 관한 견해의 변화는 약물과 관련된 위험 인식 변화에도 반영된다. 젊은이들이 알코올을 위험하다고 볼 가능성이 높아진 것과는 극히 대조적으로 마리화나가 제기하는 위협에 대한 평가는 급락했다. 예를 들어 1980년대 말 17~18세 미국인의 거의 80퍼센트가 마리화나의 잦은 이용이 대단히 위험하다고 생각했지만 2019년에는 30퍼센트 이하로 감소했다.[28] 영국과 뉴질랜드를 비롯해 다른 여러 나라에서도 비슷한 하락세가 관찰된다.[29] 오늘날의 젊은이들은 특별히 약물에 두려움을 가지는 세대가 아니다.

국가별 허리둘레

흡연과 음주에서의 세대별 차이는 건강에 희소식이지만 비만의 추세는 그렇지 않다. 가장 충격적인 패턴을 주도하는 것은 생애주기의 영향이다. 다음 쪽 그림 5.4는 나이가 들면서 영국의 각 세대는 점진적 하락세임을 보여준다. X세대 그래프에서는 내가 속한 세대의 비만도 진전을 추적할 수 있다. 1992년 X세대 70퍼센트가 적정 체중이었으나 현재 중년인 X세대는 겨우 4분의 1만이 적정 체중을 유지하고 있다.

이런 하향 이동은 X세대가 앞선 두 코호트, 즉 베이비부머나 전쟁 전 세대와 눈에 띄게 비슷한 종단점에 이르게 된다는 것을 의미한다. 이것은 X세대에게 동기를 부여할 수 있다. 50대까지 적정 체중을 만들 수 있다면 그 상태를 유지할 가능성이 높다는 뜻이

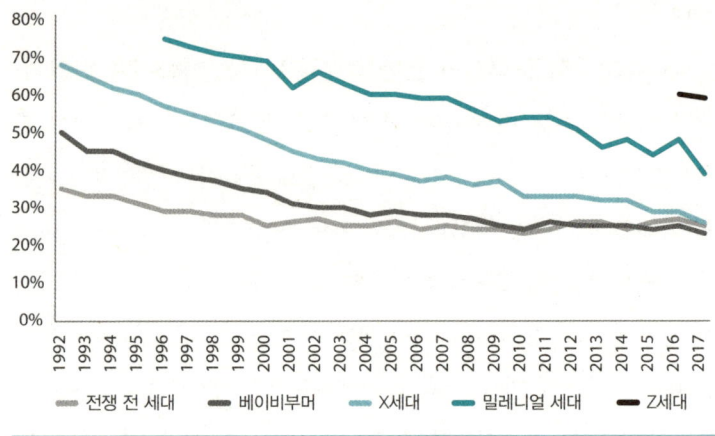

그림 5.4 적정 체중(BMI 지수 18.5~24.9)을 가진 영국 성인의 비율[30]

기 때문이다. 물론 현실은 더욱 복잡하고, 그렇게 위로가 되지는 않겠지만 말이다. 표는 평균치를 보여줄 뿐이다. 사람들은 사망을 비롯한 여러 요인에 의해 평균치에 들기도, 평균치에서 벗어나기도 한다. 분명한 사실은 과체중인 사람은 조기 사망하는 경향이 있기 때문에 각 노령 세대 내에서 적정 체중인 사람의 비율이 일정하게 유지되는 것처럼 보이더라도 많은 X세대가 계속해서 살이 찔 것이다.

생애 주기의 영향이 지배적임에도 적정 체중을 유지할 가능성에는 눈에 띄는 세대별 격차가 있다. 평균 연령 26세 때 영국의 X세대를 같은 나이의 밀레니얼 세대와 비교하면, 적정 체중인 X세대는 53퍼센트이고 밀레니얼 세대는 48퍼센트다. 밀레니얼 세대는 적정 체중을 가진 사람들이 소수인 상태로 20대 중반에 이른 최초의 영국 코호트다. 이 경향은 계속 이어지는 것처럼 보인다. 2017년의 자료에서 Z세대의 62퍼센트가 적정 체중이었으나, 같은 나이의 밀레니얼 세대는 그 수치가 70퍼센트였다. 아직은 자료에 반영된 것이 Z세대의 가장 어린 사람들이기 때문에 주의를 기울일 필요가 있다. 하지만 아직 우리가 비만의 문제에서 세대 전반의 급락세에 이른 것은 아닌 듯 보인다.

비만(BMI 30 이상)으로 분류되는 사람들의 비율을 보면 미국 성인들에게서도 비슷한 패턴이 나타난다. 예를 들어 2018년 미국 밀레니얼 세대의 40퍼센트가 비만이었다. X세대는 평균 연령이 밀레니얼 세대와 비슷했던 2004년 비만인 사람의 비율이 약 30퍼센트였다. Z세대에 대한 결론을 내리기에는 너무 이르지만, 현재의 자료는 그들의 비만도가 밀레니얼 세대보다 더 빠르게 증가하고 있다는 것을 시사한다.

밀레니얼 세대나 Z세대가 '건강의 세대'가 될 것이란 비논리적 기사가 쏟아지는 보고 그것이 추세라고 생각해서는 안 된다. 일부 보도는 의도치 않게 웃음을 선사한다. 한 기사는 미국의 밀레니얼 세대를 "건강에 대한 의식이 있는" 새로운 세대라 칭한다. 단지 "강황, 사과즙 발효 식초, 콜리플라워 라이스, 사골 육수, 아보카도 오일의 사용법"을 다루는 많은 동영상을 시청한다는 이유에서 말이다.[31] 또 다른 기사는 "밀레니얼 세대의 54퍼센트가 고대 곡물을 식단에 포함시키기를 원한다"는 사실을 지적한다. 이런 종류의 생각은 더욱 진지한 분석에까지 영향을 미친다. 여기에는 세계에서 가장 유명한 금융 투자 회사의 분석도 포함된다. 골드만삭스Goldman Sachs는 이렇게 말한다. "밀레니얼 세대에게 건강은 일상적, 적극적으로 추구하는 목표다.… '건강'은 단순히 '아프지 않다'는 의미가 아니라 일상적으로 적절하게 먹고 운동하는 데 투자하는 것이다."[32]

이런 비논리적 일반화는 문제가 될 수 있다. 세대별 체중 증가의 영향이라는 세계적 문제에서 대중의 관심을 빼앗기 때문이다. 1975년부터 세계적으로 비만이 세 배 증가해, 2016년에는 성인 6억 5000만 명이 비만이었고 12억 5000만 명이 과체중이었다.[33] 이는 우리 전체의 수명에 심각한 영향을 준다. 세계보건기구 보고서는 비만이 "수명 연장에 기여한 수많은 건강 혜택을 무효화할 가능성이 있다"고 말한다.[34]

인구 내의 편차도 커지고 있다. 미국이나 영국과 같은 선진국에서는 특히 더 그런데, 아동기 체중과 불평등과의 연관성이 점점 커지고 있다. 한 연구는 1946년, 1958년, 1970년, 2001년에 태어난 영국 거주자를 추적한 일련의 코호트 조사에 근거해 그들의 단면을 비교했는데, 세대별로 인생이 정말 어떻게 변화하고 있는지 이해하는 데 도움이 되는 귀중한 자료다. 이 연구는 2001년생 코호트 어린이들이 이전 코호트들보다 체중이 많이 나간다는 것을 보여주면서, 가장 높은 사회 계층과 가장 낮은 사회 계층에서 태어난 사람들 사이의 차이가 커지는 새로운 패턴도 제시한다. 2001년 후자는 전자에 비해 훨씬 높은 BMI 지수를 기록했다. 계층 간의 차이가 거의 없었던 이전 코호트들과는 크게 다른 모습이었다.[35] 현재는 사회적으로 낮은 계층에서 태어날 경우 과거보다 적정 체중으로 아동기를 보낼 가능성이 상대적으로 낮다.

　이 패턴은 영국에만 국한된 것이 아니다. 유럽과 북아메리카에서는 소득과 사회 계층이 아동 비만과 강력한 연관성을 보이고 있으며, 그 격차는 더 커지고 있는 것으로 나타난다. 유럽과 북아메리카 34개국 어린이를 대상으로 한 설문에 따르면 타고난 사회 계층이 체중에 주는 영향력이 2002년부터 2010년 사이에 거의 두 배가 되었다. 사회 경제적 격차가 아동 비만에 더욱 심각한 영향을 미치는 요인이 되고 있는 듯하다.[36]

　어떤 면에서 비만의 세대별 증가나 불평등과의 연관성 증가의 원인은 명확하다. 우리는 소모량보다 점점 많은 칼로리를 섭취해왔고, 부유하지 못한 사람들은 더 많은 영향을 받았다. 그러나 수많은 계획 앞에서도 날로 심각해지는 아동 비만의 문제와 그 문제가 특정 사회 집단 사이에서 점점 편향되고 있다는 사실은 지금의 결과가 쉽게 변화시키기 어려운 특정 사회 조건과 밀접하게 연관된다는 것을 보여준다. '비만을 유발하는' 요인들은 어린이들 삶의 모든 측면에서 발견되며 세대 간에 전이되는 경우도 많다. 오늘날 어린이들이 상호작용을 하는 많은 성인들이 비만이거나 과체중이다. 안전하게 운동할 수 있는 장소의 접근성이나 학교나 가정에서 먹을 수 있는 음식 등 환경적 요인들도 중요하다. 우리 어린이들의 모습을 형성하는 이런 조건은 그들의 조부모가 경험했던 조건보다 비만을 촉진하며, 가난한 사람들은 조건이 여러 모로 좋지 못하다.[37]

　당신이 태어난 때는 당신이 태어난 사회 경제적 상황과 점점 많은 상호작용을 하게 되었다. 이미 미국에서 지난 몇 년간 평균 수명이 감소하기 시작했다고, 스페인독감 이후 가장 긴 하락세라고 이야기한 바 있다.[38] 케이스와 디턴이 보여주었듯 이는 전적으로 인구 하위 집단, 특히 학사 학위가 없는 미국 백인들의 수명 감소에 따른 것이다. 영국에서는 기대 수명이 실제로 역전하지는 않았지만 100년 만에 처음으로 증가세가 멈췄다.[39] 여러 지역이 충격적인 궤적을 보이며 둔화의 많은 부분을 설명하고 있다. 예를 들어 영국의 가장 빈곤한 지역 여성들 사이에서, 그리고 영국 북동부와 같은 일부 지역의 빈촌에서 남녀 모두의 기대 수명이 하락했다.[40] 한편 빈곤율이 가장 낮은 지역의 경우 인구의 기대 수명이 계속 상승하고 있다. 미국과 영국은 물론 유럽의 다른 곳에서도 가난한 배경에서 태어난다는 것은 사람의 삶을 과거보다 더 부정적인 길로 이끈다.

퇴보의 징후들

지난 세기의 뛰어난 의료와 사회 발전은 질병과 노화와의 끈질긴 싸움에서 수많은 승리를 기록했다. 의료 혁신의 속도가 유지되고 있고, 예방 가능한 사망 원인인 흡연 습관을 깨기 위한 투자가 이루어지고 있기 때문에 미래에는 더 많은 혜택을 보게 될 것이다.

버락 오바마 대통령은 임기 막바지에 인류의 진보와 그것이 불러오는 회복력이라는 주제를 자주 언급했다. 2016년 오바마가 객원편집자로 참여한 〈와이어드 Wired〉의 도입부에서 그는 과학과 사회적 혁신에 대한 자신의 신념을 강조했다. "우리는 당대의 여러 도전에 맞설 만반의 준비를 갖추고 있다."[41] 이후 그는 오늘 태어나는 일의 이점에 대한 자신의 믿음을 더 상세히 설명한다. "역사 속 어느 순간에 태어날지 선택해야 한다면, 그러나 어떤 사람이 될지, 그러니까 부유한 가정에 태어날지, 가난한 가정에 태어날지, 어떤 나라에 태어날지, 남자가 될지 여자가 될지 알지 못한다면, 이런 것을 전혀 모르는 상태에서 태어나고 싶은 순간을 선택한다면 당신은 지금을 선택할 것이다."[42]

이 글을 쓰고 있는 지금 코로나19의 대유행으로 거의 전 세계가 '봉쇄'된 세상에서도 오바마의 말은 옳다. 세계적 발전 정도를 고려한다면 당장의 위험한 바이러스와 아직 알 수 없는 팬데믹의 장기적 영향에도 불구하고 여전히 지금을 선택하는 것이 현명한 결정이 될 것이다.

그렇지만 계산이 조금씩 틀어지고 있다. 우선 비만 증가와 같은 추세들이 우리가 받을 혜택을 가로막으면서 전체 사회의 건강상 진보를 위협하고 있다. 둘째, 특정 인구 하위 집단 사이에서 건강과 수명의 역전 현상이 나타나고 있다. 대학 졸업장이 없는 미국의 백인이거나 영국 북부의 빈곤 지역에 사는 여성이 될 운명이라면, 지금 태어나는 것이 최선의 선택일지 명확하지가 않다. 충격적인 일이다. 진보를 당연한 것으로 받아들이며 성장한 사람들에게는 특히 더 그렇다. 건강상의 불평등은 늘 존재해왔다. 하지만 영국이나 미국과 같은 부유한 나라 국민의 상당한 비율이 실제로 역전을 경험하고 있다는 것은 받아들이기가 매우 어려운 일이다.

의료와 사회의 발전으로 우리는 역사의 그 어느 때보다 코로나19 팬데믹을 효과적으로 다룰 수 있게 됐다. 하지만 아무리 준비가 잘 된 나라더라도 바이러스의 직접적 위협과 관련해 커다란 불평등이 존재한다. 바이러스의 확산을 억제하기 위해 취한 조치가 불러올 장기적 영향에서도 엄청난 불평등이 불거질 것이다. 이런 안타까운 결과는 팬데믹의 시작부터 명백하게 드러났다. 영국의 가장 빈곤한 지역은 그렇지 않은 곳보다 코로나19로 인한 사망률이 두 배 높았다. 정상적인 때보다 사망률의 격차가 훨씬 컸다.[43]

우리는 부모님보다 더 건강하고, 더 오래 살 것이라고 기대하며, 자녀들도 똑같은 기대를 가질 것이라고 생각한다. 하지만 실제로는 건강 측면의 세대별 진전이 능력이 있는 사람들에게만 허락되는 추세가 강해지고 있다.

6장

사생활

**성생활의 침체,
출생률의 급감, 결혼의 종말**

세스 스티븐스 데이비도위츠Seth Stephens-Davidowitz는《모두 거짓말을 한다Everybody Lies》에서 사람들이 인터넷 검색창을 통해 구글과는 기꺼이 공유하지만 다른 사람들과는 공유하려 하지 않는 방대한 생각들을 다뤘다. 쉽게 짐작할 수 있는 것처럼 이 책에는 성생활에 대한 이야기가 많이 나온다. "남성들이 늙으면서 오는 심신의 변화 중 구글에 가장 많이 질문하는 것은 성기가 작아지는가의 여부다" 혹은 "남성들은 여성에게 오르가슴을 느끼게 하는 방법만큼이나 자신에게 구강성교를 하는 방법을 많이 검색한다"라는 등의 식견이 담겨 있다.[1]

식견 중에는 뻔한 것도 암울한 것도 있다. 하지만 결국 이들은 부분적 상황만을 보여줄 뿐이다. 우리의 성생활을 진정으로 이해하려면 엄정하고 세심한 설문과 주의 깊은 측정이 필요하며, 세대별로 어떤 변화가 있는지 파악하려면 범위를 먼 과거까지 늘려야 한다. 또한 사람들이 설문 조사, 특히 성과 같은 민감한 주제에 대한 조사에서 항상 진실만을 이야기하지는 않는다는 사실도 유념해야 한다. 좋은 연구는 우리에게 다른 곳에서 얻을 수 없는 식견을 준다.

안타깝게도 오늘날에는 성에 대한 태도와 행동을 보고하는 질 높은 연구를 찾기가 어렵다. 30년 전은 말할 것도 없다. 그 대신 비논리적 여론 조사와 세간의 주목을 끌기 위한 표제 기사들만 끊임없이 나타났다 사라진다. 이들은 전체 세대를 간결하지만 오해의 소지가 큰 방식으로 요약하려 한다. 중요한 변화를 지적하는 진지한 연구를 기반으로 할 때도 있지만 종종 지나칠 정도로 선정적인 접근 방식을 보여주기도 한다. 그런 기사를 무심코 읽고 나면 아마도 각 세대에 대해 다음과 같은 단상을 얻게 될 것이다.

— Z세대: "아이들이 덜 하고 있다."[2] 이 기사는 설명이 필요 없다. 앞으로 보게 될 것처럼 여기에서 설명하는 추세는 미국의 실제 패턴을 기초로 하고 있다.

— 밀레니얼 세대: 이 부분은 혼란스럽다. 상충되는 두 방향의 기사들이 모두 밀레니얼 세대가 뭔가를 망치고 있다고 비난하고 있기 때문이다. 한쪽에서는 새로운 기술의 도움을 받은 "일회성 만남hook-up"의 부상을 강조하면서 이것이 진지한 관계를 망친다고 주장한다.[3] 다른 쪽에서는 밀레니얼 세대가 성생활을 망치고 있다고 비난한다. 여러 가지 기기에 둘러싸여 성생활에 신경을 쓸 여지가 없기 때문이다. "넷플릭스 같이 볼래Netflix and chill"가 성관계를 뜻

하는 완곡어법이 아니라 말 그대로의 의미를 갖게 된 것 같다.⁴
— 베이비부머: "난봉꾼들은 성병의 위험을 무릅쓴다."⁵ 이런 기사들은 베이비부머들의 높은 성병 발병률이라는 실제 추세를 지적한다. 이런 표제 기사들은 피임 도구를 쓰지 않는 무방비하고 난잡한 성생활이 급증하고 있다는 인상을 주지만 실제로 이것은 극소수 사람들에게 한정된 것이다.

예리한 시각을 가진 독자라면 위에서 제시한 이야기들의 공백을 감지했을 것이다. X세대는 존재감이 없는 끼인 세대답게 성생활 논의에서 거론조차 되지 않는다. 중년에 성생활에 대한 관심을 유지하는 것이 어렵다는 내용의 기사들이 넘치지만 이 코호트만의 특징에 대한 기사는 극소수다. 내가 발견한 한 기사는 철저하거나 엄정하다고는 할 수 없을지라도 최소한 미국 학계의 분석을 기초로 하고 있다. "X세대는 성 혁명에 영향을 받았으며 구강성교의 지배를 받은 반면, 밀레니얼 세대는 항문 성교를 받아들였고⋯ Z세대는 페깅pegging(남근 대용품을 사용해 여성과 남성이 성역할을 바꾸는 행위—옮긴이)에 빠져 있다.⋯ 다음 세대는 자위의 세대가 될 것 같다."⁶ '구강성교의 지배를 받은'이나 '항문 성교를 받아들인'은 '자아도취'나 '물질주의적'보다는 세대를 언급하는 꽤나 다채로운 시도인 것 같다.

조롱은 쉽다. 우리가 여전히 성에 대해 약간 어색한 태도를 갖고 있을 때라면 특히 더 그렇다. 하지만 성은 인간 생활의 실존적 측면이며, 장기간에 걸쳐 그리고 세대별로 큰 차이를 보이는 부분이다. 여러 가지 소음 속에서는 이런 측면을 놓치기 쉽다. 앞으로 수십 년 동안 여러 나라가 직면하게 될 가장 큰 문제는 낮은 혹은 떨어지는 출생률이다. 이는 노령 인구가 훨씬 많고 노동 인구는 적은 인구 불균형을 심화할 것이다. 일부에서는 이런 추세가 소위 성생활과 자녀 양육에 대한 최근 젊은 세대들의 관심 부족 때문이라며 비판하는 경향이 있다. 하지만 이는 출생률의 장기적 하락 추세를 완전히 오해하는 것이며, 훨씬 더 복잡한 패턴을 단순화해버리는 것이다.

가정이 겪고 있는 문제는 낮은 출생률만이 아니다. 작가 데이비드 브룩스David Brooks가 지적하듯 지금에 와서는 부모와 2.5명의 아이들[혹은 오래 방영된 영국 시트콤의 제목처럼 〈2.4명의 아이들(2point4 Children)〉]로 이루어진 '핵가족'이 마치 자연율처럼 보인다. "이것은 1950년 이전의 수만 년 동안 대부분 인간이 살아온 방식과 다르며 1965년부터 55년 동안 대부분 인간이 살아온 방식과도 다른데 말이다." 이런 가족생활의 기본 모형은 일부에게는 잘 적용되겠지만 자원이 부족한 사람들에게는 그렇지 않을 것이며, 이는 연쇄 반응을 낳는다.

그렇더라도 결혼 자체의 회복력을 과소평가해서는 안 된다. 《우리가 결코 사용한 적 없는 방식: 미국의 가족 그리고 노스텔지어의 함정The Way We Never Were: American Families and the Nostalgia Trap》의 작가 스테파니 쿤츠Stephanie Coontz가 지적하듯 사람들은 수십 년 전부터 결혼의 종말을 예언해왔지만 그 예언은 이루어지지 않았다.[7] 1928년 저명한 아동 심리학자 존 왓슨John B. Watson은 결혼이 1977년에 끝날 것이라고 예측했다. 1977년 사회학자 아미타이 에치오니Amitai Etzioni는 지금의 추세가 계속된다면 1990년대에는 "미국 가정이 하나도 남지 않을 것"이라고 말했다.[8] 좀 더 최근에는 매체들이 "결혼을 죽이고 있다"며 밀레니얼 세대를 비난했다.[9] 사실 결혼의 역사에는 항상 연속성과 변화가 뒤섞여 있었다.

우리는 얼마나 하고 있을까?

처음부터, 그러니까 고등학생들을 대상으로 한 미국의 연구를 기반으로 첫 성교 경험의 추세를 살피는 것부터 시작해보자.[10] 이 연구는 처녀성/동정을 잃은 15~18세 청소년의 비율이 1991년 X세대의 54퍼센트에서 2017년 Z세대의 40퍼센트로 확연히 감소하고 있음을 보여준다. 이 추세에서 등장한 두 번의 하향 구간은 서로 각각의 세대가 10대 후반에 도달한 시기(가장 어린 밀레니얼 세대가 10대 후반에 도달한 1990년대 후반, Z세대가 10대 후반이 된 2010년대 중반)와 정확하게 일치한다. 이런 기준에서 보면 "아이들이 덜 하고 있다"고 믿는 것이 완벽하게 타당한 듯하다.

영국에는 같은 종류의 연구가 없다. 하지만 같은 패턴이 나타나고 있다. 즉 성경험을 뒤로 미루는 젊은 성인 세대의 비율이 높아지고 있는 것이다. 예를 들어 1989년과 1990년 태어난 코호트를 추적해 성장의 여러 단계에서 그들을 인터뷰한 한 연구는 이 밀레니얼 후반 세대 중 12퍼센트가 25세가 되는 시점까지 성경험이 없었다는 것을 보여준다. 이는 20대 중반에 첫 경험이 없는 사람의 비율이 5퍼센트 전후였던 이전 세대와 비교하면 대단히 높은 수준이다.[11]

이것은 모든 나라를 아우르는 보편적인 추세일까, 아니면 영국과 미국만의 현상일까? 10대의 성행동을 다루는 장기적이고 신뢰할 만한 연구는 드물지만 아프리카 6개국의 연구는 지난 몇십 년간 첫 경험의 연령이 느리지만 꾸준히 올라가고 있는 모습이다. 우간다, 케냐, 가나는 특히 큰 영향을 받았다.[12] 이런 추세의 전형으로 인식되는 나라는 일본이다. 2015년 18~39세의 남성 26퍼센트, 여성 25퍼센트가 이성애(안타깝게도 동성애 경험을 측정한 일본의 연구는 없다) 경험이 전혀 없다고 보고했다. 미국 10대의 경우와 마찬가지로 이것은 갑작스러운 변화라기보다는 점진적인 변화였다. 1992년의 비율은 남성 20퍼센트, 여성 22퍼센트였다. 이를 반영해 장기적인 처녀성/동정 유지가 설문 대상자 최고령 집단에 주는 영향도 점점 커지고 있다. 이성애 경험이 없는 35~39세의 비율은 1992년부터 2015년 사이 거의 두 배가 되어 10퍼센트에 육박했다.

하지만 성 활동 감소 현상에서 처녀성/동정 상실 연령의 점진적인 상승은 상대적으로 한정적인 척도다. 이를 통해서는 대부분 사람들의 성생활에 대해 알 수 있는 것이 거의 없다. 결국 30대에 접어들면 처녀성/동정은 매우 드물어진다. 일본에서조차도 말이다.

사람들이 지난해 성관계를 가진 상대의 수를 조사하면 성생활의 대표적 추세를 더욱 잘 파악할 수 있다. 우선 성관계를 가진 상

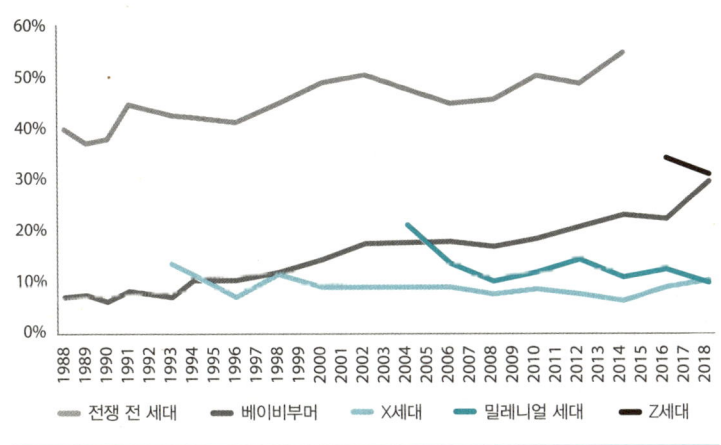

그림 6.1 지난해 성관계를 가진 상대가 없었다고 말한 미국 성인의 비율[13]

대가 전혀 없는 미국인(그림 6.1)부터 시작해보자. 각 그래프의 출발점을 통해 X세대(12퍼센트), 밀레니얼 세대(21퍼센트), Z세대(34퍼센트)를 거치며 지난해 성관계를 가진 상대가 없었다고 말한 젊은 성인의 비율이 높아진 것을 알 수 있다. 단 3세대를 거치는 동안 대단히 큰 폭의 상승이 있었다.

하지만 여기에서는 10대들의 추세만이 아니라 전 세대의 모습을 볼 수 있다. 특히 2018년 연구에서는 가장 나이 많은 사람이 38세인 밀레니얼 세대의 생애 주기를 더 폭넓게 추적할 수 있다. 이런 장기적 관점이라면 그들 특유의 성생활 행태를 포착할 수 있다. 밀레니얼 세대는 오랫동안 X세대에 뒤져 있었으나 지난해에는 성관계를 가진 상대가 없다고 말한 사람의 비율이 10퍼센트로 X세대 그래프와 완벽하게 일치했다. 다시 말하지만 이들의 상황은 목적지가 다르다기보다는 진행이 지연된 것이다. 늦게 시작했고 오래 걸렸지만 결국에는 같은 위치에 이르렀다.

하지만 이 그래프에서는 Z세대가 이전 코호트들의 성생활 수준으로 돌아가려면 큰 간극을 좁혀야 한다는 것도 명확하게 드러난다. 밀레니얼 세대의 경로는 인간의 생애 주기라는 요소가 그래프를 되돌릴 정도로 강력함을 보여준다. 하지만 Z세대의 경우에는 격차를 완전히 좁히기 힘들 것 같다. 미국의 젊은 성인들이 더 높은 수준의 성적 금욕을 향해 움직일지도 모를 일이다.

세대별로 성관계가 얼마나 잦은지 살폈을 때도 비슷한 그림을 보게 된다. 그림 6.2는 지난 한 해 동안 성관계가 일주일에 1회 이상이었던 미국인의 비율을 보여준다. 각 그래프에서 추적 대상의 규모는 꽤 크다. 주 1회는 행복한 관계를 위한 적절한 성관계 빈도로 보인다. 여러 연구는 주 1회 이하의 관계를 맺는 커플의 만족감이 낮다는 것은 보여주었지만 더욱 잦은 성관계로 행복감이 상승한다는 것을 보여주는 데에는 실패했다. 이는 성별과 연령에 상관없이 똑같이 작용하는 것으로 보인다.[14]

이 그래프는 성생활이 생애 주기, 시대, 코호트 영향과 얼마나 긴밀하게 연관되는지 실증하는 흥미로운 변화 패턴을 보여준다. 특히 X세대 미국인들은 처음 측정했을 때(평균 나이 20세) 66퍼센트가 주 1회 이상 성관계를 하고 있었다. 밀레니얼 세대가 비슷한 연령이던 2006년 이런 빈도로 성관계를 하는 사람의 비율은 50퍼센트에 불과했다. 당시로서는 성생활의 붕괴로 보이는 상황이었다. 그렇지만 밀레니얼 세대 그래프의 모습은 완전히 다르다. 성인기

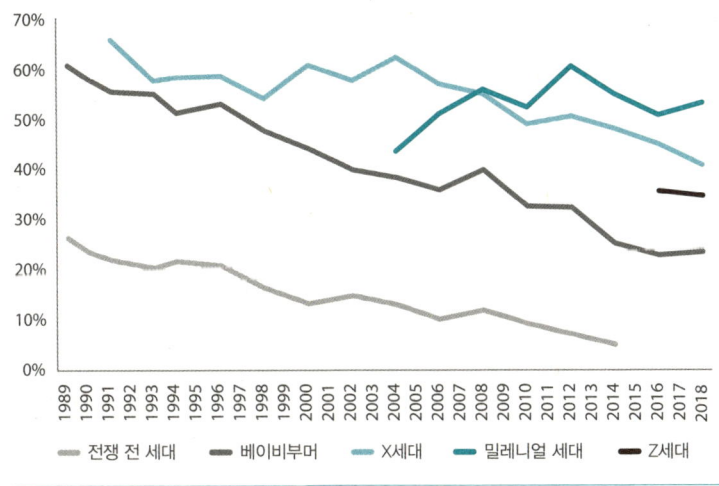

그림 6.2 지난해 일주일에 1회 이상 성관계를 했다고 말한 미국 성인의 비율[15]

초반에 하락하는 것이 아니라 60퍼센트 정도에 도달할 때까지 상승했다가 정상화된 것이다. 2018년 밀레니얼 세대의 53퍼센트가 매주 1회 이상 성관계를 가졌다. 이것은 X세대가 그와 비슷한 30세 전후였던 2002년 58퍼센트를 기록한 것과 크게 다르지 않다. 밀레니얼 세대는 늦게 출발했지만, 그 후 정기적인 성관계 횟수는 X세대와 크게 차이가 나지 않았다. 다시 말하지만 밀레니얼 세대의 이야기는 대부분 지연된 생애 주기와 관련된다. 그들은 정기적인 성관계의 궤도에 늦게 이르렀지만 결국에는 X세대와 다르지 않은 위치에 있게 되었다.

Z세대는 성적 금욕에서와 마찬가지로 일주일에 한 번 이상 성관계를 가지는 비율이 약 35퍼센트에 불과한 한참 낮은 단계에 있

다. 그들은 X세대가 젊은 성인이었을 때에 비해 일주일에 1회 이상 성관계를 갖는 비율이 거의 절반이다. 밀레니얼 세대의 성적 생애 주기가 다른 세대와 다른 모습이었다가 거의 비슷한 지점에 이른다는 것을 고려하면, Z세대가 과거로부터 완전히 멀어진 것인지 아직 확신할 수는 없다. 하지만 이전 세대 정도의 성생활을 따라잡지 못할 가능성이 점점 커지는 것으로 보인다.

성생활에서의 최근 변화는 종종 '성 침체sex recession'라고 묘사된다. 이것은 〈애틀랜틱Atlantic〉의 기자 케이트 줄리언Kate Julian이 2018년 말 만들어 낸 단어다.[16] 그녀의 기사는 젊은 세대들이 이런 '침체'를 어떻게 주도하고 있는지에 초점을 두어 짝을 찾는 데에는 큰 관심이 없고 실제의 접촉을 시작하는 데 두려움을 보이며 스마트폰이나 인터넷 포르노에 정신을 빼앗긴 채 데이트 앱 화면을 '왼쪽으로 넘기는swipe left'[미국의 유명 데이트앱 틴더(Tinder)에서는 마음에 드는 상대의 프로필을 오른쪽으로 넘겨 저장하고 그렇지 않을 경우 왼쪽으로 넘기는 기능이 있다. 여기에서 유래해 swipe right/left라는 말이 신조어로 자리 잡았다.—옮긴이] 허망한 일만 하고 있다는 생생한 이야기를 담고 있다. 기사는 세대 전체가 성관계를 포기한 것 같은 인상을 주지만 여기에는 오해의 소지가 있다.

'성 침체'라는 단어는 여러 측면과 관련된 성생활 감소 현상을 오로지 젊은이들 사이의 행동 변화에서 비롯한 단일한 추세로만 취급한다는 면에서 문제가 있다. 특히 이런 묘사는 종종 좀 더 나이 든 집단에서 성적 활동이 크게 감소한다는 사실을 가볍게 다룬다. 사실 최근 들어 미국 전체 인구의 성생활 빈도는 1990년대의 연간 약 60회에서 2010년대 중반의 약 50회로 감소했다.[17] 영국의 경우 지난 4주간 성인 성관계 횟수의 중위값은 1990년의 5회에서 2010년의 3회로 하락했다.[18] 성관계 빈도의 비슷한 하락이 스웨덴,[19] 오스트레일리아,[20] 핀란드, 스페인, 이탈리아,[21] 일본[22]에서도 나타났다. 연구에 따라 변화를 주도하는 집단에 상당한 차이가 있지만, 대체로 젊은이들이 비난받아야 할 상황은 아니다. 미국, 영국, 오스트레일리아, 핀란드의 자료는 빈도에서 가장 큰 하락을 보이는 것이 실제로는 기혼자와 중년 초기의 사람들이라는 일관된 결과를 보여준다.[23]

즉 이것은 장기적이고 다면적인 하락이다. 스마트폰, 데이트 앱, 폰허브Pornhub(캐나다의 성인물 스트리밍 사이트—옮긴이)의 부상과 같은 개별적 요인이나 특정 세대를 지적하는 것은 추세의 시점과 맞아떨어지지 않는다.

젊은 세대들은 이런 시대의 영향을 받고 있을 뿐 아니라 생애 주기에서의 변화도 경험하고 있다. 지연된 성인기는 정체된 성생활에서 큰 비중을 갖는다. 밀레니얼 세대의 추세는 이것이 성생활의 전면적 배제라기보다 일시적 휴식일 수 있음을 보여준다. 예를 들어 미국인과 영국인들은 30대 중반에 이를 때까지(현재의 밀레니얼 세대), 20명 중 한 명 이하는 처녀성/동정을 유지하며 이는 과거의 패턴과 크게 다르지 않다.[24] 그렇지만 Z세대는 연장된 생애 주기가 끝나고도 낮은 성생활 수준에 자리를 잡는 첫 세대일 수도 있다. 좀 더 명확한 상황은 몇 년 후가 되어야 파악할 수 있을 것이다.

이제 우리는 '성 침체'가 왜 적절한 용어가 아닌지 더욱 잘 설명할 수 있다. 성 침체라는 말은 젊은이들이 서로 함께하기만 한다면 회복될 수 있는 일시적이고 이례적인 상황을 뜻한다. 하지만 더욱 깊숙한 곳까지 들여다보면 이 추세는 더욱 장기적으로 지속될 가능성이 있다.

출생률 저하의 의미

성생활의 시작이 늦어지면 여성이 첫 아이를 출산하는 평균 연령도 상당히 높아진다. 예를 들어 영국에서는 첫 출산의 평균 연령이 1950년대에 약 26세였으나 1960년대 중반부터 꾸준히 상승해 30세 이상이 되었다.[25] 프랑스, 오스트레일리아, 미국이 비슷한 패턴을 따르고 있다. 다만 미국만은 2017년 29세 이하에 머물렀다. 독일의 경우 평균 연령이 1950년대부터 1980년대 초 사이 약 28세에서 26세로 하락했지만 다시 31세로 상승했다.

이런 소폭의 상승이 극적으로 보이지 않을 수도 있지만 여기에는 연령대에 따른 대단히 큰 차이가 숨겨져 있다. 예를 들어 1985년 잉글랜드와 웨일스에서는 40세 이상이 낳은 아이의 수보다 10대가 낳은 아이의 수가 6배 많았다. 하지만 2015년에는 역사상 처음으로 40세 이상 여성이 낳은 아이의 수가 20세 이하 여성이 낳은 아이의 수보다 많아졌다.[26] 캐나다와 오스트레일리아는 2010년대 초 이와 동일한 티핑포인트에 도달했다.[27] 물론 그 주요한 이유는 10대 임신의 큰 하락이었지만 (최근까지도 나이 든 여성의 출산에 대한 공식적인 의학 용어였던) '노산 geriatric birth'의 수 역시 눈에 띄게 증가했다. 영화 〈브리짓 존스의 베이비 Bridget Jones's Baby〉에서 변화무쌍한 삶을 사는 연대기 작가 브리짓 존스가 43세였던 것은 우연이 아니다.

성생활의 쇠퇴가 그렇듯 이런 추세는 "아이를 갖지 않는 밀레니얼 세대가 미국을 일본처럼 만들 것인가?"라는 표제가 보여주는 것처럼 현재 젊은 세대의 실패로 잘못 전해지곤 했다.[28] 자녀 수에서도 지금의 젊은 세내에 대한 판단은 불공정하다. 전 세계의 총 생식률(가임기 각 여성이 낳는 자녀의 수)은 1960년대의 약 5명에서 2015년 약 2.5명으로 절반이 되었다.[29] 하지만 최근의 감소는 저소득 국가에 의해 주도되었고, 다른 곳에서는 비교적 안정적이다. 예를 들어 영국의 총 생식률은 1980년대부터 여성 한 명당 약 1.7에서 1.9명 사이에서 움직였을 뿐이다.[30] 영국에서는 약 6년간 약간의 하락세가 나타난 반면 미국에서는 2008년부터 작지만 일관된 하락세를 보이고 있다.[31] 하지만 장기적 추세의 주된 패턴은 1960년대와 1970년대의 훨씬 가파른 하락이다. 부유한 나라의 비율은 약 1.7명에 정착하는 것으로 보인다. 영국 통계청이 최근 내놓은 2043년 예상치는 여성 한 명당 1.78명의 아이를 두는 것을 평균적인 가족의 크기로 보고 있다.[32]

물론 이것은 표제 기사("출생률 급감! 밀레니얼 세대의 출생률 하락은 역사적 변화의 신호인가")[33]가 말하듯 출산 자녀의 수 급감이 세대 주도 현상이라는 것과는 거리가 멀다. 하지만 약 2.1명의 인구 대체율에 한참 못 미치는 것도 사실이다. 여기에 수명 연장이 합쳐지면 '노년부양비 old age dependency ratio'(생산 연령 인구에 대한 65세 이상 노인의 비율)는 대단히 빠르고 크게 증가할 것이다.[34] 사실 미국의 경우

2010년에서 2050년 사이 노년부양비는 100명의 생산 가능 인구당 노인 19명에서 36명으로 두 배가 될 것으로 예상된다. 물론 그 영향을 과대평가하지 않도록 주의를 기울여야 한다. 건강 상태가 좋아지고 직장 생활이 길어진다는 것은 노인들에게 젊은이의 '부양'이 필요치 않다는 의미다. 하지만 그렇더라도 이것은 여전히 큰 사회적 변화다.

코로나19는 출생률에 큰 영향을 미치겠지만 일부에서 예상하는 방식은 아닐 것이다. 2020년 3월 '봉쇄' 초기 단계에서 영국의 보건복지부장관 나딘 도리스Nadine Dorries는 이런 트윗을 올리기까지 했다. "모성 복지를 책임지는 장관으로서 지금부터 9개월 뒤 우리가 얼마나 바빠질지 궁금하다."[35]

이런 예상은 정전이나 눈보라 등 사람들을 집에 머물게 하는 상황이 발생하면 출생률이 높아진다는, 광범하게 퍼져 있는 잘못된 인식에 바탕을 둔다. 자료는 이런 잘못된 믿음을 뒷받침하지 않는다.[36] 보통 위기 상황에서의 스트레스와 불안은 집에 있는 지루함보다 크다.

코로나19는 '출생률 급감'을 두드러지게 할 가능성이 더 커 보인다. 경제학자 멜리사 키어니Melissa S. Kearney와 필립 리바인Phillip B. Levine은 이전의 경기 침체와 1918년의 스페인독감 대유행에서의 추세를 근거로 미국의 전체 출생률이 14퍼센트 감소해 태어나는 아이가 30만에서 50만 명까지 줄어들 수 있다고 예측했다.[37] 키어니와 레바인의 분석에 따르면 스페인독감 대유행의 공세가 심해졌을 때마다 그로부터 9개월 후 출생률이 12.5퍼센트 하락했다. 경제적 영향보다는(경제 위축은 거의 없었다) 위기로 인한 공중 보건의 영향과 불안에 의해 주도된 것이었다. 스페인독감은 코로나19보다 가임기에 있는 사람들에게 더욱 직접적인 영향을 미쳤기 때문에 이번에는 이런 영향이 적을 것이다. 그러나 현재 팬데믹은 경제에 상당한 영향을 줄 것으로 보이고, 이로 인한 충격이 있을 것이다. 출산율은 경기의 고저에 따라 오르내리는 경기순응적 성격을 띤다. 2008년 대침체에 대한 분석은 실업률 1퍼센트 증가가 출생률 0.9퍼센트 감소와 연결된다는 것을 보여준다.[38]

사회 격리의 장기화와 더 길게 지속되는 경제의 '상흔'으로 출산은 지연에 그치지 않고 영구적 손실로 이어질 것이다. 코로나19에 대한 많은 것들이 그렇듯 이는 기존의 추세를 재촉할 것이다. 그 결과인 출생률 둔화는 이미 노령 인구를 뒷받침하는 데 어려움을 겪고 있는 서구 국가들에 장기적 영향을 미칠 수 있다.

순결에 관한 인식과 현실의 괴리

브리트니 스피어스Britney Spears, 마일리 사이러스Miley Cyrus, 저스틴 비버Justin Bieber의 공통점은 무엇일까? 그들의 음악을 쉴 새 없이 듣는 두 딸을 둔 X세대 아버지라면 그들이 자주 외치는 몇 마디 욕설을 떠올릴 수 있을 것이다. 하지만 나는 청각적 고문을 안긴다는 점 외에도 그들에게는 "기다리겠다"고 약속하고 그 약속을 지키지 않았음을 인정한다는 공통점이 있다는 것을 발견한다. 애초에 "진정한 사랑을 기다리겠다"는 사고방식을 드러냈던 마일리 사이러스는 이후 "순결은 사회적 산물"이라고 결론을 내렸다.

미국의 '순결 산업'은 정성 들여 만든 행사, 보석, 책, 티셔츠, 디브이디 판매는 물론 이를 강화하는 정부 프로그램에까지 이른다. 이런 모습은 영국의 시각에서는 매우 생경하다.

그림 6.3과 6.4에서 볼 수 있는 것처럼 가장 최근의 Z세대를 제외한 미국의 모든 세대는 이와 상응하는 영국 세대에 비해 혼전 성관계에 훨씬 더 큰 우려감을 보이고 있다. 미국 베이비부머 10명 중 거의 3명이 혼전 성관계가 항상 혹은 거의 항상 좋지 못하다고 생각하는 데 비해 영국 베이비부머의 경우 이 비율은 8퍼센트에 불과하다. 영국 전체 세대가 혼전 성관계에 보이는 반감이 1983년의 27퍼센트에서 2017년의 9퍼센트로 감소했다는 것만 본다면 인구 전체의 점진적 인식 변화라고 생각할 수 있다. 하지만 사실 이것은 세대적 추세다. 이 질문을 처음 던진 1980년대부터 대부분 영국 세대들 사이의 견해는 눈에 띄게 일관적이었다. 전쟁 전 세대만을 예외로 하고 혼전 성관계가 잘못되었다고 생각하는 사람은 모든 세대에서 10분의 1 이하였다. 전쟁 전 세대조차 천천히 일반적인 시각을 따라잡고 있으며, 이제 혼전 성관계를 걱정하는 사람은 5명 중 한 명 꼴로 이와 상응하는 미국 세대에 비교하면 절반에도 미치지 못한다.

일부에서는 이런 시각이 여성 그리고 여성이 자기 자신에 대해 가지는 가치관에 어떤 영향을 미칠지 걱정한다. 제시카 밸런티 Jessica Valenti 가 《순결 신화 the Purity Myth》에서 말했듯이 '순결'을 성관계를 갖지 않는다는 말로 사용하는 것은 곧 결혼 전에 성관계를 가지는 여성은 순결하지 못하고 더럽혀졌다는 의미다. "남자아이들

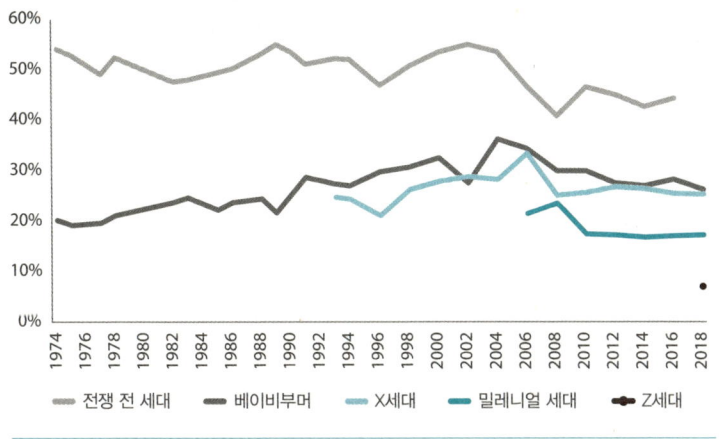

그림 6.3 혼전 성관계가 '항상' 혹은 '거의 항상' 좋지 못하다고 생각하는 미국 성인의 비율[39]

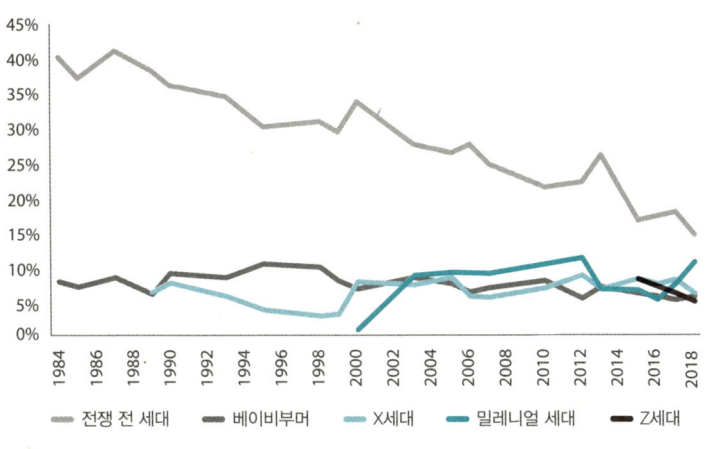

그림 6.4 혼전 성관계가 '항상' 혹은 '대부분' 좋지 못하다고 생각하는 영국 성인의 비율[40]

은 그들을 남자(좋은 남자)로 만드는 일이 보편적으로 수용되는 윤리적 이상이라는 가르침을 받았고, 여성들은 도덕적 나침판이 우리 다리 사이 어딘가에 있다고 믿게 되었다."[41]

이상에 도달하지 못하는 것은 브리트니, 마일리, 저스틴만이 아닙니다. 사실 이상에 부응하는 삶을 사는 사람은 거의 없다. 40대 미국 남성과 여성 모두가 혼전 성관계를 경험했다고 말하고 있으며 이는 이 문제에 강한 우려감을 갖고 있는 세대를 비롯해 모든 세대에서 마찬가지였다.[42] 이 부분에서는 후회의 정서(혹은 인지 부조화)가 많이 나타난다.

성에 대한 태도는 세대별로 크게 변화하는 것 같아 보인다. 하지만 미국과 영국 모두에서 지난 30~40년간 거의 변치 않고 유지된 성 행동의 측면이 하나 있다. 부정을 저지르는 것은 항상 잘못이었고 앞으로도 거의 그럴 것이다. 1970년대 중반부터 전 세대 미국인 10명 중 9명은 기혼자가 혼외자와 성관계를 갖는 것이 잘못이라고 말했다. 영국에서는 반감의 정도가 조금 낮기는 하지만, 1989년부터 2019년 사이 대다수가 기혼자가 혼외자와 성관계를 맺는 것이 도덕적으로 나쁜 일이라고 말하는 놀라운 일관성을 보이고 있다.[43] 영국의 반대 수준이 약간 높아졌는데, 그 대부분은 남성들도 여성들의 견해에 동조했기 때문이다. 이는 전 세계에 똑같이 적용되는 패턴이다. 성에 대한 태도와 행동에 많은 변화가 있는 와중에 이 한 견해만은 시대와 세대와 관계없이 보편적이라는 것은 대단히 인상적이다.

'결혼은 급하지 않다'

사람들이 신의를 지키는 데 가치를 두는 것은 분명하지만, 충실함에 결혼이 필요하다고 생각하는지는 명확치 않다. 다음 쪽 표 6.1이 보여주듯 전 세계에 걸쳐 사람들의 결혼이 늦어지고 결혼하지 않는 사람들이 많아지고 있다. 예를 들어 1980년 프랑스 여성이 결혼하는 평균 연령은 23세였으나 2010년에는 32세가 되었다. 아프리카 국가의 평균 결혼 연령은 이보다 낮지만, 변화의 방향은 동일하다. 모든 국가에서 여성의 첫 결혼 연령은 일반적으로 남성보다 빠르게 증가하고 있는데, 이는 연령의 격차를 좁히고 점차 강화되는 여성의 경제적 독립을 반영한다.[44]

이 수치는 명확한 추세를 짚어주고 있으나 결혼하지 않는 사람들의 비율 변화나 세대를 막론한 변화의 원천에 대해서는 아무것도 말해주지 않는다. 장기에 걸쳐 여러 세대를 추적하면 추세는 더 명확해진다. 다음 쪽 그림 6.5는 영국의 기존 노인 세대에게 결혼이 얼마나 보편적인지 입증한다. 미국의 거의 모든 전쟁 전 세대와 영국, 프랑스 기성세대의 90퍼센트 이상이 삶의 어느 시점엔가는 결혼을 했다. 수치는 미국의 베이비부머에서 약간, 영국과 프랑스의 베이비부머들의 경우 각 85퍼센트와 80퍼센트로 조금 더 하락했다. 미국 X세대의 약 82퍼센트가 어느 시점엔가는 결혼을 했고, 영국은 70퍼센트, 프랑스는 60퍼센트였다. 반면 밀레니얼 세대의 그래프는 X세대의 그래프에 비해 더 오랫동안 훨씬 기복이 없다. 밀레니얼 세대는 X세대보다 10대 후반이나 20대에 결혼하는 경우가 훨씬 드물었다. 비율이 상승하기는 했으나 밀레니얼 세대

국가	성별	결혼 연령 중간값 [1980~1982년]	결혼 연령 중간값 [2011~2016년]	격차 [년]
프랑스	남자	25	34	9
	여자	23	32	9
영국	남자	26	33	7
	여자	24	32	8
스웨덴	남자	26	33	7
	여자	24	31	7
오스트레일리아	남자	26	31	5
	여자	24	30	6
일본	남자	29	31	2
	여자	25	29	4
미국	남자	24	29	5
	여자	22	28	6
르완다	남자	25	27	2
	여자	17	24	7

표 6.1 남성과 여성의 평균 결혼 연령[45]

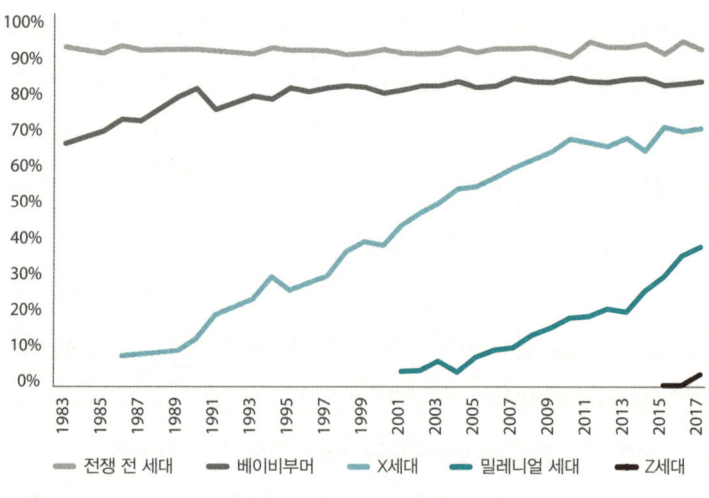

— 전쟁 전 세대 — 베이비부머 — X세대 — 밀레니얼 세대 — Z세대

그림 6.5 인생의 어느 시점이든 결혼한 영국 성인의 비율[46]

대부분이 30대에 접어든 2017년에도 결혼한 사람의 비율은 약 40퍼센트였다. 비슷한 나이에 X세대 중 결혼한 사람의 비율은 50퍼센트였다.

장래에 밀레니얼 세대의 종점이 어디에 있을 것인가는 아직 확실히 알 수 없다. 성생활에서 관찰한 바에 따르면 그들은 늦게 출발했다. 그렇지만 현재의 궤석에 따르면 결국 미국 밀레니얼 세대의 75퍼센트 정도는 인생의 어느 시점에는 결혼을 하게 될 것으로 예상하는 것이 합리적으로 보인다. 영국의 밀레니얼 세대라면 그 비율은 60퍼센트가 조금 넘고, 프랑스 밀레니얼 세대의 경우 50퍼센트에 못 미칠 것이다. 큰 변화이지만, 결혼이라는 제도의 종말이라고 하기는 어렵다.

Z세대가 이런 추세를 계속할 것인지 판단하기엔 아직 이르지만 성인 초기의 결혼 비율이 밀레니얼 세대의 비율에도 못 미치기 때문에 그럴 가능성이 높아 보인다. 10대들이 다른 목표들을 결혼보다 우선한다는 명확한 징후도 있다. 고등학생 대상의 설문에서 진 트웬지가 개술했듯 결혼은 삶의 우선순위 목록에서 하향하고 금전과 커리어와 관련된 야심이 부상했다.[47] 트웬지가 말하듯 이는 부분적으로 경제의 불확실성이 크기 때문이지만, 결혼이 우리 인생과 얼마나 조화되는지에 대한 인식에서 나타난 문화적 변화를 반영하기도 한다. 사회학자 앤드류 셜린Andrew Cherlin이 개술했듯 결혼은 더 이상 성인기의 첫 단계가 아니며 부부가 이미 성취한 것을 기념하는 의미를 가질 뿐이다. "결혼식은 가족 구성의 최종적 완성을 위해 놓는 마지막 벽돌이다."[48]

물론 젊은이들은 친밀한 인간관계를 포기하지 않을 것이다. 결혼하지 않고 사는 커플의 증가가 큰 변화를 설명해준다. 예를 들어 2017년 영국 밀레니얼 세대의 25퍼센트는 동거 중이었다. 비슷한 나이의 X세대 비율보다 두 배 높다. 젊은 세대들이 결혼과 동거 사이의 격차를 좁히고 있는 것이다.[49]

이런 상황은 결혼을 장려하는 전 세계 정부의 노력을 무색하게 한다. 미국 회계감사원Government Accountability Office에 따르면 연방법에는 기혼 부부에 적용되는 1138개 특전이 있다.[50] 그중 대부분이 대단히 특수한 경우에 해당한다. 미국 연방법률 제18조 879항은 대통령, 부통령과 그들의 '직계 가족'을 비롯해 비밀경호국Secret Service이 경호하는 특정 개인을 위협하는 것을 불법으로 규정한다.[51] 이방카 트럼프Ivanka Trump의 남편인 재러드 쿠슈너Jared Kushner는 여기에 포함되지만 도널드 트럼프 2세Donald Trump Jr.의 동거인인 킴벌리 가일포일Kimberly Guilfoyle은 해당되지 않는다. 이런 특전으로는 Z세대가 결혼식장에 들어서게 만들 수 없을 것 같다. 상당한 세금 우대 조치와 재산권, 상속 규정 등의 진짜 혜택도 없진 않다. 그 대부분이 온전한 가치를 가지려면 기혼 배우자 중 한 명이 사망해야 하지만 말이다. 이 점도 젊은이들에게 결혼이 덜 매력적인 이유가 될 것이다.

결혼에서의 변화 양상이 모두 지연이거나 하락인 것은 아니다. 최근 들어 동성 결혼에 대한 인식에 눈에 띄는 진전이 있었다. 네덜란드가 2001년 최초로 동성 결혼을 인정한 이래 30개 국가가 그 선례를 따랐다. 아직 가야 할 길이 멀지만 이는 비교적 짧은 시간 안에 이루어진 믿기 힘든 방향 전환을 보여준다.

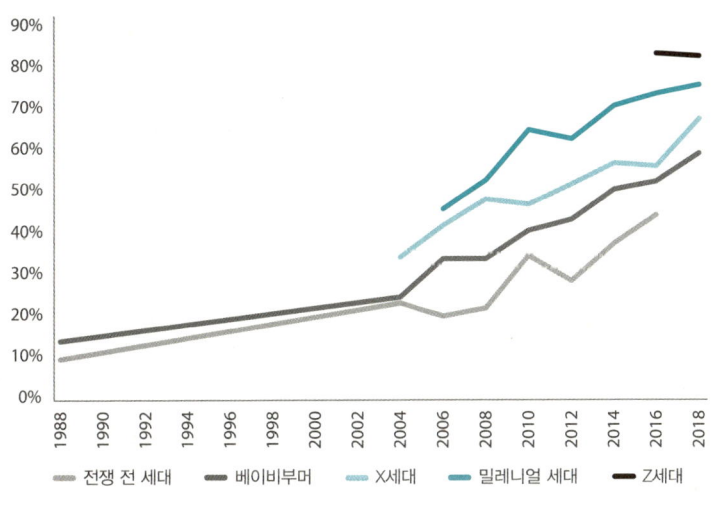

그림 6.6 동성 결혼을 지지하는 미국 성인의 비율[52]

그림 6.6에서 볼 수 있듯이 동성 결혼 지지에 대한 세대별 추세에서 태도 변화의 정도가 명확하게 드러난다. 이것은 이 책 전체에서 볼 수 있는 변화 중 가장 놀라운 것이다. 1988년 동성 커플이 결혼할 권리를 가져야 한다는 데 동의하는 사람은 전체의 10퍼센트에 불과했지만 2018년에는 60퍼센트로 증가했다. 그래프에서 시대의 영향과 코호트의 영향이 명백하게 드러난다. 시간이 흐르면서 모든 세대가 큰 변화를 보이고 있으며 새로운 각각의 코호트는 이전의 코호트에 비해 지지도가 높다. 사회의 빠른 변화 역량과 성장기에 우세한 태도가 견해의 형성에 영향을 미치는 성인 초기 사회화의 힘을 알 수 있다.

이 두 추세(결혼 선호도의 하락과 이전에 배제되었던 집단의 확장)는 서로 상충되는 듯 보이지만 우리 관계의 다양성이 증가하고 있음을 반영한다.

그러나 삶의 다른 측면이 그렇듯이 자유의 확대는 가지고 있는 자원에 따라 다른 양상을 보인다.[53] 현재 학사 이상의 학위를 가진 미국인들은 교육 수준이 낮은 사람들에 비해 결혼을 하고 유지할 가능성이 더 높다. 이것은 새로운 현상이다. 1960년대에 이들 집단의 결혼율과 이혼율은 거의 같았다. 영국을 비롯한 다른 나라에서도 소득 집단 간 격차가 벌어지고 있다.

부유한 핵가족은 확대 가족과의 유대가 줄어든 좀 더 개인화된 시대에도 자녀 양육이나 부부 상담 등 가족을 유지하는 데 필요한 지원을 받을 수 있다. 반면 형편이 좋지 않은 가정은 지원을 받기 힘들다. 그 영향은 놀랍다. 미국의 경우 대학 교육을 받은 22~44세 여성이 20년 이상 초혼을 유지할 가능성은 78퍼센트인 반면 고등학교 교육을 받은 여성의 초혼 유지 비율은 그 절반에 불과하다.[54]

괴리는 세대에 걸쳐 이어진다. 가족의 형태가 자녀의 삶에 영향을 미치는 것으로 보이기 때문이다. 양부모 모형이 항상 최선이라는 단순한 가정은 분명 잘못된 것이다. 여러 연구에 따르면 충돌이 잦은 양부모 가정이 자녀에게 더 나쁠 수도 있다.[55] 하지만 거듭된 연구들이[56, 57] 기혼 부모로 이루어진 가정이 평균적으로 다른 대안들보다 자녀들에게 도움이 된다는 것을 보여준다. 원인과 영향, 개입 요소들을 분리하는 것은 불가능하지만 여러 연구에 따르면 편부모나 관계 해체의 간접적인 재정적 영향이 관계 자체보다 더 중요할 수 있다.[58] 결국 중요한 것은 안정이며, 장기적인 동거도 그에 상응한다는 주장에도 불구하고 기혼 가정의 안정성이 더 큰 것은 분명하다.[59] 프랑스의 어린이는 부모가 결혼하지 않고 동거하는 경우 그들이 헤어지는 것을 볼 확률이 66퍼센트 더 높다.[60]

이혼율의 하락과 황혼 이혼의 증가

최근 이혼율의 하락은 결별이 드물어지고 있음을 시사하는 좋은 소식이다. 예를 들어 잉글랜드와 웨일스의 경우 2005년에서 2015년 사이 이혼율이 28퍼센트 감소했다.[61] 독일의 경우 2016년의 이혼율은 1993년 이래 최하를 기록했다.[62] 미국의 이혼율은 1980년대 1000쌍당 5쌍으로 고점을 기록한 뒤 2017년 3쌍으로 1928년 이래 가장 낮은 수치를 보였다.[63]

이런 변화는 부분적으로 세대의 영향으로 보인다. 젊은 코호트들의 이혼 가능성이 특히 낮기 때문이다. 수년간의 밀레니얼 세대 연구 동안 내가 발견한 몇 안되는 긍정적 기사 중 하나는 이런 추세의 결과다. 〈월드이코노믹포럼World Economic Forum〉이 "미국의 이혼율이 감소하고 있다. 밀레니얼 세대에게 감사를"이라는 제목의 기사를 내놓은 것이다.[64]

이혼했거나 별거하고 있다고 답한 영국인들의 비율을 추적하면 이런 징후를 포착할 수 있다. 2017년 밀레니얼 세대의 약 3퍼센트만이 이혼을 했다. 비슷한 나이의 X세대는 해당 비율이 6퍼센트였다. 물론 우리가 살펴봤듯 같은 나이에 결혼을 한 밀레니얼 세대의 수가 적기는 하다. 하지만 그것이 낮은 이혼율의 전부를 설명하지는 못한다. 그보다는 늦은 결혼이 실패할 가능성이 낮은 경향이 있다고 볼 수 있다. 부분적 이유는 좀 더 긴 시간 재정적 자원을 마련하고 커리어를 발전시켜 결혼 생활 스트레스의 핵심 요소 중 일부를 줄일 수 있었던 데 있다.[65]

나이가 든 사람들은 낮은 이혼율의 추세에 반하는 움직임을 보이는 듯하다.[66] 2005년에서 2015년 사이 영국과 웨일스에서 이혼한 65세 이상 남성의 수는 23퍼센트, 여성의 수는 38퍼센트로 증가했다.[67] 노년 이혼의 수가 증가하는 이유 중 하나는 2015년 노령 인구가 많아졌기 때문이다. 이혼한 남녀의 수를 기혼 노령 인구의 비율로 보면 지난 10년간 이혼율이 일관되게 유지되었음을 알 수 있다.[68] 물론 다른 연령 집단의 이혼율 하락이란 맥락에서 보면 베이비부머 사이에서 추세에 반하는 이혼이 확실히 증가하고 있다. 2008년 가장 높은 이혼율을 기록한 연령대는 40대 후반과 50대 초반이었으나 2018년에는 60대로 이동했다. 미국에서도 비슷한 추세가 나타나고 있다. 2008년 55~64세의 이혼율은 5퍼센트였던 반면 2017년에는 12.5퍼센트였다.[69]

'황혼 이혼Silver Splicer'을 두고 여성의 경제적 독립성이 커졌고, 개인의 행동에 초점을 맞추는 변화가 있었으며, 수명 연장으로 같은 사람과 수십 년을 더 살아야 한다는 전망이 극심한 공포를 유발했다는 등 여러 해석이 나오고 있다. 〈가디언〉의 냉소적인 기사는 이렇게 적고 있다. 과거에는 불행한 결혼 생활을 하는 사람들이 "죽기만 하면 복잡한 서류 작업을 할 필요가 없다"는 생각을 갖고 있었다.[70]

코로나19 위기가 이혼율이 낮아지는 추세를 뒤집고, 결혼을 미루는 추세도 촉진할 것이란 예측도 있다. 혼인율이 단기적으로 낮아지는 것은 불가피하다. 대부분 나라들에서 몇 개월간 결혼식이 금지됐고 예식 규모도 여전히 제한된다. 마찬가지로 위기의 스트레스는 일부 인간관계에 대한 부담을 키울 가능성이 있다. 영국을 기반으로 하는 자선 네트워크 시티즌스어드바이스Citizens Advice는 2020년 9월 첫째 주 이혼 웹페이지의 방문자 수가 2019년 같은 주에 비해 25퍼센트 높아졌다고 보고했다.[71]

하지만 위기와 그에 따른 경기 침체의 장기적 영향이 혼인율과 이혼율에 미치는 여파는 출생률에서보다 덜 극적일 것이란 희망을 가질 만하다. 여기에는 여러 가지 이유가 있다. 이전 침체들에 대한 분석에 따르면 영향은 제한적이었다. 2008년 침체의 직접적 결과로 사람들이 결혼을 미루었다고 주장하는 기사들이 넘쳐났지만[72] 인용된 증거는 늦은 결혼에 대한 장기적인 추세를 단기적 경제의 영향으로 착각하고 있었다. 미시간대학의 경제학자 저스틴 울퍼스Justin Wolfers가 지적했듯 2008년 금융 위기 이후 혼인율 하락 수준은 이전 호황기와 앞서의 침체 때와 같은 수준이었다. 울퍼스는 이렇게 결론지었다. "혼인율과 이혼율의 패턴은 경기의 고저에 눈에 띄게 영향을 받지 않는 상태를 유지해왔다."[73]

포르노가 성생활에 미치는 영향

팬데믹이 결혼에 일시적 장애가 된 반면 인터넷 포르노 시청에는 반대의 영향을 미쳤다. 예를 들어 폰허브는 위기 초반 몇 개

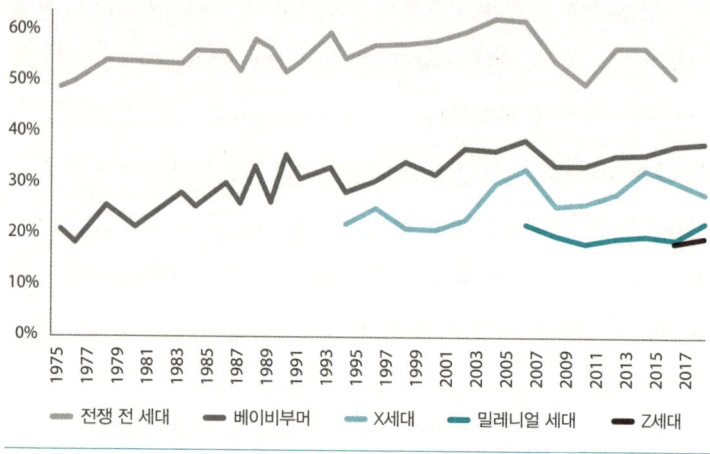

그림 6.7 포르노를 불법화해야 한다고 말한 미국 성인의 비율[74]

월 동안 트래픽이 22퍼센트 증가했다고 밝혔다. 포르노에 대한 태도는 세대별로 큰 차이가 있기 때문에 그 영향은 세대에 따라 매우 다르게 전개될 가능성이 높다. 그림 6.7은 포르노를 불법화해야 한다고 생각하는 미국 각 세대의 비율이다. 전쟁 전 세대의 절반 이상이 꾸준히 전면적 금지를 요구하고 있는 반면, 밀레니얼 세대와 Z세대로 가면 이 비율은 20퍼센트로 떨어진다. 흥미롭게도 시간이 지나면서 특히 베이비붐 세대의 반대 입장이 강해졌다. 일반적인 시대 영향보다는 생애 주기의 영향을 반영하는 것 같다. 다른 코호트들은 같은 방향으로 움직이고 있지 않기 때문이다.

영국인의 포르노에 대한 태도에도 비슷한 '세대 격차'의 징후가 있다. 1989년에는 영국인 10명 중 4명이 가벼운 포르노 잡지를 가판대에서 판매하는 것이 '비도덕적'이라고 생각했다. 2019년에는 22퍼센트로 절반이 되었다. 이는 태도의 완화만큼이나 가판대에서 포르노 출판물을 구입하는 것이 대단히 진기한 일로 보인다는 사실을 반영하는 것 같다. 변화를 주도한 것은 나이 든 집단이었다. 좀 더 관대한 베이비부머가 우려감이 큰 전쟁 전 세대를 대체하고 있기 때문이다. 미국에서도 비슷한 패턴이 관찰되고 있다.

우리 영국인들 역시 1980년대 후반에 비하면 텔레비전에서의 남성 전면 노출에 훨씬 관대해졌다. 반감을 보이는 사람의 비율이 40퍼센트에서 2019년 23퍼센트로 줄어들었다. 여성들이 주도한 변화다. 최근 들어 텔레비전에서 남성 노출이 훨씬 흔해졌지만, 아직 눈에 띄는 성 불균형이 존재한다. 텔레비전 노출을 감시하는 '미스터 스킨Mr Skin'(인기 프로그램에 나온 나체 장면의 수와 성격을 기록하는 웹사이트를 운영한다)이 지적하듯 〈왕좌의 게임Game of Thrones〉의 첫 7개 시리즈에서 등장한 82개 나체 장면 중 남성의 나체 장면은 21개에 불과해 남성 성기 한 번당 여성의 가슴은 열 번 등장했다.[75]

나체 노출이 증가한 것은 분명하지만 음란물 이용이 얼마나 광범한지, 어떻게 변화했는지는 정확히 파악하기가 대단히 어렵다. 성적 행동을 이야기하는 것에 대한 거리낌이 계속 존재하기도 하고, 성을 노골적으로 묘사한 자료의 형태가 다양하고 변화무쌍해 일관된 측정이 까다롭기 때문이기도 하다. 그렇지만 대부분 연구에 따르면 남성 10명 중 7~8명이 지난 몇 개월간 음란물을 접했다. 당연하게도 젊은 사람들에 대한 연구에서 그 수치가 높았다. 예를 들어 15~25세 대상의 네덜란드 연구에 따르면 남성의 88퍼센트, 여성의 45퍼센트가 지난 12개월 동안 성을 노골적으로 묘사한 자료를 보았다.[76] 캐나다의 한 학자는 음란물이 여성에 대한 남성의 태도에 미치는 영향을 연구하려 했다가 연구 계획에서 통제군을 찾는 데 어려움을 겪었다. "연구는 20대에 음란물을 소비한 적이 없는 남성을 찾는 것부터 시작됐다. 그러나 그런 통제군을 전혀 찾을 수 없었다."[77]

음란물 이용이 이렇게 흔한 주된 이유는 믿기 힘들 정도로 넓은 인터넷 음란물 사이트의 도달 범위에 있다. 2018년 폰허브(영국 인터넷 사용자들 사이에서 전체 웹사이트 중 마이크로소프트닷컴에 뒤이어 인기 순위 21위에 올랐다)에서만 1090억 개의 동영상이 조회되었다.[78] 폰허브는 인구 통계로 사용자를 분석해왔다. 밀레니얼 세대를 구분해 X세대 및 그 이전 세대와 비교한 것이다. 일반적 사용 추세를 대변할 수 있는 것은 아니지만(하나의 웹사이트일 뿐이고, 연령을 입력하지 않는 사용자를 정확하게 식별하기가 힘들다), 자료는 다양한 나라의 연령별 음란물 이용에 대해 얼마간의 식견을 제공한다.[79]

전반적으로 세계 트래픽의 60퍼센트를 차지하는 밀레니얼 세대가 폰허브의 가장 큰 이용자다. 그러나 폰허브 이용자 중에서 밀레니얼 세대의 몫은 나라마다 큰 차이가 있다. 인도 포르노허브 이용자 10명 중 8명이 밀레니얼 세대인 데 비해 덴마크와 일본의 경우 더 나이 든 세대들이 트래픽의 52퍼센트를 차지한다. 하지만 이것은 나이가 많은 인도인들이 포르노에 관심이 없다는 것을 시사하기보다는 인도 인구에 어린 세대가 훨씬 많고 나이 든 인도인들이 인터넷에 대한 접근권을 덜 가지고 있음을 반영할 가능성이 훨씬 높다.

세대별 시청 습관은 삶의 단계도 반영한다. 세대별 검색어를 구분한 폰허브의 데이터는 밀레니얼 세대가 '교사', '파티', '대학'과 같이 나이와 연관된 클럽을 검색하거나 '코스프레cosplay'나 '헨타이hentai, 変態'같이 비교적 새로운 추세를 표현하는 검색어를 사용할 가능성이 높다는 것을 보여준다. '동물 인형 마운팅humping stuffed animal'이나 '콧물 도착snot fetish'을 비롯해 매우 좁은 범위의 다양한 관심사가 드러나기도 한다.[80] 사적인 인터넷 포르노 취향은 소프트웨어 개발자 해리 우골Harry Ugol의 이름을 딴, '우골의 법칙Ugol's Law'을 가장 명확하게 실증하는 것 중 하나다. 우골은 이렇게 말했다. "'나만 이래?'라는 질문의 답은 항상 '노'다."[81]

새로운 기술이 공상을 아주 쉽게 배출할 수 있는 통로가 되어주면서, 우리의 사고 패턴이나 실제 삶에 미칠 영향에 대해 우려가 커지는 것은 당연한 일이다. 왕성한 이용자이면서 형성기에 있는 젊은 세대에게 특히 주의가 집중되고 있다.

우선 주목해야 할 것은 새로운 커뮤니케이션 기술의 사용과 반응에서는 늘 이런 패턴이 존재해왔다는 점이다. 미국의 저널리스트 존 티어니John Tierney가 '성애 기술 충동erotic technological impulse'이라고 부르는 이 패턴은 역사 내내 지속되었다. 예를 들어 프랑스 라마그도렌의 동굴 벽에는 기원전 1만 2000년에 그려진, 비스듬히 누워 있는 여성의 나체 스케치가 있다. 수메르인들은 점토판에 설형문자를 기록하는 방법을 발견하자마자 음문陰門에 대한 시를 적었다. 구텐베르크의 금속 활자를 기반으로 인쇄된 초기 책들 중에는 16세기 성관계 체위를 모아 놓은 것이 있다. 독일의 의사 이반

블로흐Ivan Bloch는 1902년 성과학sexology라는 용어를 만들고 "제아무리 추악하더라도 오늘날 사진으로 표현되지 않는 성적 일탈이나 변태 행위는 없다"고 주장했다.[82]

인터넷 포르노의 증가가 인간 본성에 새로운 것이 없음을 반영하고 있다고는 하지만, 접근권의 다양성과 용이성을 생각하면 그 영향에 주의를 기울일 필요가 있는 것은 분명하다. 〈성의학저널Journal of Sexual Medicine〉은 포르노가 성적 만족감, 친밀한 관계의 질, 여성에 대한 공격이나 성폭력, 낮아진 성욕과 발기 부전에 미치는 영향을 다양한 차원에서 철저히 검토했다.[83] 분석에서 가장 많이 등장한 말은 증거가 "엇갈리고 일관성이 없다"였다. '결함이 있는' 여러 연구들이 한편에서는 부정적 영향을 보여주고, 또 그만큼 많은 연구들이 영향이 없다는 것을 보여주며, 심지어 또 다른 한편에서는 긍정적인 결과를 보여주고 있다. 연구진 역시 포르노 시청이 폭발적으로 증가한 반면 이혼율이 떨어지고 있고 성범죄의 수가 하락하고 있다고 지적한다. 다만 긍정적 영향의 국가별 차이와 포르노 사용 정도 사이에서는 거의 연관성을 발견하지 못했다. 연구의 제목 "음란물 시청: 냉정을 유지하고 계속하라Pornography Viewing: Keep Calm and Carry On"는 이들 증거에 대한 연구자들의 견해를 잘 보여준다.

포르노에 부정적 영향이 없다고 말하려는 것은 아니다. 음란물에 대한 매체 보도와 정치적 담론의 문제 중 하나는 음란물에 좋은 점과 나쁜 점 모두가 있다거나 둘 다 아니라고 하기보다 좋거나 나쁜 영향 한쪽만을 내보이는 데 있다. 실제로 대단히 다양한 종류의 음란물이 있는 것처럼, 사람들이 음란물을 접하는 이유도 매우 다양하다. 개인이 음란물에 부여하는 의미, 소비하는 방식은 그것이 그 사람의 삶에 긍정적인지, 부정적인지, 중성적인지를 결정하는 데 중요한 역할을 할 가능성이 높다.

어린이와 청소년에 대한 영향을 철저히 검토한 연구도 비슷한 상황을 보여준다. 영국의 어린이위원회 위원이 학술 연구 4만여 개를 대상으로 진행한 문헌 검토는 어린이와 청소년에 대한 음란물의 영향을 중심으로 확실한 결론을 내릴 수 있는 경우가 거의 없음을 보여준다. 이런 평가는 우리가 아직도 알지 못하고 있는 것이 얼마나 많은지를 확인해주며, 미성년자에 대한 해로운 영향을 확인할 증거가 "없다"는 네덜란드 정부의 검토 결과와도 일치한다.[84]

당황만 하고 있을 순 없다

변화하는 성생활과 가족 구조를 살피려면 시대의 영향, 코호트의 영향, 생애 주기의 영향에 대한 적절한 이해가 특히 중요하다. 이런 사안들은 감정적으로 논의되는 경우가 많고, 도덕적 공황이 과거에 대한 우리의 기억을 망치고 현재에 대한 판단에 영향을 미칠 수 있기 때문이다. 상담치료사들이 성적 경험과 가족 경험을 주의 깊게 풀어내는 데 그토록 많은 시간을 투자하는 이유도 여기에 있다. 사적 선택 그리고 대단히 개인적인 영향은 개인을 둘러싼 도덕적·종교적 성향과 결합되어 성적 문제를 무척 복잡하게 만든다.

우리는 성생활, 출생률, 혼인율 하락의 책임을 기존의 젊은 세대에게 돌리는 경향이 있다. 이는 한편으로 우리가 새로운 혁신이 그들에게 해를 입힐까 조바심을 내고 있다는 의미다. 사실 여기에는 장기적인 시대의 영향, 지연된 생애 주기, 세대적 변화가 주도하는 세대 내, 세대 사이의 변화와 일관성이 흥미롭게 섞여 있다. 음란물이나 결혼의 종말에 대해 당황하거나 '성 침체'나 낮은 출생률을 이유로 젊은이들을 비난하는 것은 모두 부적절한 태도다.

그럼에도 낮은 출생률은 큰 문제가 아닐 수 없다. 인구의 축이 젊은이에서 노인들로 가차 없이 기울고 있기 때문이다. 기여와 지원, 젊은이와 노인 사이의 균형에 초점을 맞출 필요가 있다고 생각한다면 세기 중반까지 기다려야 봐야 할 것이다. 다만 뚜렷한 해결책이 없다는 것이 문제다. 데럴 브리커Darrell Bricker와 존 이빗슨John Ibbitson이 《텅 빈 지구Empty Planet》에서 개술했듯 양육 보조금, 세금 감면 등 출생률을 높이기 위해 도입된 어떤 개입도 높아진 교육 수준, 도시화, 선택지의 증가와 같은 강력한 힘 앞에서는 큰 매력을 갖지 못하는 것 같다.[85] 출생률 급감은 역전이 가능한 갑작스러운 사태가 아니라 지난 몇 십 년간의 큰 변화들이 주도한 장기적 추세의 결과다.

단기적으로 기존 가족과의 사이에서도 이와 비슷하게 다루기 힘든 문제가 부각되고 있다. 스테파니 쿤츠가 지적하고 있듯이, 우리는 소위 핵가족의 '황금기'에 대한 거짓된 노스탤지어를 피할 필요가 있다. 우리는 "황금기라는 시기에 빈곤율, 아동 학대, 불행한 결혼 생활, 가정 폭력이 지금의 더 다원화된 시대보다 훨씬 높았다"는 것을 잊고 있다.[86] 이것은 이야기의 일부에 불과하다. 우리가 과거를 장밋빛으로 바라본다는 사실은 우리가 현재 더 나은 위치에 있다는 의미가 아니다. 자원이 부족한 사람들에게는 특히 더 그렇다.

지나치게 낮은 출생률 문제가 그렇듯 표적의 범위를 좁게 잡은 혼인율 증가 대책은 다양한 가족 구조로 감당하기 힘든 결과를 처리하기에는 부적절한 접근법이다. 로버트 퍼트넘은 빈곤 가정에 대한 직접적인 재정 지원, 유아교육의 개선, 학교와 지역대학에 대한 투자, 이웃 재건 등 대단히 많은 조치를 제안했다. 브루킹스연구소Brookings Institute의 분석가들 역시 직접적으로 혼인을 지원하는 것보다는 가족의 안정과 가족 계획을 이끄는 요소들을 권장하는 것, 즉 하위 계층의 교육 확대와 소득 증가가 해답이 될 것이라고 결론 내린다.

우리의 과제는 끊임없이 변화하는 제도를 개선하려는 노력보다, 이미 자원을 가진 자들만이 아닌 전체로서의 미래 세대 전반에게 가정생활이 기회를 제공할 방법을 발전시키는 것이다. 퍼트넘은 2차 세계대전 이후 수십 년 동안 이런 목표를 달성한 프로그램들의 핵심에는 "다른 사람의 아이들에게 투자하는 데 대한 헌신이 있었으며, 그런 헌신의 기반은 그 아이들 역시 우리 아이들이라는 더 깊은 의식이었다"고 말했다.[87] 이것은 우리 전체의 미래를 보는 방식에 대한 세대적 도전이다.

7장

문화

사회의식은
얼마나 달라졌을까

"별로야. 맨체스터대학. 진짜 별로."[1] 전 플로리다 주지사 젭 부시Jeb Bush는 2018년 행사에서 박수를 '금지'한 학생 자치회에 대한 이야기에 이렇게 반응했다. 학생들은 박수가 일부 청중 사이에 불안을 야기할 수 있다며 공감과 인정을 표현하는 좀 더 조용한 방법이 있다고 주장했다. 학생들은 '재즈 핸드jazz hands'(영국식 수화에서 박수를 표현하는 몸짓. 두 손을 들어 올려 흔든다)를 사용하라는 권유를 받았다.

유명한 미국 정치인이 몇천 킬로미터 떨어진 곳의 얼마 안되는 학생들이 내린 사소한 결정에 대해 논평한 것이 이상해 보이지 않는가? 사실 부시는 2016년 공화당 대통령 지명 캠페인 과정에서 평범한 연설 후 청중의 박수를 유도하면서 '조용한 박수'라는 끔찍한 경험을 해보았다며 자기 비하적 이야기를 한 것이었다.[2] 하지만 이렇게 사소한 농담이었다는 사실은 전 세계 매체의 포화에 묻히고 말았다. 하룻밤 사이 맨체스터대학의 재즈 핸드는 오늘날 젊

7장 문화: 사회의식은 얼마나 달라졌을까 221

은이들의 기질에 실망한 사람들 사이에서 **전투 구호**가 되었다(가장 인기 있는 표제는 "박수가 뭐?"였다). 부시의 역설적 의도에 대한 암시는 없었다[피어스 모건(Piers Morgan)은 "영국이 미쳐 가고 있다"는 트윗을 올렸다]. 한 교수는 "그것은 쇠퇴를 찬양하고 학습된 무력감에 빠진 유아적 퇴행의 문화적 단면을 상징한다"는 의견을 내놓았다.[3]

주목의 대상이 된 것은 맨체스터대학 학생들만이 아니다. 미국의 정치 콘퍼런스든[4] 오스트레일리아의 학교든[5] 비슷한 사건이 불쑥 일어날 때마다 유사한 소동이 벌어진다. 이들은 복잡한 사안에 대해 집단마다 반응이 완전히 달라지는 단순하지만 생생한 사례들이다. 어떤 측면에서 보면 학생회의 조치는 분별 있는 개입 시도라고 할 수도 있다. 맨체스터대학의 장애 담당자가 말했듯이 자폐증이 있는 사람들에게는 박수 소리가 폭탄이 터지는 것처럼 느껴질 수 있으니까 말이다.[6] 그러나 다른 측면에서는 응석받이로 자라 진짜 세상에 전혀 준비가 되지 못한 세대의 징후이기도 하다.[7]

박수를 둘러싼 이 같은 논란은 '나약한' 젊은이와 '현실을 알려 하지 않는' 노인들 사이에서 자주 벌어지는 문화 전쟁의 한 예다. 점차 세대 차이를 문화 전쟁이라는 프레임에서 파악하려는 사람들이 많아지고 있다. 그렇다면 정말 오늘날 젊은이들의 태도와 신념에 그런 큰 변화가 일어나고 있는 것일까?

우선 인식해야 할 것은 세대 사이에는 항상 긴장이 있게 마련이라는 점이다. 사실 이것은 좋은 현상이다. 캐나다의 인구학자 노먼 라이더(Norman B. Ryder)가 1960년대에 이야기했던 "인구학적 신진대사(demographic metabolism)"의 한 유형으로 볼 수 있다. 라이더는 사회를 신진대사로 인해 변화가 불가피한 유기체로 보았다. 카를 만하임과 프랑스의 철학자 오귀스트 콩트Auguste Comte가 결론 내렸듯 우리가 영원히 산다면 사회, 정치, 기술의 혁신은 중단될 것이다. 개인은 자신의 방식에 갇히기 때문이다. 라이더가 말했듯 "사회에 새로운 참가자가 계속 등장하고, 전임자가 지속적으로 철수하면서 사회 내에서는 개인이 가진 제한된 유연성이 보충된다. 구성원이 죽지 않는 사회는 고여 있는 물웅덩이와 다를 바 없다."[8]

세대 변화의 혜택에도 불구하고 새로운 구성원의 일탈에 대처하는 것은 사회에 끊임없이 주어지는 도전이다. 라이더의 표현대로 "끝없는 '야만인의 침략'"이다.[9] 우리의 사랑스러운 아이들을 너무 가혹하게 묘사하는 것처럼 보일지 모르겠지만, 라이더는 새로운 참가자는 부모 사회의 태도와 행동에 맞게 '설정'되어 있지 않다고 말한다. 전쟁, 경제 위기, 팬데믹과 같은 정신적 외상을 초래하는 충격이 형성기를 거치고 있는 새로운 세대의 모습을 완전히 바꿔 놓은 것은 사실이지만, 꼭 그런 엄청난 사건이 아니더라도 세대 간에는 **항상** 문화적 긴장이 존재한다. 라이더가 말했듯 "진화적 변화라는 느리고 고된 과정은 우리를 점차 분리시킨다."

실제 자료를 확인하다 보면 이 점을 실감하게 된다. 지난 몇십 년간 문화적 태도에는 믿을 수 없을 만큼 큰 변화가 있었다. 밀레니얼 세대나 Z세대에서 시작된 것은 **아니었다**. 가장 나이 든 세대를 제외하면 오히려 세대 간에는 그리 큰 차이가 없었다. 극단적인 견해와 행동들이 이목을 끌긴 하지만, 그렇다고 전체 세대 간에 완벽한 단절이 있는 것은 아니다. 이것은 코호트 영향이라기보다 시대 영향에 가까워 보인다. 오늘날의 심각한 양극화가 우리를 차이에 민감하게 반응하도록 만들고 있다.

더구나 모든 젊은이들이 '사회 정의'를 위해 싸우고 있다는 것과 같은 묘사는 반대로 절대 다수가 '진보적'이지 못한 가치관을 유지하고 있다는 점을 놓친다. 세대 분석은 더 큰 자유주의를 향한 멈출 수 없는 행진이 존재한다는 인상을 준다. 하지만 실제로 문화적 변화는 그렇게 매끄럽지도 않고 단방향도 아니다. 사회적 가치는 세대 간, 세대 내의 끊임없는 투쟁의 결과로 변화하며, 따라서 이런 변화를 적절히 파악하려면 코호트, 생애 주기, 시대의 영향에 대한 온전한 이해가 필수다.

인종에 대한 편견

팬데믹이 한창일 때 전 세계에서 일어난 블랙 라이브스 매터Black Lives Matter, BLM 시위는 최근 들어 가장 이례적인 사건 중 하나로 기억될 것이다. 미니애폴리스에서 살해당한 조지 플로이드George Floyd로 인해 전 세계에서 흑인 대상의 인종 차별과 폭력에 대한 분노가 폭발했다. 시위에 참여한 사람들의 면면(미국 4개 대도시의 시위자 3분의 2 이상이 34세 이하였다[10])과 시위와 조직화의 방법에도 대단히 강한 세대적 요소가 나타났다. 2013년 트레이본 마틴Travon Martin 사망 사건의 피고 조지 짐머만George Zimmerman이 무죄 방면된 후 해시태그 운동으로 출발한 BLM은 곧 느슨한 조직 구조와 Z세대 리더들을 통한 운동으로 진화했다. 뉴욕 BLM 대표인 19세의 누폴 키아졸루Nupol Kiazolu는 정부에 이 시위의 세대적 성격을 분명히 밝혔다. "당신들은 지난 세대를 망쳤다.… 전 세계에서 우리가 본 모든 운동은 젊은이들이 이끌고 있다. 이제는 성인들이 한 발 물러서서 우리의 사기를 북돋아야 할 때다."

그렇지만 이것은 새로운 현상이 아니다. 시민권 운동의 역사 내내 주도적 역할을 맡은 것은 젊은 운동가들이었다. 미국의 인종 평등을 위한 싸움에서 가장 중요한 인물인 존 루이스John Lewis는 1963년 워싱턴 행진에서 마틴 루서 킹Martin Luther King 옆에서 연설을 할 때 23세에 불과했다. 그의 연설은 새로운 세대에서 나온 급박함을 담고 있었다. 연설은 이렇게 마무리된다. "우리는 참지 않을 것이고 참을 수도 없다."[11] 2020년 7월 사망 전 마지막으로 쓴 그의 에세이에서 루이스는 시위자들에게 직접적인 비폭력 행동을 계속하라고 촉구했다. "옳지 않은 것을 보면, 말을 해야 한다. 행동을 해야 한다. 민주주의는 상태가 아니다. 민주주의는 행동이며, 각 세대는 우리가 사랑하는 공동체라고 불렸던 것, 평화가 함께하는 국가와 세계 사회를 건설하는 데 일조해야만 한다."[12]

소수 민족 집단이 직면하는 차별은 태도, 신념, 가치관에 뿌리를 두고 있다. 차별의 뿌리는 사람들이 다른 인종을 보는 방법에 있다. 설문을 통한 장기 연구는 견해의 변화를 파악하는 데에는 유용하지만, 인종적 편견은 제대로 가늠하지 못한다. '사회적 선망 편향social desirability bias' 때문에 사람들은 어느 정도 기대에 부합한다고 생각하는 방식, 좋은 평가를 받는 방식으로 답을 내놓기 때문이다. 모든 민감한 사회적 문제에서 이런 일이 발생하지만, 논란이 많은 인종 차별이라는 주제에서는 특히 두드러질 가능성이 높다.

한동안은 내재적 연관 검사Implicit Association Test라는 도구를 통해 무의식적 편견에 접근할 수 있을 것 같았다. 우리가 다양한 인종 집단을 좋거나 나쁜 것에 연관시키는 속도가 '우리 영혼을 들여다 볼 수 있는 창'을 제공하는 것으로 여겨졌기 때문이다.[13] 문제는 그것이 실제로는 효과가 없다는 점이었다. 검사에서 높은 점수를 받은 사람들도 현실에서는 점수가 낮은 사람보다 특별히 더 인종 차별적인 것처럼 보이지 않았다.[14] 저널리스트 제시 싱걸Jesse Singal이 이 검사에 대한 기사에서 지적한 것처럼 같은 사람도 검사 시점에 따라 매우 다른 점수를 받을 수 있다. "월요일에 우울증 검사에서 자신이 심한 우울 증세를 갖고 있고 자살 위험이 있다는 이야기를 듣고, 화요일에는 근본적으로 우울증이 없다는 결과를 받는다면, 그것은 유용한 검사가 아니다."

이런 한계에도 불구하고 태도 연구는 인종 차별적 견해를 측정하는 핵심 척도로 남아 있다. 일부 연구는 자신이 다른 인종에 대한 편견을 갖고 있다고 생각하는지 묻는다. 영국에서는 장기에 걸친 일련의 설문이 이런 질문들을 던져 대단히 안정적인 답을 얻었다. 1983년 이래 자신에게 편견이 약간 있다거나 편견이 심하다고 말한 사람은 10명 중 약 3명이었고 눈에 띄는 세대별 패턴은 없었다.[15] 하지만 그 의미를 판단하기는 쉽지 않다. 편견에 대한 기준이 변해왔기 때문이다.

좀 더 유용한 것은 '사회적 거리social distance'에 대한 질문일 것이다. 다른 인종과 특정한 방식으로 유대를 맺는 것이 얼마나 수월한지 묻는 것이다. 영국의 경우 1983년 응답자들은 '친척이 흑인이

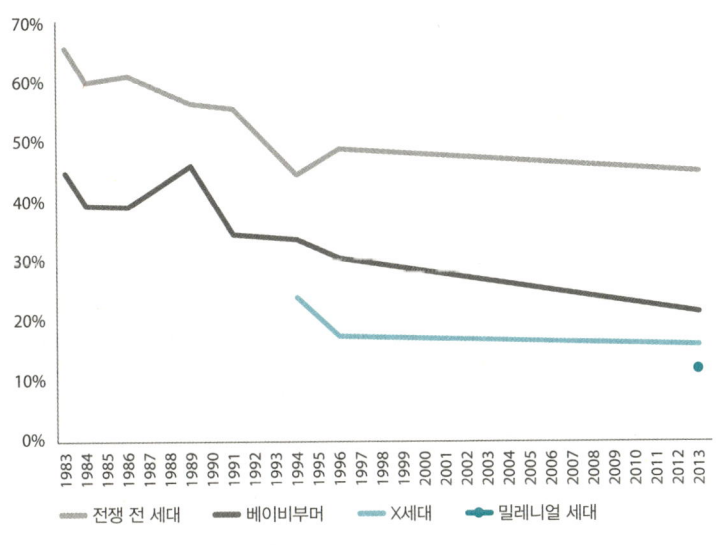

그림 7.1 가까운 친척이 흑인이나 서인도제도 출신의 사람과 결혼을 한다면 꺼려질 것이라고 답한 영국 백인 성인의 비율[16]

나 서인도제도 출신의 사람과 결혼한다면 꺼려지는가'라는 질문을 받았고 51퍼센트가 그렇다고 답했다. 이 수치는 전쟁 전 세대와 베이비부머의 매우 다른 견해가 상쇄된 값이다. 2013년 전체 수치는 22퍼센트로 절반 이상 감소했으나 그림 7.1에서 볼 수 있듯이 세대별 격차는 상당히 큰 채로 유지되었다. 특히 베이비부머의 우려는 절반으로 줄어들고 X세대와 밀레니얼 세대는 꺼린다고 대답한 사람이 거의 없는 반면, 전쟁 전 세대 대부분은 견해를 고수했다. 좋은 소식은 멀지 않은 과거에 우리가 보았던 높은 정도의 우려감이 가장 나이가 많은 세대와 함께 사라질 것이란 점이다. 한편으로 세대별 분석은 이런 태도가 완전히 사라지지는 않으리라는 것도 확실히 보여주었다. 젊은 코호트의 상당수가 이런 사고방식을 고수하고 있기 때문이다.

그림 7.2처럼 미국의 경우 인종 간 결혼에 대한 반감의 감소는 영국보다 훨씬 극적이었고 세대별로 훨씬 균일하게 나타났다. 1990년에는 인종 간 결합에 불쾌감을 표현한 사람이 응답자의 58퍼센트로 영국보다 높게 출발했으나(영국의 수치는 50퍼센트), 결국은 약 9퍼센트로 더 낮은 수준을 보였다. 이 문제에서는 세대별 격차가 커서 밀레니얼 세대 및 Z세대와 전쟁 전 세대 사이의 차이가 30퍼센트였다. 전쟁 전 세대의 견해가 상당히 달라졌다고는 하지만, 사회화가 이루어지는 시기가 미친 영향은 무시 못할 만큼 강력했다. 다만 다른 세대와의 격차는 크지 않았다.

미국과 영국 모두 최근까지 공공연한 인종 차별적 태도가 그토록 광범하게 존재했고 상당수 사람들이 인종 차별적 기호를 고수하고 있다는 것은 충격적인 일이다. 그러나 비교적 짧은 기간 안에 큰 진전을 이룬 것은 고무적이다. 태도의 변화는 실생활의 행동에도 반영된다. 미국의 경우 1967년 전체 결혼에서 인종 간 결합이 3퍼센트였던 데 비해 2015년에는 17퍼센트를 차지했다.[17] 영국의 경우 열 쌍 중 한 쌍이 서로 다른 민족적 배경을 가지고 있어, 최근 몇십 년간 급속한 증가세를 보였다.

그러나 소수 민족 집단의 경험은 차별이 얼마나 고착되어 있는지 보여준다. 취업 원서의 무작위 통제 실험을 이용하면 고용에서의 편견을 직접적으로 파악할 수 있다. 연구자들은 다양한 이력서 세트의 자격과 경험 수준을 통일하고 지원자가 어느 인종 집단

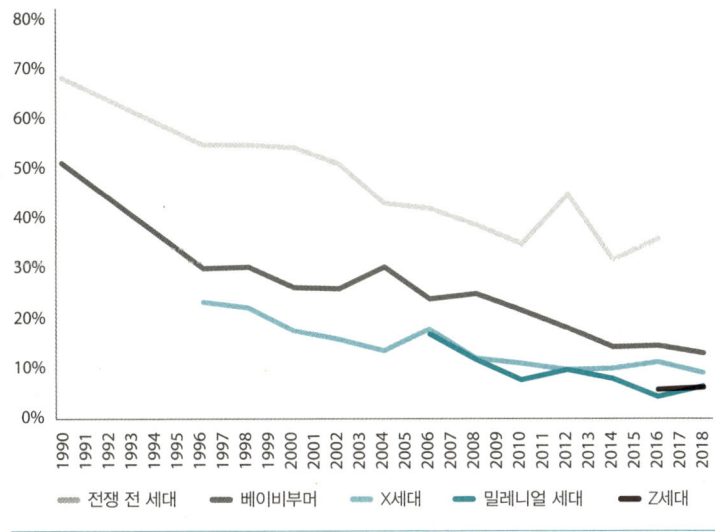

그림 7.2 가까운 친구나 친척이 흑인과 결혼을 한다면 반대할 것이라고 답한 미국 성인의 비율[18]

인지 보여주는 한 가지 특성만을 달리한다. 흔히 쓰이는 것은 이름이다. 다양한 직군에 이런 가짜 이력서를 여러 장 보내면 이들 특성에 따라 고용주의 반응이 달라지는지의 여부가 드러난다. 가능한 한 편견 중에서 작은 단면만을 측정하는 것이긴 하지만, 실험 설계를 통해 해석의 여러 불확실성을 제거할 수 있다. 안타깝게도 이런 연구들은 고용 관행에서 인종 편견이 광범하게 퍼져 있고 변함이 없다는 것을 보여준다. 1989년부터 2015년 사이 20개 이상 연구에 대한 메타 분석은 백인 지원자가 다른 특성이 동일한 흑인 지원자보다 회신 받을 가능성이 36퍼센트 높으며, 이 기간 동안 실질적 변화가 없었음을 보여준다.[19]

인종을 바탕으로 사람의 능력을 판단하는 관행은 설문 자료에서도 드러난다. 미국의 한 설문 조사에서는 사람들에게 다른 인종 집단에 연관시키는 특성(예를 들어 '근면한지', '나태한지' 등)에 대해 물었다. 지난 30년 동안 상당한 진전이 있었다. 흑인이 '게으르다'고 믿는 사람이 10명 중 4명이던 것에서 현재는 약 4분의 1로 감소했다. 하지만 결혼에 대한 편견에 비해 하락 폭이 적고 세대 전체에서 더욱 일관적이다. 밀레니얼 세대의 23퍼센트와 Z세대의 19퍼센트가 여전히 흑인이 게으르다고 생각한다는 점은 대단히 놀랍다. 일부에서는 다른 인종 집단의 근면성에 관한 고정관념이 고착됨에 따라 일부 인구 집단이 인종 차별적 태도를 고수한 채 비난의 초점만을 옮길 수 있게 되었다고 주장한다. 인종 간에 **능력**이 아닌 **근면성**에서 차이가 있다는 식의 프레이밍은 지금의 사회에서 좀 더 수용 가능성이 높다. 노력이 보상을 받는 개인주의적 문화에 사는 사람들이 차별이 지속된다는 점을 인정하지 않고도 다른 인종 집단이 다른 결과를 얻는 것을 받아들일 수 있게 해주기 때문이다.[20]

BLM 운동이 인종 차별을 부각시킨 한편, 지난 10년 동안 그 외의 다른 정체성 중심의 분열들이 사회적 긴장의 중심을 이루었다. 특히 이민에 대해 분열을 초래하는 논란들이 주요한 정치적 사건과 추세를 주도했다. 2016년 선거(트럼프 대 클린턴)의 투표 패턴에 대한 가장 유력한 예측 변수는 '이민배척주의' 입장이 강한가 약한가였다.[21] 이민 억제는 친브렉시트 투표의 핵심 동인이기도 했다.[22] 이민에 대한 견해는 유럽 전역의 대중 영합적 우익 정당의 부상으로 이어졌다.[23]

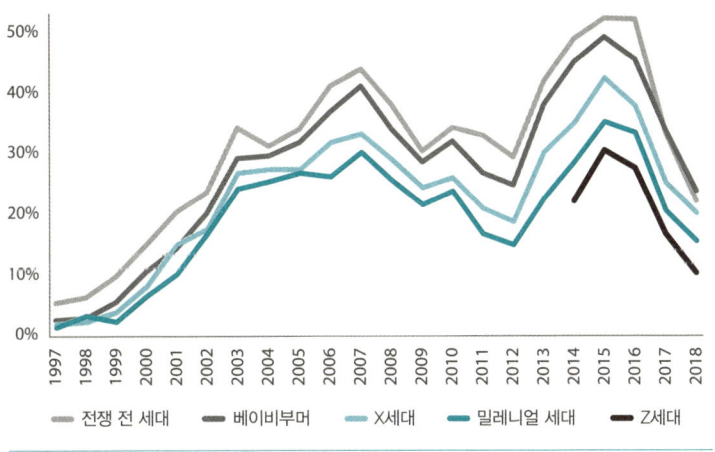

그림 7.3 이민이 국가가 직면하고 있는 가장 중요한 문제 중 하나라고 꼽은 영국 성인의 비율[24]

    인종에서와 마찬가지로 이민에 대한 우려는 종종 대단히 세대적이다. 영국보다 이 점이 확연히 드러나는 곳은 없다. 각 세대에서 이민이 국가가 직면하고 있는 가장 중요한 문제 중 하나라고 생각하는 사람들의 비율을 추적한 그림 7.3은 짧은 기간 안에 세대적 분열이 얼마나 컸는지 보여준다. 1990년대에는 이민이 영국 최대의 문제라고 보는 사람이 거의 없었으나 2000년대 초 유럽의 이민이 증가하면서 그 수가 급증했다. 이후 이 문제는 종종 국가의 최대 문제로 부각하면서, 2016년 유럽연합 국민투표로 고점에 이르렀다가 다시 감소했다. 이 기간 동안 세대 전체의 변화 추이는 비슷했지만, 우려의 정도는 전혀 달랐다. 격차가 가장 큰 시점에, 전쟁 전 세대는 Z세대에 비해 이민이 큰 문제라고 지적할 가능성이 두 배나 높았다. 영국만이 이민에 대해 이런 세대별 격차를 보이는 것은 아니다. 미국과 유럽에서도 같은 현상이 나타나고 있다.

2015년과 2016년 영국, 미국, 유럽 전역의 진보주의 논객들 일부는 이런 세대별 격차가 좀 더 개방적인 미래를 시사한다고 기대했다. 실제로 내 분석의 일부가 유럽연합 국민투표 1년 전인 2015년 발표된 "영국의 범세계주의적 미래Britain's Cosmopolitan Future"라는 논문에 인용되었다.[25] 이 논문은 다양성의 확대, 대학 졸업자의 급증, 도시 확장, 정당과 같은 전통적 제도의 약화, 새로운 커뮤니케이션 기술 등 영국이 좀 더 외향적인 태도로 이동하고 있다고 믿을 만한 여러 이유를 들었다. 논문은 정당이 '새롭게 부상하는 범세계주의적 다수'를 포용하지 못하면 선거에서 실패할 수밖에 없을 것이란 경고로 마무리됐다.

미국에서도 비슷한 시각이 부상하고 있다. 빌 클린턴Bill Clinton의 정치 보좌관이었던 더그 소스닉Doug Sosnik은 물리학자 프리먼 다이슨Freeman Dyson의 표현을 빌려 2016년을 도시화와 인종적 다양성이 확대되는 추세가 세대별 격차를 가속하는 '힌지 모멘트hinge moment'(전환점—옮긴이)라고 불렀다. 소스닉은 2016년 대통령 선거에 대해 "2016년 대통령 선거에 출마하는 후보 중 이 나라가 어떻게 변화하고 있는지 가장 잘 이해하고 과거의 미국이 아닌 미래의 미국을 기반으로 선거 운동을 이끄는 사람이 우리의 45대 대통령이 될 가능성이 가장 높다"라고 말했다.[26]

그러나 현실은 전혀 달랐다. 우리는 영국의 브렉시트에 찬성표를 던졌다. 유럽연합을 떠나겠다는 영국의 투표를 설명하는 가장 유력한 요인 중 일부는 문화적 변화의 속도에 대한 우려였다.[27]

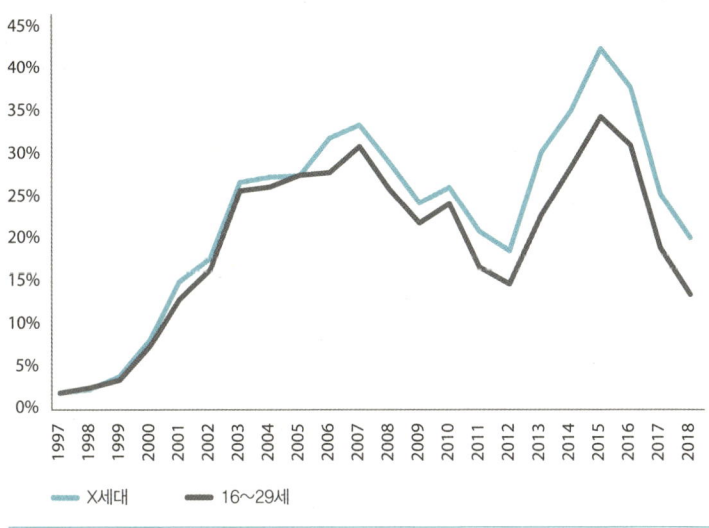

그림 7.4 이민이 국가가 직면한 가장 주요한 사안이라고 답한 16~29세와 X세대 영국 성인의 비율[28]

미국에서 승리한 선거 운동은 문자 그대로 뒤를 돌아보는 것이었다. '다시' 위대한 나라를 만들자는 것이 목표였기 때문이다.

이 분석이 틀렸는지 시기상조였는지는 우리 시대의 핵심 논란거리 중 하나다. 세대별 추세만을 바라보는 일의 위험 중 하나는 코호트 사이의 격차가 미래를 실제보다 예측 가능한 것처럼 보이게 만들 수 있다는 점이다. 시대의 영향과 생애 주기의 영향도 중요하다. 영국의 이민 급증, 이 문제에 매체와 정치권이 보내는 관심의 급성장은 이에 대한 **모든** 세대의 우려감을 고조시켰다. 우리는 여전히 나이가 들면서 변화하고, 이는 세대의 영향을 꺾는다. 그림 7.4는 각 연구 연도에 16~29세 집단과 비교한 X세대의 이민에 대한 우려를 추적한다. 1990년대 말 두 집단의 비율은 정확히 같았다. 하지만 X세대가 나이가 들면서 이민에 대한 우려감은 현재 그 연령 집단의 사람들에 비해 점차 상승했다.

성역할 인식

지난 몇십 년간 성역할에 대한 우리의 견해도 비슷한 역학을 보였으며 전체적인 변화도 그만큼 눈에 띄었다. 1987년이라는 오래지 않은 과거에 영국 인구의 48퍼센트가 '남성의 일은 돈을 버는 것이고 여성의 일은 가정을 돌보는 것이다'라고 생각했다는 것은 상상하기조차 힘들다. 현재 이런 견해를 갖고 있다고 말하는 사람은 8퍼센트에 불과하다.

전체 인구만 본다면 영국 사회가 점진적이고 일관적으로 변화하고 있는 것처럼 보일 것이다. 그렇지만 실제로는 '세대 대체'의 영향이 중심 역할을 한다. 특히 전쟁 전 세대의 구성원들은 다른 모든 코호트와 반대되는 견해를 유지해왔다. '가정에서 여성의 위치'에 대한 신념이 약해진 주된 이유는 이 세대가 인구에서 차지하는 비중이 낮아진 데 있다.

전쟁 전 코호트의 대부분은 여성이 일을 할 가능성이 훨씬 낮았던 때 성장했다. 1914년 영국에서 일을 하는 여성은 전체의 24퍼센트에 불과했고 그 수치는 1960년대에도 50퍼센트 정도였다.[29] 더욱 일반적으로 우리는 20세기 후반부, 경제학 교수 클라우디아 골딘Claudia Goldin이 '대대적인 성 수렴grand gender convergence'이라고 부르는 시대를 거쳐 왔다. 노동 참여뿐 아니라 일하는 시간, 직무 유형,

교육 수준, 소득 수준에서 남성과 여성의 격차가 좁아졌다.[30] 상당한 격차가 남아 있긴 하지만 여기에서 요점은 가장 나이 든 세대는 이런 진보 대부분이 시작되기 전에 성장했다는 것이다.

사회화의 영향으로 세대 차이는 성별 차이보다 훨씬 강력했다. 전쟁 전 세대를 남성과 여성으로 나눌 경우 이 기간 동안 둘 사이의 격차는 5퍼센트 정도에 불과하다. 전쟁 전 세대와 다른 코호트 사이의 격차인 20퍼센트에 비해 훨씬 낮다. 여기서는 세대가 성별을 크게 앞지른다. 전쟁 전 세대 여성들은 또래의 남성들보다 딸이나 손녀들과 더 큰 차이를 보인다. 한 여성주의 작가의 표현대로, 진보는 "엄마-딸"의 차이를 따라 움직이는 것처럼 보인다. "현대 여성 운동은 두 개의 전선에서 전쟁을 벌여야 할 운명인 것 같다. 성별 싸움이 연령 싸움을 부채질한다."[31] 다른 모든 세대들이 확연히 다른 견해의 그룹을 이룸에 따라, 성 평등을 위한 싸움에서 이런 세대 차이는 줄어들기 시작한 것으로 보인다.

미국도 마찬가지다. 다음 쪽 그림 7.5에서 볼 수 있듯이 전쟁 전 세대만이 거리를 두고 있고, 베이비부머에서 Z세대까지는 거의 같은 견해를 보인다. 미국의 경우 사람들에게 '남성이 집 밖에서 일을 하고 여성이 가정을 돌보는 것이 관련된 모든 사람에게 훨씬 낫다'라는 진술에 동의하는가라는 질문이 주어졌다. 표현이 조금 더 부드러운 것이 이런 정서에 대한 동의가 영국보다 많은 하나의 이유가 될 것이다.

전체 기간 동안 동의 비율은 가파르게 하락했다. 1976년 66퍼센트였던 동의 비율이 2018년에는 25퍼센트가 되었다. 하지만 이

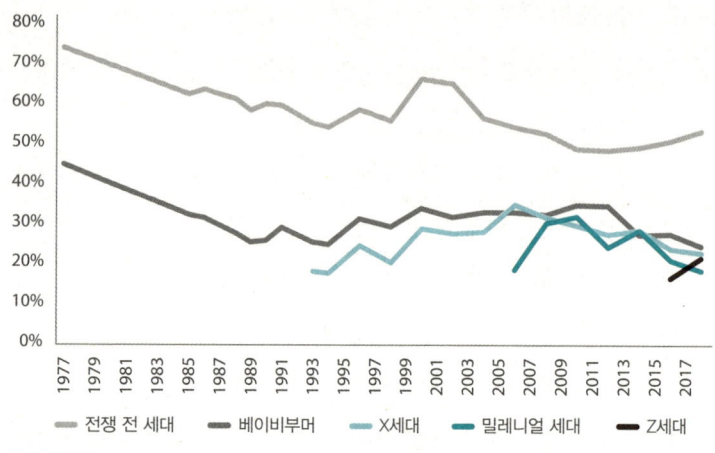

그림 7.5 남성이 집 밖에서 일을 하고 여성이 가정을 돌보는 것이 관련된 모든 사람에게 훨씬 낫다는 데 동의하는 미국 성인의 비율[32]

것은 영국의 극적인 하락세와는 비교도 되지 않는다. 종단점에서의 격차(미국의 동의 비율은 25퍼센트였으나 영국은 8퍼센트였다)는 미국의 경우 1980년대 말 동의율 하락이 멈추었다가 1990년대 약간 상승하기 시작했고 이후 2010년대에 다시 하락한 결과다.

이 시기는 여성들이 정말 '모든 것을 할 수 있는지' 사람들이 알아보려던 때와 일치한다. 1990년의 〈뉴스위크Newsweek〉 기사는 집에 머무는 여성과 밖에서 일하는 여성 사이의 충돌을 묘사하기 위해 "엄마의 전쟁"이라는 용어를 만들었다. 이런 긴장은 정치적, 문화적 논란에서 오랫동안 지속됐다. 2003년 11월 미국 토크쇼 〈닥터필Dr Phil〉은 일하는 엄마와 전업주부인 엄마를 문자 그대로 맞붙게 하기 위해 스튜디오의 청중을 물리적으로 구분해 매체와 논평

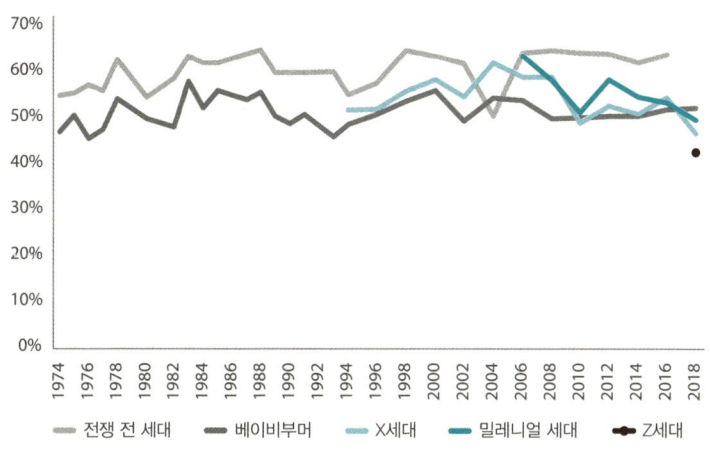

그림 7.6 임신한 기혼 여성에게 아이를 더 갖고 싶지 않다는 이유만으로 합법적인 낙태를 허용해서는 안 된다고 생각하는 미국 성인의 비율[34]

에서 자주 등장했던 단순한 양극화를 고조시켰다.[33]

훨씬 깊이 있고 일관된 양극화는 그림 7.6에서처럼 미국에서 낙태에 대한 태도를 두고 나타난 세대별 장기 추세에서 찾을 수 있다. 1970년대부터 미국인의 약 절반(혹은 그 이상)이 꾸준히 아이를 더 갖고 싶지 않다는 이유만으로 기혼 여성에게 합법적인 낙태를 허용해서는 안 된다고 말해왔다. Z세대는 이런 견해를 고수할 가능성이 약간 낮지만 가장 어린 이 집단에서도 40퍼센트 이상이 이 견해를 유지하고 있다. 이 사안은 세대에 관계없이 나라 전체를 둘로 나눈다. 장기간에 걸쳐 사회적 사안에 대해 이런 정도의 일관성이 유지되는 것은 드문 일이다. 이것도 영국과는 완전히 다르다. 영국의 여론은 상당한 변화를 겪었다. 1980년대 초 인구의 3분의

2가 아이를 갖고 싶지 않다는 이유만으로 여성의 낙태를 허용해서는 안 된다고 생각했으나 2016년에는 전쟁 전 세대를 제외한 모든 세대에서 약 4분의 1로 떨어졌다. 세대들 사이에 큰 차이가 없다. 가장 나이가 많은 세대를 제외한 모두가 비슷한 입장 전환을 보여주었다.

두 국가의 차이는 미국과 영국의 종교 그리고 이것이 정치적 정체성과 상호작용하는 방식과 매우 큰 관련이 있다. 낙태에 대한 태도는 미국 공화당 지지자와 민주당 지지자 사이를 가르는 가장 분명한 선이다. 민주당 지지자의 82퍼센트가 낙태는 대부분 합법이어야 한다고 생각하는 반면 공화당 지지자의 해당 비율은 36퍼센트다. 이 사안은 미국 '문화 전쟁'의 초기 단계에서 주된 강령이 되었다. 문화 전쟁이란 사회학자 제임스 데이비슨 헌터James Davidson Hunter가 처음 유행시킨 말이다. 헌터는 미국 정치가 전통적이고 보수적인 가치관과 진보적 자유주의 가치관 사이에서 오랫동안 극심한 양극화를 경험했다며, 두 이념적 세계관의 격차가 양립할 수 없는 두 종족을 만들었다고 주장했다. 헌터의 생각은 여전히 논란이 되고 있다.[35] '문화 전쟁'의 많은 요소가 그렇듯이 우리는 미국 내 낙태에 대한 분열의 정도를 과장하지 않도록 주의를 기울일 필요가 있다. 미국인들 사이에는 사람들이 예측하는 것보다 더 많은 미묘한 차이와 훨씬 적은 격차가 있다. 예를 들어 '낙태 합법화에 반대하는', '낙태 합법화에 찬성하는', '어느 쪽도 아닌', '양쪽 모두인' 선택지를 준 여론 조사에서는 10명 중 4명이 '어느 쪽도 아닌', '양쪽 모두인'이라고 답했다.[36] 인구 대다수에게 이 문제는 복잡하면서도 여러 조건이 작용하는 사안이기 때문에, 왜곡이 일어날 경우 분열이 조장될 위험이 있다.

젠더 이분법

미국에서 문화 전쟁 가장 초창기의 주제 중 하나가 낙태였다면, 성적 지향 그리고 좀 더 최근에 와서 성적 정체성은 여러 나라에서 요즘 가장 의견이 분분한 영역이다. 동성애에 대한 태도는 훨씬 긴 시간에 걸쳐 변화해왔으며 현재 대부분 나라에서는 큰 차이를 보이는 문제가 아니다. 다음 쪽 그림 7.7과 7.8에서 변화의 정도를 파악할 수 있다. 이들 그래프는 1970년대와 1980년대로 돌아가 영국과 미국에서 같은 질문을 했을 때 대답이 어떠했는지를 보여준다.

비교를 통해 몇 가지 드러나는 것들이 있다. 우선 영국과 미국 모두에서 동성애가 '전혀 잘못된 것이 아니다'라고 생각하는 비율이 전 세대에서 믿을 수 없을 정도로 높아졌다. 이것은 상당한 시대의 영향이다. 양국 모두 변화가 일어난 것은 1990년대 정도부터였다. 1987년이라는 얼마 안되는 과거에만 해도 동성애가 전혀 잘못된 것이 아니라고 생각하는 영국인들의 비율은 11퍼센트에 불과했다. 2018년의 비율은 69퍼센트였다. 나는 1980년대 후반 10대였고 그것이 당시의 일반적인 태도가 아니었다는 것을 기억하고 있다. 이는 지금의 가치관을 바탕으로 역사를 다시 쓰려는 경향이 가진 힘을 보여준다.

또 한 가지 알 수 있는 것은 미국이 동성애에 대한 태도 측면에서 영국과 거의 같은 위치에서 출발했다는 점이다. 베이비부머

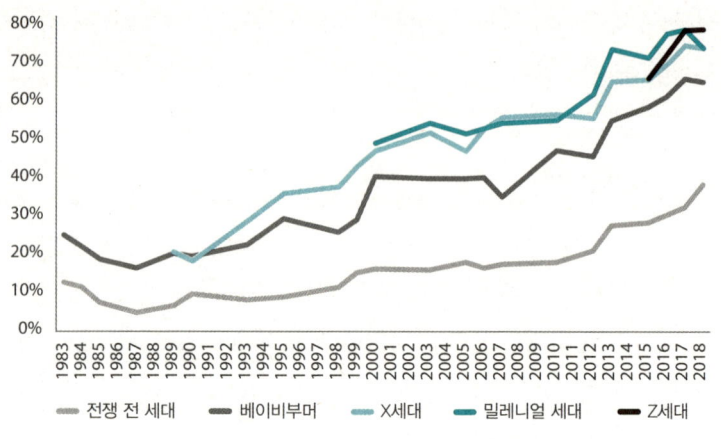

그림 7.7 동성 간 성관계가 '전혀 잘못된 것이 아니다'라고 보는 영국 성인의 비율[37]

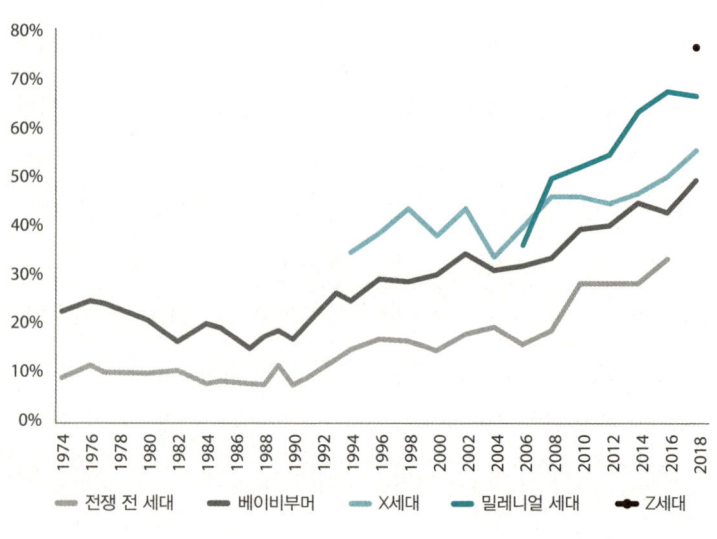

그림 7.8 동성 간 성관계가 '전혀 잘못된 것이 아니다'라고 보는 미국 성인의 비율[38]

와 전쟁 전 세대의 수치는 매우 비슷하다. 하지만 추세의 방향이 같았던 반면, 미국은 그리 멀리 가지 못했다. 2018년까지 58퍼센트가 동성애가 잘못이 아니라고 생각했는데, 영국의 경우 그 비율은 69퍼센트였다.

미국과 영국의 세대별 패턴은 이런 차이를 설명하는 열쇠다. 각 나라의 전쟁 전 세대가 명확하게 보여주는 것처럼 사회화가 진행된 시기는 그 사람의 태도에 지속적인 영향을 미친다. 동성애에 대한 그들의 견해는 다른 세대들만큼 변화하지 않았고 이는 많은 법과 제도에 적극적인 차별이 내재해 있던 시기에 형성기를 보냈다는 사실을 반영한다. 영국에서 동성 간 성교는 범죄행위였고 1967년에 와서야 기소 대상에서 제외되었으며, 같은 기간 미국의 동성애 인정에서도 비슷한 점진적 변화가 있었다. 영국과 미국의 전쟁 전 세대가 눈에 띄게 비슷한 견해를 유지하고 있는 것은 놀랄 일이 아니다. 스펙트럼의 반대쪽 끝 역시 마찬가지다. 영국과 미국의 Z세대는 실질적으로 똑같은 견해를 가지고 있다. 양국 Z세대의 80퍼센트가 동성애가 전혀 잘못이 아니라고 생각한다.

이후 지난 몇십 년 동안 베이비부머, X세대, 밀레니얼 세대 사이의 태도 차이의 결과로 두 국가의 추이가 벌어졌다. 영국의 경우 이들 세대는 스펙트럼의 좀 더 관대한 태도 쪽에 무리를 지어 모였지만, 미국의 경우는 X세대가 베이비부머를 쫓아가면서 각 세대가 넓게 퍼져 있는 상태가 지속되었다.

분리의 정도가 이렇게 커지는 데에는 여러 가지 설명이 가능하지만 그중 핵심은 두 나라 중년 코호트 사이에서 매우 큰 차이를 보이는 '종교와의 관계'일 가능성이 높다. 퓨리서치센터의 분석은 전 세계에 걸쳐 동성애의 수용 정도가 종교적 신념과 연관된다는 것을 보여주었다. 둘 사이의 관계는 대단히 일관적이다. 이집트와 같이 대다수가 이슬람교도인 국가는 스펙트럼의 극단에 있고 스웨덴과 덴마크와 같이 세속 유럽 국가들은 반대의 극단에 있다. 예외도 있다. 러시아는 종교적 신념의 수준에 비해 수용의 정도가 훨씬 낮고 브라질은 훨씬 높다. 미국은 종교성의 수준만으로 예측하는 것보다 더 수용적이다. 하지만 이 중년 세대들의 종교적 유대가 가지는 힘 때문에 미국의 개방성은 유럽 국가보다 훨씬 뒤처져 있다.[39]

　이런 세계적 분석은 전 세계에 걸쳐 동성애에 대한 태도가 얼마나 다양한지 상기하게 해주는 중요한 계기가 된다. 동성애가 '도덕적으로 용납될 수 없다'고 생각하는 사람의 비율은 덴마크와 노르웨이와 같은 국가의 5퍼센트에서부터 인도네시아의 93퍼센트에 이르기까지 그 범위가 대단히 넓다. 인구의 높은 비율이 도덕적 반대 의견을 가진 국가들은 약 70퍼센트인 러시아와 터키에서부터 약 40퍼센트인 브라질과 멕시코에 이르기까지 대단히 많다. 당신이 태어나는 **곳**이 당신이 태어나는 **때**보다 동성애에 대한 태도에 훨씬 큰 영향을 미치는 결정 요인인 것이다.

　장기적으로 그리고 여러 나라에 걸쳐 다른 성적 지향에 대한 태도의 추세가 잘 기록되어 있기는 하지만, 세대 차이를 확인할 수 있을 만큼 충분히 장기에 걸쳐 실제의 성적 정체성과 행동을 일관되고 통찰력 있게 측정하는 것은 훨씬 더 어려운 일이다. 그러나 개인의 성적 정체성 변화가 우리의 태도 변화만큼 극적이지는 않다는 점만은 확실하다. 공식적인 통계 기관에서 수집하는 정체성에 대한 가장 기본적인 측정은 대개 이성애자가 아닌 것으로 식별되는 사람이 꾸준히 늘어나는 모습을 보여준다. 미국의 경우 이런 인구의 비율은 2008년의 2.7퍼센트에서 2018년의 5퍼센트로 증가했고 이는 주로 더 많은 사람이 양성애자로 식별된 데에서 비롯되었다.[40] 두 나라 모두 명확한 세대별 차이가 나타난다. 젊은 코호트들은 이성애자가 아닌 사람으로 식별될 가능성이 더 높았다. 미국 밀레니얼 세대의 경우 최대 10퍼센트, 영국의 Z세대의 경우 4퍼센트였다.

물론 이런 이분법은 성적 정체성을 측정하는 대단히 둔감한 방법이다. 성적 행동이나 성적 끌림에 대해서는 말할 것도 없다. 더 많은 스펙트럼을 허용하는 질문은 매우 다른 응답을 끌어낸다. 예를 들어 2015년 미국의 한 광고 대행사가 실시한 연구는 13~20세(거의 Z세대) 인구의 48퍼센트만이 '완전한 이성애자'라고 답한 반면 21~34세(거의 밀레니얼 세대)의 경우 그 비율이 65퍼센트라는 것을 보여주었다.[41] 비슷한 질문을 2021년 영국에서 했을 때에도 결과는 거의 같았다. 전체 인구의 10명 중 7명 정도만이 완전한 이성애자라고 답했고, 18~24세 집단에서 그 비율은 54퍼센트에 불과했다.[42]

지금까지 책을 읽었다면 나이 기반의 격차는 세대별 변화에 대한 제한적 식견만을 줄 수 있다는 것을 알고 있을 것이다. 장기적 추세만이 새로운 세대의 행동이 이전 세대와 비슷한지 다른지를 말해줄 수 있다. 안타깝게도 이런 추세는 확인할 수 없다. 그런

데도 매체의 도를 넘는 보도는 멈추지 않는다. 특히 눈길을 사로잡는 〈바이스Vice〉의 표제 기사는 위에서 인용했던 미국의 연구 결과를 기반으로 이렇게 단언한다. "새로운 연구는 오늘날의 10대들이 퀴어queer라고 말하고 있다."[43] 단순한 연령 구분을 세대적 특성으로 제시하는 것부터가 문제다. 보고된 베이비부머의 수치를 Z세대의 것과 비교하면 성적 끌림에 완전한 혁명이 일어난 것처럼 보이지만, 우리는 베이비부머가 어린 시절이라면 어떻게 대답했을지, Z세대가 60대에 이르면 어떻게 대답할지 알지 못하기 때문이다.

성적 지향을 별개의 분류가 아닌 스펙트럼으로 보는 질문들이 긴 역사를 갖고 있는데도, 일관된 장기적 추세를 보여주는 연구가 존재하지 않는 것은 놀랍다. 미국에서 성적 끌림을 이해하는 분야의 선구자라 할 수 있는 앨프리드 킨제이Alfred Kinsey는 0(완전한 이성애)에서 6(완전한 동성애)에 이르는 등급별 접근법을 개발했다. 킨제이와 동료들은 남성의 성적 행동을 탐구하는 수천 건의 인터뷰에서 이 방법을 적용했고 이후 1948년 《남성의 성적 행동Sexual Behavior in the Human Male》을 통해 그 결과를 발표했다.[44] 킨제이의 말대로 "남성은 두 개의 서로 다른 인구, 이성애자와 동성애자에 해당되지 않는다.… 세상은 양과 염소로 구분할 수 없다."

킨제이의 연구 기법은 정통적이지 않고 현재의 접근법만큼 구조적이지도 않지만, 그의 발견은 상황이 우리가 생각하는 만큼 많이 변하지 않았을 수도 있다는 것을 시사한다. 킨제이의 연구는 1948년 미국 남성의 37퍼센트가 생애 동안 동성애적 경험을 해본 적이 있으며, 13퍼센트는 3년 이상 동성애가 우세한 쪽이었고(킨제이가 정확하게 지적했듯이, 성적 끌림과 행동은 일관된 상태가 아니다) 4퍼센트는 생애 동안 전적으로 동성애자였다는 것을 보여주었다.

우리가 보게 될 것은 일부에서 말하는 성적 유동성fluidity의 혁명보다는 좀 더 다양한 성적 정체성, 끌림, 경험이 비교적 점진적으로 증가하면서 우리의 태도와 행동을 표현하는 자발성이 확대되는 모습일 가능성이 높다. 예를 들어 영국에서는 동성애 경험을 보고하는 여성의 비율이 1990년부터 2010년 사이 2퍼센트에서 8퍼센트로 크게 증가했다.[45] 연구자들은 이것이 실제적 변화인지, 여성들이 좀 더 거리낌 없이 자신의 경험을 보고하기 때문인지 밝히려고 시도했다. 연구자들이 내린 결론은 1990년에서 2000년 사이의 변화에는 좀 더 솔직한 보고가 일조했으나 2000년에서 2010년 사이의 증가는 대부분 실제적이었다는 것이다.[46]

점차 이분법에서 벗어나고 있는 성적 정체성의 문제 외에도 젠더 정체성gender identity과 유동성에 대한 논쟁이 이어지고 있다. 젠더 정체성에 대한 태도를 중심으로 한 초기 논의는 트랜스젠더 평등에 초점이 맞춰졌다. "트랜스젠더 티핑 포인트: 미국의 다음 시민권 개척지"라는 제목의 2014년 〈타임〉의 표제 기사는 이 문제의 세대적 성격을 강조했다.[47] 기사에서 인터뷰한 성전환 여성(중년이 되어서야 성전환을 시작했다)은 "좀 더 늦게 태어났다면 완전히 다른 삶을 살 수 있었을 것이라고 확신하고 있었다."

논의는 트랜스젠더의 권리에 초점을 두던 것에서 젠더 정체성을 둘러싼 좀 더 광범한 사안으로 빠르게 발전했고, 세대별 프레이밍은 더 두드러지게 되었다. 특히 Z세대는 종종 '젠더 유동성 세대'로 꼽혔다.⁴⁸ Z세대가 다른 세대보다 제3의 성性인 사람과 훨씬 더 직접적으로 접촉한다는 것을 고려하면 이해할 만한 일이다. 퓨리서치센터의 설문에 따르면 미국 Z세대의 3분의 1 이상이 비이분법적 대명사를 사용하는 사람을 개인적으로 알고 있다고 답했다. 베이비부머 세대의 경우 이 비율은 12퍼센트에 불과하다.⁴⁹ 영국의 경우 비이분법적 대명사를 사용하는 사람을 만난 적이 없다고 답한 Z세대는 27퍼센트에 불과했다. 베이비부머의 경우 68퍼센트였다.⁵⁰

일부 태도들은 비슷하게 가파른 연령별 경사를 따르지만, 세대별 프레이밍이 항상 명확한 것은 아니다. 영국에서는 나이 든 사람들에 비해 젊은 사람이 '사람은 태어났을 때와 다른 성별을 찾고 인정할 수 있어야 한다'고 생각하는 경우가 두 배 많으며, 여권에 남성이나 여성이 아닌 사람들을 위한 범주가 포함되어야 한다는 데에도 비슷한 의견 차이가 있다.⁵¹ 미국의 지지율은 더 높다. 여성의 절반, 남성의 4분의 1이 젠더 정체성은 이분법으로 나눌 수 없다는 데 동의한다. 하지만 이 질문에 대해서는 연령별로 큰 차이가 있다.⁵² 미국인의 젠더 정체성에 대한 태도에서 좀 더 신뢰할 수 있는 예측 인자는 연령이 아닌 정당이다. 민주당 지지자의 64퍼센트는 여성이냐 남성이냐는 태어날 때의 성별과 달라질 수 있다는 데 동의했다. 반면 여기에 동의한 공화당 지지자의 비율은 19퍼센트에 불과했다.⁵³

새로운 전선이 등장하고 변화하는 속도가 매우 빠르기 때문에 현재의 의견조차 확인하기가 어렵다. 이런 상황에서 미래의 세대별 추세를 예측하기란 불가능하다. 그렇지만 일부에서 주장하듯 젊을 때의 '유행'만은 아닌 것이 분명한 듯하다.[54] 나이 든 세대들이 어떤 새로운 추세에 이런 식으로 반응하는 것은 처음 있는 일이 아니다. 우리는 현대의 거대한 사회적 변화 속에서 비슷한 추세를 목격한 적이 있다. 허버트 웰스Herbert G. Wells는 동시대인들 일부가 "여성에게 투표하는 것은 근본 없는 유행이며, 불안과 광기의 확산은 머지않아 지나갈 것"으로 믿는다고 말했다.[55]

젠더 정체성에 대한 태도는 아직 자리를 잡지 못했으며 오로지 세대가 주도하는 움직임도 아니다. 이 사안은 복잡한 문제들을 제기한다. 각 세대가 (가장 어린 세대조차) 아직도 이 새로운 문제들을 해결하기 위해 노력하고 있다. 미국의 한 성과학 논평가는 위에서 언급한 퓨리서치센터의 설문 결과에 의지해 지금부터 20년 후면 "화장실을 두고 논쟁을 벌이는 지금의 상황이 예스럽게 보일 것"이라고 말했다.[56] 이는 지금 벌어지고 있는 실질적 논쟁을 무시하고 문화적 변화의 기복에 대한 해석을 지나치게 단순화하는 발언이다.

종교의 미래

좀 더 광범한 신념을 형성하는 종교의 지속적인 힘은 이 장에서 이미 다룬 많은 사안에서 명백하게 드러났다. 따라서 종교의 힘이 어떻게 변화하는지 이해하는 것은 중요한 일이다. 종교에 대한 전반적 애착은 우리가 보게 될 가장 명백한 세대적 특성이기 때문이다. 물론 사람들은 항상 종교적 신념에 빠지기도 하고 거기에서 빠져나오기도 한다. 하지만 다음 쪽 그림 7.9에서 볼 수 있는 것처

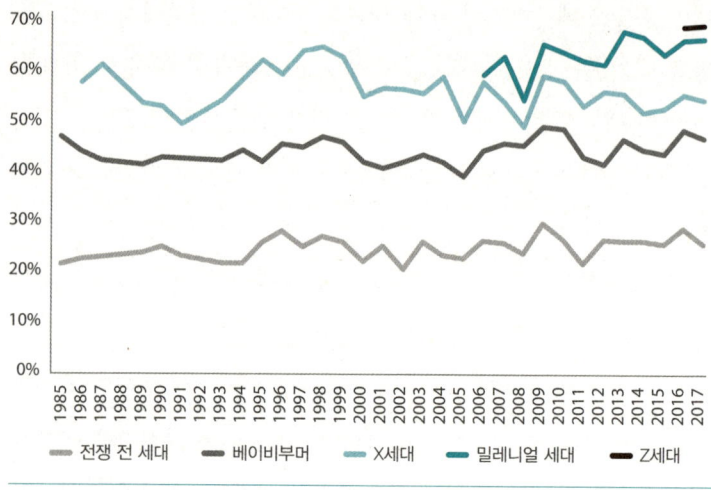

그림 7.9 종교가 없다고 답한 영국 성인의 비율[57]

럼 전체로서의 각 세대 내에서는 큰 변화가 없다. 그림 7.9는 영국 각 코호트에서 종교가 없다고 답한 사람들의 비율이다.

세대별 격차가 엄청나다. Z세대의 70퍼센트가 종교가 없다고 말한 데 비해 전쟁 전 세대의 비율은 30퍼센트 이하였다. 각 그래프는 기복이 거의 없다. 영국에서 조직화된 종교가 직면한 문제는 거의 전적으로 세대와 관련된다. 대부분의 변화가 한 코호트가 사망하고 믿음의 정도가 낮은 다른 코호트로 대체하면서 생기기 때문에 점진적인 하락이 나타날 수밖에 없고 변화가 불가피하다. '예수 재림' 정도의 사건이 없는 한 이런 세대적 조류를 막을 수는 없다.

종교 기관에게 이 상황만큼 무서운 것은 여기에 영국을 비롯한 여러 서구권 국가에서 기독교 신앙이 직면한 가장 큰 문제가 도사리고 있다는 점이다. 영국 젊은이들 사이에 비기독교 신앙의 증가(대부분 이민으로 인한 증가)가 없다면 젊은 세대의 종교적 정체성 수치는 더 떨어질 것이다. 영국 성공회와의 연관성을 살펴보면, 심각성이 더 명확하게 드러난다. 가장 젊은 세대의 2퍼센트만이 영국 성공회교도라고 인정했다. 전쟁 전 세대의 비율이 거의 40퍼센트에 육박한 것과 비교되는 수치다. 심지어 나이 든 세대의 그래프도 하락의 기미를 보인다. 전쟁 전 세대와 베이비부머, X세대 각각의 그래프가 시간이 지나면서 하향하고 있다.

다만 세대가 주도하는 조직적 종교의 종말은 그래프가 보여주는 것만큼 확실치 않다. '문화적' 기독교인(기독교인이라고 인정하지만 예배에 참여하지 않는 기독교인)은 자취를 감추고 있는 반면 남아 있는 사람은 훨씬 더 일관되게 종교에 헌신한다. 사회학자 그레이스 데이비Grace Davie는 이 과정을 '징집병'에서 '직업군인'으로의 전환에 비유했다.[58] 데이비에 따르면 영국과 같은 나라의 기독교도가 "좋든 싫든 참여하는 많은 사람들에서 자발적으로 참여하는 직업군인으로 이동하고 있다.… 광범하게 이야기하자면, 직업군인은 징집병보다 더 헌신적이다."

이것은 자료에 의해 뒷받침된다. 영국에서 정기적인 예배 참석 수준의 변화는 세대별로 큰 차이가 거의 없으며 크게 감소하지도 않고 있다. 세대의 영향이 가장 큰 사안에서도 세대별 격차가 처음에 본 것만큼 크지 않다. 영국 베이비부머는 항상 매주 예배에 참석하는 비율이 10퍼센트 정도에 불과한 방만한 신자였고, 밀레니얼 세대도 비슷한 수준에 머무르고 있다. 그렇지만 X세대는 규칙적으로 교회에 가는 비율이 15퍼센트로 세 배 가까운 큰 상승을 보였다. 고등학교에 갈 나이가 된 아이를 둔 아버지로서 나는 이것이 학교 선택에서 종교의 역할이 이어지고 있는 것과 관계가 있지 않나 하는 의구심을 가진다. 여러 학교들이 학교의 입학 자격을 얻기 위해 부모와 아이들이 예배에 참석할 것을 요구하기 때문이다. 물론 추세의 이런 전반적 안정성을 유발하는 좀 더 중요한 동인은 질문에서 말하는 종교가 모든 신앙을 아우르며 영국의 비기독교 종교 성장이 힘을 발휘한다는 데 있다.

미국은 종교와의 관계에서 영국과는 전혀 다른 모습이다. 그림 7.10이 보여주듯 미국의 각 세대는 영국의 같은 세대에 비해 종교가 있다고 말할 가능성이 두 배 높다. 영국과 비슷한 세대별 계층이 있지만 미국에서 가장 무신론적인 밀레니얼 세대조차 종교가 없다고 답한 사람의 비율은 34퍼센트에 그쳤다. 영국에서 해당 비율은 68퍼센트였다. 그렇다 하더라도 '무교의 증가'라는 미국 내의 시선은 이해할만하다. 종교가 있다고 인정하는 비율은 영국보다 훨씬 높지만, 미국도 상당한 코호트의 영향과 시대의 영향을 경험하고 있다.

물론 미국인의 종교적 애착에서도 '직업군인'이 아닌 '징집병'들이 많이 존재한다. 종교가 있다고 답한 사람은 10명 중 8명이지만 그중 4분의 1만이 매주 예배에 참석한다. 그렇지만 영국에 비해서는 크게 높은 수치이며 베이비부머들 간의 비교에서는 특히 더 그렇다. 영국의 해당 코호트 중에는 매주 예배에 참석하는 비율이

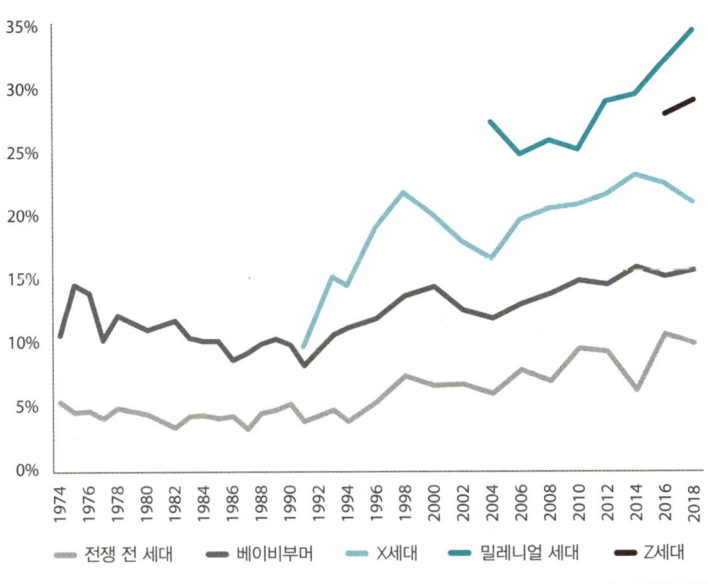

그림 7.10 종교가 없다고 답한 미국 성인의 비율[59]

10퍼센트인 반면, 미국의 경우 30퍼센트다. 미국 내 세대별 격차는 훨씬 좁다.

영어권과 북유럽 국가들 밖에서는 종교 쇠퇴의 서사가 완전히 역전된다. 성공회 최고위 주교인 캔터베리 대주교 저스틴 웰비Justin Welby가 지적했듯 영국 국내에서는 성공회가 쇠퇴의 길을 걷고 있지만 영국 밖에서는 매우 다른 상황이 펼쳐지고 있다. "세계적으로 이야기할 때 전형적인 성공회 신자는 하루 4달러 미만으로 살아가는 30대 이상의 아프리카 여성이다."[60] 전반적으로 퓨리서치센터는 기독교 개발도상국의 인구 증가로 인해 2050년 기독교인이 지금과 같은 수준인 세계 인구의 31퍼센트를 차지할 것으로 예측했다. 2010년 23퍼센트였던 세계 이슬람 인구는 2050년 30퍼센트에 이를 것이다. 종교가 없는 사람들의 비율은 세계 인구의 16퍼센트에서 13퍼센트로 감소할 것이다. 유럽이 세계 인구에서 점하는 비율이 떨어지는 데 따른 것이다.[61]

이런 패턴은 자신에게 종교가 있다고 생각하는지 묻는 질문에서 나타난다. 독일은 영국과 비슷한 패턴을 보인다. 세대적 계층이 명확하다. 나이 든 코호트는 젊은 코호트에 비해 종교를 가지고 있는 비율이 높고, 전체 독일인의 절반만이 종교를 가지고 있다고 생각한다. 그러나 이탈리아와 브라질과 같은 다른 기독교 국가의 경우 전체 세대에 걸쳐 10명 중 7명이 종교를 가지고 있다고 답했다. 인도와 터키와 같은 비기독교 국가에서도 상황은 같다. 북유럽은 종교적으로 점차 다원화되는 세계에서 전형에 벗어난 모습을 보이고 있다.

세대 '간' 문화 전쟁이라는 허상

인종, 성별, 성에 대한 우리의 태도가 지난 몇십 년간 얼마나 많이 변했는지 관찰하면 놀라지 않을 수 없다. 그렇게 빠르게 많은 변화를 보인 것은 기념할 만한 일이다. 30~40년 전에 예측했던 것과 다르다는 점에서 특히 더 그렇다. 이들 사안이 충돌의 원천으로 남으리라는 사실도 예측 가능하다. 그런 충돌은 사회에 새롭게 참여하는 사람들이 끊임없이 이어지면서 발생한다. 이것은 사회적 '대사'의 자연스러운 부분일 수도 있지만, 그래도 우리는 여전히 젊은 '야만인'들을 두려워할 것이다. 장기적인 시각은 우리가 항상 우리가 따라잡을 수 없을 만큼 상황이 빠르게 변화한다고 느낀다는 것을 보여주기도 한다. 1914년 미국의 논평가 월터 리프먼Walter Lippmann은 이런 글을 남겼다. "우리는 존재의 뿌리까지 불안정하다.… 우리는 스스로를 어떻게 변화시켜야 할지 알지 못할 만큼 빠르게 환경을 변화시켰다."[62]

우리가 받는 전체적인 인상은 젊은이들로 이루어진 최근 세대를 통한 갑작스러운 변화라기보다는 지난 30~40년간 대부분 세대 사이에서 이루어진 눈에 띄는 변화다. 세대 영향은 분화의 변화를 이해하는 데 필수지만 오늘날 젊은 세대와 다른 대부분 세대 사이의 격차는 종종 묘사되는 것만큼 크거나 특이하지 않다. 물론 그 차이를 완전히 경시해서는 안 된다. 중요한 차이는 존재하며, 이런 차이는 우리의 예상대로 새롭게 발생한 사안에서 가장 많이 나타난다. 예를 들어 BLM 시위 지지율은 가장 나이가 어린 집단이 가장 나이 많은 집단에 비해 약 두 배 더 높다. 영국에서는 젊은이들이 나이 든 집단보다 우리의 제국주의 과거를 '부끄럽게' 여길 가능성이 약 두 배 높다. 하지만 이런 격차는 전쟁 전 세대와 베이비부머 사이의 인종에 대한 태도 격차와 다르지 않다. 젠더 정체성에서도 '문화 전사'라는 꼬리표는 젊은 세대 대부분에게 어울리지 않는다. 다른 특징들이 그들의 견해에 더 큰 영향을 미치기 때문이다.

다시 말하지만 변화에 대한 하나의 설명에 집중하려는 우리의 경향은 좀 더 다양하고 복잡한 현실을 가린다. 생애 주기는 중요하며, 우리는 나이가 들어가면서 이민과 같은 문제에 대한 입장을 바꾸는 것으로 보인다. 시대의 영향 역시 중요한 역할을 한다. 예를 들어 1990년대 미국의 경우 시대의 영향은 견고한 세대의 조류처럼 보였던 것에 맞서 여성의 역할에 대한 전 세대의 견해를 바꾸어 놓았다.

어쩌면 가장 중요한 것은 양극화되고 있는 정치와 소셜 미디어 환경이 주도하는 전체 사회의 더 큰 격차가 우리를 '깨어 있는' 행동과 '깨어 있지 않은' 행동의 사례, 이목을 끌지만 전형적이라고 할 수 없는 사례에 민감해지게 만들었다는 점이다. 모든 세대의 사람들이 자기가 속한 집단과 자신을 동일시하고 '다른' 집단과 스스로를 차별화하면서 과거에는 주의를 끌지 못했을 행동에 집중하게 된다. '깨어 있음의 전쟁'은 현재의 젊은 세대가 가진 태도에서 나타나는 뚜렷한 단절의 결과라기보다는 일반적인 환경에서 나타나는 변화의 산물인 것으로 보인다. 우리는 차이를 과장함으로써 오늘날의 젊은이들에게 책임이 있다고 주장하는 '파국화catastrophizing'(부정적 사건이 비합리적으로 과장되어 최악의 결과를 가져올 것이라고 생각하는 인지왜곡현상 — 옮긴이)에 빠질 위험에 처해 있다.

지나치게 단순화된 세대 분석도 문제다. 나이 든 세대들이 전혀 다른 시대에 사회화된 코호트들로 대체되는 세대 대체는 문화 변화의 핵심 동인이다. 그러나 이 때문에 잘못된 확신을 가질 수 있다. 우리는 우리의 궤도를 변화시킬 수 있는 충격의 힘과 젊은 세대들을 진부한 길로 되돌리는 생애 주기의 영향을 기억해야 한다. 세대적 추세는 때때로 '끝난 일'로 잘못 해석되기도 한다. 이는 젊은 세대 상당수가 덜 진보적인 태도를 고수하고 불평등이 계속 존재한다는 사실을 덮는다.

예를 들어 작가 더글러스 머레이Douglas Murray는 "해로운 남성성toxic masculinity"(지배성, 경쟁심, 감정 표현의 억제 등 사회에서 남성에게 적합하다고 여겨져 온 성질―옮긴이)에의 집중 등 새로운 불평등한 표현에 명백하게 불만을 표한다. "불평등의 기준이 이렇게 진전한 때에 그런 수사가 인기를 얻는 이유는 무엇일까? 리스크가 너무 적기 때문일까? 사람들이 너무 지루해서 상대적으로 안전하고 편안한 삶 속에서 영웅인 체하기를 바라기 때문일까?"[63] 새로운 개념의 유용성에 의문을 제기하는 것은 극히 타당한 일이지만, 그로 인해 지속적인 불의를 묵살해서는 안 된다. 차별적 태도의 지속과 성별, 인종, 성생활을 기초로 하는 결과에서의 격차는 더 많은 주목을 받아 마땅하다.

세대 프레이밍에 집중하는 데에는, 특히 새로운 젊은 세대에게 지나치게 많은 책임을 돌리는 데에는 더 큰 위험이 따른다. 예를 들어 버락 오바마는 몇 번이나 "모든 사람의 동등한 가치에 대한 확신이 제2의 본성처럼 보이는 다음 세대"를 강조했다. 이는 부모와 교사들이 진심으로 이런 미래를 믿고 있지 않다는 의미이기도 하다.[64] 물론 긍정적인 격려의 의도였겠지만 여기에는 그 나름의 위험이 따른다. 성별, 인종, 성생활을 비롯한 문제에서 나타나는 추세는 완벽한 세대 간 단절과는 거리가 멀다. 다음 세대들을 추어올리는 것은 현실을 제대로 반영하지 못하는 것일 뿐 아니라 잘못된 분리 의식을 조장한다.

8장

정치

**민주주의의
위기 신호**

"사건들… 아… 사건들이지." 영국 총리 해럴드 맥밀런Harold Macmillan은 무엇이 정부를 혼란에 빠뜨렸다고 생각하느냐는 질문을 받고 이렇게 답했다고 한다.¹ 정치인들이 자신의 행동을 예기치 못한 상황에서의 생존 작전으로 보는 경향을 간단명료하게 보여주는 대답이다. 1886년 영국의 정치가 조지프 체임벌린Joseph Chamberlain은 이렇게 적었다. "정치에서 2주일 이상을 내다보는 것은 소용없는 짓이다." 24시간 뉴스와 소셜 미디어가 등장한 요즘은 2주도 사치로 보인다. 오스트레일리아의 총리였던 말콤 턴불Malcolm Turnbull은 이렇게 말했다. "지금은 60초 뉴스 주기의 시대다. 모든 것이 즉각적이다."²

정치는 이 책의 진단 영역 중 시대의 갑작스럽고 예상치 못한 영향이 가장 명료하게 드러나는 곳이다. '사건들'만이 중요하다는 뜻은 아니다. 오히려 그런 인식과 싸우는 것이 중요하다. 그런 인식은 우리가 끊임없이 위기의 언저리에서 흔들리고 있다는 인상을 강화하기 때문이다. 정치에 대한 신뢰나 민주주의에 대한 지지와 같이 중요한 문제에서 말이다. 우리 정치 시스템의 지속성과 회복력은 상당하다. 정치적 행동에서 가장 중요한 패턴들 대부분은 이보다 느린 코호트의 영향과 우리가 예측 가능한 생애 주기의 영향이 결합되어 만들어진다.

강력한 각 세대별 추세는 결국 우리의 정치적 견해로 표현된다. 코호트들 간의 태도 변화는 정치적 담론을 변화시키고 개인이 특정 정당과 맺는 관계를 결정한다. 관계가 일방적이지는 않다. 정치 역시 우리의 관점을 형성한다. 이른바 '대처키즈Thatcher's children' (영국에서 1980년대에 성인이 되었으며 인접 코호트에 비해 우파에 심하게 치우치는 경향을 보여주는 사람들)는 자신들이 성장한 정치적 배경이 각인된 세대를 대표한다.[3] 비슷한 패턴은 미국에도 있다. 대처키즈와 완전히 반대 방향인 사례들이다. 리처드 닉슨Richard Nixson의 집권기 동안 18살이 된 사람들은 수십 년 후에도 평균적인 미국인보다 민주당에 투표할 가능성이 높다.[4]

나이도 우리를 변화시킨다. '25세에 자유주의자가 아니라면 심장이 없는 사람이다. 35세에 보수주의자가 아니라면 머리가 없는 사람이다'라는 말은 다양한 버전으로 존재한다. 수십 년에 걸쳐 다양한 사람들이 만든 이 인용구는 앞으로 보게 될 것처럼 생애 주기 영향의 중요성을 확실히 보여준다. 우리의 세대별 자료에 따르면 그 영향이 문구만큼은 절대적이지 않지만, 생애 주기의 영향은 여전히 정치적 삶에서 중요하다.

최근 많은 권위자와 논평가들의 정치적 예측이 틀렸음이 드러났다. 코호트 영향, 생애 주기 영향, 시대의 영향 중 단 하나에만 집중하려는 우리의 경향이 실수를 초래하는 이유 중 하나다. 연령과 세대가 정치를 이해하는 데 점점 중요해지고 있지만 우리는 단순한 설명을 찾으려는 유혹을 피해야만 한다.

기성세대 대 청년세대

세대적 시각의 중요성은 유권자에게만 적용되는 것이 아니다. 정치적 리더십의 윤곽이 변화하는 것을 파악하는 데에도 유용하다. 특히 현재 미국은 '장로정치gerontocracy'로 향하는 추이에서 어떤 서구 민주주의 국가보다 두드러진다. 도널드 트럼프는 취임 당시 70세로 최고령 대통령이었다. 이후 조 바이든Joe Biden이 78세로 기록을 갱신했다. 바이든 대통령은 80세의 하원의장 낸시 펠로시Nancy Pelosi, 71세의 상원 원내대표 척 슈머Chuck Schumer와 함께 미국 정치 체계의 가장 높은 곳에 자리한다. 〈애틀랜틱〉 기사대로, 이 인물들의 대부분은 "국제통화기금IMF과 미국 중앙정보국CIA이 생기기 전에 태어났다. 트랜지스터라디오와 폴라로이드 카메라가 발명되기도 전이었다."[5]

정치 계급의 노령화는 고령자들이 건강을 누리고 평균수명이 연장된 자연스러운 결과처럼 보일 수도 있다. 하지만 미국은 평균치를 훌쩍 벗어난다. 60세 이상이던 OECD 국가 정부 수반의 평균 연령은 1950년부터 서서히 하락해 현재는 54세 정도에 이르렀다.[6] 바이든 대통령보다 24세가 젊은 것이다.[7] 여기에는 미국의 색다른 대통령 선거 체제가 한몫을 한다. 대통령에 출마하기 위해 필요한 엄청난 자원과 정치 자본을 구축하기까지는 긴 시간이 필요하다. 특히 규모가 큰 미국의 베이비부머와 이 세대가 성장하면서 누린 행운은 이후의 작은 코호트들이 그들을 몰아내기가 힘들다는 것을 의미한다. 하지만 변화가 시작되고 있다. 느리지만 가차 없는 세대교체의 힘은 2019년 116대 의회에서 X세대와 밀레니얼 세대 구성원의 급증으로 나타났다.[8] 그들이 하원 의석의 38퍼센트를 차지했다. 그런데 이런 진전이 2021년 117대 의회에서는 정체된 것처럼 보인다. 새로 당선된 하원의원의 거의 70퍼센트가 베이비부머들이었다.[9] 우리는 여전히 미국 정치 리더십의 균형을 위한 세대의 '힌지 모멘트'를 기다리고 있다.

물론 '장로정치'에 함축된 노인 차별과 편견은 염두에 둘 필요가 있다. 나이 든 대표자가 자신이 속한 세대의 이익에 따라 행동한다는 법은 없다. 버니 샌더스Bernie Sanders(79세)와 제러미 코빈Jeremy Corbyn(71세)이 미국과 영국의 젊은이들 사이에서 누리는 인기는 부정할 수 없다. 더욱 일반적으로, 나이 든 리더들이 젊은이나 기후 변화와 같이 미래에 초점을 맞춘 사안에 관심이 없다는 생각은 앞으로 우리가 살펴볼 것처럼 명백히 틀렸다. 조 바이든은 선거 운동 기간에 명백히 세대를 뛰어넘어 젊은 미국인들에게 이렇게 호소했다. "저는 저 자신을 이행기의 대통령으로 봅니다.… 여러분 세대로의 이행 말입니다. 미래는 여러분의 것이고 저는 여러분을 믿습니다."[10]

즉 리더와 유권자가 끊임없이 자기 세대의 이해에 따라 행동한다는 단순한 해석에는 큰 오류가 있다. 하지만 결국 정치는 '숫자 놀음'이며, 당신을 지지하는 유권자가 많을수록 정치적 어젠다와 결과가 당신에게 유리한 쪽으로 기울 가능성이 높아진다. 이것은 당신과 같은 사람이 얼마나 많으냐, 얼마나 많은 사람이 투표를 하느냐, 이 단 두 가지 요인의 단순한 작용이다. 첫 번째 요인은 여러 나라에서 최근 수십 년간 젊은 세대에 불리하게 작용했다. 미국, 영국, 캐나다, 오스트레일리아, 뉴질랜드, 프랑스, 기타 대부분의 서유럽 국가들을 비롯한 많은 나라들의 인구가 2차 세계대전 이후 눈에 띄게 증가했다.[11] 수명 연장도 유권자의 '노령화'에 한몫했다. 이 두 가지 영향이 하나로 합쳐서 잠재 의결권이 연령대를 따라 꾸준히 상승하게 되었고, 이런 상황이 계속 이어지고 있다. 예를 들어 영국의 경우 2010년 잠재 유권자의 중위 연령이 46세인 데비해 2041년에는 50세가 될 전망이다.[12]

나이 든 집단의 투표율이 젊은 집단에 비해 높기 때문에 이런 인구통계학적 이점은 배가된다. 다음 쪽 그림 8.1은 30세 이하와 65세 이상 인구의 투표율을 비교해 보여준다. 영국, 아일랜드, 미국의 불균형이 특히 눈에 띄며 스페인의 경우 격차가 훨씬 덜 드러나고 벨기에에서는 역전된다(이 중 의무투표제인 유일한 국가다). 불균형한 투표율을 영국의 노령화 특성과 연관시켜 분석하면, 2010년 실제 투표자의 중위 연령은 49세, 2019년에는 52세가 된다. 이는 선거에서 나이 든 코호트에 수백만의 추가 표가 주어지는 결과를 낳는다. 세대 내에서 출생 연도별 코호트를 비교하면 이 현상을 가장 명료하게 확인할 수 있다. 예를 들어 2015년 영국 총선에서 투표를 한 각 출생 연도의 밀레니얼 세대는 평균 40만 명인 데 비해 X세대

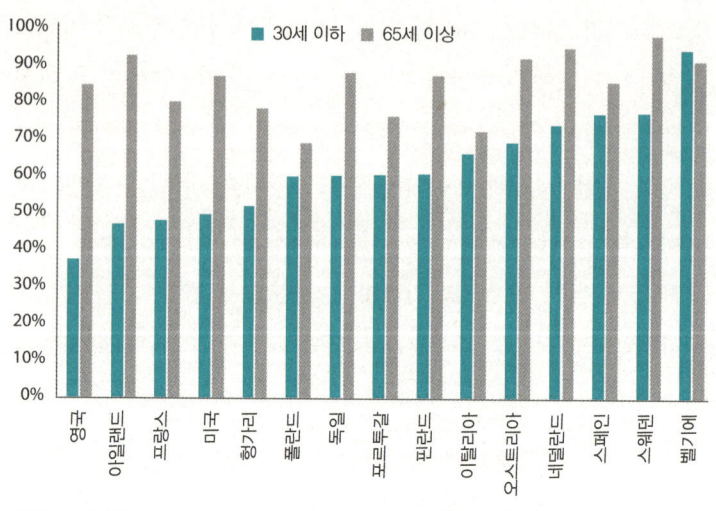

그림 8.1 유럽과 미국에서 지난 총선에 투표를 했다고 답한 30세 이하, 65세 이상 성인의 비율[13]

와 베이비부머는 각각 48만 5000명, 53만 명이었다.[14]

나이 든 세대가 유권자 집단에서 차지하는 우위가 변함없이 이어졌다고 느낄 수도 있겠으나, 세대적 측면에서 보자면 영국과 같은 여러 국가에서는 비교적 새로운 현상이다. 베이비부머는 젊은 시절 전쟁 전 세대보다 투표를 할 확률이 낮았던 것이 사실이지만 그 격차는 비교적 작았다. 진정한 단절은 1990년대 X세대에서 시작되었다. X세대와 가장 나이 많은 집단 중 투표를 했다고 말하는 사람의 비율은 25퍼센트 격차를 보였다. 밀레니얼 세대에서 이 격차는 계속 커져서 2015년에는 가장 나이 많은 코호트와 가장 나이 어린 코호트 사이의 차이가 40퍼센트로 벌어졌다.[15]

이런 세대 격차를 인식하고 나면 역전의 징후에 민감해진다.

예를 들어 2017년 영국 총선 동안 '젊은이들의 반란'에 대해 많은 논의가 있었다. 노동당 당수 제러미 코빈이 젊은 세대를 동원하는 것처럼 보였다. 예를 들어 글래스톤베리 페스티벌Glastonbury Festival의 피라미드 무대Pyramid Stage(메인 무대)로 걸어 올라간 코빈은 록스타와 같은 환영을 받았다. 그러나 선거 후의 상세 분석에 따르면 그 영향은 일부에서 주장한 것처럼 지축을 뒤흔들 정도는 아니었다. 젊은 집단들 사이에서 투표율이 눈에 띄게 **상승**한 것은 사실이지만, 30대들에게서 가장 두드러졌고 당시의 호들갑스러운 기사들이 말한 순서는 아니었다.[16] 어쨌든 지난 몇 차례의 선거에서 젊은 세대의 투표율이 높아지는 추세가 나타나고 있다. 2000년대의 처참한 수준과 비교하면 특히 더 그렇다.

이것은 영국 사람들이 투표를 의무로 보는지에 대한 추세에 반영된다. 2010년 영국 밀레니얼 세대의 40퍼센트만이 투표를 '시민의 의무'로 생각했다. 가장 나이 많은 세대의 해당 비율은 80퍼센트였다. 하지만 2017년 논란이 컸던 두 번의 국민투표와 두 번의 총선 이후, 밀레니얼 세대의 투표율은 65퍼센트로 상승했다. 그 전까지 정치학자들 다수는 선거 제도의 건전성을 극히 우려했다. 충분히 그럴 만한 상황이었다. 하지만 단 몇 년 만에 상황이 크게 바뀌었다.[17] 이는 부분적으로 몇 년 동안 대단히 중요한 정치적 다툼을 경험한 것과 연관이 있을 가능성이 높다. 투표 습관과 관련해 영국의 젊은 세대들은 전례 없는 발전 기회를 가졌다. 정치에서는 사건들이 정말로 중요하다.

미국에서 젊은 유권자의 큰 관심을 끄는 좌파 성향 정치인으로 버니 샌더스Bernie Sanders가 있다. 샌더스는 2020년 대통령 후보 지명전에서 조 바이든에게 패했다. 일부 주에서 젊은 미국인들의 엄청난 지지를 이끌어냈음에도(애리조나의 경우 52퍼센트)[18] 투표율이 그에게 불리하게 작용했다. 젊은이들의 투표율은 2016년 예비선거부터 하락했다.[19] 그가 민주당 대통령 후보가 되었더라도 젊은이들에게 의지한다는 점이 대통령 선거에 영향을 주었을 것이다. 정치학자 데이비드 브룩만David Broockman과 조슈아 칼라Joshua Kalla의 분석에 따르면 샌더스가 트럼프에 맞서는 다른 민주당 후보들과 겨루기 위해서는 젊은이들의 투표율을 전체 투표율의 증가율보다 11퍼센트 더 끌어올려야 했다.[20] 이런 상승은 미국 대통령 역사에서 유례가 없는 일이다.

영국에서와 마찬가지로 미국에서도 젊은이들의 지지에 의존하는 것은 위험하다. 그림 8.2에서 볼 수 있듯이 세대 간 투표율 격차는 두드러진다. 패턴은 상당히 다르다. 미국의 세대들은 연령에 따라 더 크게 변동했다. 예를 들어 1970년대 말 미국 베이비부머들의 투표율은 약 50퍼센트에 불과했으나 현재는 80퍼센트다. 영국의 추세는 이렇게 극적이지 않았다. 베이비부머의 투표율은 약 75퍼센트에서 출발해 88퍼센트로 마무리됐다. 생애 주기의 강력한 영향은 1970년대부터 50퍼센트 중반에서 60퍼센트 초반을 오가고 있는(2020년 대통령 선거의 66퍼센트라는 투표율은 1900년 이래 보지 못했던 수준이다) 미국 투표율의 상대적 안정성을 설명하는 데 도움이 된다. 반면 영국의 투표율은 1950년 84퍼센트로 고점을 기록한 후 2019년에는 67퍼센트로 떨어졌다. 가장 큰 원인은 커지는 세대 간

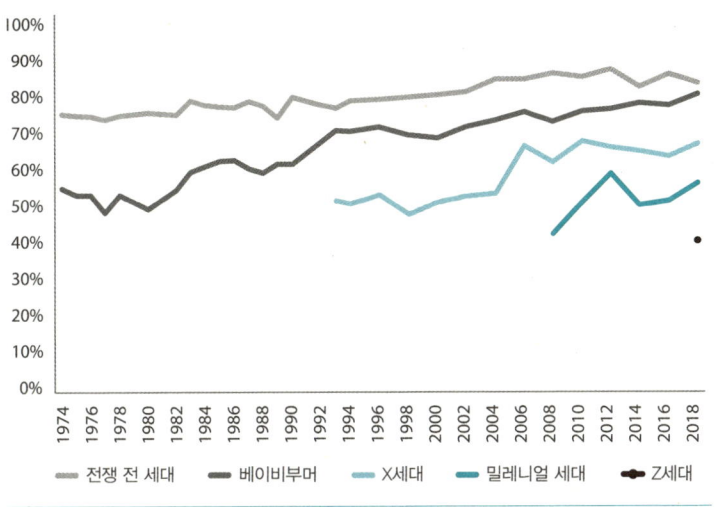

그림 8.2 지난 대선에서 투표를 했다고 답한 미국 성인의 비율[21]

격차다. 두 나라 모두 젊은층의 투표율이 문제이고, 미국의 유권자는 문제에서 벗어나고 있는 것으로 보인다.

서서히 몰락하는 정당?

그러나 미국은 정당과의 관계에서 더욱 심각한 세대적 문제에 직면하고 있다. 다음 쪽 그림 8.3은 두 주요 정당이 걱정스럽게 여기는 장기적 추세를 보여준다. 미국 밀레니얼 세대 10명 중 약 4명만이 공화당 혹은 민주당 지지자라고 밝히고 있는 것이다. 베이비부머와 전쟁 전 세대에서 해당 비율은 10명 중 6명이다. 중요한 변화이지만 장기적 시각에서 보면 완전히 새로운 것은 아니다. 베이비부머가 젊었던 1970년대 중반 그들과 전쟁 전 세대 간에도

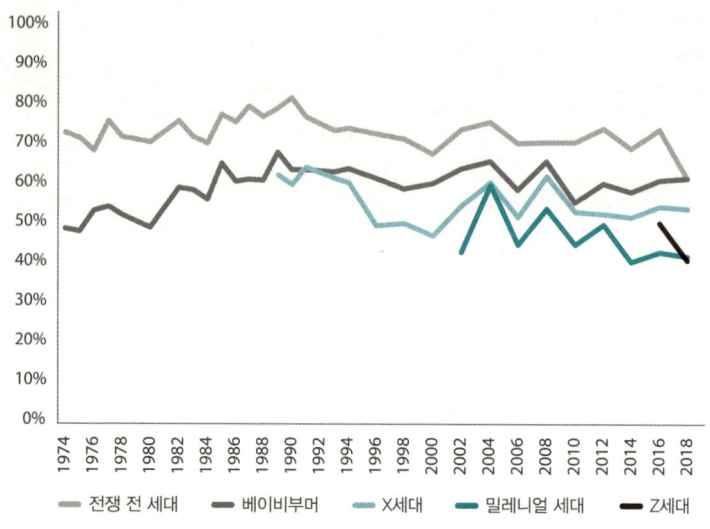

그림 8.3 공화당 혹은 민주당 지지자라고 답한 미국 성인의 비율[22]

거의 그만큼의 격차가 있었다. 가장 나이가 많은 전쟁 전 세대는 2018년 가장 최근의 측정에서 급격한 하락을 보이기까지 정당에 대한 애착을 고수해왔다. 이 방어벽의 상실은 미국의 전반적인 정치적 애착 수준에 큰 영향을 미쳤다. 느리지만 가차 없는 세대 교체 과정을 거치며 지난 44년 동안 두 주요 정당의 지지자가 63퍼센트에서 51퍼센트로 감소했다.

유럽의 한 설문 조사에서도 이와 비슷한 질문(특정 정당에 대해 애착을 느끼는가)을 던졌다. 이 연구는 14년 전으로 거슬러 올라가지만 패턴은 유사하다. 세대별 그래프에 기복이 거의 없고 세대가 지날수록 정당에 대한 애착 수준은 점점 낮아진다. 짧은 기간 동안

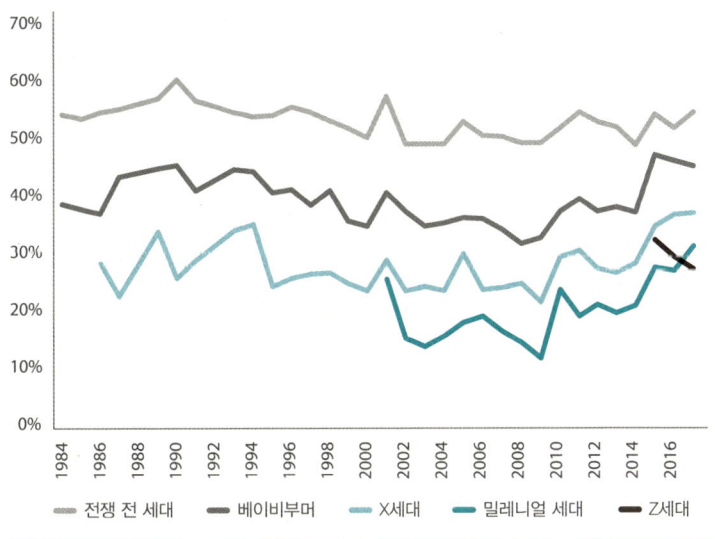

그림 8.4 스스로를 특정 정당 지지자라고 생각하는 영국 성인의 비율[24]

정당 지지도의 전반적인 영향은 그리 극적이지 않다. 하지만 이 역시 2002년의 52퍼센트에서 2018년의 45퍼센트로 하향하고 있다.

이런 하락에는 과거 많은 수의 정당 지지자를 배출한 종교나 노동 기구와의 제휴 약화를 비롯한 여러 가지 구조적 이유가 있다.[23] 우리가 이미 살펴본 문화적 변화와도 관련되어 있을 가능성이 있다. 개인주의의 확대는 정당에 평생 충성할 가능성을 낮춘다.

하지만 상황이 정당에 대한 완전한 거부와는 거리가 먼 것 역시 분명하다. 정치의 많은 측면이 그렇듯 세대별 추세는 사건에 따라 역전될 수도 있다. 그림 8.4에서 스스로를 특정 정당 지지자로 보는 영국인의 비율을 볼 수 있다. 2000년대에는 세대의 주도로 정당 애착에서 유럽이나 미국보다 **훨씬** 큰 정도의 하락이 있었던 것 같다. 예를 들어 2009년 스스로를 특정 정당 지지자로 생각하는 밀레니얼 세대는 10명 중 1명이었다. 그에 비해 전쟁 전 세대 구성원은 스스로를 정당 지지자로 여길 가능성이 다섯 배 높았다. 전체적으로 20년 동안 정당 지지자라고 말하는 인구는 51퍼센트에서 20년 만에 **단 29퍼센트**로 하락했다. 한 정치학자의 표현대로 "밀레니얼 세대는 그들에게 지지를 호소하는 것을 정치인들의 의무라고 여긴다. 그들은 정당을 충성을 바칠 만한 활동이라기보다는 자신들이 선택하거나 무시할 수 있는 브랜드로 본다."[25]

그러나 2014년에서 2017년까지 광란의 정치적 시기 동안 투표가 시민의 의무라는 생각이 커지면서 밀레니얼 세대를 포함한 모든 영국 세대에서 정당에 대한 애착 역시 커졌다. 파란만장한 몇 년 동안 정당 지지도는 전체 인구의 40퍼센트로 회복되었다. 하지만 아직은 역사적으로나 세계적으로 정당 지지도가 대단히 낮은 수준이다. 이것은 안정적으로 보이는 세대 추세를 기반으로 한 정치적 예측이 얼마나 위험할 수 있는지 보여준다.

노령화는 어느 정당에 유리할까?

지난 몇 년간의 정치적 격변이 영국의 정당 참여에 긍정적 영향을 준 것은 사실이지만, 그렇다고 해서 이런 상황을 사람들을 정치와 다시 연결하는 전략으로 권할 사람은 없을 것이다. 연령이 유권자를 구분하는 명확한 경계로 등장했기 때문이다. 2017년 대선은 정당 지지도에서 영국이 측정한 이래 가장 큰 연령별 격차를 낳

앗다. 18~24세 인구의 21퍼센트만이 보수당에 표를 던졌고 70세 이상 인구의 14퍼센트만이 노동당을 지지했다. 반대로 가장 나이가 많은 집단의 3분의 2가 보수당에 투표를 했고 젊은 인구의 절반 이상이 노동당을 지지했다.

두 주요 정당에 대한 세대별 장기 지지도는 그 변화가 얼마나 급속하고 이례적이었는지 보여준다. 다음 쪽 그림 8.5가 보여주듯 적어도 1980년대부터는 노동당 지지에는 세대별 차이가 거의 없었다. 각 세대의 그래프가 가까이 모여 있는 형태다. 이후 2017년 Z세대의 절반 이상이 노동당 지지를 선언하게 되었다. 전쟁 전 세대의 노동당 지지 비율은 간신히 20퍼센트에 이른다.

보수당 지지도는 항상 연령과 깊은 연관성을 가져왔다. 하지만 여기에서도 최근 들어 세대별 차이가 크게 확대됐다. 젊은이들의 지지도 하락 때문이라기보다는 가장 나이 든 코호트(현재 가장 젊은 세대보다 보수당을 지지할 확률이 3배 높다)의 점점 열렬해지는 지지 때문이다.

이 같은 극적인 변동의 원인은 세대의 조류 못지않게 단기적인 정치적 사건과도 관련이 있다. 노동당은 자유민주당의 몰락으로 젊은 표를 얻은 반면, 보수당은 영국 독립당의 부진으로 표를 얻었다. 연령별 정당 지지도는 유럽연합 탈퇴에 대한 국민투표의 결과로 더욱 변화했다. 세대별로 탈퇴-잔류 간 격차가 매우 크며 시간이 지남에 따라 더 커지고 있다. 2019년 기준, 전쟁 전 세대 중 29퍼센트가 유럽연합에 남는 것을 선호한다고 응답한 반면 Z세대의 잔류 동의 비율은 67퍼센트에 달했다.

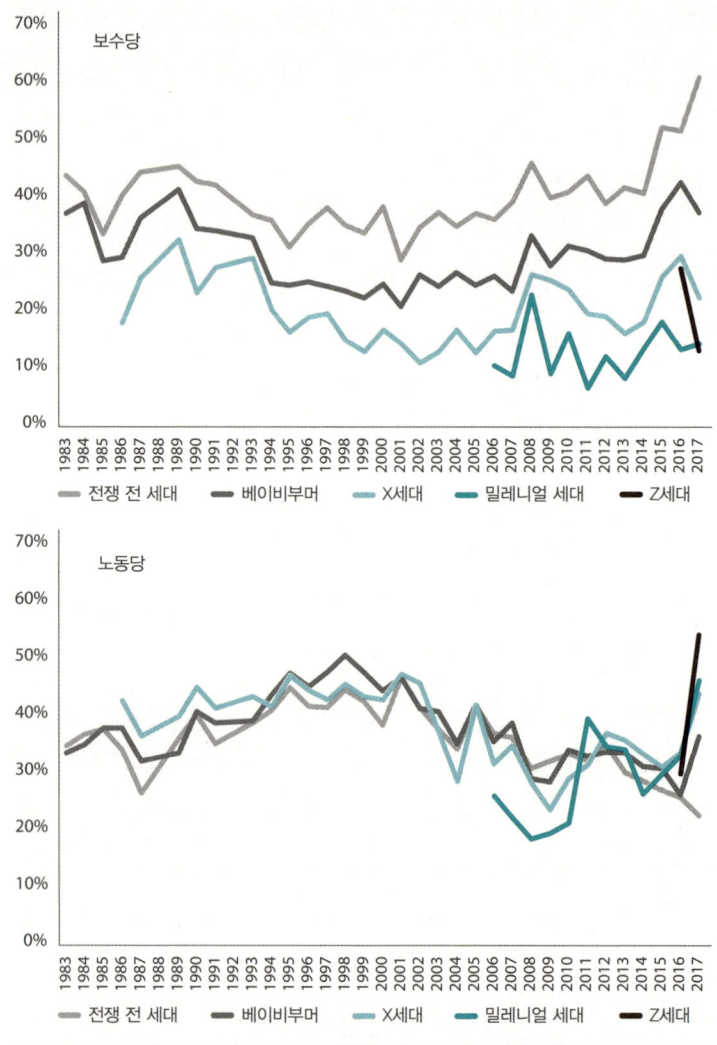

그림 8.5 보수당 혹은 노동당 지지자라고 밝힌 영국 성인의 비율[26]

단기적 원인이 무엇이든 보수당의 장기적 미래는 암울해 보인다. 지지 기반이 곧 유권자 풀을 떠날 세대에 편향되어 있으며, 새로 진입하는 사람들로부터는 멀리 있다. 하지만 토리당의 종말은 오래전부터 계속된 이야기이고, 거기에 회의적 입장을 가질 만한 여러 이유가 있다.

우선 우리가 앞서 논의했듯 이런 패턴은 '사건'이라는 시내 영향 덕분에 빠르게 바뀔 수 있다. 둘째, 유권자의 노령화와 투표율의 세대별 격차로 시간이 지날수록 나이 든 세대의 영향력이 커지고 있다. 유권자 중위 연령 증가에 대한 예측에서도 보았듯이 이런 상황은 계속될 것이다. 셋째, 나이와 함께 보수당이 늘어나는 현상을 조롱하는 말에는 의미 있는 진실이 담겨 있다.

다음 쪽 그림 8.6은 보수당에 표를 줄 것이라고 말하는 두 집단의 비율을 비교해 보여준다. 연구 기간 동안 매년 X세대와 18~29세 집단을 조사한 결과다. 1990년대 말에는 두 집단이 정확히 같았지만 X세대는 나이가 들고 다른 집단은 꾸준히 새 구성원을 받아들였다. 이전 장의 그림 7.4에서 본 이민에 대한 우려와 마찬가지로 18~29세보다 나이가 든 X세대 사이에서 보수당 지지가 더 증가하면서 두 그래프 사이는 더 멀어졌다. 이것은 생애 주기의 영향이기도 하지만 코호트의 영향일 수도 있다. 하지만 정치학자 제임스 틸리James Tilley와 제프리 에반스Geoffrey Evans의 통계 분석에 따르면 노령화 자체가 더 중요하며, 노령화의 영향이 매년 보수당 지지율을 약 0.35퍼센트 늘린다. 그리 큰 것처럼 보이지 않지만 정치 수명에서는 상당한 의미가 있다.[27]

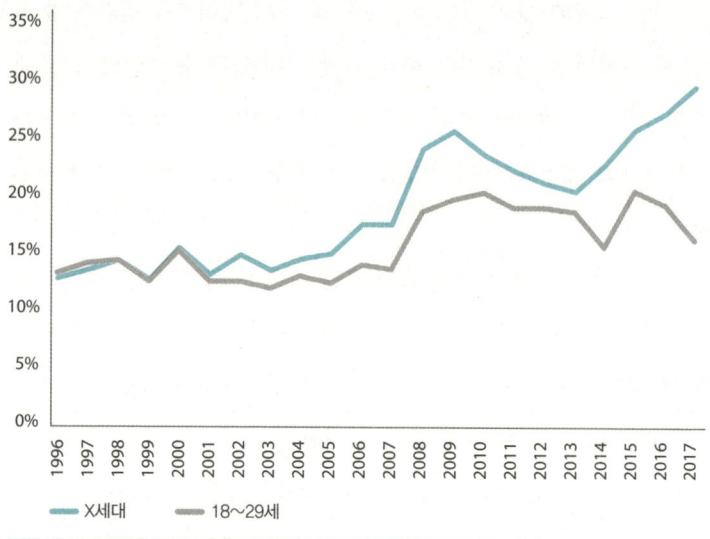

그림 8.6 내일 대선이 있다면 보수당에 투표할 것이라고 답한 18~29세 연령 집단과 X세대 영국 성인의 비율[28]

　세계적 상황을 살피는 것은 당면한 문제를 좀 더 광범한 틀에서 보게 해준다. 보수당의 세대별 패턴은 '원로당Grand Old Party, GOP'이라고 불리는 미국 공화당에 얼마간 안도감을 줄 것이다. "GOP 세대라는 시한폭탄"과 같은 기사가 넘쳐나며[29] "밀레니얼 세대는 왜 우리를 미워하는가"에 대해 설명하거나,[30] "다윈이 GOP를 목표로 하고 있다"[31]는 주장도 있다. 니얼 퍼거슨Niall Ferguson과 에이크 프레이먼Eyck Freymann은 "다가오는 세대 전쟁The Coming Generation War"이라는 에세이에서[32] 세대적 프레이밍은 두 정당의 미래 궤적을 파악하는 가장 좋은 방법이며 2020년대 중후반은 민주당의 인구학적 우위가 영향을 미치는 시점이 될 것이라고 주장했다.

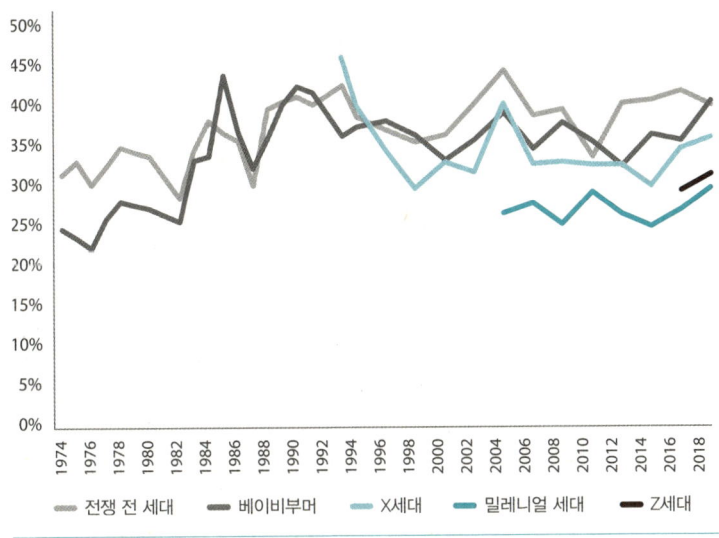

그림 8.7 스스로를 공화당 지지자라고 생각하는 미국 성인의 비율[35]

그렇지만 영국 보수당과의 비교는 이것이 확실성과는 거리가 멀다는 것을 시사한다. 2020년 18~29세 집단의 36퍼센트만이 트럼프에게 투표한 것은 사실이지만 영국 보수당이 젊은이들 가운데에서 얻고 있는 지지보다는 훨씬 낫다.[33] 일반적으로 공화당 후보의 지지도는 가장 나이 든 그룹에 그 정도까지 편향되어 있지 않다. 30~44세 집단의 46퍼센트가 트럼프에게 투표했고 65세 이상 집단은 52퍼센트가 투표를 해, 영국에 비해 경사도가 훨씬 낮다. 이런 연령별 패턴은 2016년 선거보다 덜 편향적이다.[34]

그림 8.7은 공화당 지지자라고 밝힌 사람들 사이에 뚜렷한 세대별 계층이 존재한다는 것을 보여주지만 가장 나이가 많은 집단

과 가장 나이가 어린 집단 사이의 최대 격차는 15퍼센트 정도다. 영국의 경우 격차는 두 배 더 크다. 공화당이 직면한 인구학적 문제를 묵살하려는 것은 아니다. 이것은 새로운 세대별 패턴이다. 섬세한 균형을 이룬 양당 체제에서는 지지도 균형의 비교적 작은 구조적 변화도 결정적으로 작용할 수 있다. 단, 긴 안목을 유지하는 것이 좋을 것이다.

일반적으로는 영국뿐 아니라 미국에서도 세대 프레이밍이 정치적 경쟁에서 점점 두드러지고 있다는 퍼거슨과 프레이먼의 말이 옳다. 예를 들어 2019년 오스트레일리아의 총선거에서 세대별 격차가 전면에 부각됐다. 이 선거에서 이전에 보지 못한 정도의 연령별 격차가 만들어지면서 예상을 뒤엎고 자유·국민 연대가 권력을 되찾았다. 35세 이하의 4분의 1이 자유당에 투표했고 65세 이상의 29퍼센트만이 노동당에 투표했다. 둘 다 역사상 유례가 없는 수치였다.[36] 선거 운동과 공약에는 노골적으로 세대를 공략하는 내용들이 포함되어 있었다. 예를 들어 노동당 당수 빌 쇼튼Bill Shorten은 예산안에 대한 답변 중 "세금 제도가 젊은이들에게 불리하다는 세대 간 편견을 없애야 한다"고 말했다.[37] 선거에서 세대에 초점을 두는 것은 세계적 추세로 보인다.

정치 신뢰의 위기는 예외가 아닌 상례다

연령을 기반으로 하는 새로운 단절을 젊은 세대 탓으로 돌리는 경우가 많다. 자신들의 기대를 저버린 정치 제도를 거부하는 젊은 세대의 신뢰 상실에서 이런 문제가 비롯되었다고 말이다. 실제로 '새로운 신뢰의 위기'는 매체의 보도나 논평에서 거의 끊이지 않고 등장하는 정치의 특징이다. 국제적인 홍보 회사 에델만Edelman은 매년 세계의 신뢰도를 추적한다. 연구 결과는 거의 매년 극적인 하락세를 보여준다. "정부에 대한 신뢰가 역사적 저점으로 추락",[38] "세계적인 신뢰의 내파內破",[39] "미국에서 나타난 신뢰도의 기록적 하락".[40] 이외에 다른 여러 보고서와 표제들은 신뢰 급감의 책임을 젊은 세대에게 돌린다. "밀레니얼 세대는 더 이상 정부를 믿지 않는다."[41]

나는 종교, 은행업, 기업, 소셜 미디어, 자선 단체, 경찰, 대학, 정치권이 직면한 새로운 신뢰의 위기에 대해 설명을 해달라는 요청을 받곤 한다. 거의 모든 경우에 내가 제시하는 증거는 청중이 기대하는 것만큼 나쁘지 않다. 부정적 정보에 더 주의를 기울이는 것이 인간의 자연스러운 천성이긴 하다. 우리는 생생하며 걱정스러운 이야기와 추세를 더 잘 기억하는 경향이 있다. 우리 자신이 몸담은 업계나 자신의 이해가 걸려 있는 때라면 특히 더 그렇다. 그리고 현재보다 과거를 더 낫게 기억한다. 이는 비난의 수위가 변하지 않더라도 새로운 추세처럼 느껴질 수 있다는 뜻이다.

이 마지막 사항이 정치적 신뢰도를 파악하는 데 중요하다. 정치에 대한 신뢰 상실은 문제다. 하지만 이것은 갑작스럽고 격심한 위기라기보다는 장기적 상태다. 예를 들어 영국에서 정치인들이 진실을 이야기한다고 믿는 사람은 5명 중 1명도 되지 않는다. 이 수치는 몇십 년 전 이 설문이 시작된 때와 다르지 않다. 또한 신뢰의 하락은 젊은 세대가 주도한 것이 아니다. 성인기에 처음 진입할 때의 신뢰도는 오히려 밀레니얼 세대가 나이 든 세대보다 약간 더 높았다. 최근 들어 대부분 사라졌지만 말이다. '사건들'이 신뢰에 즉각적 영향을 주는 잠재력을 갖고 있지 않다는 이야기가 아니다. 2000년의 '지출 스캔들'은 몇 년 동안 정치인들에 대한 신뢰를 명백하게 떨어뜨렸다. 하지만 우리는 현재 그 이전에 보았던 것과 정확히 같은 수준의 (대단히 낮은) 신뢰도로 되돌아왔다. 정치 리더들이 소수에게만 신뢰를 얻고 있는 상황이 영국에서만 펼쳐지고 있는 것은 아니다. 정치인에 대한 신뢰 수준과 그 전반적 패턴은 유럽 20개국에 걸쳐 비슷하다. 지난 16년 동안 일관되게 낮은 수준을 유지하고 있으며 세대별 격차가 크지 않다.

사실 우리는 오래전부터 정치인들에게 실망을 느껴왔다. 철학자 오노라 오닐Onora O'Neill은 다음과 같이 지적하면서 신뢰와 신뢰성의 구분이 중요하다고 말한다. "분별 있는 사람이라면 단순히 더 많은 신뢰를 원하지 않는다. 분별 있는 사람은 마땅한 자격이 있는 곳에 신뢰를 주고자 한다. 또한 그들은 불신을 받아 마땅한 곳에 불신을 주고자 한다. 사람들은 유효적절한 신뢰와 불신을 원한다."[42] 우리는 오랫동안 불신이 정치인들을 향하는 것이 적절하다고 생각해왔다. 이 논거를 강하게 뒷받침한 책이 닉 클라크Nick Clarke가 공저한 《좋은 정치가The Good Politician》다.[43] 저자들은 1940년대까지 거슬러 올라가는 장기에 걸친 설문조사들과 '대량 관찰Mass Observation'(일반 대중으로부터 얻은 에세이들의 분석을 기초로 한다)을 검토한다. 저자들이 지적했듯 2차 세계대전이 절정에 이른 1944년 8월에도 여론 조사 업체가 "영국 정치인들이 자신이나 정당만을 위해

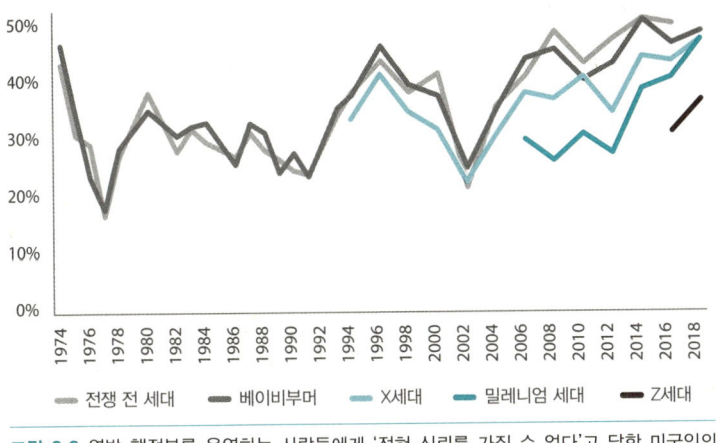

그림 8.8 연방 행정부를 운영하는 사람들에게 '전혀 신뢰를 가질 수 없다'고 답한 미국인의 비율[44]

애쓴다고 생각하는가? 아니면 나라를 위해 최선을 다하기 위해 노력한다고 생각하는가?"라는 질문을 던지자 응답자의 36퍼센트만이 후자를 택했다. 저자들은 "자기만을 위한다"거나 "언변이 좋다"(칭찬이 아니다)고 답한 20세기 중반의 일반적인 서사들로 연령에 따라 사람들이 정치인을 어떻게 생각하는지 상세히 분석해 이런 견해를 뒷받침하고 있다.

눈에 띄는 것은 새로운 신뢰의 위기보다는 정부의 전달 능력에 대한 불만의 증가다. 그림 8.8이 보여주듯 정부를 운영하는 사람들에게 '전혀 신뢰를 가질 수 없다'고 답한 미국인의 비율은 1977년의 수준에서 3배 상승한 45퍼센트였다. 최고 기록이긴 하지만 이런 장기적 견해는 1970년대 초에도 1990년대 중반만큼이나 좋지 않았다는 것을 보여준다(9·11 공격에 대한 미국 대중의 반응은 단기 추세를 실제보다 훨씬 더 나빠 보이게 한다). 그러나 이것은 젊은 세대가 주도한 것이 아니다. 그와 정반대다. 가장 충격적인 패턴은 밀레니얼 세대와 Z세대가 성인기에 접어들 때는 나이 든 세대보다 높은 신뢰도로 출발했다가, 특히 밀레니얼 세대의 경우 급격히 악화된다는 것이다. 반복적 실망으로 정부에 대한 신뢰가 무너지는 경향이 나타난다.

정부에 대한 신뢰의 부족이 전체로서 민주주의에 대한 위협을 반영하는가? 최근 여러 책들은 '민주적 통합'이 강력해지고, 국가가 민주적 제도와 굳건한 시민 사회, 일정 정도의 부를 달성하면, 민주주의가 확보된다는 오랜 가정에 의문을 제기하고 있다.[45] 이런 분석들은 민주주의의 '타락'이 우리에게 서서히 다가올 수 있다는 것을 보여준다. 이코노미스트 민주주의 지표Economist Democracy Index는 167개국에서 선거 과정, 시민의 자유, 정치 문화 등의 요소를 평가한다. 2019년 민주주의 지표를 보면 2006년 지표가 시작된 이래 민주주의 건전성이 최하점을 기록했다.[46] 버락 오바마는 2020년 민주당 전당대회에서 한 짧은 연설에서 '민주주의'라는 단어를 18번 언급하면서 그가 느낀 위기감을 강조했다. "그것이 지금 위태로운 상태에 있기 때문입니다. 우리의 민주주의가 말입니다."[47]

위험은 실재하지만, 오늘날 대중이 갑자기 유례없이 민주주의에 대한 신뢰를 잃고 있다는 눈길을 끄는 주장에는 이의를 제기할 필요가 있다.[48] 장기적 상황을 보면 다소 다른 시각을 얻게 된다. 그림 8.9는 수십 년에 걸쳐 3개국에서 민주주의 작동 방식에 대한

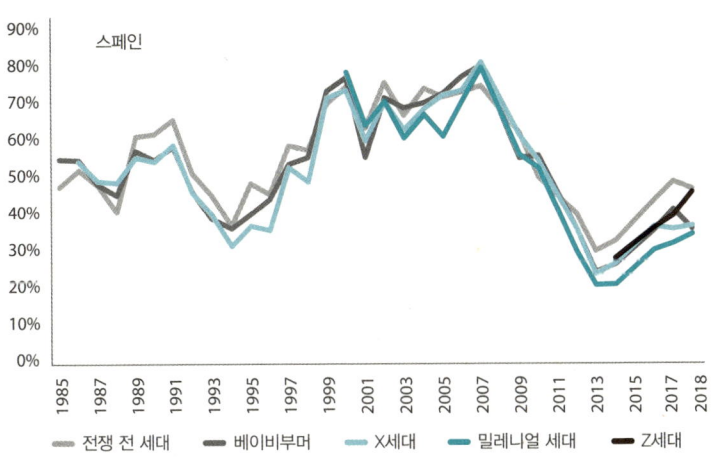

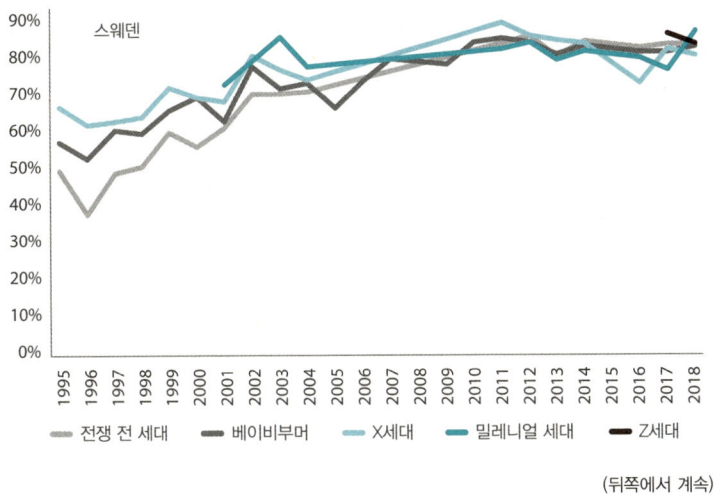

(뒤쪽에서 계속)

그림 8.9 자국의 민주주의 작동 방식에 만족한다고 답한 성인의 비율[49]

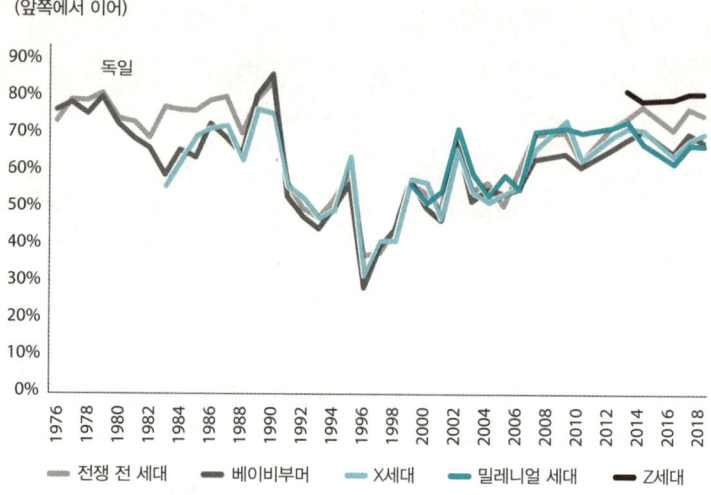

그림 8.9 자국의 민주주의 작동 방식에 만족한다고 답한 성인의 비율[49]

만족도를 추적한 결과다. 우선 이것은 어느 나라를 조사하느냐가 정말로 중요하다는 것을 보여준다. 스웨덴의 경우 민주주의에 대한 만족도가 매우 높고 증가세에 있었으나 스페인은 2008년 금융위기 이후 만족도가 급락해 극단적으로 다른 모습을 보여준다. 이는 이 장에서 계속 반복되고 있는 또 다른 주제를 부각시킨다. 주요 사건들이 정말로 중요하다는 점이다. 위기에 쉽게 영향받는다는 점이 민주주의에 대한 애착이 손상되기 쉬움을 나타내는 지표처럼 보일 수도 있다. 하지만 이런 추세는 대규모 충격에 대해 장기적으로 현저한 회복력을 보여주기도 한다. 예를 들어 민주주의에 대한 독일인의 신뢰는 통일 이후 1990년대 중반 극도로 낮은 수준에서 눈에 띄게 회복되었다. 우리가 현재 마주하고 있는 위험을 경시해서는 안 되지만, 장기적 추세는 과거에도 상황이 별로 좋지 않았다는 것을 보여준다. 가장 빨리 신뢰를 잃고 있는 것이 젊은이들이라는 주장과 달리, 오늘날의 젊은 코호트들은 나이 든 코호트들보다 만족도가 높은 편이다.

또한 과거 대중 신뢰도의 저점은 정치인과 논평가들이 깊은 우려를 표한 시점과 일치한다. 프랑스의 학자 미셸 크로지에 Michel Crozier 와 동료들이 1975년 저술한 《민주주의의 위기 The Crisis of Democracy》의 도입 부분은 현재에도 그대로 적용된다. "민주주의는 위기에 처해 있는가? 이것은 서구의 주요 정치인들, 논평가들, 학자들이 점점 급박하게 제기하고 있는 질문이다."[50] 그들이 인용한 자료 중 일부는 지금의 논평들과도 쉽게 맞아떨어진다. "최근 들어 예리한 관찰자들은 민주 정부의 암울한 미래를 보고 있다. 빌리 브란트 Willy Brandt (1969~1974년 서독 총리)는 이렇게 믿었다고 한다. '서유럽 민주주의의 수명은 20~30년밖에 남지 않았다. 그 후에 민주주의는 엔진도 방향타도 없이 주변을 둘러싼 독재의 바다 밑으로 미끄러져 들어갈 것이다.'" 이 글이 발표되고 몇 년 후 독일의 민주주의 만족도는 역사상 최고점에 이르렀고, 현재의 만족도는 40년 만에 다시 한번 그 수준에 도달했다. 민주주의에 대한 지지를 강화할 필요가 없다는 말이 아니다. 장기적 추세로 볼 때 모든 것을 잃었다고 속단하기에는 이르다는 의미다.

세대 분열에 기생하는 정치

스트라우스와 하우는 밀레니얼 세대가 미국 정치를 구원하는 일에 나설 것이라고 예측했다. 그들은 성년이 되는 세대가 정치가 "공통의 목표를 시민 사회의 진전으로 전환시키는 도구"라는 신념을 이루겠다는 "의지와 열의"를 갖게 될 것이라고 기대했다. 스트라우스와 하우는 이렇게 생각했다. "밀레니얼 세대가 가진 높은 수준의 시민적 헌신은 위험을 부를 수 있다. 사회 규율과 중앙화된 권위에 대한 갈증이 위험한 선동 정치가들에게 큰 힘을 실어주는 밀레니얼 젊은이 부대를 만들 수도 있기 때문이다. 하지만 엄청난 투표율로 전문가들에게 혼란을 줄 밀레니얼 세대의 정치적 힘에는 의심의 여지가 없다."[51] 내가 보기에 자신이 속한 세대의 이런 초상을 인정할 밀레니얼 세대는 많지 않을 것 같다.

이것은 부정확한 정치적 예측의 극단적 사례이지만, 단순화된 세대의 모습을 사용해 장기적인 정치의 운명을 점치는 일이 무의미하다는 것도 보여준다. 이 장에서 제시된 자료들을 기반으로 한 핵심 결론은 정치적 추세가 코호트, 생애 주기, 시대 영향의 복잡한 혼합물이라는 것이다. 정치 전문가들은 종종 이런 사실을 무시하고 거대한 계획이나 주제를 선호한다. 이는 그렇게 많은 정치 전문가들이 왜 그렇게 많은 예측의 오류를 범하는지 설명하는 데 도움이 된다.

영향들을 좀 더 주의 깊게 분리하고 장기적 견해를 취하면 중요한 정치적 문제들에 대해 더 나은 해답을 얻을 수 있다. 정당의 종말이라는 현상은 느리고, 과장되어 있으며, 일련의 사건들에 의해 역전될 수도 있다. 민주주의에 대한 지지는 세대의 특징이 아니다. 집단이 특정한 리더나 정책에 대해 어떤 느낌인지에는 차이가 있을 수 있지만, 정치 제도의 근본적 측면에 대한 지지는 여전히 굳건하다. 정치 지도자들에 대한 불신에 관해서라면, 이것은 만성적인 상황이며 젊은 세대가 부추긴다기보다는 성장하면서 분위기에 젖어가는 것이다.

여러 나라에서 나이와 세대가 과거에 그랬던 것보다 더욱 중요한 경계선 역할을 하고 있다. 단지 인구학적 혹은 문화적 추세로 인한 것만은 아니다. 정당과 정치 지도자들 역시 추세를 형성하는 데 상당한 역할을 했다. 퍼거슨과 프레이먼이 지적했듯 많은 나이든 유권자 앞에서는 '안전한 공간, 사전 고지, 성중립 대명사'에 집착하는 상대를 비난하면서도 한편으로는 '캠퍼스 정치'를 택하려는 공화당의 입장도 충분히 이해가 간다.[52] 반면에 조 바이든이 버락 오바마의 뒤를 이어 다음 세대에 호소하는 데 그렇게 집중하는 것도 일리가 있다.

특정 연령 집단의 지지에 의존하는 정당의 추세는 위험을 불러온다. 그들에게만이 아니고 정치 전반에 말이다. 한쪽에서 일정 인구 집단이 자기편이라고 생각하면, 반대편은 줄어들고 있는 상대의 지지 기반을 자신들 쪽으로 끌어들이기 위해 상대의 극단주의를 과장하는 반응을 보인다. 이런 식으로 상대의 특성을 극대화하는 경향이 확대되면, 각 당은 지지자들에게 더 이상의 양극화를 피하는 절충에 참여해달라고 요구하는 것이 점점 힘들어진다. 미국과 영국의 문화 전쟁에서 세대적 측면이 강해진 근본 원인이 여기에 있다. 레졸루션재단이 지적했듯 정당 지지에서 '세대 잠김generational lock' 현상이 나타나고 있으며 이 현상은 일단 자리를 잡으면 바꾸기 어렵다.[53]

정상적인 정치 전술처럼 보일지 모르지만 이것이 초래할 수 있는 세대별 분열의 범위는 미래에 대한 공통의 비전을 갖는 데 큰 장애가 될 수 있다. 실제적 분리에 기초하더라도 나이 든 사람과 젊은이를 나누는 것은 위험한 방법이다. 우리가 보아온 모든 증거가 실제적 사안에서 세대 차이가 흔히 알려진 것만큼 크지 않다는 것을 시사한다. 일치된 정치적 노력이 있다면 변화는 가능하다.

9장

환경

지구를
소비하다

전설적인 환경보호 활동가 데이비드 애튼버러David Attenborough는 정치계와 기업계 리더들을 대상으로 한 연설에서 기후 변화라는 사안이 가진 특유의 문제를 다음과 같이 정확히 포착했다. "지금 그리고 몇 년 내에 일어날 일이 다음 몇천 년 동안 심각한 영향을 미칠 것이다."[1] 장기적으로 부정적 영향을 미칠 위협들에 대한 조치가 시급하지만, 안타깝게도 우리의 정치·경제 체제는 이를 해결하는 데 적합하지 않다. 24시간 뉴스, 트위터, 몇 초 만에 무너지는 금융 시장 탓에 새로 생긴 약점이 아니다. 근본적 원인은 미래에 초점을 두는 데 어려움을 겪는, 단기적 이익만을 병적으로 좇는 우리의 경향에 있다.

오스트레일리아의 철학자 로먼 크르즈나릭Roman Krznaric 은 《훌륭한 조상The Good Ancestor》에서 이 문제를 깔끔하게 요약했다. "우리는 미래를 사람이 살지 않는 먼 식민 전초기지쯤으로 여긴다. 생태학적 파괴를 자행하고, 기술적 위험을 감수하고, 핵 폐기물을 자유롭게 버릴 수 있으며, 마음껏 약탈할 수 있는 곳 말이다."² 그는 유사 사례로 영국 식민지 시절의 오스트레일리아를 든다. 식민지 시절 오스트레일리아는 이런 행동을 정당화하는, 누구의 땅도 아닌 **무주지**terra nullius라는 법적 개념을 바탕으로 삼은 곳이었다. 크르즈나릭은 우리가 지금 미래를 누구의 것도 아닌 시간, **무주시**tempus nullius로 보고 있다고 말한다. 오늘의 행동이 내일의 세계에 미칠 영향을 무시할 수 있는 시간으로 말이다.

장기적 시각을 가질 수 없다는 말은 아니다. 인간을 규정하는 특성 중 하나는 미래와 미래가 품은 여러 가능성들을 그릴 수 있는 능력이다. 심리학자 대니얼 길버트Daniel Gilbert가 설명했듯이 "거의 모든 다른 종의 두뇌와 달리 우리 두뇌는 미래를 현재인 것처럼 다룰 준비가 되어 있다." 우리는 '미래를 내다보는 법을 배운 유인원'이다.³ 하지만 우리가 미래에 대해서 **생각할 수 있다**는 것이 우리가 항상 그렇게 한다는 것을 의미하지는 않는다. 크르즈나릭이 말했듯이 '단기적' 혹은 '장기적'으로 생각하는 능력 사이에는 긴장이 존재한다. 주로 이기는 것은 단기적 사고다. 진화적 관점에서 본다면 우리는 아직 장기적 사고에 대해 배우고 있는 상태다. 우리가 하루 종일 과거, 현재, 미래 중 언제에 대해 생각하고 있는지 기록한 연구들이 이 관점을 뒷받침한다. 우리는 전체 시간의 14퍼센트를 미래를 생각하는 데 쓰지만, 여기서 말하는 미래의 80퍼센트는 그 날 혹은 다음 날이다. 다른 연구들 역시 15~20년 후 우리 미래는 백지와 같다는 것을 보여준다.⁴

우리가 먼 미래를 계획하는 데 시간을 많이 쓰지 않는 데는 명확한 이유가 있다. 통제하기가 대단히 어렵기 때문이다. 존 메이너드 케인스John Maynard Keynes가 말했듯이 "너무 먼 곳을 보는 것은 현명한 일이 아니다. 우리가 가진 예측의 힘은 미미하고, 결과에 대한 지배력은 지극히 작다. 그러므로 우리의 주된 관심사는 동시대인들의 행복이어야 한다. 아무리 유리하게 보일지라도 우발적 목표를 위해 사람들 다수를 희생시키는 일은 꺼려야 한다."[5]

너무 먼 미래를 미리 계획하는 것을 주저하는 데에는 감정도 영향을 미친다. 작가 너새니얼 리치Nathaniel Rich가 개술했듯이 "인간이 정말 긴 안목을 가질 수 있다면… 거대한 시간 속에서 우리가 알고 사랑하는 모든 것들의 덧없음을 깨닫고 괴로워해야 할 것이다. 이 때문에 우리는 문화적으로 그리고 진화적으로 스스로를 교육했다. 현재에 집착하고, 가까운 미래를 걱정하고, 먼 미래는 독을 뱉어내듯이 마음속에서 몰아내도록 말이다."

개인으로서 우리가 장기적 시각을 피하려 하는 것은 이해할 수 있는 일이다. 그러나 우리의 정치 체제는 거기에 맞설 **필요**가 있다. 아일랜드의 철학자 에드먼드 버크Edmund Burke는 정부를 세대 간 계약의 관리인으로 보았다. 그에게 사회는 "살아 있는 모든 사람들 사이뿐 아니라 살아 있는 모든 사람들, 죽은 사람들, 태어날 사람들 사이"에 있는 과학, 예술, "모든 미덕"을 대상으로 삼는 동반자 협정이었다.[6]

우리 지구가 직면한 여러 도전은 버크의 사상에 부합하기 위한 투쟁의 가장 명확한 사례다. 하지만 단기적 소비문화는 '눈앞의 것만을 생각'하는 우리의 자연스러운 경향을 강화하고 장기적 문제로부터 주의를 돌리게 한다. 소비문화의 영향력은 강력하며, 젊은 세대의 모습을 틀 짓고 있다고 해서 놀랄 필요도 없다.

그런데 매체나 논평가들의 관점에 따라 우리가 이끌리는 믿음은 이와 거리가 있다. 세대에 관한 신화들 중 가장 파괴적인 것 두 가지는 젊은이들이 지속 가능한 대안을 위해 소비문화를 거부하고 있다는 것과, 나이 든 사람들이 지구의 미래를 염려하지 않는다는 것이다. 전자는 기후 변화를 멈출 수 있는 행동에서 큰 변화가 이루어지고 있다는 잘못된 안도감을 주며, 후자는 인구 상당수가 하고 있고 또 할 수 있는 기여를 부주의하게 내팽개친다.

'연령 집단 간 투쟁'이란 단순화된 프레이밍이 지속되는 데에는 이유가 있다. 그레타 툰베리가 특히 이 주제를 강조한다. 젊은이들이 행동에 나서고 있다는 예들이 눈에 띄는 것은 사실이다. 300개 이상 도시의 160만 이상의 젊은 학생들이 참여한 기후위기 비상행동이 그 사례다. 하지만 이목을 끄는 환경 운동가들은 생각보다 훨씬 넓은 연령대에 퍼져 있다. 기후 변화 행진을 잠깐 훑어보기만 해도 젊은이들만의 운동이 아니라는 것을 알 수 있다. 런던에서 벌어진 멸종 저항 시위로 경찰에 기소된 사람들의 연령은 19세에서 77세까지 다양했다.[7] 세대별 태도와 행동을 분석하면 어떤 척도에서는 세대 간에 명백한 차이가 존재하지만, 그런 차이가 지나치게 부풀려지는 때가 많다는 것이 드러난다.

이 책의 사안 중 기후 변화는 가장 확연한 세대적 문제다. 젊은이와 나이 든 사람들 사이에 분열을 낳는 원천이어서가 아니라, 진정한 세대적 시각으로 대응해야 하는 문제이기 때문이다.

우리는 여전히 단기적으로 생각한다

유럽의 한 대규모 설문 조사는 가장 근본적인 질문, 즉 '사람들이 세계의 기후가 변하고 있다는 것을 인식하는지'에서부터 시작한다. 실질적으로 기후 변화에 대한 인식에 연령별 분열은 없었다. 전쟁 전 세대의 약 절반이 세계 기후가 분명히 변하고 있다고 생각했다. 이런 견해를 가지고 있을 가능성이 가장 높은 X세대에서 수치는 약 60퍼센트로 올랐고, 젊은 세대는 확신을 가질 가능성이 약간 낮았다.

그렇지만 기후 변화가 자연적 과정이나 인재냐고 질문하면 다른 결과가 나왔다. 여기서는 세대별 차이가 뚜렷이 나타난다. Z세대의 절반 이상이 기후 변화를 인재라고 생각하는 반면 전쟁 전 세대는 3분의 1 정도만 그렇게 생각했다. 여러 가지 과장된 말이 많은데도 불구하고 X세대는 젊은이들처럼 인위적 기후 변화를 보편적으로 받아들이거나 나이 든 세대처럼 보편적으로 부정하지 못하고 있다. 일반적으로 젊은 집단을 비롯한 모든 연령 집단에서 기후 변화를 인정하지 않는 사람들의 비율도 꽤 높게 나타난다. 1880년 이래 가장 기온이 높았던 스무 해가 모두 1998년 이후에 속하며[8] 기후학자의 97퍼센트가 기후 변화의 주된 원인이 인간의 행동이라는 데 이론의 여지없이 의견 일치를 보고 있는 등 압도적인 증거가 있는데도 말이다.[9]

장기 설문 조사를 보면 기후 변화에 대한 우려감은 계속 커지는데 세대별 격차는 비교적 좁다는 것을 알 수 있다. 예를 들어 다음 쪽 그림 9.1은 온실 효과로 인한 세계 기온 상승이 매우 혹은 극

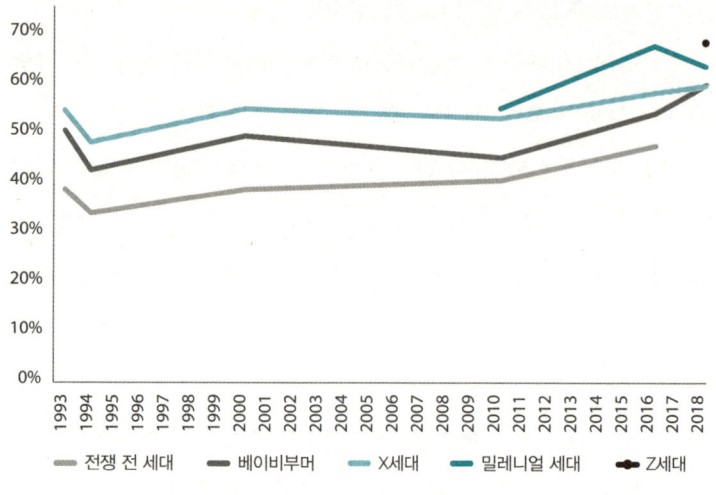

그림 9.1 온실 효과로 인한 세계 기온 상승이 '극히' 혹은 '매우' 위험하다고 생각하는 미국 성인의 비율[10]

히 위험하다고 생각하는 미국인의 비율이 지난 25년간 47퍼센트에서 61퍼센트로 증가했음을 보여준다. 젊은 코호트들이 위기감을 훨씬 많이 느끼고 있어 세대별 차이가 있기는 하지만, 크지는 않다. 최근 들어 베이비부머의 우려감이 젊은이들을 따라잡고 있다. 전쟁 전 세대만이 이런 추세에서 뒤처져 있다.

경제, 범죄, 의료 서비스 등 다양한 목록을 제시하고서 나라가 직면하고 있는 가장 중요한 문제가 무엇인지 묻는 설문에서도 비슷한 패턴이 나타났다. 영국의 경우 환경 문제는 지난 20년간 인구의 10퍼센트 미만에게 언급되면서 목록 맨 아래를 차지했다. 반면 경제, 의료 서비스, 이민, 브렉시트와 같은 사안들은 60~70퍼센트

그림 9.2 '오염/환경'이 현재 나라가 직면하고 있는 가장 중요한 문제 중 하나라고 답한 영국 성인의 비율[11]

의 사람들에게 가장 중요한 문제로 선택받았다. 2020년 우리의 삶을 지배한 문제 코로나19는 최고의 사안으로 80퍼센트 이상 영국인에게 선택을 받아 최고점을 기록했다.

이런 '현저성salience'을 띤 문제들은 위협에 대응하는 방법에서 '현재 중시 편향present bias'이 발휘하는 힘을 분명히 보여준다. 더 긴급한 문제가 장기적 문제를 집어삼키는 것이다. 예를 들어 팬데믹이 닥치자 환경 문제를 비롯한 모든 다른 문제들의 현저성이 급감했다. 코로나19 위기 이전에는 환경 문제에 대한 우려가 커지는 징후가 보였다. 그림 9.2가 보여주듯 영국의 경우 2018년 그 우려감은 최고조에 달했다. 전쟁 전 코호트 외 모든 세대의 우려감이 커진

탓이다. 그럼에도 환경 문제는 여전히 우선순위에서 밀려나 있었고, 우려감도 금융 위기가 더 급박한 걱정거리로 주의를 돌리기 전인 2007년 수준에 머물러 있었다.

다른 국제적 연구에서 2010년부터 가장 큰 걱정거리에 대해 비슷한 질문을 던졌다. 일부 국가는 영국보다 조금 더 현저한 세대 격차를 보여주었다. 캐나다, 오스트레일리아, 미국의 경우 Z세대가 가장 높은 우려감을 표했고 밀레니얼 세대가 그 뒤를 이었다. 가장 젊은 세대 10명 중 3명이 기후 변화를 가장 큰 문제로 선택한 반면 베이비부머의 비율은 15퍼센트였다. 그러나 다시 강조하건대, 이것을 명백한 세대 단절이라 할 수는 없다.

이는 '정부가 환경보호에 더 많은 혹은 훨씬 더 많은 지출을 해야 하는가'(영국), '환경보호에 대한 현재의 정부 지출이 지나치게 적은가'(미국)를 질문한 영국과 미국의 장기 연구에서도 뚜렷하게 나타난다. 여기에서도 양국의 젊은 코호트들은 정부가 더 많은 일을 하기를 원했다. 예를 들어 영국의 경우 Z세대의 54퍼센트가 지출을 늘릴 것을 원한 반면 전쟁 전 세대의 비율은 32퍼센트에 그쳤다. 미국의 경우 정부 지출이 지나치게 적다고 생각할 가능성이 가장 높은 세대는 밀레니얼이었다. 그렇지만 전쟁 전 세대를 제외한다면 미국의 세대 격차는 그리 극적이지 않다. 이는 부분적으로 기후 변화에 대한 시각이 정치적 시각과 어느 정도 일치하기 때문이다. 젊은 공화당 지지자들의 입장이 나이 든 공화당 지지자들의 입장과 멀어지고 있는데도, 정치적 입장에 따른 격차는 여전히 연령에 따른 격차보다 크다. 예를 들어 퓨리서치센터의 연구에 따르

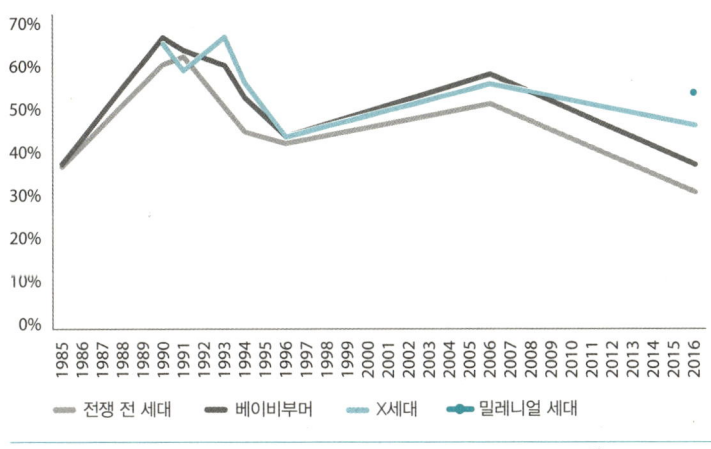

그림 9.3 환경 보호에 대한 정부 지출이 지나치게 적다고 답한 미국 성인의 비율[13]

면 공화당을 지지하는 밀레니얼 세대와 Z세대의 52퍼센트가 기후 변화의 영향을 줄이기 위한 정부의 지출이 지나치게 적다고 생각한 반면, 민주당을 지지하는 **모든** 세대에서는 그 비율이 90퍼센트에 이른다.[12]

하지만 전체 추세에서 눈에 띄는 패턴은 환경 지출에 대한 요구가 꾸준히 증가하지 못하고 당면한 문제들에 밀려나기 십상이라는 점이다. 1980년대 후반에는 영국과 미국 모두 더 많은 투자에 대한 요구가 급증했으나 1990년대 초 불황이 찾아오자 사그라들었다. 미국 여론을 추적한 그림 9.3이 보여주듯이 2000년대에는 다시 탄력이 붙기 시작했으나 2008년 금융 위기가 환경 지출을 우선 사항에서 밀어냈다. 이런 주기적 패턴은 일부에서의 말, 즉 "반가운 소식이 있다. 환경 문제가 동성 결혼, 사법 제도 개혁, 마리화나 합법화와 같은 문제와 같이 움직이는 것처럼 보인다"라는 논평과 배치되는 듯하다. 단, 젊은이들의 주도로 변화에 대한 지지도가 꾸준히 상승하고 있기는 하다.[14] 우리가 이미 살펴보았듯 동성 결혼이나 마리화나 합법화에 대한 지지도에서 나타나는 세대별 패턴은 환경 지출에 관한 패턴과 매우 다르다. 일부의 해석과 달리 우리에게는 미래에 대한 확신이 상당히 부족하다.

물론 기후 변화 대처가 정부 지출의 문제만은 아니다. 지구에 미치는 수많은 영향에 대한 인식이 높아짐에 따라, 특히 젊은 세대들이 더욱 직접적인 방식으로 환경에 대한 우려감을 표현하고 지구에 대한 영향을 줄이기 위해 행동과 소비 패턴을 바꾸고 있다는 주장이 있어 왔다.[15]

자동차 문화의 종말?

우리가 개인으로서 취할 수 있는 가장 효과적인 환경보호 조치는 자동차 사용을 중단하는 것이다. 스웨덴의 한 연구에 따르면 1년에 운전자 한 명당 2.4톤의 이산화탄소 배출을 줄일 수 있다. 이는 고기를 먹지 않는 식단으로 전환하는 것(연간 1인당 0.8톤)보다 훨씬 높은 수치다.[16] 이 때문에 2000년대 말부터 2010년대 초반까지 젊은이들이 자동차 사용을 피하는 현상은 좋은 소식처럼 들렸다. 예를 들어 2010년 미국에서 판매된 전체 신차의 단 27퍼센트만이 21~34세 성인이 구매한 것이었다. 고점이었던 1985년의 38퍼센트에 비해 상당한 감소세였다.[17] 자동차 제조업체가 우려를 표명하고 그 의미나 영향에 대해 논평이 쏟아질 만도 했다. 2013년 〈뉴욕

타임스〉의 표현대로 "자동차 문화의 종말"이었다.[18] 거의 모든 선진국에서 명백해 보이는 증거들이 나타났다. 젊은 코호트들은 이전 세대에 비해 운전면허를 따는 시기도 늦어졌고, 차를 소유할 가능성도 낮았으며, 운전 거리도 적었고, 일부 국가에서는 대중교통을 더 많이 이용하고 있었다.[19] 2012년 〈애틀랜틱〉의 두 기사가 자동차 보유율 하락의 이유 두 가지를 제시했다.[20] 금융 위기 이후 젊은이들에게 더 이상 차를 소유할 여력이 없다는 경제적 이유가 첫 번째였다. 도시 생활을 선호하고, 자동차를 통한 과시에 관심이 줄어들었으며, 소유보다는 공유를 편안하게 느끼고, 서로를 연결하는 기술 사용이 늘어나고, 결혼과 출산이 지연되고, 환경에 대한 우려감이 커지는 등 보다 광범한 문화적 요인이 두 번째 이유였다.

그렇지만 이전에 보았듯 영구적인 코호트 변화처럼 보이는 패턴들도 거부가 아닌 지연으로 인한 것일 수 있으며, 세대들이 사는 방식의 광범한 변화에 결부되어 있다. 예를 들어 2019년 발표된 한 논문은[21] 미국 밀레니얼 세대의 가구당 보유 자동차 수가 같은 나이였을 때의 베이비부머보다 0.4퍼센트 낮다는 것을 보여주지만, 소득 수준, 학력, 지리, 가족 구성과 같은 여러 변수를 통제하자 차이는 사라졌다.

다른 나라의 비슷한 연구들에서도 같은 종류의 패턴이 보인다. 자동차 소유와 이용의 변화가 처음에 눈에 띈 것만큼 극적이지 않았으며, 라이프스타일의 변화와 지연된 생애 주기가 중요한 변수였다.[22] 자동차 소유의 세대별 분석에서도 이를 확인할 수 있다. 다음 쪽 그림 9.4는 아일랜드 밀레니얼 세대의 자동차 소유율이

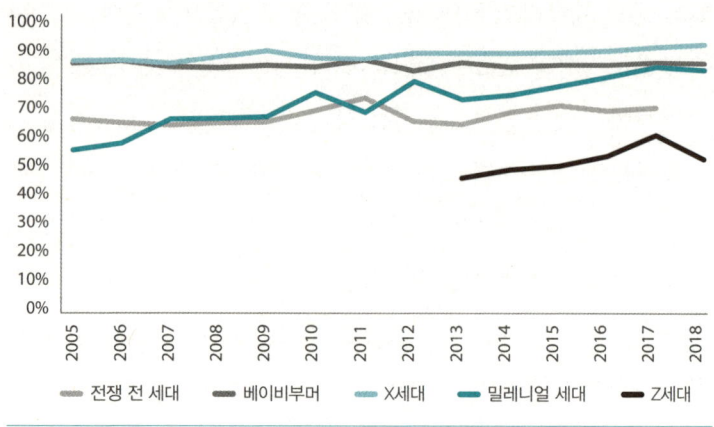

그림 9.4 자동차를 소유한 아일랜드 성인의 비율[23]

20~30대에 걸쳐 계속 증가해 2018년에는 X세대가 2005년 같은 나이였을 때의 수준에 필적하게 되었다는 것을 보여준다.

이처럼 거부가 아닌 지연을 지적하는 분석들에도 불구하고, Z세대가 '자동차 업계를 죽이고 있다'는 이야기가 나온다. 그런 주장들은 젊은 세대 대부분이 나이가 더 들어야 차를 소유하는 동일한 패턴의 결과로 보인다. 자동차와 우리의 관계가 변화하고 있는 것은 틀림없는 사실이다. 하지만 자동차 문화의 종말은 과장이며, 부분적으로 시대 영향, 생애 주기 영향, 코호트 영향을 혼동한 결과다.

코로나19와 그것이 경제에 미친 부정적 영향은 이미 큰 변동을 야기했다. 자동차 업계는 팬데믹 초기에 가장 큰 타격을 입은 부문 중 하나다. 2020년 세계적으로 신차 판매 대수는 7000만 대를 약간 넘었다. 이는 연초 예상치에서 1850만 대(영국과 일본, 미국의 전체 신차 판매 대수를 모두 합친 것과 거의 비슷하다) 적은 수치다.[24] 팬데믹의 중기적 영향은 아직도 나타나고 있는 중이다. 하지만 중국에서는 통근자들이 대중교통을 기피하면서 자동차 사용률이 빠르게 회복되고 있다. 2020년 4월 중순 중국 대도시의 교통 혼잡도는 봉쇄 이전 수준의 90퍼센트로 회복된 반면, 지하철 사용은 50퍼센트에 머물렀다.[25] 자동차 제조업체들은 재빨리 대중교통에 대한 불안감을 이용하고 나섰다. 폭스바겐Volkswagen은 독일 신문에 티구안Tiguan의 전면에 거대한 마스크가 씌워져 있고 양쪽 고리가 백미러에 걸려 있는 광고를 게재했다. '안전제일'이라는 문구가 적혀 있다. 코로나 이전보다 원격 근무가 늘어나면서 교통량의 지속적 감소가 예상되긴 하지만 팬데믹의 장기적 영향으로 대중교통 사용이 장려될 일은 없을 듯하다.

젊은이들의 지속 가능 소비가 지구를 구할까?

세대 차이가 과장되는 현상은 자동차 부문에서보다 지속 가능한 소비에서 훨씬 심하다. 최근 매체의 보도와 논평을 보면 젊은이들이 환경과 사회적 목적에 초점을 맞추면서 소비 패턴을 어떻게 변화시켰고, 그것이 브랜드와의 관계에 어떤 영향을 미쳤는지 생생하게 그려진다. 밀레니얼 세대는 "지속가능성이 쇼핑의 우선 원칙"인 세대로 묘사되며, "자신과 같은 대의를 지지하는 기업의 제품을 구입하려" 하는 "그린 세대"[26]라는 별칭으로 불린다.[27] 이런 분위기는 재빨리 Z세대로 이동했다. "목표 지향적이고 지속 가능한 브랜드들이 가치관, 윤리, 사명에 집중하는 Z세대의 마음과 정

신과 지갑을 사로잡아야 한다"라는 이야기가 들려온다.[28]

이들 세대가 우선시하는 것들이 실제로 달라지고 있다는 증거는 거의 없다. 영국의 한 연구는 1990년대부터 광범한 윤리적 행동(회사의 행동을 기준으로 제품 구매를 거부하거나, 회사의 원칙을 이유로 제품을 선택하거나, 회사의 책임감에 대한 정보를 찾고 윤리적 원천의 제품에 더 많은 돈을 지불하는 등의 행동)을 조사했다.[29] 각 행동에서 비슷한 패턴이 나타났다. 젊은 세대들이 이런 식으로 행동하는 비율은 나이 든 세대보다 높지 않았다. 어떤 경우에는 더 낮았다. 예를 들어 베이비부머의 20퍼센트는 회사가 책임감 있는 행동을 하지 않기 때문에 제품 구매를 거부한 적이 있다고 말한 반면, 밀레니얼 세대의 해당 비율은 16퍼센트였다. 윤리적 원천의 제품에 더 많은 돈을 지불하겠다고 답한 X세대의 비율은 밀레니얼 세대보다 오히려 높았다.

물론 이런 패턴들은 코호트의 특징이라기보다는 연령의 특성일 수 있다. 나이가 들수록 원칙에 따라 행동할 준비를 잘 갖추게 될 수도 있고, 올바르게 생산된 제품에 기꺼이 더 많은 돈을 쓸 만큼 금전적 여유도 생길 것이다. 그러나 이 연구의 기간이 충분히 긴 덕에 우리는 동일 연령의 코호트를 비교해 세대별 관점을 파악할 수 있다. 실제로 1999년 X세대가 2015년의 밀레니얼 세대와 비슷한 나이일 때 X세대는 기업의 행동을 근거로 제품이나 서비스를 선택한다고 말할 가능성이 약간 더 높았다(X세대는 17퍼센트, 밀레니얼 세대는 12퍼센트).

다른 나라에도 비슷한 패턴이 나타난다. 2004년부터 제품 불

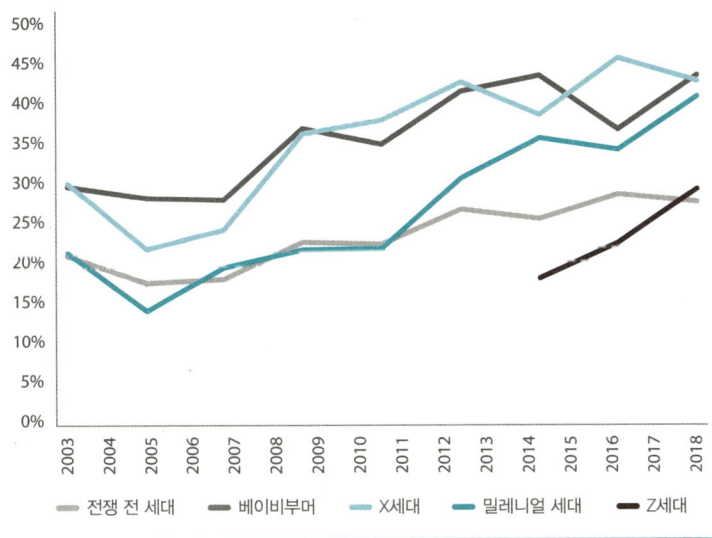

그림 9.5 지난 12개월간 특정 제품을 불매한 적이 있다고 답한 독일 성인의 비율[30]

매의 빈도를 측정한 유럽의 한 연구는 이런 행동이 중년에게 더 흔히 나타난다는 것을 보여준다. 독일은 유럽 여러 국가 중에서도 가장 전형적인 패턴을 보여준다. 그림 9.5가 보여주듯 지난 12개월간 제품 불매를 했을 가능성이 가장 높은 세대는 X세대와 베이비부머였다. Z세대는 현재 한참 뒤처져 있다. 하지만 밀레니얼 세대의 그래프가 암시하듯 이런 행동은 나이가 들면서 증가하는 것으로 보인다. 제품 불매 추세가 젊은 운동가들의 새로운 물결에 의해 주도되었다는 주장은 틀린 것 같지만, 그렇다고 일부 국가에서 대단히 일반화하고 있다는 점을 간과해서는 안 된다. 독일의 경우 지난 10년 동안 가장 나이가 많은 코호트들을 제외한 모든 코호트에서 눈에 띄는 증가세가 나타났다. 브랜드는 직접적인 소비자 행동에도 더 관심을 기울여야겠지만, 이것이 젊은 세대만 혹은 젊은 세대가 주도하는 것이 아님을 인식해야 할 것이다. 이런 맥락에서 '캔슬 컬처cancel culture'[자신의 생각과 다른 사람들에 대한 팔로우를 취소(cancel)하는 행동방식—옮긴이] 역시 중년층과 더 밀접한 것으로 보인다.

제품 불매의 정도나 추세에서 세대 간 차이보다 국가 간 차이가 더 큰 경우가 많다. '코호트보다 국가'의 또 다른 사례다. 예를 들어 국가마다 X세대의 제품 불매 행동의 수준은 그 차이가 꽤 크며, 궤적도 매우 다르다. 스웨덴은 지난 14년 동안 가파른 상승세를 기록해 X세대의 거의 60퍼센트가 지난 한 해 동안 제품 불매를 한 적이 있다고 말했다. 그 기간 동안 거의 변화가 없는 폴란드 X세대의 10퍼센트와 비교되는 수치다. 영국의 X세대는 스웨덴인보다는 폴란드인에 가깝다. 다섯 명 중 한 명만이 제품 불매 경험이 있고, 추세에도 기복이 거의 없다.

젊은이들의 '브랜드 행동주의'에 대한 과장된 주장에는 세대 신화의 창안과 유포에 마케팅 대행사가 미치는 영향이 반영되어 있다. 끝없는 보고서와 보도 자료가 사실에 의해 정당화되지 않은 변화의 느낌을 만들어내며, 이것이 계속해서 상당한 주목을 받는다. 지구에 대한 실존적 위협으로 시작된 이 장에서 이런 비논리적 추세를 진단하는 것이 이상하게 느껴질지 모르겠다. 하지만 이것은 여러 면에서 중요하다. 우리의 소비문화는 더욱 의미 있지만 멀리 있는 것을 희생시키고 단기적이고 새로운 것에 집중하는 우리의 천성을 반영하고 강화한다. 젊은 세대가 소비문화에서 벗어나 브랜드와 광고를 거부하고 있다는 주장은 잘못되었을 뿐 아니라 위험하다. 젊은 세대는 나이 든 세대보다 현대의 브랜드 중심 소비지상주의에 더 얽혀 있는지도 모른다. 이는 세대 주도의 지속 가능한 미래가 오늘날 유포된 신화들이 말하는 것보다 훨씬 불확실하다는 의미다.

세대 마케팅은 진정한 사회적 추세를 발견하기보다는 마케터의 가치를 기업에 판매하기 위해 존재한다. 따라서 실제로는 존재하지도 않는 문제를 찾곤 한다. "밀레니얼 세대의 브랜드 충성도가 그리 크지 않다"는 기사들은[31] "까다롭기로 유명한" 이 세대에 어떻게 광고를 하면 좋은지 다양한 조언을 내놓는다.[32] 세대가 가진 소비에 대한 진정한 식견을 확인하는 것이 어려운 이유 중 하나는 코호트의 영향을 분리하는 데 필요한 장기적 자료가 존재하지 않는다는 점이다. 짧은 기간의 조사만으로도 그런 주장을 지지할 증거가 없다는 것이 드러난다. 입소스글로벌트렌드Ipsos Global Trends의 2019년 설문 조사에 따르면 밀레니얼 세대와 Z세대의 43퍼센트가 항상 브랜드 제품을 구매하려고 노력한다고 답했다. "이미 알고 있는 브랜드가 만든 것이라면 새로운 제품을 신뢰할 가능성이 더 높은가"라는 질문에서는 X세대, 밀레니얼 세대, Z세대 간에 약간의 차이가 있었다(각 세대의 4분의 3이 동의했고 베이비부머는 약간 더 회의적이었다).

과장된 것은 브랜드 충성의 세대적 종말만이 아니다. 기존의 광고가 젊은 코호트들에게 깊은 인상을 주지 못한다는 이야기도 종종 들린다. "밀레니얼 세대의 단 1퍼센트만이 매력적인 광고가 브랜드에 대한 신뢰도를 높여 준다"고 답했다는 주장이 그 예다.[33] 자기 보고식 태도를 기반으로 광고의 영향력에 대한 결론을 이끌어내는 것은 바람직하지 못하다. 우리는 스스로의 반응을 식별하고 보고하는 데 영 재능이 없다. 우리가 말한 의도와 행동 사이에는 큰 간극이 있다. 헤드라인을 장식하는 연구들이 종종 그렇듯 이 연구는 밀레니얼 세대의 의견만을 보면서 다른 모든 세대에서도 비슷한 결과를 얻을 가능성이 높다는 사실을 간과한다. 실제로 전체 인구를 연구해보면, Z세대와 밀레니얼 세대가 다른 코호트에 비해 광고에 더 많은 주의를 기울이는 것으로 나타난다. 다양한 매체 유형에 걸쳐 매우 직접적인 연령별 증감을 볼 수 있는데, 젊은 사람일수록 관심을 더 많이 기울인다고 답했다. 예를 들어 X세대의 52퍼센트가 영화 광고에 약간의 관심을 기울인다고 말한 반면, 밀레니얼 세대는 48퍼센트, X세대는 41퍼센트, 베이비부머는 31퍼센트였다. 젊은 세대들은 다양한 유형의 매체에서 광고를 접할 가능성이 더 높을 뿐 아니라 광고를 좋아한다고 답할 가능성이 더 높다. 예를 들어 Z세대의 35퍼센트는 휴대전화를 이용한 광고를 좋아한다고 답했다. 베이비부머의 비율은 19퍼센트였다.

비슷하게 반복되는 주장이 하나 더 있다. 광고보다는 사적인 추천이 밀레니얼 구매 결정의 열쇠라는 것이다. "밀레니얼 세대는 브랜드보다 사람을 신뢰한다"는[34] 대담한 진술이나 이 세대를 "입소문 추천의 선도자"라고[35] 부르는 헤드라인이 그 전형적인 사례다. 언뜻 보면 밀레니얼 세대는 다른 세대에 비해 소셜 미디어, 또래 지인, 여론 주도자나 전문가로부터 더 많은 영향을 받는다고 말하는 연구 결과와 부합되는 것처럼 보인다.36 하지만 이 역시 잘못된 해석이다. 젊은이들은 전통적인 광고를 포함한 **모든** 출처에서 더 많은 영향을 받는다고 답하는 경향이 있다. 예를 들어 미국의 자료는 밀레니얼 세대가 브랜드를 결정하기 전에 더욱 다양한 자원에 의지해야 한다고 말한다는 것을 보여준다. 미국 X세대와 베이비부머에 비해 밀레니얼 세대가 전문가, 가족, 친구에게 영향을 받는다고 말할 가능성이 높다는 것은 사실이다. 하지만 밀레니얼 세대는 전통적인 매체든 온라인이든 기업과의 커뮤니케이션에서 영향을 받는다고 말할 가능성 역시 더 높다.37 사적 추천이 전통적인 커뮤니케이션이나 광고를 대체했다기보다는 다양한 소스를 더 많이 사용하고 있는 것이다. 젊은 세대는 소비지상주의의 이런 핵심 도구들을 **거부하지 않고** 있다.

장기적 관점

우리 소비문화의 한편에는 단기적 사고에 대한 의존이 있고, 다른 한편에는 지구가 직면하고 있는 환경 문제의 긴급성에 대한 느리고 부분적인 인식이 자리하고 있다. 앨 고어의 주장대로 "통치 기관들은 장기적인 지속가능성이 아닌 단기적인 이득에 집착하는 기득권에 매수되어 왔다."38 환경운동가 조지 몽비오George Monbiot가 말했듯 이는 미래를 약화시키는 '식인 경제cannibal economy'를 만든다.

그 바탕에서 당장의 이익에 이끌리는 인간의 특성과 장기에 초점을 맞추려는 노력이 맞서고 있다. 몽비오의 표현대로 "과학이 옳고 그들의 삶이 틀렸다는 것을 받아들이는 것보다 과학이 틀렸고 자신의 삶이 옳은 척하는 것이 더 쉽다."[39] 우리에게는 '길게' 생각할 수 있는 능력이 있지만 그 능력을 발휘하기란 쉽지 않다. 장기적 사고의 의욕을 꺾는 경제적, 정치적 배경이 우리를 둘러싸고 있기 때문이다.

이런 배경이 가진 힘이 얼마나 강력한지 생각하면 젊은 세대가 이들을 완전히 떨쳐내지 못하는 것도 놀랄 일은 아니다. 일부 연구에서 알 수 있듯 젊은이들이 환경에 대해 훨씬 우려하고 있다는 것은 사실이다. 하지만 큰 차이는 아니다. 우려감이 눈에 띄게 더 지속 가능한 행동으로 전환된 것도 아니다. 기사와 분석들은 계속해서 명백한 세대 단절이 존재한다는 인상을 준다. 이런 시각은 오해의 소지가 있을 뿐 아니라 실제 위험을 초래할 수 있다. 젊은이들이 정부의 조치를 요구하고 스스로도 직접적인 행동을 취할 것이란 기대에 마음을 놓아버릴 수 있기 때문이다.

젊은이들에게 초점을 두고 기성세대의 우려감 부족을 지적하는 것 또한 지나치게 과장된다. 사회학자이자 작가인 앤 카르프Anne Karpf는 환경 운동에 대한 이야기에 서서히 스며들고 있는 '경솔한 노인 차별unthinking ageism'을 언급한다. 나 역시 이에 대해 그녀가 느끼는 것과 같은 불안과 우려를 느낀다. Z세대 가수 빌리 아일리시Billie Eilish는 한 인터뷰에서 이렇게 말했다. "어른들이나 노인들이 환경 문제에 대한 우리의 이야기에 귀를 기울여주었으면 합니다. 노인들은 곧 죽을 것이어서 우리가 죽든지 말든지 신경을 쓰지 않아요. 하지만 우리는 아직 죽고 싶지 않습니다."[40] 대단히 직설적인 이 표현에는 나이 든 인구의 코호트들 전체를 환경이나 미래 세대에 전혀 관심이 없는 이들로 희화화하는 일반적 태도가 반영되어 있다. 이는 틀린 생각일 뿐 아니라 점점 커지고 있는 노령 인구의 비중과 재력을 무시하는 생각이다. 녹색 미래에 대한 지지는 세대의 분열이 아니라 세대의 통합에 의존한다. 기성세대를 기후 변화에 대한 대화에 끌어들이고 나이가 들면서 갖게 되는 '레거시 사고lagacy thinking'(시대에 뒤떨어지고 더 이상 예전만큼 도움이 되지 않는 사고, 전략 및 기타 행동—옮긴이)에 주의를 기울여달라고 호소하는 등 통합을 위한 확실한 방법들이 존재한다. 노인학자 엘리자베스 헌터Elizabeth Hunter와 그레이엄 롤스Graham Rowles가 말하듯 "살고, 죽고, 죽으면 끝이라는 생각을 편안하게 받아들일 사람은 많지 않다. 우리는 삶에 목적이 있다고, 우리가 어떤 종류든 흔적을 남길 것이라고 믿고 싶어 한다.… 바로 이 부분에서 유산에 대한 욕망이 싹튼다."[41]

 코로나19 대유행의 여파 속에서 기후 변화에 계속 관심을 유지하려면 가능한 모든 힘을 동원해야 할 것이다. 팬데믹 대응의 초기 단계에 과학자들은 전 세계의 '봉쇄'가 이산화탄소 배출량을 크게 줄이는 결과를 낳을 것이라 기대했다. 처음에는 합당한 예측으로 보였다. 2020년 세계의 이산화탄소 배출량이 전년도에 비해 17퍼센트 감소했다. 하지만 낙관론은 얼마 가지 못했다. 부분적인 정상화만으로도 배출량이 급격히 증가했기 때문이다. 6월에는 전년도에 비해 5퍼센트 감소한 수준에 그쳤고, 2020년 전체 감소율은 4~7퍼센트가 될 것으로 예측되고 있다.[42] 우리 삶의 엄청난 변화를 고려하면, 빌 게이츠Bill Gates가 말했듯이 "놀라운 것은 팬데믹으로 인해 이산화탄소 배출이 얼마나 감소했느냐가 아니라 얼마나 조금 감소했느냐."[43]

물론 코로나19의 가장 중요한 영향은 시간이 지나야 알 수 있을 것이고, 몇 가지 고무적인 징후도 있다. 더욱 지속 가능한 성장에 대한 투자는 국가와 기관들의 여러 "더 나은 재건" 계획에서 핵심이 되는 요소다. 예를 들어 유럽연합의 "차세대Next Generation" 복구 기금은 유럽연합 지출의 25퍼센트를 기후 친화적 지출을 위해 유보할 것을 제안한다.[44] 이런 계획들을 당연한 것으로 받아들여서는 안 된다. 우리의 주의를 온통 빼앗는 불황 동안 환경 문제는 당면한 우선 사항에서 너무나 쉽게 밀려난다.[45] 길게 생각하는 것이 점점 더 어려워질 것 같다.

10장

세대 가르기

'우리' 대 '그들'

우리가 지금 알고 있는 세대적 사고는 사회적 변화를 설명하는 비교적 새로운 방법이다. 기초 연구 대부분이 1차 세계대전 이후, 즉 세대 간에 큰 차이를 만든 사건 이후 격동의 시기 동안 이루어졌다.[1] 따라서 세대적 사고의 중심에 갈등이 자리하는 것도 무리는 아니다. 이는 윌프레드 오웬Wilfred Owen의 《포엠Poems》서문, "젊은이를 희생시키려는 노인들의 의지"에 담긴 돌이킬 수 없는 분노에서도 명백하게 나타난다.[2]

내가 다루는 주제는 전쟁 그리고 전쟁의 유감이다. 이 시들은 유감과 연민을 표현한다. 하지만 이런 비가悲歌는 이 세대에게 전혀 위로가 되지 않는다. 이 시들이 향하는 것은 다음 세대일 것이다. 모든 시가 오늘 할 수 있는 일은 경고뿐이다.[3]

이 같은 정서는 1차 세계대전이 세대들 사이의 관계에 어떻게 작용했는지 이해하려 노력하던 사회학자들과 철학자들에게 큰 영향을 미쳤다. 스페인의 철학자 호세 오르테가 이 가세트José Ortega y Gasset는 역사가 일련의 획기적 사건이며, 이 가운데에서 새로운 세대는 스스로를 귀중한 유산을 계승하거나 파괴하기 위해 태어난 사람이라고 여긴다고 생각했다.[4] 카를 만하임 역시 세대가 형성되고 움직이는 방식에서 핵심은 갈등이라고 보았다. 우선 만하임은 세대에 일종의 친밀감을 낳는 공통의 경험과 공유된 정체성이 필요하며, 이 정체성에 대한 인식에 계급 형성과 갈등에 대한 사상이 반영돼 다른 세대와의 경쟁으로 이어진다고 보았다. 세대는 "본질적으로" 일관된 사회적 정체성을 가지지 않는다. "스스로의 힘으로" 얻는 것이다.[5]

세대에 관한 이런 틀 짓기는 세대 간 관계에 대한 최근의 여러 논의에까지 이어졌다. 한 세대가 미래를 "훔쳤고" 다른 세대가 강제로 되찾아야 한다는 식으로 말이다. 이 책 전체에 걸쳐 논의했듯이 이런 태도는 대중 대부분이 세대 간 관계를 보는 방식과 다르다. 이론과 관찰 사이의 이런 간극에는 적어도 한 가지 확연한 이유가 있다. 기성세대든 젊은 세대든 할 것 없이 가족에 대한 애착은 또래 집단에 대한 유대보다 더 강력하게 유지된다. 지나치게 당연하게 보일지도 모르겠지만, 이상하게도 세대 간 대결 구도를 조장하는 논평에서는 가족에 대한 이야기를 찾아볼 수 없다. 따라서 다소 터무니없는 분석이 등장하기도 한다. 독일 시사지 〈슈피겔Der Spiegel〉의 한 기사는 노인들이 젊은이의 희생으로 살아가고 있고, "다음 세대가 부모에 대항해 거리로 나서야 할 시간"이라고 이야

기하면서 젊은이와 노인 사이의 갈등을 금융 위기 시대의 주요 쟁점으로 내세웠다.[6]

　세대 간 갈등을 억누르는 다른 방지턱도 있다. (계층, 성별, 민족성에 비해) 연령은 분열의 근거로 삼기에는 문제가 있는 특성이다. 우리 모두가 불가피하게 다양한 연령대를 거쳐야 하기 때문이다. 우리는 현재 노인들에게 제공되는 지원이 우리가 나이 들어서 받게 될 것을 보여주는 지표임을 안다. 따라서 거기에 반기를 드는 일에 더 주의를 기울일 수밖에 없다. 물론 개인이 속한 세대는 변하지 **않는** 특성이다. 또 이미 살펴보았듯이 대체로 기존 노령 세대는 미래 세대의 노인들보다 조건이 나을 것이다. 하지만 우리는 나이 먹는 것을 막을 수 없고, 이 생애 주기의 영향은 기성세대에 대한 반항을 멈출 이유가 된다.

　심각한 세대 간 갈등이 임박했다거나 정당하다는 견해는 현상을 하나의 요인(여기에서는 세대의 영향)만으로 설명하려는 우리의 경향을 반영한다. 하지만 여러 차례 이야기했듯 변화하는 사회를 더욱 적절히 이해하려면 코호트, 생애 주기, 시대의 영향을 구분해야 한다. 세대 간 갈등의 성격, 범위, 잠재력에 대한 분석은 우리가 이들 각 요소를 인지할 때 더 풍성해진다. 즉 세대의 이기심은 분명 존재하지만 조부모, 부모, 자녀, 손주들에 대한 사랑으로 완화되기도 하고, 누구도 생애 주기의 영향을 피할 수 없다는 사실은 다른 사회 분열에서는 찾아볼 수 없는 공감의 정서를 낳으면서 고령 집단과의 유대를 촉진하며, 시대의 영향이 세대 간 관계를 의미 있는 방식으로 변화시킬 수 있다. 이런 변화, 즉 각 세대가 점점 뚜렷하게 구분되는 공동체로 분리되는 유례없는 과정에 대해서는 이미 개술했다. 이 장에서는 이 같은 변화가 우리의 디지털 생활의 분리에 어떻게 반영되는지 살펴볼 것이다. 급속한 기술적 변화의 시대에 세대 간 유대 지속의 중요성과 어려움이 높아질 가능성은 20세기 초 만하임이 인식한 이래 여전히 주요한 화두다.

이런 영향을 함께 살핀다면 우리가 걱정해야 할 것은 세대 간 전쟁이 아니라 연령 집단의 사이가 멀어지는 것임을 깨닫게 될 것이다. 연령 집단의 분기는 세대 간 분열을 과장하는 고정관념에 힘을 실어 주며, 세대 간 유대의 여러 긍정적 혜택을 놓치게 한다.

'당신은 어느 세대에 속하십니까?'

세대에 관한 만하임의 첫 번째 질문에서 시작해보자. "우리는 스스로를 '우리 세대'의 일원으로 인식하는가?" 퓨리서치센터는 2015년 미국에서 이 질문을 탐구해 우리 대다수가(어느 세대에 속해 있는지에 따라 다르지만) 그렇게 생각한다는 것을 발견했다.[7] 스펙트럼의 극단에서부터 살펴보면, 스스로를 세대의 일원으로 인식한다고 답한 밀레니얼 세대는 40퍼센트였다. X세대의 비율은 58퍼센트, 베이비부머는 79퍼센트였다(이 설문은 Z세대의 인식을 알아보기에는 너무 이른 시기에 진행되었다). 이런 결과를 고려하면 많은 사람들, 특히 밀레니얼 세대가 스스로를 출생 연도로 정해진 것과는 다른 세대에 속해 있다고 보는 것은 놀라운 일이 아니다. 미국 밀레니얼 세대의 3분의 1은 스스로를 X세대라고 생각한다(우리 X세대는 잊힌 세대일 수 있지만, 많은 사람들에게 밀레니얼 세대보다 낫다고 여겨진다). 나는 특히 자신이 '위대한 세대'(1920년대 이전에 태어난 사람들에게 미국에서 붙이는 명칭)의 일원이라고 생각하는 밀레니얼 세대 8퍼센트의 대담함에 감탄했다. 나는 이것이 2차 세계대전에 참전한 공로를 주장하려는 것도, 대공황의 영향을 견디며 살아왔다고 주장하려는 것도 아니라고 확신한다. 세대의 이름을 고를 때 '위대한'이라고 불리는 것을 마다할 사람이 어디 있겠는가?

퓨리서치센터의 설문은 계속해서 사람들에게 세대의 명칭이 그들에게 얼마나 잘 어울리는지 묻는다. 여기에서도 비슷한 패턴이 나타난다. 명칭이 자신들에게 잘 어울린다고 생각한 베이비부머는 70퍼센트였다. X세대는 38퍼센트, 밀레니얼 세대는 30퍼센트였다. 즉 집단에 따라 차이는 있지만, 세대 정체성은 사소하게 볼 문제가 아니다. 단순한 명칭으로 요약되었을지라도 말이다. 영국의 한 연구는 다른 사람에게 자신을 소개할 때 자신의 정체성에서 (가족과 직업을 제외하고) 가장 중요한 것이 무엇인지 질문했다. 상위를 차지한 답은 관심사, 가치관, 의견이었지만 그다음으로 중요한 것은 '연령과 세대'였다. 이는 국적보다 앞섰으며, 사회적 계층, 민족, 종교보다 훨씬 앞섰다. 연령과 세대가 하나의 범주로 합쳐져 있기는 하지만, 이런 결과는 우리가 태어난 시점을 자기 정체성의 중요한 지표로 여긴다는 것을 시사한다.[8]

다른 세대의 핵심 특징에 대해서도 우리는 강한 이미지를 갖고 있는 듯하다. 이 책을 위해 30개국에서 수행한 설문에서 각 세대의 특징으로 선택된 상, 하위 다섯 가지 특성은 사람들이 각 세대와 어떤 특성을 연관시키는지 혹은 연관시키지 않는지 보여준다

(그림 10.1). Z세대에게는 반가운 소식이 아니다. 긍정적인 면을 보자면, 대중의 절반이 Z세대가 기술적응력이 높다고 말했다. 하지만 이는 상위 다섯 가지 특성(기술적응력이 높은, 물질주의적인, 이기적인, 게으른, 오만한) 중 유일한 긍정적 특성이었다. Z세대가 경제적으로 넉넉지 않은 것도 사실이고 다수가 아직 교육을 받고 있기 때문에 일을 중심에 두지 않는다는 것도 당연한 일이다. 하지만 그들을 공동체 지향적이라거나 공손하다거나 윤리적이라고 보는 사람도 극히 적었다.

'나나나 세대', '나약한 공상가'로 불린다는 점을 떠올리면 밀레니얼 세대가 인신공격을 심하게 받지 않은 것이 놀랍다. Z세대와 마찬가지로 그들은 기술적응력이 높고 물질주의적이라는 평가를 받았으나 일을 우선하고, 교양 있고, 야심 있다는 평가는 모두 긍정적인 특성이었다. Z세대와 마찬가지로 대체로 윤리적이라는 평을 듣지는 못했지만 자기애적이거나, 노인 차별적이거나, 게으르거나, 근심 걱정이 없다는 평가도 받지 않았다.

그렇지만 밀레니얼 세대의 긍정적 성적표도 베이비부머의 칭찬 일색인 평가에는 미치지 못한다. 베이비부머는 공손하고, 일을 우선하고, 공동체 지향적이고, 관대하고, 교양 있다는 평가를 받았다. 그들이 이기적이거나, 자기애적이거나, 게으르다고 생각하는 사람은 거의 없었다. 기술적응력이 높다거나 유행을 선도한다는 평가는 받지 못했지만 다른 긍정적인 평가에 대한 대가치고는 미미한 편이다. 소셜 미디어에서 베이비부머가 '모든 것을 망쳤다'고 묘사되는 것을 생각하면 놀라운 일일 수도 있지만, 미국 내 베이비

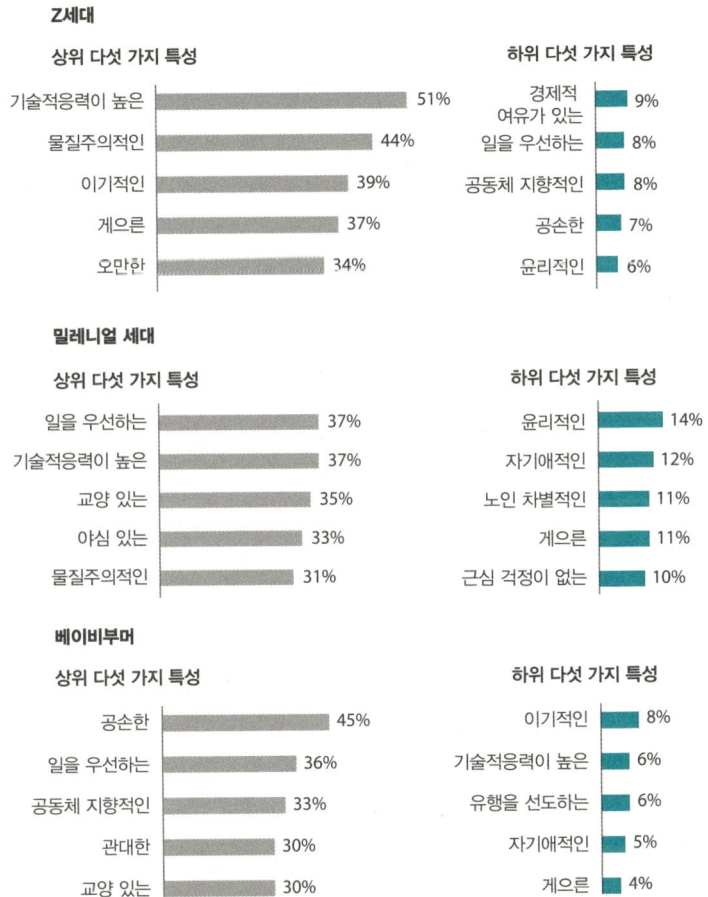

그림 10.1 세대별로 인식되는 특성[9]

부머들이 스스로에게 내리는 평가와는 부합한다. 각 세대에게 자신의 세대와 다른 세대에게 호의적 견해를 갖고 있는지 질문한 연구가 있는데, 베이비부머가 가장 긍정적이었다. 83퍼센트가 자신

의 세대에 호의적이라고 답했다. X세대의 비율은 53퍼센트, 밀레니얼 세대는 57퍼센트였다.[10]

Z세대의 자기 평가는 가혹했다. Z세대는 자신의 특성에 대한 외부의 평가에 동의했다. 그들이 자기 세대를 묘사하는 데 사용한 단어 상위 다섯 가지(기술적응력이 높은, 물질주의적인, 게으른, 야심이 있는, 이기적인)는 전체 인구가 사용한 단어와 거의 일치했다. 세대별 특성의 이런 차이를 고려할 때, 무절제한 젊은 세대가 강직한 고령 코호트들을 대체하면서 사회는 악화일로에 접어들게 될까? 젊은 집단은 이 극악무도한 결점들에서 (최소한 일부라도) 평생 벗어나지 못할까?

반면 밀레니얼 세대는 이미지를 완전히 호전시킨 것처럼 보인다. 2017년 밀레니얼 세대와 베이비부머에게 같은 질문을 던졌다. 그림 10.2는 당시 밀레니얼 세대에 대한 사람들의 생각과 2년 후의 생각을 각각 보여준다. 밀레니얼 세대는 2017년 이미 기술적 응력이 높다고 인정받았다. 반면 당시에는 물질주의적이고, 이기적이고, 게으르고, 오만하다는 평가를 받았다. 현재는 일을 우선하고, 교양 있고, 야심 있는 이미지를 갖고 있다. 두 연구 사이에 2년밖에 흐르지 않았지만 세대 특성에 대한 인식이 눈에 띌 정도로 달라졌다.

물론 밀레니얼 세대가 '재탄생'한 것이 아니다. 마찬가지로 Z세대가 최악의 평가를 받는 세대로 운명 지어진 것도 아니다. 이 두 가지 패턴은 그저 세월이 흘러도 변치 않는, 젊은이들을 폄하하는 성향을 반영할 뿐이다. 2017년은 Z세대에 대해 묻기에 너무 이

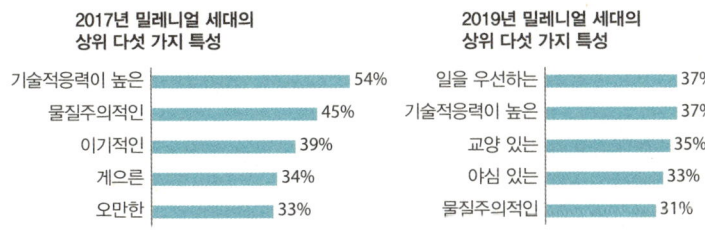

그림 10.2 밀레니얼 세대가 인식되는 특성[11]

른 시기였다. 코호트나 명칭으로 막 인식되기 시작한 때였기 때문이다. 당시에는 밀레니얼 세대가 최신의 세대로 식별되었고 '젊은이'와 동의어였다. 그러나 Z세대가 선택지에 들어오자마자, 우리는 젊은이들에 대한 부정적 고정관념을 그들에게로 옮겼다. 그림 10.1에서와 거의 똑같은 방식으로 말이다. 서로를 보는 방식에서 드러나는 세대 분열은 연령에 기반을 두는 상투적 생각일 뿐이기에 시간의 흐름에 버티지 못한다. 젊은이를 부정적으로 판단하려는 우리의 경향을 넘어서, 우리는 서로를 꽤 괜찮게 평가한다. 밀레니얼 세대조차 말이다.

이것은 사소한 문제도 뻔한 문제도 아니다. 첫째, 세대는 특정한 성격을 구체화하는 이름으로 불리며 그런 특성을 평생 유지하리라는 기대를 받는 경우가 많다. 예를 들어 이목을 끄는 몇몇 세대 분석에 따르면 밀레니얼 세대는 '자기애적'이거나 '시민의식이 있는' 사람들로 추정된다. 어떤 말에 귀 기울이느냐에 따라 그 특징이 달라지는 것이다. 둘째, 우리는 이 책에서 밀레니얼 세대가 이전의 젊은 코호트와 매우 유사하다는 것을 살펴보았다. 하지만 나는 가혹한 환경과 전례 없는 규모의 폄하로 이중고를 겪는 이들 세대의 '밀레니얼'이라는 이름과 부정적인 이미지의 결합이 지속되리라고 내심 기대했다. 이 때문에 그들에게 나쁜 평판이 더 이상 따라 붙지 않는 것을 보고 몹시 놀랐다.

　이것은 좋은 소식이다. 대중이 전체 세대를 평생 한두 개의 단어로 요약할 수 있다고 보는 단순한 견해를 믿지 않는다는 의미이기 때문이다. 한편으로 이것은 '나나나 세대'라는 잡지의 헤드라인이 새로운 젊은 코호트가 등장할 때마다 **영원히** 계속되리라는 것을 의미하기도 한다. 우리는 오늘날의 젊은이가 이전의 젊은이들보다 못하다는 생각에 믿을 수 없을 만큼 쉽게 넘어간다. 1969년 미국의 한 신문 기사는 비슷한 용어로 (지금은 성인군자라는 평가를 받는) 베이비부머를 묘사했다. "이런 오만, 독선, 자기 연민으로 가득 찬 젊은이들에게 호통을 치고 싶은 유혹에 빠진다. 하지만 사실상 지금의 미국 젊은이들은 큰 범죄 행위의 대상이었다. 이들은 역사상 최악의 양육 방식이 길러 낸 세대다."[12] 아마 2069년에도 매우 흡사한 기사를 볼 수 있을 것이다.

온라인 공간에서의 세대 분리

　밀레니얼 세대가 이렇게 부각된 핵심 이유 중 하나는 그들이 우리의 삶이 디지털화되는 시기에 성장했다는 점에 있다. 소셜 미디어의 폭발적 성장으로 우리는 피상적인 고정관념을 밈이나 140자 이하의 글로 공유할 수 있는 새로운 배출구를 얻었다. 이 기술들로 서로에 대해 불평하는 일이 더 쉬워졌을 뿐 아니라 각 세대가 디지털 공간에서 점점 분리되어 살게 되었다.

새로운 기술, 특히 스마트폰이 우리 삶에서 얼마나 핵심을 차지하고 있는지는 스마트폰 대신 포기할 수 있는 것을 묻는 수많은 설문 조사에서 드러난다. 한 기사에 따르면, "밀레니얼 세대 10명 중 1명은 스마트폰을 포기하느니 손가락을 잃겠다"고 말했다고 한다.[13] 전체 미국인 10명 중 4명이 한 달 동안 스마트폰을 사용하지 못하는 것보다는 반려견이나 파트너를 만나지 않는 편을 택하겠다고 답했다.[14] 10명 중 2명은 1주일간 칫솔이나 신발을 포기하겠다고,[15] 설문 조사에 따라서는 10명 중 3.5명이 1주일에서 3개월 동안 성관계를 삼가겠다고 답했다.[16] 실제 스마트폰과 관련된 행동에 대한 더욱 실질적이고 의미 있는 질문들 역시 우리의 애착을 분명히 보여준다. 미국인 10명 중 4명이 침대 바로 옆에 스마트폰을 두고 자며, 비슷한 비율의 사람들이 일어나서 10분 이내에 인터넷을 검색하거나 앱을 사용한다.[17]

스마트폰이 얼마나 빠르게 우리 삶의 중심을 차지하게 됐는지는 다음 쪽 그림 10.3에서 볼 수 있다. 2008년에는 영국에서 스마트폰을 접할 수 있는 사람이 거의 없었다. 오늘날은 Z세대, 밀레니얼 세대, X세대 거의 대부분이 스마트폰을 가지고 있다. Z세대에서는 거의 차이가 없지만 성인 이후 밀레니얼 세대의 경험은 변화가 많았다. 영국 베이비부머 10명 중 7명이 스마트폰을 보유하고 있는 반면, 전쟁 전 세대는 조금씩 상승해 30퍼센트에 이르렀다. 최근 통계치가 스마트폰의 매력만큼이나 2G 폰을 구하기 힘든 상황에 의

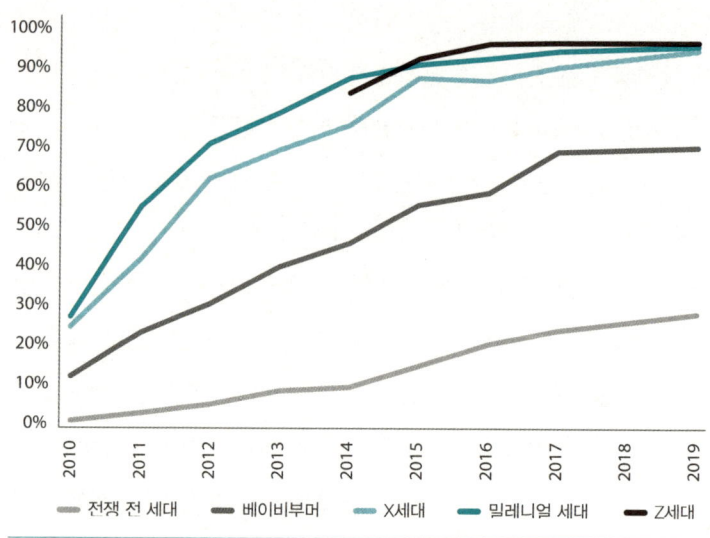

그림 10.3 스마트폰을 소유한 영국 성인의 비율[18]

한 것일 가능성이 높지만 말이다.

    보유 여부만 보면 세대 간에 큰 차이가 없는 것 같지만, 코호트마다 스마트폰을 사용하는 방법은 무척 달랐다. 예를 들어 영국의 통신 규제 기관인 오프컴Ofcom이 실시한 일간 기술 사용 시간 조사는 2016년 밀레니얼 세대가 매주 평균 약 1500분(약 25시간) 스마트폰을 사용했다는 것을 보여주었다. X세대의 사용 시간은 그 절반에도 미치지 못했다. 55세 이상 최고령 집단의 사용 시간은 일주일에 약 300분으로, X세대의 절반이었다. 영국의 Z세대와 밀레니얼 세대의 스마트폰 보유율은 부모와 조부모보다 약 30퍼센트 높을 뿐이지만, 그들의 스마트폰 사용 시간은 다섯 배나 많다.[19]

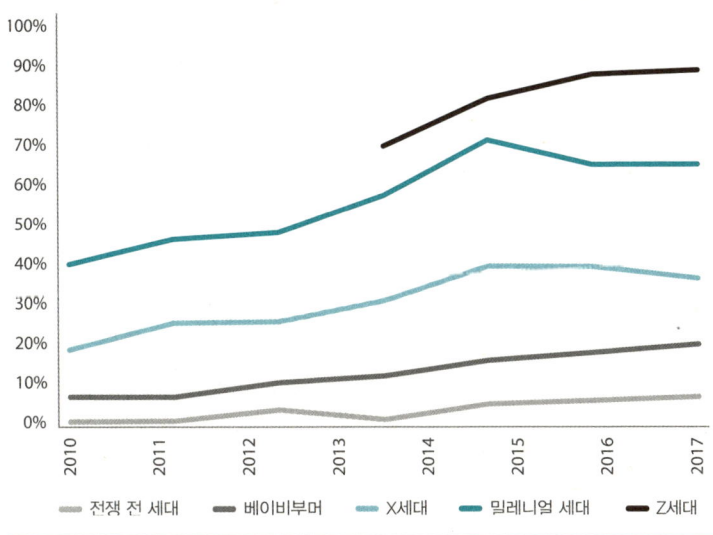

그림 10.4 매일 온라인 소셜 네트워크를 이용하는 프랑스 성인의 비율[20]

사용 강도에서만 세대 간 차이가 나타나는 것이 아니다. 우리가 온라인에서 하는 일의 유형에서도 큰 차이가 있다. 특히 소셜 미디어 사용에서 드러나는 차이는 이 책에서 본 세대별 차이 중 가장 크다. 프랑스를 예로 들면(그림 10.4), Z세대 10명 중 9명이 매일 소셜 미디어를 사용하는 반면 전쟁 전 세대는 단 7퍼센트만이 매일 소셜 미디어를 사용한다. 밀레니얼 세대는 Z세대에 한참 뒤처져 있고, X세대는 훨씬 더 밑에 있다. 스마트폰 보유 여부에서와 달리 여기서 베이비부머는 가장 젊은 코호트보다는 전쟁 전 세대에 훨씬 더 가깝다.

젊은이와 나이 든 사람들이 기술을 통해 상호작용하는 방식은 실제 생활에서의 단절을 유발하는 핵심 원인이다. 이탈리아 학자들은 휴대전화 사용에 대한 연령 기반 고정관념을 조사하는 연구의 일환으로 노인들을 인터뷰했다. 한 79세 응답자는 13살 난 조카 손주들에 대해 이야기했다. "나를 만난 아이들은 '안녕하세요, 이모할머니!'라고 인사를 했어요. 나도 인사를 받았죠.… 이후 아이들은 고개를 숙이고 핸드폰을 봤고 더 이상 대화는 없었어요."[21] 물론 13세 아이는 여전히 대화를 하고 있었을 확률이 높다. 이모할머니와의 대화가 아니었을 뿐. 물리적으로 존재하면서도 끊임없이 다른 곳과 연결되어 있는 것은 새로운 능력이다. 우리 나이 든 사람들이 지루한 친지 방문 때마다 꿈꾸었던 능력이다. 하지만 이는 세대 간 유대에 영향을 미쳤다.

세대마다 소셜 미디어 사용 수준이 다를 뿐 아니라 네트워크도 다르다. 2019년 영국에서 입소스가 3만 명을 인터뷰한 자료의 분석 결과를 기반으로 한 그림 10.5에서 볼 수 있는 것처럼, 플랫폼 각각이 특유의 세대 프로파일을 갖고 있다. 예를 들어 스냅챗Snapchat은 세대별 차이가 특히 크다. Z세대의 절반이 스냅챗을 사용한다고 답한 반면, 밀레니얼 세대의 사용 비율은 16퍼센트, X세대는 5퍼센트, 베이비부머는 1퍼센트, 전쟁 전 세대는 0.1퍼센트에 불과했다. 인스타그램 사용도 젊은이들에게 치우쳐 있다. 페이스북, 트위터, 왓츠앱은 사용자층의 세대별 편차가 훨씬 적다. Z세대는 베이비부머보다 인스타그램을 사용할 가능성이 7배 높지만, 왓츠앱이나 페이스북은 2배에 불과하다.

물론 특정 기술이나 플랫폼의 세대별 사용 비율은 대단히 유

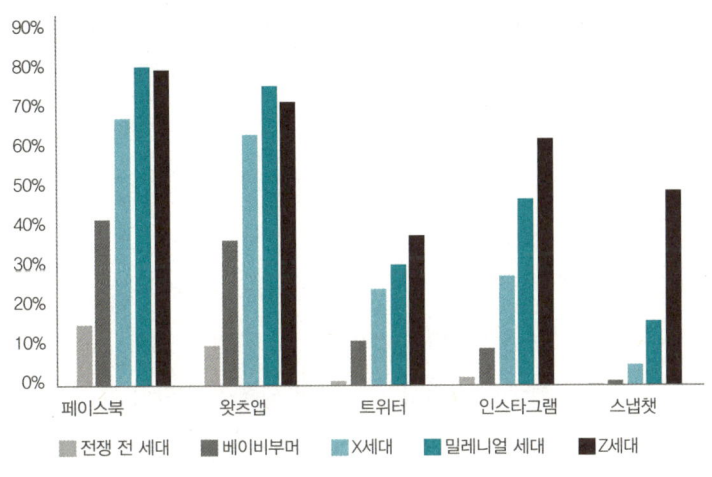

그림 10.5 영국 성인의 소셜 미디어 사용률[22]

동적이다. 당신이 이 책을 읽고 있을 때쯤이면 또 달라졌을 것이다. 페이스북이 대표적 사례다. 2004년 출범할 때 페이스북은 오로지 대학생들을 대상으로 했지만 단 몇 년 만에 논평의 초점이 "페이스북은 나이 든 사람들을 위한 것인가"라는 질문으로 옮겨 갔고,[23] 대답도 재빨리 "페이스북은 공식적으로 나이 든 사람들을 위한 것이다"로 바뀌었다.[24] 이 이야기는 표면적으로는 틀린 것처럼 보인다. 페이스북을 사용할 가능성이 가장 높은 사람들은 여전히 젊은 세대들이기 때문이다. 하지만 젊은 세대의 페이스북 사용 빈도는 상당히 감소했다. 당연한 현상이다. 젊은이들에게 디지털 공간은 개인과 집단으로서 정체성을 탐구하는 데 필수적인 곳이기 때문에, 부모 세대가 점점 더 많은 난처한 사진과 메시지를 게시하는 플랫폼에서 멀어질 수밖에 없다. '블루 앱blue app'(페이스북)의 노령화는 불가피하게 젊은이들의 풍자적인 대응으로 이어졌다. 20세의 두 미국인이 "베이비부머인 척하는 페이스북 그룹"을 만들었는데 그 회원 수가 30만 명에 육박한다.[25] 그룹의 콘텐츠에는 정치적 구호("손주 녀석이 생일에 내게 전화하는 걸 잊었다. 오바마에게 감사를"), 역겨운 의학적 질문("항문 경련에 좋은 자가 요법은?"), 부적절하게 쓰인 그래픽(파티용 풍선 그림 위에 "톰과 나는 이혼 중"), 미니언Minion 이미지 파일이 섞여 있다. 대부분이 풍자적 재미를 주는 것이지만, 분화된 디지털 세상에 사악한 고정관념 형성이 얼마나 빠르게 나타날 수 있는지 보여주는 사례이기도 하다. 그룹의 관리자들은 베이비부머를 겨냥한 여러 포스팅에서 강력한 동성애 혐오나 인종차별적 함의를 완화하기 위해 고생한다고 털어놨다. 이런 종류의 묘사에 진실의 일부가 담겨 있을 수도 있다. 그러나 이들은 세대 간 문화적 단절의 실제 정도를 과장하며, 극단적인 고정관념이 형성돼 얼마나 쉽게 온라인을 장악할 수 있는지 보여준다.

'코로니얼'의 부상

코로나19 위기는 화장지를 사재기하거나 마스크 착용을 거부하는 베이비부머, 계속해서 파티를 하고 불평을 하는 '나나나 세대'의 이기심을 의미하는 밈 등 세대에 대한 진부한 생각을 북돋우는 달갑지 않은 현상을 낳았다. 〈데일리텔레그라프Daily Telegraph〉의 낚시성 기사의 표현대로 "자기 연민에 빠진 '깨어 있는' 세대는 전쟁이 필요했다. 그리고 코로나바이러스 안에서 그들은 전쟁을 얻었다."[26]

하지만 팬데믹이 세대 분열을 강화할 가능성은 선정주의적 논평을 훨씬 넘어선다. 가능한 모든 유형의 글로벌 위기들 중 세대 간 유대를 시험에 들게 하는 특성이 이보다 더 강한 위기는 상상하기 어렵다. 팬데믹은 봉쇄와 제한을 통해 세대들 사이를 문자 그대로 분리하는 데서 출발한다. 우리는 '차폐', '코쿠닝cocooning'(집안에 틀어 박혀 지내기—옮긴이), '사사 격리', '버블bubble'(방역 안전막—옮긴이)이라는 새로운 언어를 배웠다. 코로나바이러스가 노인들에게 훨씬 더 큰 위험을 미치기 때문에 노령 집단은 극히 조심해야 했고, 이로 인해 분리 추세가 두드러졌다. 영국 배우 조앤 콜린스Joan Collins가 트위터에서 밝혔듯 이런 상황의 특히 해로운 측면은 "노인이 다른 사람에게 방해가 되지 않아야 한다는 일반 대중의 기존 믿음을 강화한다는 점"에 있다.

하지만 교육의 중단, 앞으로의 경제적 영향 등 살아가는 방식에 대한 극도의 제약이 가져올 장기적 영향에 가장 큰 타격을 받는 사람은 젊은이들이 될 것이다. 아일랜드의 경우 코로나 유행 이전에 일을 하고 있던 18~24세 젊은이들의 절반 이상이 2020년 여름 팬데믹 실직 수당을 신청했다. 이는 25~34세 노동자의 신청 비율보다 20퍼센트가 높은 수치다.[27] 영국의 경우 16~25세 노동자는 나이 든 노동자들에 비해 일자리를 잃을 확률이 두 배 높았고, 10명 중 6명이 수입 감소를 겪었다.[28] 장기적인 경제적 영향이 나타나기 전인데도 이렇다. 경력과 경제 발전에서의 '상흔'은 나이 든 사람보다 젊은이들에게 큰 영향을 미칠 것이다.[29]

세대에 따른 차별적 영향은 교육과 고용 부문을 넘어 사회적 관계와 정신 건강에까지 이를 것이다. 부분적으로 이는 연령 집단에 따라 물리적인 생활환경이 매우 다르기 때문이다. 예를 들어 2장에서 논의했듯이 노령 집단은 젊은 세대보다 주택 보유의 사다리를 쉽게 올라갔다. 팬데믹 기간 동안 영국의 생활 조건을 조사한 한 연구는 나이 든 사람들의 집이 젊은 사람들의 주거 공간에 비해 두 배 넓다는 것을 발견했다. 65세 이상인 사람들의 주거 공간은 1인당 50제곱미터였으나 16~24세인 사람들은 26제곱미터였다. 또한 영국의 젊은이들은 나이 든 사람에 비해 습한 집에서 살 가능성이 3배 높았고, 정원이 없거나 낙후된 지역 혹은 과밀 지역에서 살 가능성이 1.5배 높았다.

이런 실질적인 차이에도 불구하고 봉쇄 기간 동안 희화화된 세대 간 갈등 중 어떤 것도 실제 행동으로 드러나지 않았다. 저널리스트 제임스 볼James Ball이 트윗으로 깔끔하게 요약한 것처럼 "밀레니얼 세대와 Z세대는 부모, 조부모, 또래의 취약한 사람 등 주로 **다른 사람들**을 보호하기 위해 봉쇄를 지지하고 있다. 봉쇄로 인해 큰 대가를 치러야 하는데도 그들은 기꺼이 감수하고 있다. 그들이 자신을 위해 몸을 사린다고 무시하는 것은 이런 점들을 파악하지 못한 비열한 언동이다."[30] 이는 여러 노령 집단의 반응에도 반영되었다. 채널4Channel 4의 선임 기자로 기저질환을 가진 67세의 도로시 번Dorothy Byrne은 〈가디언〉에 이런 글을 썼다.

지난 몇 주 동안 나는 젊은이들의 희생에 깊은 감동을 받았다.… 사회 전체가 나 같은 사람의 목숨이 꺼지지 않도록 하기 위한 놀라운 활동에 참여하고 있다. 우리 동네에서만도 많은 사람들이 직장을 잃었다.… 나의 젊은 이웃들 중 세 명은 즉시 집을 비워야 한다는 말을 들었다. 어려움에 처한 사람들이 밖을 살피지 않을 것이라고 생각하는 사람도 있을 것이다. 그러나 그들은 우리 집에 들러서 쇼핑을 대신 해주겠다고 말했다. 당신은 종종 영국의 세대 간 분열에 대한 이야기를 들을 것이다. 실제로 젊은 사람들이 노인을 원망한다는 글이 계속해서 눈에 띈다.… 하지만 나는 한 연령층을 다른 연령층과 대결시키는 서사를 믿어 본 적이 없다. 그렇다. 젊은이들은 자신들을 실망시킨 정치 계층을 원망한다. 하지만 나를 원망하지는 않는다.[31]

〈더 타임스The Times〉에 실린 편지가 개술하듯이, 젊은이들 역시 노인들을 마음 깊이 걱정하고 있다. 우리가 노령 집단을 보호하기 위해 취하고 있는 조치들은 개별 구성원에 대한 애정의 결과만이 아니고 그들이 사회에 가져다주는 가치 때문이기도 하다고 주장하는 사람들도 있다.

도와주십시오! 저는 오늘 신문을 펴다가 81세가 되신 우리 어머니의 편지를 발견했습니다.… 코로나19로 심각한 상황이 되면 호흡기를 떼어주길 바란다는 내용이었습니다. 저는 삶과 죽음에 대한 양식이 있는 결정에 찬성하는 입장입니다. 하지만 우리 어머니가 아직 수학 개인 지도를 하시고, 주민 협회를 운영하시고, 개들과 손주들에게 응급 치료를 해주시고, 타의 추종을 불허하는 크리스마스 케이크를 만드신다는 것을 상기시켜드리고 싶습니다. 80세 이상 노인들은 코로나바이러스 앞에서 사회에 대한 그들의 가치를 과소평가하게 되었습니다. 우리는 단지 애정 때문에 그들을 보호하고 있는 것이 아닙니다. 우리에게는 그들이 필요합니다.

이런 개인적인 이야기와 관점은 자리를 잡은 고정관념을 반박하는 열쇠다. 우리는 앞으로 몇 개월, 몇 년 동안 팬데믹 기간에 정확히 무슨 일이 있었는지에 대한 대단히 많은 보고서와 평가, 조사를 보게 될 것이다. 그 과정에서 노인과 젊은이의 분열이라는 거짓된 의식에 굴복하지 않는 것이 중요하다. 《근거 없는 격차The Myth Gap》의 저자 알렉스 에반스Alex Evans의 말처럼 "지금은 초안이 아주 중요한 순간이다.… 스토리들은 그 묘사대로 우리의 현실을 창조하며, 특히 불확실성이 큰 상황에서는 너무 쉽게 자기충족적 예언이 될 수 있다. 따라서 바로 지금은 우리가 세대들이 어떻게 단합을 이루는지… 새롭고 희망적인 공유 어젠다를 중심으로 어떻게 결집하는지에 대한 스토리를 키워 내는 것이 매우 중요한 때다."[32] 다음에 어떤 일이 일어날지, 어떻게 회복의 길을 계획할 수 있는지에 대한 기조를 잡는 데 도움이 되는 견해다.

위기와 그 여파에 대한 세대적 관점은 매우 중대한 문제지만, 현재는 그것이 대단히 단순한 방식으로 제시되고 있다. 너무나 당연하게도 이미 전염병에 세대의 꼬리표를 붙이는 경쟁이 시작됐다. '코로니얼'('코로나바이러스'와 '밀레니얼 세대'의 합성어 — 옮긴이), '일레니얼Illenial'(젊은이들의 신체 건강에 미치는 영향이 대부분 아주 적다는 점을 고려하면 그리 타당치 않다), '쿼란틴Quaranteens'[격리(Quarantine)와 10대(teens)의 합성어. 나는 이것이 꽤 마음에 든다] 그리고 필연적으로 기술과 관련된, 화상회의 앱의 이름을 딴 '줌 세대Generation Zoom' 등의 말들이 생겼다. 팬데믹 위기는 우리가 아직 알 수 없는 방식으로 세대들의 모습을 형성할 것이 분명하다. 이런 작명은 너무 이른 시기에 벌여지는 우스꽝스러운 짓이다.

나는 이런 식으로 세대에 이름을 붙이는 일이 대단히 못 미덥다. 나는 코로나19가 세대적 사건이 아니라 "우리가 목격할 수 있었던 그 어떤 것보다 균질하고 지속적인 시대 효과에 가깝다"는[33] 말에 전혀 동의할 수 없다. 팬데믹을 규정하는 특징 중 하나는 나이를 핵심 요소로 하는 여러 집단이 그 결과를 얼마나 다르게 경험하느냐였다. 실제로 이것은 우리 일생에서 가장 세대적인 사건이다. 우리가 태어난 시점이 지금까지 어떤 영향을 받았는지 결정짓는 데 중요한 역할을 해왔으며 이것이 앞으로 수년간 계속될 것이기 때문이다. 팬데믹을 획일적인 시대 영향으로 평가하는 것은 세대적 영향이 어떻게 작동하는지 그 요점을 완전히 놓친 결과다.

코로나19 팬데믹으로 연령 집단에 관심이 집중되는 동안 혹시 눈치챘는가? 늘 그렇듯 중년이 **거의 완전히** 배제되었다는 것을. 중년은 아이들과 부모님을 돌보고 집에서 일을 하며 한창 바쁜 시기를 보내고 있지만 단기적인 건강상의 위협이나 장기적인 영향에서 주된 관심 대상이 아니다. 일부에서 이런 '잊힌 둘째 아이'의 처지에 편승해 X세대가 느끼는 분노에 치중하는 것도 놀라운 일이 아니다. 이런 트윗을 올린 사람이 있다. "우선 35~45세만 받는 술집을 열까 한다. 젊은이들은 바보같이 굴지 않으리란 보장이 없고, 나이 든 사람들은 병에 걸리면 위험하다. 믿음을 줄 수 있는 최고의 나이인 것이 분명하다. 나머지는 부디 집에서 안전하게 지내시길. 그리고 우리에게 밖이 안전한지 확인할 시간을 한 달만 주시길."[34]

단절된 시대에 유대를 구축하다

이 글을 쓰는 현재 코로나19 예방 백신이 전 세계에 출시되고 있다. 고무적인 신호이긴 하지만, 여전히 단 몇 개월 후에 세상이 어떤 모습일지조차 짐작하기 어렵다. 우리 모두를 위해 우리가 개발한 백신과 치료제가 곧 맹렬한 속도로 여러 세대가 자유롭게 어울릴 수 있도록 해주었으면 하는 바람이다. 연령 집단 간 사적 유대를 지속하는 것은 개인적으로도, 사회적으로도 믿을 수 없을 만큼 중요한 것으로 나타났다. 어린이와 성인들의 연령 혼합을 조사한 인류학 연구들은 나이 든 아이들과 어린 아이들이 어울려 시간을 보내게 하는 경우 나이 든 아이들은 육아를 익히고 어린 아이들은 지배적인 태도를 완화하는 법을 배우며 두 집단 모두 가족 이외의 성인들과 시간을 보내는 데에서 혜택을 얻는다는 것을 보여주었다. 반대로 또래와만 노는 아이들은 경쟁심이 강해질 확률이 높았다.[35]

에릭 에릭슨Erik Erikson은 성인 발달 8단계 이론의 일부로 '생식성generativity'(生殖性, 후진 양성의 욕구—옮긴이)이라는 말을 만들었다. 다음 세대가 자리를 잡게 하고 그들을 인도할 책임에 대해 나이 든 사람들이 느끼는 우려를 표현하는 단어다.[36] 마크 프리드먼은 유산에 대한 생각이 처음에는 유전자를 물려주기 위한 욕구에서 나올지 몰라도, "중년을 거치고 지나면서 다음 세대, 우리보다 오래 살 모든 아이들에 대한 더욱 폭넓은 관심으로 생식성에 대한 생각이 무르익는다"고 말한다. 에릭슨은 생식성을 자신에 대한 염려self-concern 와 대비한다. 자기 염려는 죽음을 피할 수 없다는 사실을 부정하고 자기애를 넘어설 수 없게 만들어 자신을 더 큰 어떤 것의 일부로 보지 못하게 한다. 데이비드 브룩스David Brooks는 우리 모두가 비슷하게 겪는 '이력서 덕목', 즉 '당신이 시장에 제공하는 기술'에서 '추도사 덕목'으로 전환하는 과정을 이야기한다. 추도사 덕목은 당신이 기억되고자 하는 특성들이다. "당신은 친절하고, 용감하고, 정직하고, 신의 있는 사람이었나? 당신은 깊은 사랑을 할 수 있는 사람이었나?"[37]

2장에서 우리는 우리가 사는 곳에서 연령 기반 분리를 역전시키는 일의 중요성을 논의하고 작은 조치들이 이미 우리를 뒤로 되돌리고 있다고 이야기했다. 여러 계획들이 연령 집단 간 의미 있는 접촉을 늘리려 시도하고 있으며, 대학촌 소재 노인들의 집에 젊은이들이 머물 여분의 방을 찾는 계획을 비롯한 상업적 서비스도 제공되고 있다. 보스턴의 네스털리Nesterly가 그런 서비스를 제공하는 업체 중 하나다.[38] 전 미국 보건교육복지 장관인 존 가드너John W. Gardner는 노인들을 공립 초등학교와 연결하는 '경험군단Experience Corps'이라는 아이디어를 개발했다. 1990년대 마크 프리드먼과 린다 프리드Linda Fried가 시작한 이 아이디어는 학생들이 3학년이 될 때까지 독서를 돕는 데 주안점을 두고 있다. 프리드먼은 "나이 든 사람들의 경험으로 젊은 사람에게 혜택을 주기 위해 만들어진 군단인가, 아니면 나이 든 사람들에게 유용하고 의미 있는 경험을 제공하기 위해 만들어진 군단인가"라는 질문을 종종 받는다고 말한다. "그런 질문에 나는 둘 다라고 답한다."

케어스패밀리Cares Family는 '단절된 시대에 유대 찾기'라는 사명으로 활동하는 영국의 공동체 네트워크 그룹이다. 이는 동일한 혜택의 균형을 찾는 또 다른 시도다. 설립자 알렉스 스미스Alex Smith는 2010년에 이 아이디어가 어떻게 떠올랐는지 설명한다. 지방 의회 선거에 출마한 그는 선거 유세 중 3개월 동안 집 밖에 나가지 못한 84세의 이웃 프레드를 만났다. 알렉스는 프레드의 휠체어를 밀고 투표소로 갔고, 다음 날에는 프레드의 이발을 돕기 위해 그의 집을 다시 찾았다. 두 사람이 친구가 되면서, 이것이 진정한 상호적 관계라는 것이 분명해졌다. 프레드는 알렉스와의 상호작용을 통해 외로움을 덜었고, 알렉스는 공동체와 더욱 강한 유대감을 느꼈다. 케어스패밀리는 노스런던에서 시작해 사우스런던, 맨체스터, 리버풀, 이스트런던에 지점을 열었다. 이 이니셔티브는 고립을 줄이고, 세대 간의 관계를 개선하고, 사람들이 더 행복해지고 공동체와 더 긴밀해지며 필요할 때 의지할 사람이 있다는 것을 느낄 수 있도록 돕는 프로그램을 통해 2만 2000명의 사람들을 연결했다. 이러한 신중하고 사려 깊은 이니셔티브는 대단히 고무적이다. 하지만 우리를 단절시키는 강한 추세에 직면한 상황에서는 충분하다고 볼 수 없다. 그들은 더 많은 지원을 받을 자격이 있다. 정부

는 연령 집단들의 연결을 핵심 목표로 삼아 주도적으로 활동해 나
갈 필요가 있다.

사회적 기업가들의 노력은 세대 갈등 이야기를 기회주의적으
로 사용해 분열을 싹틔우는 행태와 극명하게 대조된다. 스티브 배
넌이 2010년 발표한 다큐멘터리 〈제너레이션 제로Generation Zero〉는
후자의 좋은 예다. 말 그대로 보기가 괴로운 이상한 영화다. 요란
하고 극적인 음악과 석양, 고치에서 나오는 나비, 폭동 장면, 십자
가 위의 예수상 등의 영상이 산재해 있다. 다만, 책임감과 미래를
내다보는 통찰 부족으로 2008년 금융 위기에 이르렀다는 핵심 메
시지는 새롭지는 않지만 타당성이 있다.

하지만 이 영화는 위기의 원인과 결과를 스트라우스와 하우
가 《제4의 전환The Fourth Turning》에서 말하는 논지와 연결한다. 위기
의 책임을 1960년대 세대의 자유주의에 돌리고 피할 수 없는 대가
를 치르게 될 것이라고 암시하는 것이다. 이 영화는 세대와 시대
를 암울하게 그려내면서 쇠퇴와 파멸이 임박했다는 느낌을 준다.
1990년대는 명백히 "예의와 거리가 먼 냉소주의"의 시기라고 말
이다. 20세기 초에 여러 철학자와 사회학자들이 "세대의 보편적
리듬이 가진 규칙성을 추구했다"면서 역사의 "맥박수 가설pulse rate
hypothesis"을 내놓는데, 여기서 시작하는 긴 사상의 흐름 중 정점을
이루는 것이 이 다큐멘터리다.[39] "사회역사적 현상에 생물학적 리
듬을 부여하려 시도하는" 이 영화는 더욱 극단적인 세대 사고로 보
인다.[40] 스트라우스와 하우는 보편적 리듬이라는 사상을 불가피한
와해의 예언으로 바꾸었고, 배넌은 여기에 의지해 불길한 다큐멘

터리를 만들었다.

이런 식의 틀 짓기는 전체 집단을 조악하게 정형화하고, 서사에 부합하는 역사만을 선택적으로 읽을 뿐 아니라, 다가오는 위기가 불가피하다고 생각한다는 데 문제가 있다. 이는 진로를 어떻게 바꿀 수 있을지 생각하는 우리의 주체 의식을 제거하고, 우리를 항상 자신들이 혼란의 직전에 있다고 믿는 성향의 희생자로 만든다. 영국의 작가이자 학자인 노엘 애넌Noel Annan은 "모든 세대주의자들은 자신의 세대가 사라졌다고 믿는다"고 말했다.[41]

그러나 사실 세대적 변화는 갈등이 내재된 조화와 긴장의 필연적 혼합이다. 호세 오르테가는 "세대라는 개념은 역사가 움직이고, 변화하고, 돌고, 흐르는 기제를 이루기 때문에 역사 전체에서 가장 중요한 개념이다"라고 말했다.[42]

현실에서 세대 간의 심각한 원한이 존재하지 않는 것은 부분적으로 세대 사이의 사랑이 가지는 힘 덕분이다. 하버드성인발달연구Havard Study of Adult Develoment는 1938년 시작되어 75년이 넘게 다양한 배경의 사람들을 추적했다. 이 연구에서 무엇보다 눈에 띄는 것이 있다. 인간관계가 행복, 특히 나이 든 후의 행복에 필수 요소라는 점이다. 40년 동안 연구를 이끌었던 하버드대학 교수 조지 베일런트George Vaillant는 이렇게 말했다. "행복은 사랑이다. 끝."[43] 사랑이 세대를 거쳐 이어지는 경우라면 특히 더 그렇다. 다음 세대를 염려하는 중년이나 중년을 넘긴 사람들은 그렇지 않은 사람들보다 행복할 가능성이 3배 높다. 안이하고 편리한 생각처럼 보일지도 모르겠다. 하지만 이런 역할이 사회에서 갖는 중요성은 점차 많은 주목을 받고 있으며, 코로나19 위기로 인해 더 두드러질 것이다. 예를 들어 빌 게이츠는 이런 역할을 이행하도록 사람들을 교육하고 고용하는 데 자금을 마련하기 위해 '로봇세tax on robots'를 도입하자고 제안했다. "노인들에게 관심을 쏟고, 학급의 크기를 줄이고, 특별한 도움이 필요한 아이들을 지원하는 일을 더 잘할 수 있게 만듭시다. 알다시피 이런 일들에서 인간의 공감과 이해는 여전히 매우 매우 중요한 부분입니다. 아직 이런 부분에서 도움을 줄 사람이 극히 부족합니다."[44]

마크 프리드먼은 세대를 아우르는 활동이 돈이 "두 배로 사용되는" 효과를 낸다고 말한다. 양쪽 세대가 혜택을 보기 때문이다. 하지만 그의 말대로 "장기적으로 무엇보다 중요한 것은 사랑이다.… 모든 감정 역시 양쪽에서 두 배로 느끼기 때문이다." 우리가 놓치고 있는 것이 갈등이 아닌 접촉이라는 것이 팬데믹 기간 동안 강제적 분리로 더욱 분명해졌다.

11장

모든 세대를 위한 조언

프랭크 카프라Frank Capra의 〈멋진 인생〉은 마음이 따뜻해지는 크리스마스 영화로 유명하지만 사실 대단히 어두운 주제를 다룬다. 영화의 전반부 대부분은 작은 마을에서 사는 숨 막히는 삶을 그린다. 주인공 조지 베일리는 탈출을 시도하지만 그마저 의무감 때문에 좌절된다. 조지는 걱정 없이 사는 남동생과는 다른 시대의 사람처럼 보인다. 그는 전쟁 전 미국에서 자란 '시민의식이 강한 세대'의 전형이다(그의 아버지의 평대로 그는 '애늙은이'다). 이렇게 외길만 걷던 그는 중년의 위기에 맞닥뜨리고, 이 위기를 신의 개입(혹은 보는 방식에 따라 환각 상태에서 느끼는 깨달음)을 통해 벗어난다. 영화 종반부에 그는 자신이 태어난 환경과 나이에 따른 운명을 받아들이는 법을 배우게 된다.

깨달음의 원동력은 본인이 없었다면 베드포드폴스라는 작은 마을이 어떻게 되었을지 본 일이었다. 결국 〈멋진 인생〉이 설득력이 있는 것은 이런 대안적 현실의 비전이 여러 가지 의미 있는 문제들(우리의 형성기 경험은 우리 자신의 성격과 인생 경로를 어떻게 틀 지었을까? 우리가 영원히 사라지기 전까지 우리는 세상에 어떤 가치를 더할까?)을 제기한 뒤 그 문제들에 든든한 크리스마스식 답을 내놓기 때문이다.

조지의 존재는 많은 것을 변화시켰던 것으로 드러난다. 그는 동생의 목숨을 구했고, 동생은 전쟁 중에 전체 소대의 목숨을 구했다. 조지는 비탄에 빠진 약사(스페인독감으로 아들이 사망했다는 소식을 접했다)가 실수로 고객에게 독극물을 먹이는 것을 막았다. 그는 예금 인출 소동을 막아 마을을 구했다.

조지의 이야기는 이 책에서 우리가 논의했던 변화의 세 가지 기제, 즉 나이가 들면서 우리의 생활과 태도는 어떻게 변화하는지, 개별 사건이 전체 인구의 모든 것을 어떻게 변화시킬 수 있는지, 우리가 성장한 환경이 살아가는 동안 우리의 모습을 어떻게 형성하는지를 구체화한다. 우리가 그렇듯이 조지의 삶에도 이런 생애주기, 시대, 코호트의 영향이 혼합되어 있다. 그의 고투는 자신만의 길을 가는 것과 기존의 행동 방식에 동조하는 것 사이에서 우리 모두가 직면하는 긴장감을 반영한다. 〈멋진 인생〉은 피할 수 없는 죽음에 직면함으로써 중요한 것이 무엇인지, 우리가 만들 수 있는 차이가 무엇인지가 얼마나 선명해지는지 보여준다.

우리 모두가 조지처럼 될 수는 없다. 하지만 개인으로서의 유산보다 세대로서의 집단적 유산에 더 큰 의미를 둘 수는 있다. 실제로 우리는 그것을 위해 노력한다. 우리의 생각이 우리 세대가 '세상에 무엇을 줄 수 있는지' 혹은 무엇을 달성할 수 있는지에 얼마나 빨리 이끌리는지를 보면 알 수 있다. 우리는 '세계 빈곤을 종식하는 세대'가 되기를 열망한다.[1] 우리는 미래 세대가 코로나19의 대응법을 돌아보고, 이 위기의 초반에 엘리자베스 2세 영국 여왕이 영연방을 대상으로 한 연설에서 말했듯이 우리 세대가 '어떤 세대보다 강했다'고 인정해주기를 바란다.[2] 또한 때때로 다른 세대에게 변화를 요구하기도 한다. 그레타 툰베리가 그녀의 미래를 결정지을 수도 있는 기후 변화의 재앙으로부터 지구를 구하는 것이 오늘날 어른들의 책임이라고 주장한 것처럼 말이다.

왜 세대가 중요한가

세대적 관점은 강력하다. 인간 존재와 사회적 변화의 핵심에 얽혀 있기 때문이다. 개인은 태어나서 살고 죽지만, 사회는 이어지며, 코호트의 존재와 부재에 의해 크고 작은 변화를 겪는다. 우리는 이 책 전체에 걸쳐 위대한 사상가들이 사회적 진보의 기제로 세대에 집중해왔다는 것을 살펴보았다. 오귀스트 콩트는 세대가 "인간 발전의 기본 속도"에서 핵심이라고 밝혔다. "우리의 사회적 진보가 근본적으로 죽음에 좌우된다는 사실을 감추어서는 안 된다. 인류의 연속적 단계는 한 세대에서 다른 세대로 이어지는 지속적 혁신을 필요로 한다."[3]

하지만 세대교체가 모든 것을 결정하는 것은 아니다. 모든 위대한 세대 사상가들은 우리의 미래를 형성하는 사건의 힘과 세대 간 긴장을 낳는 생애 주기의 역할을 인정했다. 다른 세대 분석과 달리, 이 책에서 내 목표는 세대 차이가 사회가 어떻게 변화하는지 이해하는 데 중요하다는 점을 입증하는 것이 아니었다. 진실은 그런 단순한 서사에 반하는 것이 보통이다. 현실의 사회는 코호트, 생애 주기, 시대 영향의 상호작용을 통해 변화한다. 이들 영향 각각이 큰 힘을 가지고 있으며, 어떤 것도 다른 것보다 중요하다고 할 수 없다. 각각에 대해 더욱 주의 깊게 생각한다면 개인으로서의 우리가 형성되는 방식과 사회가 변화하는 방식을 이해하는 데 도움이 될 것이다. 또한 개별 세대에 대한 신화를 부수고 과장된 주장이나 고정관념을 의미 있는 큰 변화로부터 분리하는 데에도 도움을 줄 것이다. 우리가 원하는 미래를 구축하기 위해 무엇을 해야 하는지도 알게 될 것이다.

세대적 시각은 계층이나 소득과 같은 사회·경제적 척도의 대체물이 아니다. 그런 척도들 역시 세상을 이해하고 세상이 어떻게 변화하는지 이해하는 데 유용하다. 그렇지만 당신이 태어난 때와 당신이 태어난 환경 사이의 상호작용을 연구하는 것은 우리 사회에서 가장 중요한 몇몇 변화들을 비롯한 새로운 패턴을 강조한다. 궁극적으로 진정한 세대적 시각(단순화된 진부한 생각에 동의하는 것이 아니라 코호트, 생애 주기, 시대 영향을 주의 깊게 분리하는 시각)은 우리가 현재 직면하고 있는 가장 큰 문제들에 대한 새로운 식견을 제공하며, 우리가 어떻게 반응해야 하는지 알려준다. 책 전체를 되돌아보면 일곱 가지 중심 주제가 두드러진다.

허위의 고정관념이 허위의 세대 전쟁을 키운다

고정관념에 쉽게 휘둘리는 것은 세대 차이를 논의할 때 우리가 가장 흔히 빠지는 함정이다. 팬데믹 기간에 바람직하지 못한 행동을 한 젊은이들의 충격적 사례는 클릭 수를 높인다. 그에 반해 힘겨운 제약에 직면한 젊은이와 노인들이 보여준 믿기 힘든 규정 준수의 모습은 제대로 전달되지 못한다. 세대적 사고는 우리가 자연스럽게 젊은이들이 잘못된 행동을 할 가능성이 높다고 생각하는 이유를 이해하는 데 도움이 된다. 최근 세대는 **항상** 기존의 문화와 관행에 대한 '야만인의 침략'으로 받아들여질 수밖에 없다. 이 점을 인정하는 것만으로도 세대 컨설턴트라는 틈새 업계가 만들어내는 진부한 생각, 마케팅 문구, 선정주의적 책에 빠지는 것을 막을 수 있다. 이들의 힘은 개별적으로는 미미해 보일 수 있지만 함께 모였을 때는 파괴적이다.

마찬가지로 세대적 관점은 새로운 기술에 대한 도덕적 공포를 경계해야 한다는 가르침도 준다. 우리가 자랄 때는 없던 혁신이 새로 발생하는 문제의 원인으로 인식될 때, 확실한 증거를 찾을 때까지 회의적 입장을 취해야 한다. 스마트폰과 소셜 미디어가 젊은이들 사이에서 증가하는 정신 질환에 책임이 있다는 간단한 답을 받아들인다면, 우리는 잘못된 장소에서 해답을 찾으면서 더 효과적인(간단하지는 않은) 조치를 놓치게 될 것이다.

젊은이들과 부정적인 고정관념을 연결하는 것이 지배적 경향이긴 하지만, 과도하게 긍정적인 고정관념에 저항하는 것도 그만큼 중요하다. 스트라우스와 하우가 초시민 밀레니얼 세대의 물결이라고 추어올리는 것이 가장 명백한 예이고, 그 외에도 중요한 사례들이 있다. 현재 젊은 세대들이 이전 세대보다 지속 가능한 행동이나 사회적 목적을 추구하는 행동에 초점을 맞춘다는 신화는 위험하다. 그들이 전체 세대에서 차지하는 비중이 커짐에 따라 환경적 관심과 행동이 필연적으로 증가할 것이라는 안일한 가정에 이르게 되기 때문이다. 이것은 잘못된 안도감을 줄 뿐 아니라 미래 세대와 지구에 대한 나이 든 사람들의 관심과 염려를 묵살하도록 부추기는 효과를 낳을 수 있다.

정형화의 경향에는 젊은 세대를 '깨어 있는' 사람들로 묘사하는 것이 포함된다. 젊은 세대가 중요한 문화적 논의에서 더욱 진보적인 입장이라는 지속적 추세는 의심할 여지가 없는 사실이지만, 이들이 갑자기 문화적으로 완전히 다른 인종이 된다는 것을 암시하는 자료는 전혀 없다.

사실 우리는 멀지 않은 과거에 훨씬 더 빠른 세대 변화를 목격했다. 코호트 영향이 사회 변화의 한 가지 방식에 불과하다는 것을 기억하면 왜 '문화 전쟁'이라는 수사가 지금 나타나고 있는지 확인하는 데 도움이 된다. 사실 그 대부분은 시대의 영향이다. 양극화된 정치와 소셜 미디어가 정당화할 수 있는 것보다 더 강한 이질감을 만들어냈기 때문이다.

차이에 대한 과장된 묘사가 순전히 클릭을 유도하는 논평으로 그칠 때도 많지만, 정치적 목적에 이용되는 경우도 있다. 유권자 기반이 점점 나이를 먹어가는 상황에서 정당들이 '캠퍼스 정치 국가'를 꿈꾸면서 젊은이의 미덕을 과장하는 것은 충분히 이해가

가는 일이다. 하지만 두 전략 모두 과도하게 부풀려진 세대 차이에 대한 인식에 기름을 붓고, 이런 견해를 갖지 않은 상당수 사람들에 대한 언급을 피하게 하고, 우리가 한 방향으로만 움직일 수 있다는 잘못된 인식을 심어준다. 우리가 보아왔듯이 시대는 사건들에 대한 반응과 사람들이 생애 주기를 거치면서 변화하는 방식에 따라 기복이 있게 마련이다.

유대의 상실

고정관념과 긴장이 날로 심각해지고 있는 데는 물리적으로나 디지털적으로 일어나는 세대 사이의 단절을 역사상 유례가 없는 수준까지 두고 본 데 일부 원인이 있다. 이는 부정적인 추세를 키웠을 뿐 아니라 다른 연령 집단과의 상호작용이 주는 상당한 혜택도 놓쳤다는 것을 의미한다.

이런 이유들 때문에 우리는 세대 간 유대를 장려하는 데 더욱 중점을 두어야 한다. 의욕적인 기업가들의 단편적 이니셔티브에만 맡겨둘 수는 없다. 우리의 선택에 의해 단절이 일어난 측면도 있지만 정부와 기획의 부주의도 단절을 부추겼다. 코로나19 팬데믹의 대응으로 강제된 분리는 우리가 놓치고 있는 것을 불거지게 하는 데 그치지 않고 세대가 본능적으로 서로를 지지하는 방식들을 끝없이 제시하고 있다. 회복 계획은 세대 간 유대를 다시 구축하고 강화할 방법을 심사숙고해 수립되어야 한다.

단절을 야기한 추세의 힘을 고려하면 무리한 요구처럼 들릴 수도 있을 것이다. 하지만 일부 정부는 이미 이 문제에 손을 대기 시작했다. 2014년과 2015년 싱가포르는 "성공적인 노화를 위한 행동 계획"을 만들기 위해 대규모 컨설팅을 실시했다.[4] 이 작업은 30억 달러 규모의 계획으로 마무리되었다. 계획의 핵심 사업 중 하나는 "세대 간 조화가 함께하는 응집력 있는 사회"를 구축하기 위한 노력으로 "모든 연령을 위한 캄퐁Kampong 마을"을 만드는 것이다. 이 프로그램은 세대 간 접촉만이 아니라 교통, 교육, 고용 등 모든 연령을 화합하게 하는 데 집중한다. 싱가포르의 경험은 제대로 일을 하는 것이 쉽지 않고 성과를 내기까지 시간이 걸리기는 하지만 변화를 일으키는 것이 가능하다는 점을 보여주었다.

한편으로 우리는 공통의 사회 문제를 해결하는 방법을 찾기 위해 세대 간의 더 강한 유대를 구축할 필요가 있다. 전 세계적으로 시민 의회Citizens' Assembly와 같은 방법으로 전체 인구를 한데 모아 중요 사안을 논의하고 결정하는 숙의민주주의 기법에 대한 관심이 커지고 있다. 이런 도구들은 세대 간 격차를 메우는 대단히 효과적인 방법일 수 있으며, 더 나아가 미래 세대와의 유대를 격려하는 방법도 된다. 예를 들어 고치기술대학의 사이조 다쓰요시Saijo Tatsuyoshi와 그의 동료들은 '미래 디자인future design'이라는 간단하지만 효과적인 접근법을 개발했다. 시민들이 물 공급부터 공공 주택에 이르는 각종 정책 문제에 대한 토론에서 미래 세대의 역할을 대신 맡는 것이다. 그 영향은 명확하다. 스스로를 미래 세대라고 상상하는 것만으로도 단기적인 우선 사항에만 집중하는 경향을 줄일 수 있다.[5]

지연되는 생애 주기, 바뀌는 삶의 경로

우리가 보고 듣는 세대적 서사들 사이에서 생애 주기 영향의 중요성을 놓쳐버리기 쉽다. 하지만 생애 주기는 우리의 태도와 행동에 대단히 강력한 힘을 발휘한다. 처음에는 이전 세대들과 매우 다른 방향으로 움직이기 시작했던 코호트들도 결국은 진부한 인생 경로로 너올아온다. 하지만 '지연된 성인기' 효과로 인한 젊은 세대들의 늦은 이행 때문에 생애 주기의 흐름이 변하고 있다는 것도 알아두어야 한다. 이것은 우리 시대의 가장 큰 변화 중 하나이며 젊은이들이 직면하고 있는 세상 속에서 눈에 띄는 여러 가지 전환의 결과다. 긴 교육 기간, 임금 정체, 불안정한 고용, 부채의 증가, 치솟는 집값 등 모두가 주요한 삶의 단계를 지연하는 데 일조한다. 이는 '새로운 탐색의 시대'나 '응석받이' 세대의 적극적인 선택 때문이 아닌 환경이 나빠진 결과다.

지연된 성인기는 새로운 세대에 대한 많은 오해, 즉 성인 초기의 자동차 보유, 성생활, 흡연 습관 등 온갖 것에 대한 오해의 원인이다. 이런 추세들 대부분은 이전 세대의 추세로 복귀한다. 다만 시간이 걸릴 뿐이다. 이것은 변화한 환경의 영향이지 세대의 타고난 특성 때문이 아니다. 즉 젊은 세대들이 독립 경험이 적고 더 많은 지원이 필요한 상태로 성인기에 접어든다는 의미일 뿐, 그들이 '나약한 세대'인 것이 아니다.

'노인의 것을 빼앗는 것'은 해법이 아니다

최근의 젊은 세대는 힘겨운 상황에 처해 있지만 노인들로부터 빼앗아 자신들의 운명을 낫게 만들려는 욕구를 가진 사람은 거의 없다. 거기에는 많은 이유가 있지만, 대부분은 대단히 사적인 것이다. 우리는 부모와 조부모를 사랑하고 그들이 그런 이유로 불이익을 받는 것을 원치 않는다. 부분적으로 그분들의 불이익이 우리의 부담으로 돌아온다는 점도 또 다른 이유다. 우리는 우리도 언젠가 노인이 될 것이라는 점을 알고 있다. 우리가 지금 노인들을 대하는 방식이 우리가 미래에 대접받는 방식에 대한 유일한 지표다. 더 일반적으로 우리는 기여를 한 사람을 인정해주어야 한다는 강한 의식이 있다. 그런 면에서 노인들은 가장 많은 기여를 한 사람들이다.

따라서 우리의 주된 초점은 기존 세대 간의 조잡한 자원 재분배가 되어서는 **안 된다**. 세대 간 균형을 찾아야 하는 것은 맞지만 세대가 낸 좋지 못한 결과는 임금 정체와 부의 축적에 존재하는 장애가 더 커진 결과다. 연령 집단 사이에서 부담을 전가하는 것은 사람들이 진정으로 원하는 바가 아니며, 큰 도움이 되지도 않는다. 사회의 균형이 나이 든 세대 쪽으로 더 움직인 경우라면 특히 더 그럴 것이다.

대중이 요구하는 것은 더 나은 일자리, 모두에게 혜택이 돌아가는 경제적 성장, 붕괴된 주택 시장에 대한 해법이다. 물론 달성하기가 대단히 어려운 일들이다. 하지만 이것이 세대 문제의 속성이다. 세대 간 문제에서는 단기적 미봉책이 아니라 모든 사람과 그 자녀들을 위한 더 나은 미래의 신뢰를 회복할 방법을 찾아야 한다.

우리가 살펴봤던 증거들을 기반으로 하면 주택 수요에 대한 더 나은 해법이 더욱 밝은 미래의 핵심인 것이 분명해보인다. 부동산 소유에 대한 열망은 세대와 관계없이 일관적이지만, 이것이 충족되는 경우는 점점 줄어들고 있다. 정부는 주택 소유를 지원하거나, 대인의 개신을 통해 목표를 선환하거나, 더 많은 공공주택 보급과 더 나은 민간 임대 규제 정책을 통해 기대의 격차를 줄여야 한다. 영국과 같은 나라는 이 부분에서 전혀 개선이 없는 상태다. 기대와 현실의 격차가 크면 개인의 미래는 가족에게 얻을 수 있는 자원에 의해 결정될 것이고, 민간 임차인은 은퇴 후에 더 많은 지원이 필요해질 것이다. '더 나은 재건'을 위한 모든 계획의 초석은 포괄적인 주택 계획이 되어야 한다.

불평등, 세대 간 문제가 되다

가족적 배경과 점차 긴밀하게 연결되는 것은 주택 구입 기회만이 아니다. 의료의 불평등과 가정의 안정성을 비롯한 다른 영역에서도 새로운 세대 패턴이 보인다. 과거 어린이의 비만 가능성은 사회 계층과 관련이 없었지만 최근 세대에게는 핵심 요소가 되었다. 더욱 일반적으로, 부의 엄청난 증가와 나이 든 연령 집단으로의 집중은 우리 시대의 핵심적인 경제 스토리다. 막 시작된 카스트 제도 내에서 이점과 약점의 대물림이 점점 심화하면서 미래의 세대 간 불평등이 고착되고 있다.

과거에는 언제 태어나고 싶으냐는 질문에 대한 정답이 항상

'오늘'이었다. 이것은 우리가 지켜본 믿기 힘든 진보와 그것이 모두의 상황을 개선했다는 (형편이 더 나은 사람이 더 빠른 진전을 보이기는 하겠지만) 증거였다. 하지만 지금 부유한 국가에서 적은 자원을 갖고 살아가는 사람들에게서 역전이 나타나고 있다. 뒤처진 사람들, 특별한 기술이 없고 소득이 적은 사람들 사이에서 기대 수명의 충격적인 감소세가 나타났다. 이들 집단은 현재로선 예외이지만, 특권의 집중이 계속되면 인구의 점점 많은 부분이 그쪽으로 밀려가게 될 것이다.

세대 간 불평등을 완화하는 것은 엄청난 과제이며, 정치적 관심을 거의 받지 못했던 과제다. 변화에 대한 대중의 요구가 부족했던 것도 한몫했다. 우리가 보았듯이 젊은이들로부터 이에 대한 분노가 나타나지 않는 것은 부분적으로 그들이 더 강한 개인주의로 향하는 추세의 끝에 있기 때문이다. 성과주의에 대한 개인적 책임감과 신념이 얼마나 강한지는 모르겠지만, 거기에도 한계가 있다. 그것은 더 나은 미래에 대한 신념을 약화하고 원한을 키울 것이다. 혁명으로까지 이어지지는 않더라도, 계속해서 사회적·정치적 안정을 해칠 것이다.

특히 코로나19 위기 이후 정부가 더욱 큰 "사회적 상상력social imagination"을[6] 가지고 이러한 과제를 해결하기 위해 나서야 한다는 인식이 커지고 있다. 경제학자 마리아나 마추카토Mariana Mazzucato가 이야기하듯이 각국 정부는 "땜질을 할 뿐 선도는 하지 않는" 모습을 보여 왔다.[7] 여기에 변화가 필요하다. "정부만이 경제조직을 통치하는 방법, 경제 주체, 시민사회, 시민이 서로 관계를 맺는 방식을 재구성하는 데 필요한 변혁을 주도할 수 있는 역량"을 갖고 있기 때문이다. 이것은 장기적인 세대 간 프로젝트다.

위기와 쇠퇴는 불가피하지 않다

세대적 변화만을 바라보다 보면 미래에 대해 지나치게 큰 확신을 갖게 될 위험이 있다. 세대 유형과 그에 따른 시대에 리듬을 덧씌우려 했던 스트라우스와 하우의 시도도 여기에 포함된다. 이런 유형의 사고는 위기를 피할 수 없다고 말한다. 이는 일부에게는 정치적으로 유용한 도구겠지만 사실상 역사에 대한 비논리적인 이해를 기반으로 하는, 미래에 대한 그릇된 지침이다.

게다가 그런 사고는 위기를 피하기 위해 우리가 할 수 있는 일이 없다는 느낌을 준다. 모든 '새로운 신뢰의 위기' 이야기에는 매우 흡사한 파멸의 그림들이 등장하지만, 실제 장기적인 추세를 보면 애초에 신뢰 수준이 전혀 높지 않았다. 기껏해야 길고 느린 하락세를 보여줄 뿐이다. 이런 장기 추세는 상황이 종종 그만큼 혹은 그보다 더 나쁜 적도 있었다는 것을 보여준다. 우리가 과거 수십 년간 목격한 민주주의에 대한 만족도의 큰 변동은 약점이라기보다는 회복력의 징후로 여겨져야 할 것이다.

장기적 시각은 기존의 결과가 지금 보이는 것만큼 확실치 않았다는 것도 보여준다. 사후 과잉 확신 편향은 언제나 상황이 이렇게, 즉 나이 든 세대가 상대적으로 많은 재산을 갖고 현재의 젊은 세대는 어려움에 직면하는 식으로 펼쳐질 운명이었다고 생각하게 만든다. 사실 두 가지 모두가 환경, 결정, 행동 사이 상호작용의 결과인데도 말이다.

또한 이런 사실들은 우리에게 보이는 것보다 더 큰 통제력이 있다는 것을 말해준다. 우리는 우리에게 힘이 있다는 점을 기억해야 한다. 우리가 직면한 도전들이 거대하고 복잡하고 상호 연결되어 있을 때조차도 말이다. 우리는 이전에도 비슷한 어두운 상황을 스스로 헤쳐 나왔다. 이는 '뉴딜' 정책 하나로 가능했던 것이 아니다. 장기에 걸친 수많은 상향식, 하향식 조치들을 통해서였다.

우리에게는 미래부 장관이 필요하다

킴 스탠리 로빈슨Kim Stanley Robinson의 소설,《미래부 장관The Ministry for the Future》은 정부가 탄소 배출 감축 약속을 이행하지 못하고 기후 변화로 수백만 명이 죽는 미래의 디스토피아를 쭈뼛할 정도로 현실적으로 그려낸다. 이에 대응해 파리협정 당사자들은 '미래부'라는 별칭을 가진 '협정 이행을 위한 보조기구'를 만든다. 미래부 장관의 역할은 "세계인권선언에 정의된 대로 기성세대의 권리만큼이나 소중한 권리를 가진 미래 세대의 세계 시민들을 옹호하고, 직접 권리를 주장할 수 없는 현재와 미래의 모든 생물들의 법적 지위와 물리적 보호를 증진함으로써 그들을 수호하는 것이다."

이 소설은 미래에 세대를 아우르는 의제가 가질 모습을 중심으로 온갖 종류의 도덕적 딜레마를 제기한다. 한 환경 운동가가 장관에게 말하듯 "지구상을 걸어 다니는 100명의 사람들이 있다고 합시다. 당신이 해야 하는 것처럼 미래의 시선으로 그들을 판단한다면 그들은 대량 살해범입니다.… 당신이 정말 **미래에서 왔고** 그래서 오늘 변화를 거부하면서 지구를 걸어 다니는 사람들이 당신의 아이들과 그들의 모든 아이들을 죽이고 있다는 것을 확실히 안다면, 당신은 당신의 사람들을 지켜야 할 것입니다. 당신 가정과 당신의 삶과 당신의 사람들을 지키기 위해서 당신은 환경을 해치고 있는 현재의 사람들을 죽여야 할 것입니다."

소설에서 미래부는 복잡하고 상호 연결된 사회적·경제적 절차와 인센티브를 수정해서 돈과 권력의 방향을 화석 연료 생산과 소비에서 돌려 좀 더 지속 가능한 대안 쪽으로 향하게 한다. 물론 이런 목표를 이루기 위해서는 새로운 탄소 통화와 테러집단이나 정보기관까지 연관되기도 하는 '비밀 작전' 등 상당한 개입이 필요하다.

세대적 생각과 행동에서 이런 극단적 상상과 정부의 미약한 시도 사이 어딘가에 미래에 대한 우리의 책임을 실현할 중간 지점이 있다.

문제를 프레이밍하는 방법이나 기관의 대응 방법 모두에서 장기적 시각 쪽으로 균형을 되찾으려는 징후가 포착되고 있다. 2015년의 교황 서한에서 프란치스코Francis 교황은 "세대 간 결속은 선택 사항이 아닌 기본적인 정의의 문제다. 우리가 물려받은 세상은 우리 뒤를 이을 사람들의 것이기도 하기 때문이다"라고 견해를 밝혔다.[8] 각국의 정부들 역시 행동에 나서기 시작했다. 아랍에미리트는 '내각·미래부'를 두고 있으며 헝가리에는 '미래 세대를 위한 고충처리국'이 있다.[9]

특히 중요한 사례는 웨일스가 2015년 제정한 미래세대행복법Well-being of Future Generations Act이다. 이 법을 발의한 전 환경부 장관 제인 데이비슨Jane Davidson의 말대로 "이것은 혁명적인 법이다. 현재는 물론 미래 웨일스 사람들의 행복이 웨일스 정부의 명백한 핵심 목표임을 법에 명시했기 때문이다."[10] 이 법은 이런 일을 해낸 세계 최초의 법이며 공공단체에게 "결정의 장기적 영향에 대해서 생각하고… 빈곤, 의료 불평등, 기후 변화와 같은 지속적 문제를 방지할 것"을 요구한다. 또한 이 법은 그 실행을 감독하는 미래세대위원의 역할을 설정했다. 미래세대위원은 정책을 중단시키거나 바꿀 힘은 없고 이 법의 목표와 부합하지 않는 행동을 하는 공공단체를 공개하고 권고하는 일만 할 수 있다. 그렇더라도 활동을 추진하거나 막는 여러 결정이 이 법을 명시적으로 인용하면서 이미 효과를 내고 있다. 데이비슨이 말했듯이 이것은 통치 문화를 바꾼다는 궁극적 목표를 향한 첫단추에 불과하다. 온전한 답은 아니지만 해답을 구축하는 흥미로운 토대인 것이다.

　소비문화와 경제·정치 체제가 각기 다른 방향으로 우리를 끌어당길 때, 장기적 관점으로 향하는 길에 도사린 여러 가지 거대한 장애들 앞에서 혁신은 왜소해지고 만다. 코로나19라는 큰 문제에 대응하면서 얼마나 멀리까지 갈 수 있는지 시험해보는 것이 중요하다. 가능성이 있어 보이기 때문이기도 하지만, 위기가 닥쳤을 때 바로 지금 여기에만 집중하는 우리의 천성이 발동하는 것을 막기 위해서이기도 하다. 지금은 장기적 사고를 제도화할 적기다.

...X, Y, Z

나는 세대적 사고가 우리의 미래를 형성하는 데 도움을 줄 독특하고 귀중한 것을 말해준다고 생각한다. 세대에 대한 모든 논의가 단일한 해답으로 마무리되기를 바라는 사람들이 많다. 세대 분석이란 이름으로 우리가 보고 듣는 진부한 생각들을 보면 그 이유를 알 수 있을 것 같다. 나는 이 책에서 '세내적'이라는 많은 것들이 사실은 그렇지 않은 이유를 설명했다. 세대적 사고에서 아무런 가치를 발견하지 못했기 때문이 아니다. 오히려 정반대다. 세대적 사고는 그릇된 방향으로 남겨 두기에는 너무나 중요하다. 바로 지금은 특히 더 그렇다. 세대적 사고가 중요한 것은 불가피한 위기나 전면적 세대 전쟁이 임박해서가 아니라 젊은이들이 더 나은 삶을 살 수 있다는 믿음이 사라지고 있는 것처럼 보이기 때문이다. '믿음의 상실'은 위험한 일이며, 코로나19로 인해 여러 면에서 우리 세계가 직면한 도전을 요약하는 말이기도 하다. 이에 대응하려면 우리를 분열시키는 것은 무엇이며 우리를 뭉치게 하는 것은 무엇인지를 비롯해 세대에 대한 이해가 필수다.

Z세대가 내가 표에 그려 넣을 세대별 그래프의 마지막이 될 가능성은 매우 낮다. 세대의 이야기가 계속해서 중요한 이유는 아주 간단하다. 그 이야기들은 우리가 누구인지 파악하는 데 도움을 준다. 〈멋진 인생〉의 조지 베일리와 마찬가지로 우리는 이 전체적인 그림에 우리가 얼마나 부합하는지 이해할 필요가 있다. 완벽하게 진실한 비전이 아니더라도 말이다. 우리는 젊은이들을 조롱하고 나이 든 사람들을 비난하는 일이 (중간에 낀 사람들을 잊어버리는 일

도) 너무나 매력적이라는 사실도 알아차려야 한다.

지금 나의 가족 구성원이 가진 기억의 범위는 대략 200년이 될 것이다. 1910년대에 태어나신 조부모님부터 2110년대까지는 충분히 살 아이들까지 말이다. 내가 알고 아끼는 사람들은 전혀 다른 시대를 살 것이다. 탄광과 제철소에서 일한 할아버지들부터 우리 아이들이 할, 나는 상상도 할 수 없는 일들까지. 한편으로 이런 생각은 내가 존재하는 시간의 단면을 믿을 수 없이 좁아 보이게 만든다. 다른 한편으로는 나를 인간 경험의 방대한 범위와 연결한다. "200년 현재200-year present"라는 말은 사회학자 엘리스 볼딩Elise Boulding이 과거 행동이 지금 우리에게 미치는 영향과 우리의 현재 행동이 미래에 미치는 영향 모두를 온전하게 인식하면서 현재에 대해 생각하는 방식을 묘사하기 위해 만들어낸 용어다. 이것은 과거가 그 영향 속에서 여전히 우리와 함께하고, 같은 방식으로 오늘의 행동이 미래를 결정할 것이라 인식하는 장기적 시각을 장려한다. 우리에게는 더 많은 200년 사고가 필요하다.

감사의 말

믿기 힘든 지원과 인내를 보내주신 루이스Louise, 브리짓Bridget, 마사Martha께 진심으로 감사드립니다. 뛰어난 편집 실력을 보여주신 마이크 하플리Mike Harpley와 에릭 헤니Eric Henney 그리고 훌륭한 편집과 연구로 도움을 주신 닉 험프리Nick Humphrey, 미켈레 스코토 디 베티모Michele Scotto di Vettimo, 헤마이어니 프리커Hermione Fricker, 로빈 데니스Robin Dennis, 사라 채트윈Sarah Chatwin께 감사를 전합니다. 또한 이 책의 기반이 된 세대 연구를 진행해주시고 지속적인 데이터, 분석, 식견을 지원해주신 입소스모리Ipsos MORI의 연구팀에도 감사드립니다. 글로벌 연구를 지원해주신 벤 페이지Ben Page, 해나 슈림프턴Hannah Shrimpton, 마이클 클레멘스Michael Clemence, 기디언 스키너Gideon Skinner, 수잰 홀Suzanne Hall, 매트 윌리엄스Matt Walliams, K. D. 해슬러K. D. Hasler, 핀탄 오코너Fintan O'Connor, 대럴 브리커Darrell Bricker, 켈리 비버Kelly Beaver께 감사드립니다. 제가 처음 세대 변화를 검토하기 시작했을 때 너그럽게 자료를 공유해주신 국립사회연구센터National

Centre for Social Research, NatCen의 과거와 현재 팀들, 특히 초기 분석의 구성에 도움을 주신 앨리슨 박Alison Park, 낸시 켈리Nancy Kelley, 피터 댄저필드Peter Dangerfield께 깊은 감사의 마음을 전합니다. 나의 산만함을 이해해주고 너그럽게 논평을 해주시는 조너선 그랜트Jonathan Grant, 헤르미온느 프리커, 조지 머킨George Murkin을 비롯한 킹스칼리지정책연구소의 팀들과 로버트 퍼트넘, 진 트웬지, 레졸루션재단 인터제너레이셔널센터Intergenerational Centre의 로라 가디너Laura Gardiner와 데이비드 윌레츠, 케어스패밀리의 알렉스 스미스, 킹스칼리지정책연구소의 베아트리스 펨브로크Beatrice Pembroke를 비롯해 세대 역학과 세대 관계를 더욱 잘 이해하기 위해 연구에 매진하면서 이 책에 정보를 제공해주신 많은 분들께 감사드립니다.

미주

서문

1 S.L. van Elsland, 'COVID-19 Deaths: Infection fatality ratio is about 1% says new report', Imperial College London, 29 October 2020, https://www.imperial.ac.uk/news/207273/covid-19-deaths-infection-fatalityratio-about (accessed 1 April 2021).
2 B. Pancevski, S. Meichtry and X. Fontdegloria, 'A Generational War Is Brewing Over Coronavirus', *The Wall Street Journal*, 19 March 2020, https://www.wsj.com/articles/a-generational-war-is-brewing-overcoronavirus-11584437401 (accessed 1 April 2021).
3 H. Sparks, 'Morbid "Boomer Remover" Coronavirus Meme Only Makes Millennials Seem More Awful', *New York Post*, 19 March 2020, https://nypost.com/2020/03/19/morbidboomer-remover-coronavirus-memeonly-makes-millennials-seem-moreawful/ (accessed 1 April 2021).
4 BBC News, 'Coronavirus: Under-25s and women financially worst-hit', 6 April 2020, https://www.bbc.co.uk/news/business-52176666 (accessed 1 April 2021).
5 J. Portes, 'The Lasting Scars of the Covid-19 Crisis: Channels and impacts', VOX EU, 1 June 2020, https://voxeu.org/article/lasting-scars-covid-19-crisis (accessed 1 April 2021).
6 K. Mannheim, *The Problem of Generations. Essays on the Sociology of Knowledge*, 1952, 5, 276 – 32.
7 D. Comin and M. Mestieri, *Technology Diffusion: Measurement, causes, and consequences*, NBER Working Paper No. 19052, Cambridge, MA, National Bureau of Economic Research, 2013, https://www.nber.org/papers/w19052 (accessed 1 April 2021).
8 H. Rosa, *Social Acceleration: A new theory of modernity*, trans. by J. Treejo-Mathys, New York, Columbia University Press, 2013.
9 Source: Ipsos What Worries the World survey (2010 – 18); around 1,000 interviews per month.
10 Source: Health Survey for England (1992 – 2017).
11 Source: US General Social Survey (1974 – 2018).
12 나는 분석을 가능한 이해하기 쉽게 만들기 위해 복잡한 통계 모형보다는 간단한 도표식 접근법을 사용했다. 그러나 시대, 생애 주기, 코호트의 영향을 분리하려 할 경우에는 통계학자들이 '식별 문제(identification problem)'라고 부르는 것을 우회할 방법이 없다. 이 영향들은 정확하게 '공직선성(colinear)'을 보인다. 즉 누군가의 나이와 우리가 측정을 실시하는 연도를 알면, 자동적으로 그들이 언제 태어났는지 알게 되는 것이다. 때문에 어떤 영

향이 변화를 유발하고 있는지 완벽하게 구분하는 일이 불가능해진다. 이 문제를 피하기 위한 통계 기법이 있기는 하지만, 모두가 특정한 것을 측정하기 위해 세 가지 영향 중 하나를 고치거나 제거하는 시도를 전제로 한다. 이 책에서 사용한 것은 훨씬 간단하지만, 이 영향들이 완벽하게 분리 가능하다고 주장하려면 신중을 기해야 한다.

13 K.J. Freeman, *Schools of Hellas: An essay on the practice and theory of ancient Greek education from 600 to 300 BC*, Macmillan, p. 74, quoted in: 'Misbehaving Children in Ancient Times', *Quote Investigator*, 1 May 2010, https://quoteinvestigator.com/2010/05/01/misbehave/ (accessed 1 April 2021).

14 J. Seder, '15 Historical Complaints About Young People Ruining Everything', Mental Floss, 21 March 2016, https://www.mentalfloss.com/article/77545/15-historicalcomplaints-about-young-peopleruining-everything (accessed 1 April 2021).

15 'Boys are Ruined. Dime Novels Cause Lads to Murder', *Dawson Daily News*, 1906.

16 C. Thompson, 'Why Chess Will Destroy Your Mind', Medium.com, 22 May 2014, https://medium.com/message/why-chess-will-destroyyour-mind-78ad1034521f (accessed 1 April 2021).

17 K. Taylor, 'Millennials and Their Spending Habits Are Wreaking Havoc on These 18 Industries', *Business Insider*, 1 February 2019, https://www.businessinsider.com/millennials-hurtindustries-sales-2018-10?r=US&IR=T (accessed 1 April 2021).

18 R. Dobson, *Millennial Problems: Everyday Struggles of a Generation*, London, Square Peg, 2017, p. 12.

19 M.L. Hummert, 'A Social Cognitive Perspective on Age Stereotypes', in *Social Cognition and Aging*, edited by T. M. Hess and F. Blanchard-Fields, Elsevier, 1999, pp. 175–196. L. Popham and T. Hess, 'Theories of Age Stereotyping and Views of Aging', in *Encyclopedia of Geropsychology*, edited by N.A. Pachana, Singapore, Springer ScienceBusiness Media, 2015, pp. 1–10. https://www.researchgate.net/publication/299478040_Theories_of_Age_Stereotyping_and_Views_of_Aging (accessed 7 April 2021).

20 N.R. Gibbs, 'Grays on the Go', *Time*, 131 (8), 22 February 1988, pp. 66–75, http://content.time.com/time/subscriber/article/0,33009,966744-9,00.html (accessed 1 April 2021).

21 E. Kihlstrom, 'Shhh! Ageing Is Good Business', Innovate UK, 14 May 2018, https://innovateuk.blog.gov.uk/2018/05/14/shhh-ageing-is-good-business/ (accessed 1 April 2021).

22 *The Guardian*, '"OK Boomer": Millennial MP Responds to Heckler in New Zealand Parliament, YouTube, 6 November 2019, https://www.youtube.com/watch?v=OxJsPXrEqCI (accessed 1 April 2021).

23 L. Stone, 'The Boomers Ruined Everything', *The Atlantic*, 24 June 2019, https://www.theatlantic.com/ideas/archive/2019/06/boomersare-blame-aging-america/592336/ (accessed 1 April 2021).

24 J. Walker [@jonwalker121], 'I am neither a millennial nor a boomer. I come from a generation so irrelevant that people can't even be bothered to hate us', Twitter, 14 November 2019,

https://twitter.com/jonwalker121/status/1194919236730343424 (accessed 1 April 2021).
25 P. Fussell, quoted in J. Gordinier, *X Saves the World: How Generation X Got the Shaft But Can Still Keep Everything From Sucking*, London, Penguin, 2008, p. xxi.
26 C. Seemiller and M. Grace, *Generation Z: A Century in the Making*, Abingdon, Routledge, 2018.
27 Gordinier, *X Saves the World*.
28 M. Hennessy, *Zero Hour for Gen X: How the Last Adult Generation Can Save America From Millennials*, New York, Encounter Books, 2018, p. 58.
29 Source: Eurostat (1972 – 2019).
30 N.N. Taleb, *The Black Swan: The Impact of the Highly Improbable*, London, Penguin, 2010.
31 Worldometer, Countries Where COVID-19 Has Spread, 2020, https://www.worldometers.info/coronavirus/countries-where-coronavirus-hasspread/ (accessed 1 April 2021).
32 Ipsos Global Trends survey, 2019.
33 H. Shrimpton, G. Skinner and S. Hall, *The Millennial Bug*, London, Resolution Foundation, 2017, https://www.resolutionfoundation.org/app/uploads/2017/09/The-Millennial-Bug.pdf (accessed 1 April 2021). B. Duffy, F. Thomas, H. Shrimpton, H. Whyte-Smith, M. Clemence and T. Abboud, *Beyond Binary: The Lives and Choices of Generation Z*, London, Ipsos MORI, 2018, p. 150, https://www.ipsos.com/ipsos-mori/en-uk/ipsos-thinksbeyond-binary-lives-and-choicesgeneration-z (accessed 1 April 2021).

1장 자산

1 'The Baby Boomers – Can They Ever Live as Well as Their Parents?' *Money* magazine, March 1983.
2 D. Willetts, *The Pinch: How the baby boomers took their children's future – and why they should give it back*, London, Atlantic Books, 2010.
3 F. Rahman and D. Tomlinson, *Cross Countries: International Comparisons of Intergenerational Trends*. London, Resolution Foundation and the Intergenerational Commission, 2018, https://www.resolutionfoundation.org/app/uploads/2018/02/ICinternational.pdf (accessed 1 April 2021).
4 Ibid.
5 G. Bangham, S. Clarke, L. Gardiner, L. Judge, F. Rahman and D. Tomlinson, *An Intergenerational Audit for the UK: 2019*, June 2019, London, Resolution Foundation, https://www.resolutionfoundation.org/app/uploads/2019/06/Intergenerational-audit-for-the-UK.pdf (accessed 1 April 2021).
6 Source: British Social Attitudes survey (1983 – 2017).
7 Office for National Statistics, 'Pensioner Income and Expenditure', in *Pension Trends*, 2012, https://webarchive.nationalarchives.gov.uk/20160107023853/http://www.ons.gov.uk/ons/rel/pensions/pension-trends/chapter-11--pensioner-income-andexpenditure-2012-edi-

tion-/sum-ch11-2012.html (accessed 1 April 2021).
8   Willetts, *The Pinch*.
9   M. Belot, S. Choi, E. Tripodi, E. van den Broek-Altenburg, J. C. Jamison and N. W. Papageorge, *Unequal Consequences of COVID-19 across Age and Income: Representative Evidence from Six Countries*, Bonn, Institute of Labor Economics, 2020, http://ftp. iza.org/dp13366.pdf (accessed 1 April 2021).
10 Barclays 'Small "Swaprifices" Could Save Millennials up to £10.5bn a Year', 20 February 2019, https://home. barclays/news/press-releases/2019/02/small--swaprifices--could-savemillennials-up-to-p10-5bn-a-year/ (accessed 1 April 2021).
11 R. Thompson, 'Millennial Spending Habits Are Being Questioned (Again) and the Internet Isn't Here For It', Mashable UK, 20 February 2019, https://mashable.com/article/millennial-coffee-spending-reaction (accessed 1 April 2021).
12 F. Costello and A. Acland, 'Spending the Kids Inheritance, What It Means for UK Companies', Innovate UK, 19 July 2016, https://innovateuk.blog. gov.uk/2016/07/19/spending-the-kidsinheritance-what-it-means-for-ukcompanies/ (accessed 1 April 2021).
13 W. Best, 'Gray Is the New Black: Baby Boomers Still Outspend Millennials', VISA Consulting and Analytics, 17 December 2018, https://usa.visa.com/partner-with-us/visa-consultinganalytics/baby-boomers-stilloutspend-millennials.html (accessed 1 April 2021).
14 A. Scott, 'The "Silver Tsunami" Is the Workforce the World Needs Right Now', Quartz at Work, 1 May 2019, https://qz.com/work/1605206/seniorworkers-are-the-key-to-economicgrowth/ (accessed 1 April 2021).
15 J.M. Twenge, *Generation Me: Why Today's Young Americans are More Confident, Assertive, Entitled – and More Miserable than Ever Before*, New York, The Free Press, 2006.
16 J.M. Twenge, *Why Today's Super-Connected Kids Are Growing Up Less Rebellious, More Tolerant, Less Happy – and Completely Unprepared for Adulthood*, New York, Atria Books, 2018.
17 Twenge, *Why Today's Super-Connected Kids Are Growing Up Less Rebellious*; Twenge, *Generation Me*.
18 B. Fell and M. Hewstone, *Psychological Perspectives on Poverty: A review of psychological research into the causes and consequences of poverty*, London, Joseph Rowntree Foundation, 2015, https://www.jrf.org.uk/report/psychological-perspectives-poverty (accessed 1 April 2021).
19 S. Heshmat, 'The Scarcity Mindset: How does being poor change the way we feel and think?', *Psychology Today*, 2 April 2015, https://www.psychologytoday.com/gb/blog/science-choice/201504/the-scarcitymindset (accessed 1 April 2021).
20 Source: European Social Survey (2002 – 18).
21 Bangham et al., *An Intergenerational Audit for the UK: 2019*.
22 Credit Suisse Research Institute, *The Global Wealth Report 2017*, Zurich, Credit Suisse Research Institute, 2017, https://www.credit-suisse.com/corporate/en/research/researchinsti-

tute/global-wealth-report.html (accessed 1 April 2021).
23 T. Wiltshire and D. Wood 'Three Charts On: The Great Australian Wealth Gap', *The Conversation*, 1 October 2017, https://theconversation.com/three-charts-on-the-greataustralian-wealth-gap-84515 (accessed 1 April 2021).
24 Source: Australian Bureau of Statistics, Survey of Income and Housing (2003 – 16).
25 A. Josuweit, '5 Money Tips Millennials Can Learn From Their Grandparents', *Forbes*, 15 March 2018, https://www.forbes.com/sites/andrewjosuweit/2018/03/15/5-money-tips-millennials-can-learn-from-their-grandparents (accessed 1 April 2021).
26 Bangham et al., *An Intergenerational Audit for the UK: 2019*.
27 Intergenerational Commission, *A New Generational Contract: The final report of the Intergenerational Commission*, London, Resolution Foundation, 2018, https://www.resolutionfoundation.org/advanced/a-new-generational-contract/ (accessed 1 April 2021).
28 Willetts, *The Pinch*.
29 Intergenerational Commission, *A New Generational Contract*.
30 Ibid.
31 E. Howker and S. Malik, *Jilted Generation: How Britain Has Bankrupted Its Youth*, London, Icon Books, 2013.
32 K.K. Chan, E.J. Huang and R.A. Lassu, 'Understanding Financially Stressed Millennials' Hesitancy to Seek Help: Implications for Organizations', *Journal of Financial Education* vol. 43, no. 1, 2017, pp. 141 – 160, https://www.jstor.org/stable/90018423 (accessed 1 April 2021).
33 K. Scanlon, F. Blanc, A. Edge and C. Whitehead, *The Bank of Mum and Dad: How It Really Works*, London, LSE and the Family Building Society, http://www.lse.ac.uk/businessand-consultancy/consulting/assets/documents/the-bank-of-mum-anddad.pdf (accessed 1 April 2021).
34 Intergenerational Commission, *A New Generational Contract*.
35 G. Clark and N. Cummins, 'Intergenerational Wealth Mobility in England, 1858 – 2012: Surnames and Social Mobility', *The Economic Journal*, vol. 125, no. 582, 2015, pp. 61 – 85. https://doi.org/10.1111/ecoj.12165.
36 Intergenerational Commission, *A New Generational Contract*.
37 R. Eisenberg, 'The Distressing Growth of Wealth Inequality of Boomers', *Forbes*, 16 October 2019, https://www.forbes.com/sites/nextavenue/2019/10/16/the-distressing-growth-of-wealthinequality-of-boomers/ (accessed 1 April 2021).
38 R.D. Putnam, *Our Kids: The American Dream in Crisis*, New York, Simon and Schuster, 2016.
39 Cited in ibid.
40 Ibid.
41 P. Norris and P. Inglehart, *Cultural Backlash*, Cambridge, UK, Cambridge University Press, 2019.
42 G. Hofstede, *Culture's Consequences: Comparing Values, Behaviors, and Organizations Across*

Nations, London and Thousand Oaks, CA, Sage Publications, 2001. S.H. Schwartz, 'A Theory of Cultural Values and Some Implications for Work', *Applied Psychology: An International Review*, vol. 48, no. 1, pp. 23 – 47, 1999, https://doi.org/10.1111/j.1464-0597.1999.tb00047. x. S.H. Schwartz, 'Causes of Culture: National Differences in Cultural Embeddedness', in A. Gari and K. Mylonas, *Quod Erat Demonstrandum: From Herodotus' ethnographic journeys to crosscultural research*, Athens, Pedio Books, 2009, https://scholarworks.gvsu.edu/iaccp_proceedings/5/ (accessed 1 April 2021).

43 M. Thatcher, Speech to Conservative Party Conference, Blackpool, 10 October 1975, https://www.margaretthatcher.org/document/102777 (accessed 1 April 2021).

44 R. Reagan, 'A Time for Choosing', televised speech, Los Angeles County, CA, 27 October 1964, https://www.reaganlibrary.gov/reagans/ronaldreagan/time-choosing-speechoctober-27-1964 (accessed 7 April 2021).

45 S. Malik, 'Adults in Developing Nations More Optimistic Than Those in Rich Countries', *The Guardian*, 14 April 2014, https://www.theguardian.com/politics/2014/apr/14/developing-nations-more-optimistic-richercountries-survey (accessed 1 April 2021).

46 Ibid.

47 D. Thomson, *Selfish Generations?: The Ageing of New Zealand's Welfare State*, Bridget Williams Books, 2015.

48 US General Social Survey, 1984 – 2016.

49 British Social Attitudes survey, 2016.

50 H. Shrimpton, G. Skinner and S. Hall, *The Millennial Bug: Public attitudes on the living standards of different generations*, London, Resolution Foundation and Intergenerational Commission, 2017, https://www.resolutionfoundation.org/app/uploads/2017/09/The-Millennial-Bug.pdf (accessed 1 April 2021).

51 B. Duffy, S. Hall, D. O'Leary and S. Pope, *Generation Strains: A Demos and Ipsos MORI report on changing attitudes to welfare*, London, Demos, 2013, https://www.demos.co.uk/files/Demos_Ipsos_Generation_Strains_web.pdf?1378677272 (accessed 1 April 2021).

52 J. Hills, in *The Dynamic of Welfare: The Welfare State and The Lifecycle*, edited by J. Falkingham and J. Hills, Prentice-Hall, 1995.

2장 주거

1 Monty Python, 'Four Yorkshiremen', *At Last the 1948 Show*, ITV (1967), https://www.youtube.com/watch?v=VAdlkunflRs (accessed 1 April 2021).

2 J. Rach, '"The Estate Agent Said I'd Caused Mould by Breathing": "Generation Rent" Share Their Horror Stories – Including a Woman Whose Landlord Had Sex in Her Bed', *Daily Mail*, 23 August 2018, https://www.dailymail.co.uk/femail/article-6090591/Generation-rent-sharehorror-stories-including-mould-ripprices-holes-CEILING.html (accessed 1 April 2021).

3   Ibid, reader comment.
4   *Daily Mail*, 'In the Wealthiest Nation on Earth… But More than 1.6 Million Americans Do Not Have Indoor Plumbing', *Daily Mail*, 23 April 2014, https://www.dailymail.co.uk/news/article-2611602/In-wealthiest-nation-Earth-1-6-million-Americans-dontindoor-plumbing.html (accessed 1 April 2021). C. Ingraham, '1.6 Million Americans Don't Have Indoor Plumbing', *The Washington Post*, 23 April 2014, https://www.washingtonpost.com/news/wonk/wp/2014/04/23/1-6-million-americansdont-have-indoor-plumbing-hereswhere-they-live/ (accessed 1 April 2021).
5   This is Money, 'Homes Less Affordable Than 50 Years Ago – But At Least More of Them Have Indoor Toilets!', 20 January 2010, https://www.thisismoney.co.uk/money/article-1244777/Homes-affordable-50-years-ago--indoor-toilets.html (accessed 1 April 2021).
6   R. Goodman, *The Domestic Revolution*, London, Michael O'Mara Books, 2020.
7   D. Lavelle, '"Slugs came through the floorboards": What It's Like To Be a Millennial Renting in Britain', *The Guardian*, 5 August 2018, https://www.theguardian.com/society/2018/aug/05/landlord-flat-affordablerent-millennials-uk-cities-farcical (accessed 1 April 2021).
8   H. Ewens, 'The Real Reason Millennials Complain about Housing', 9 August 2018, *Vice.com*, https://www.vice.com/en_uk/article/bjb5kz/thereal-reason-millennials-complainabout-housing (accessed 1 April 2021).
9   Department for Communities and Local Government, *English Housing Survey: Housing Costs and Affordability, 2015 – 16*, https://assets.publishing.service.gov.uk/government/uploads/system/uploads/attachment_data/file/627683/Housing_Cost_and_Affordability_Report_2015-16.pdf (accessed 1 April 2021).
10 Ewens, 'The Real Reason Millennials Complain about Housing'.
11 *The Economist*, Global House-Price Index, 27 June 2019, https://www.economist.com/graphic-detail/2019/06/27/global-house-priceindex?date=1975-03&index=real_price&places=IRL&places=USA (accessed 1 April 2021).
12 A. Madrigal, 'Why Housing Policy Feels Like Generational Warfare', 13 June 2019, *The Atlantic*, https://www.theatlantic.com/technology/archive/2019/06/why-millennials-cant-affordbuy-house/591532/ (accessed 1 April 2021).
13 Intergenerational Commission, *A New Generational Contract*.
14 Source: British Social Attitudes survey (1983 – 2017).
15 P. Collinson, 'The Other Generation Rent: Meet the People Flatsharing in Their 40s', *The Guardian*, 25 September 2015, https://www.theguardian.com/money/2015/sep/25/flatsharing-40s-housing-crisis-lackhomes-renting-london (accessed 1 April 2021).
16 J. Kelly, 'Peep Show and the Stigma of Flat-Sharing in Your 40s', BBC News, 11 November 2015, https://www.bbc.co.uk/news/magazine-34775063 (accessed 1 April 2021).

17 A. Corlett and L. Judge, *Home Affront: Housing Across the Generations*, London, Resolution Foundation and Intergenerational Commission, 2017, https://www.resolutionfoundation.org/app/uploads/2017/09/Home-Affront.pdf (accessed 1 April 2021).
18 Source: British Social Attitudes survey (1983–2016).
19 Source: US General Social Survey (1985–2018).
20 M. Phillips, 'Most Germans Don't Buy Their Homes, They Rent. Here's Why', Quartz, 23 January 2014, https://qz.com/167887/germany-has-one-ofthe-worlds-lowest-homeownershiprates/ (accessed 1 April 2021).
21 Zeit Online 'Weniger junge Leute wohnen in den eigenen vier Wanden', 9 August 2019, https://www.zeit.de/news/2019-08/09/weniger-jungeleute-wohnen-in-den-eigenen-vierwaenden (accessed 1 April 2021).
22 L.J. Kotlikoff and S. Burns, *The Clash of Generations: Saving Ourselves, Our Kids, and Our Economy*, Cambridge, MA, MIT Press, 2012.
23 J. Sternberg, *The Theft of a Decade: How the Baby Boomers Stole the Millennials' Economic Future*, New York, Public Affairs, 2019.
24 R. Loxton, 'Housing in Germany: Why Are Fewer Young People Buying Their Own Homes?', *The Local*, 9 August 2019, https://www.thelocal.de/20190809/housing-in-germany-whyare-fewer-young-people-buying-theirown-homes (accessed 1 April 2021).
25 J.H. Choi, L. Goodman, B. Ganesh, S. Strochak and J. Zhu, *Millennial Homeownership: Why Is It So Low, and How Can We Increase It?*, Washington, DC, Urban Institute, 2018, https://www.urban.org/research/publication/millennial-homeownership (accessed 1 April 2021).
26 Ibid.
27 Ibid.
28 G.B. White, 'Millennials Who Are Thriving Financially Have One Thing in Common ⋯ Rich Parents', *The Atlantic*, 15 July 2015, https://www.theatlantic.com/business/archive/2015/07/millennials-with-richparents/398501/ (accessed 1 April 2021).
29 Ibid.
30 팬더믹 이전, 레졸루션재단은 최근에 존재한 최악의 주택 보유 조건과 최상의 조건을 적용해 영국의 밀레니얼 세대가 이전 세대의 주택 보유율을 따라잡을 것인지 예측했다. 이 싱크탱크의 가장 낙관적인 시나리오에 따르면, 밀레니얼 세대는 베이비부머를 몇 퍼센트 차이로 바짝 뒤쫓는다. 하지만 가장 비관적인 시나리오에 따르면, 45세가 되었을 때 밀레니얼 세대의 절반만이 가까스로 주택 보유자가 되어 베이비부머보다 20퍼센트 낮은 수치를 보일 것이다. Corlett and Judge, *Home Affront*.
31 A. Morris, *The Australian Dream: Housing Experiences of Older Australians*, Csiro Publishing, 2016, https://www.publish.csiro.au/book/7269/ (accessed 1 April 2021).
32 S. Baum and M. Wulff, *Housing Aspirations of Australian households*, Australian Housing and Urban Research Institute, Queensland Research Centre, 2003, https://pdfs.semanticscholar.org/eff1/e6c82d6ba380e3611e18 2741b2ace71b405c.pdf (accessed 1 April 2021).

33　Kotlikoff and Burns, *The Clash of Generations*.

34　J. Kotkin, 'The End of Aspiration', *Quillette*, 10 April 2019, https://quillette.com/2019/04/10/the-end-ofaspiration/ (accessed 1 April 2021).

35　M. Arnold and A. Domitille, 'Surge in European House Prices Stokes Concerns Over Market Resilience', *Financial Times*, 6 November 2020, https://www.ft.com/content/2606dd0d-d009-4fc6-8801-2a089d76bdc5 (accessed 1 April 2021).

36　Corlett and Judge, *Home Affront*.

37　S. Marsh, 'The Boomerang Generation – and the Childhood Bedrooms They Still Inhabit', *The Guardian*, 14 March 2016, https://www.theguardian.com/world/commentisfree/2016/mar/14/the-boomerang-generation-andthe-childhood-bedrooms-they-stillinhabit (accessed 1 April 2021).

38　B. Duffy, *The Perils of Perception: Why We're Wrong About Nearly Everything*, London, Atlantic Books, 2018.

39　Source: US General Social Survey (1975 – 2017).

40　P. Collinson, 'Record Numbers of Young Adults in UK Living with Parents', *The Guardian*, 15 November 2019, https://www.theguardian.com/uk-news/2019/nov/15/recordnumbers-of-young-adults-in-uk-living-with-parents (accessed 1 April 2021).

41　Office for National Statistics, 'Why Are More Young People Living with Their Parents?', 22 February 2016, https://www.ons.gov.uk/peoplepopulationandcommunity/birthsdeathsandmarriages/families/articles/whyaremoreyoungpeoplelivingwiththeirparents/2016-02-22 (accessed 1 April 2021).

42　J.J. Arnett, 'Emerging Adulthood: A Theory of Development from the Late Teens through the Twenties', *American Psychologist*, vol. 55, no. 5, 2000, pp. 469 – 480, http://www.jeffreyarnett.com/articles/ARNETT_Emerging_Adulthood_theory.pdf (accessed 1 April 2021).

43　J. Cote, *Arrested Adulthood: The Changing Nature of Identity-Maturity in the Late-Modern World*, New York, New York University Press, 2000.

44　J.G. Dey and C.R. Pierret, 'Independence for Young Millennials: Moving Out and Boomeranging Back', *Monthly Labor Review*, vol. 137, no. 1, 2014, https://www.jstor.org/stable/monthlylaborrev.2014.12.004 (accessed 1 April 2021).

45　J. Stein, 'Millennials: The Me Me Me Generation', *Time*, 20 May 2013, https://time.com/247/millennials-theme-me-me-generation/ (accessed 1 April 2021).

46　A. Barroso, K. Parker and R. Fry, 'Majority of Americans Say Parents Are Doing Too Much for Their Young Adult Children', Pew Research Center, 23 October 2019, https://www.pewsocialtrends.org/2019/10/23/majority-of-americans-say-parentsare-doing-too-much-for-their-youngadult-children/ (accessed 1 April 2021).

47　M. Freedman, 'The Perils of Age Segregation', The Aspen Institute, 17 April 2019, https://www.aspenideas.org/articles/the-perils-of-agesegregation (accessed 1 April 2021).

48　M. Freedman and T. Stamp, 'The U.S. Isn't Just Getting Older. It's Getting More Segregated by Age', *Harvard Business Review*, 6 June 2018, https://hbr.org/2018/06/the-u-s-isnt-justgetting-older-its-getting-moresegregated-by-age (accessed 1 April 2021).

49 L. Neyfakh, 'What "Age Segregation" Does to America', *Boston Globe*, 30 August 2014, https://www.bostonglobe.com/ideas/2014/08/30/what-age-segregation-does-america/o568E8xoAQ7VG6F4grjLxH/story.html (accessed 1 April 2021).

50 M. Freedman, *How to Live Forever: The Enduring Power of Connecting the Generations*, New York, Public Affairs, 2018.

51 Ibid.

52 Freedman and Stamp, 'The U.S. Isn't Just Getting Older'.

53 C. McCurdy, *Ageing, Fast and Slow: When Place and Demography Collide*, London, Resolution Foundation, 2019, https://www.resolutionfoundation.org/publications/ageing-fast-andslow/ (accessed 1 April 2021).

54 I. Warren, 'The Unequal Distribution of an Aging Population', Centre for Towns, 20 November 2017, https://www.centrefortowns.org/blog/16-theunequal-distribution-of-an-agingpopulation (accessed 1 April 2021).

55 Source: Centre for Towns reanalysis of UK Census data (1981–2011).

56 McCurdy, *Ageing, Fast and Slow*.

57 G.W. Allport, K. Clark and T. Pettigrew, *The Nature of Prejudice*, 1954.

58 Neyfakh, 'What "Age Segregation" Does to America'.

59 Generations United, *All in Together: Creating places where young and old thrive*, 2018, https://www.gu.org/app/uploads/2018/06/SignatureReport-Eisner-All-In-Together.pdf (accessed 1 April 2021).

60 A. Tversky and D. Kahneman, 'Availability: A Heuristic for Judging Frequency and Probability', *Cognitive Psychology*, vol. 5, no. 2, 1973, pp. 207–232, https://doi.org/10.1016/0010-0285(73)90033-9.

61 Wikipedia, 'Hindsight Bias', https://en.wikipedia.org/wiki/Hindsight_biasExamples (accessed 1 April 2021).

62 B. Milligan, 'Home Ownership: Did Earlier Generations Have It Easier?', BBC News, 29 November 2013, https://www.bbc.co.uk/news/business-24660825 (accessed 1 April 2021).

63 TIC Finance, 'How Many Repossessions in UK Year on Year?', UK Repossession Statistics, 1969–2019, https://www.ticfinance.co.uk/stats/ (accessed 1 April 2021).

3장 교육과 노동

1 L. Gellman, 'Helping Bosses Decode Millennials—for *20,000 an Hour*', The Wall Street Journal, 18 May 2016, https://www.wsj.com/articles/helpingbosses-decode-millennialsfor-20-000-an-hour-1463505666 (accessed 1 April 2021).

2 H. Nolan, 'Target's Dumb Internal Guide to Millennials (and Other Generations)', Gawker, 9 January 2015, https://gawker.com/targetsdumb-internal-guide-to-millennialsand-other-

g-1678496059 (accessed 1 April 2021).

3   H. Shrimpton, G. Skinner and S. Hall, *The Millennial Bug: Public attitudes on the living standards of different generations*, London, Resolution Foundation and Intergenerational Commission, 2017, https://www.resolutionfoundation.org/app/uploads/2017/09/The-Millennial-Bug.pdf (accessed 1 April 2021).

4   OECD, *Education in China: A Snapshot*, Paris, OECD Publishing, 2016, http://www.oecd.org/china/Education-in-China-a-snapshot.pdf (accessed 1 April 2021).

5   K. Stapleton, 'Inside the World's Largest Education Boom', The Conversation, 10 April 2017, https://theconversation.com/inside-theworlds-largest-higher-educationboom-74789 (accessed 1 April 2021).

6   D. Tomlinson and F. Rahman, *Cross Countries: International Comparisons of Intergenerational Trends*, London, Resolution Foundation, 2018, https://www.resolutionfoundation.org/publications/cross-countriesinternational-comparisons-ofintergenerational-trends/ (accessed 1 April 2021).

7   Source: Analysis of OECD data, 2000, 2010 and 2019.

8   Source: British Social Attitudes survey (1986 – 2018).

9   J. Arminio, T.K. Grabosky and J. Lang, *Student Veterans and Service Members in Higher Education*, Routledge, 2014.

10 OECD, *Health at a Glance 2019: OECD Indicators*, Paris, OECD Publishing, 2019, https://www.oecd-ilibrary.org/sites/6303de6b-en/index.html?itemId=/content/component/6303de6b-en (accessed 1 April 2021).

11 L. Rothman, 'Putting the Rising Cost of College in Perspective', *Time*, 31 August 2016, https://time.com/4472261/college-cost-history/ (accessed 1 April 2021).

12 J.H. Choi, L. Goodman, B. Ganesh, S. Strochak and J. Zhu, *Millennial Homeownership: Why Is It So Low, and How Can We Increase It?*, Washington, DC, Urban Institute, 2018, https://www.urban.org/research/publication/millennial-homeownership (accessed 1 April 2021).

13 Z. Friedman, 'Student Loan Debt Statistics In 2019: A *1.5 Trillion Crisis*', Forbes, 25 February 2019, https://www.forbes.com/sites/zackfriedman/2019/02/25/student-loan-debt-statistics-2019/6cac7908133f (accessed 1 April 2021).

14 J. Britton, L. Dearden, L. van der Erve and B. Waltmann, 'The Impact of Undergraduate Degrees on Lifetime Earnings', 29 February 2020, Institute for Fiscal Studies, https://www.ifs.org.uk/publications/14729 (accessed 1 April 2021).

15 J.R. Abel and R. Deitz, 'Despite Rising Costs, College Is Still A Good Investment', Federal Reserve Bank of New York, 5 June 2019, https://libertystreeteconomics.newyorkfed.org/2019/06/despite-rising-costscollege-is-still-a-good-investment.html (accessed 1 April 2021).

16 J. Ma, M. Pender and M. Welch, *Education Pays 2019: The Benefits of Higher Education for Individuals and Society*, Trends in Higher Education Series, College Board, 2019, https://re-

search.collegeboard.org/pdf/education-pays-2019-full-report.pdf (accessed 1 April 2021).
17. Universities New Zealand, Key Facts and Stats, https://www.universitiesnz.ac.nz/sites/default/files/uni-nz/NZ-Universities-Key-Facts-and-Stats-Sept-2016_0.pdf (accessed 7 April 2021).
18. C. Belfield, J. Britton, F. Buscha, L. Dearden, M. Dickson, L. van der Erve, L. Sibieta, A. Vignoles, I. Walker and Y. Zhu, *The impact of undergraduate degrees on early-career earnings*, London, Institute for Fiscal Studies and Department for Education, 2018, https://www.ifs.org.uk/uploads/publications/comms/DFE_returnsHE.pdf (accessed 1 April 2021).
19. Britton et al., 'The Impact of Undergraduate Degrees on Lifetime Earnings'.
20. H. Hoffower, Nearly Half of Indebted Millennials Say College Wasn't Worth It, And The Reason Why Is Obvious, *Insider*, 11 April 2019, https://www.businessinsider.com/personal-finance/millennials-collegenot-worth-student-loan-debt-2019-4?r=US&IR=T (accessed 7 April 2021).
21. E.T. Pascarella and P.T. Terenzini, *How College Affects Students: A Third Decade of Research*. Volume 2, Hoboken, NJ, John Wiley & Sons, 2005.
22. D. Goodhart, *Head, Hand, Heart: Why Intelligence Is Over-Rewarded, Manual Workers Matter, and Caregivers Deserve More Respect*, Free Press, 2020.
23. E. Ortiz-Ospina, S. Tzvetkova and M. Roser, 'Women's Employment', *OurWorldInData*, 2018, https://ourworldindata.org/female-laborsupply (accessed 1 April 2021).
24. Intergenerational Commission, *A New Generational Contract: The final report of the Intergenerational Commission*, London, Resolution Foundation, 2018, https://www.resolutionfoundation.org/advanced/a-new-generational-contract/ (accessed 1 April 2021).
25. A. Scott, 'The "Silver Tsunami" Is the Workforce the World Needs Right Now', Quartz at Work, 1 May 2019, https://qz.com/work/1605206/seniorworkers-are-the-key-to-economicgrowth/ (accessed 1 April 2021).
26. R. Kochhar, 'Hispanic Women, Immigrants, Young Adults, Those With Less Education Hit Hardest by COVID-19 Job Losses', Pew Research Center, 9 June 2020, https://www.pewresearch.org/fact-tank/2020/06/09/hispanic-women-immigrantsyoung-adults-those-with-lesseducation-hit-hardest-by-covid-19-job-losses/ (accessed 1 April 2021).
27. Office for National Statistics, Dataset: EMP17: People in employment on zero hours contracts, 2021, https://www.ons.gov.uk/employmentandlabourmarket/peopleinwork/employmentandemployeetypes/datasets/emp17peopleinemployment onzerohourscontracts (accessed 7 April 2021).
28. Rahman and Tomlinson, *Cross Countries*.
29. D. Rounds, 'Millennials and the Death of Loyalty', *Forbes*, 4 April 2017, https://www.forbes.com/sites/forbescoachescouncil/2017/04/04/millennials-and-the-death-of-loyalty/1f0073526745 (accessed 1 April 2021).
30. US Bureau of Labor Statistics, Median Tenure at Current Employer 1983-2018, 2018.

31　Ibid.
32　L. Gardiner and P. Gregg, *Study, Work, Progress, Repeat? How and why pay and progression*, London, Resolution Foundation, 2017, https://www.resolutionfoundation.org/app/uploads/2017/02/IC-labour-market.pdf (accessed 7 April 2021).
33　Ibid.
34　A. Brech, 'Millennials Work Far Fewer Hours Than Our Parents – So Why Are We Much More Stressed?', *Stylist*, 2019, https://www.stylist.co.uk/life/millennials-less-hours-more-stressedparents-study/267863 (accessed 1 April 2021).
35　B. Duffy, H. Shrimpton and M. Clemence, *Millennial Myths and Realities*, London, Ipsos MORI, 2017, https.//www.ipsos.com/ipsos-mori/en-uk/millennial-myths-and-realities (accessed 1 April 2021).
36　L. Gratton and A.J. Scott, *The 100-Year Life: Living and Working in an Age of Longevity*, London, Bloomsbury Publishing, 2016.
37　Source: ALLBUS: German General Social Survey (1984–2016).
38　Duffy et al., *Millennial Myths and Realities*.
39　World Values Survey.
40　J. Twenge, *iGen: Why Today's Super-Connected Kids Are Growing Up Less Rebellious, More Tolerant, Less Happy-and Completely Unprepared for Adulthood-and What That Means for the Rest of Us*, New York, Atria Books, 2017.
41　Source: International Social Survey Programme (1997–2015).
42　J. Twenge, *iGen: Why Today's Super-Connected Kids Are Growing Up Less Rebellious, More Tolerant, Less Happy-and Completely Unprepared for Adulthood-and What That Means for the Rest of Us*.
43　D. Susskind, *A World Without Work*, London, Allen Lane, 2020.
44　Ibid.
45　J. Manyika, S. Lund, M. Chui, J. Bughin, J. Woetzel, P. Batra, R. Ko and S. Sanghvi, *Jobs Lost, Jobs Gained: Workforce Transitions in a Time of Automation*, McKinsey Global Institute, 2017, https://www.mckinsey.com/featured-insights/future-ofwork/jobs-lost-jobs-gained-what-thefuture-of-work-will-mean-for-jobsskills-and-wages (accessed 7 April 2021).
46　B.N. Pfau, 'What Do Millennials Really Want at Work? The Same Things the Rest of Us Do', *Harvard Business Review*, 7 April 2016, https://hbr.org/2016/04/what-do-millennials-reallywant-at-work (accessed 1 April 2021).
47　C. Seemiller and G. Grace, *Generation Z: A Century in the Making*, London, Routledge, 2018.
48　Ibid.
49　J. Montes, *Millennial Workforce: Cracking the code to Generation Y in your company*, Lulu Publishing Services, 2017.
50　D. Stillman and J. Stillman, *Gen Z Work: How the Next Generation Is Transforming the Workplace*, Harper Collins, 2017.

51 Montes, *Millennial Workforce*.
52 D. Patel, 5 Differences Between Marketing To Millennials Vs. Gen Z, *Forbes*, 27 November 2017, https://www.forbes.com/sites/deeppatel/2017/11/27/5-d%E2%80%8Bifferences-%E2%80%8Bbetween-%E2%80%8Bmarketing-%E2%80%8Bto%E2%80%8Bm%E2%80%8Billennialsv%E2%80%8Bs%E2%80%8B-%E2%80%8Bgen-z/?sh=306ebfc32c9f (accessed 7 April 2021).
53 Microsoft Canada Consumer Insights team, *Attention Spans*, 2015, https://docs.google.com/viewerng/viewer?url=https://prc.olio.co.za/wp-content/uploads/2016/11/2015-Attention-Spans-Report-Microsoft.pdf&hl=en (accessed 1 April 2021).
54 J.W. MacLeod, M.A. Lawrence, M.M. McConnell, G.A. Eskes, R.M. Klein, and D.I. Shore, 2010. 'Appraising the ANT: Psychometric and theoretical considerations of the Attention Network Test', *Neuropsychology*, vol. 24, no. 5, pp. 637–651, https://www.ncbi.nlm.nih.gov/pubmed/20804252 (accessed 1 April 2021).
55 D.P. Costanza and L.M. Finkelstein, 2015. 'Generationally Based Differences in the Workplace: Is there a there there?' *Industrial and Organizational Psychology*, vol. 8, no. 3, pp. 308–323, https://doi.org/10.1017/iop.2015.15.
56 D.P. Costanza, J.M. Badger, R.L. Fraser, J.B. Severt and P.A. Gade, 'Generational Differences in Work-Related Attitudes: A metaanalysis', *Journal of Business and Psychology*, vol. 27, no. 4, 2012, pp. 375–394, https://www.jstor.org/stable/41682990?seq=1page_scan_tab_contents (accessed 1 April 2021).

4장 행복

1 E. Bryce, 'The Flawed Era of GDP Is Finally Coming to an End', *Wired*, 3 August 2019, https://www.wired.co.uk/article/countries-gdp-gross-nationalhappiness (accessed 1 April 2021).
2 D.M. McMahon, 'For Most of History, People Didn't Assume They Deserved To Be Happy. What Changed?', Quartz, 18 April 2017, https://qz.com/958677/happiness-a-history-authordarrin-m-mcmahon-explains-whenthe-idea-of-happiness-was-invented/ (accessed 1 April 2021).
3 P.N. Stearns, 'The History of Happiness', *Harvard Business Review*, January 2012, https://hbr.org/2012/01/the-history-of-happiness (accessed 1 April 2021).
4 Ibid.
5 P. Brickman, 'Hedonic Relativism and Planning the Good Society', *Adaptation Level Theory*, 1971, pp. 287–301.
6 D.G. Blanchflower and A.J. Oswald, 'Do Humans Suffer a Psychological Low in Midlife? Two approaches (with and without controls) in seven data sets', NBER Working Paper No. 23724, Cambridge, MA, National Bureau of Economic Research, 2019, https://www.nber.org/papers/w23724.pdf (accessed 1 April 2021).

7   D.G. Blanchflower, Is Happiness U-Shaped Everywhere? Age and subjective well-being in 145 countries', *Journal of Population Economics*, vol. 34, pp. 575 – 624, https://link.springer.com/article/10.1007/s00148-020-00797-z.

8   J. Jordan, 'Dylan Moran: "Britain is sending itself to its room and not coming down"', *Guardian*, 13 July 2018, https://www.theguardian.com/books/2018/jul/13/dylan-moran-drcosmos-britain-brexit (accessed 1 April 2021).

9   J. Rauch, 'The Real Roots of Midlife Crisis', *The Atlantic*, December 2014, https://www.theatlantic.com/magazine/archive/2014/12/thereal-roots-of-midlife-crisis/382235/ (accessed 1 April 2021).

10 C. Wunder, A. Wiencierz, J. Schwarze and H. Kuchenhoff, 'Well-Being Over the Life Span: Semiparametric evidence from British and German longitudinal data', *Review of Economics and Statistics*, vol. 95, no. 1, 2013, pp. 154 – 167, https://papers.ssrn.com/sol3/papers.cfm?abstract_id=1403203 (accessed 1 April 2021).

11 B.F. Lopez Ulloa, V. Møller and A. Sousa-Poza, 'How Does Subjective Well-Being Evolve with Age? A Literature Review', *Population Ageing*, vol. 6, 2013, pp. 227 – 246. https://doi.org/10.1007/s12062-013-9085-0.

12 Source: Blanchflower reanalysis of Eurobarometer data (2009 – 19) in Blanchflower, 'Is Happiness U-Shaped Everywhere?'.

13 R.A. Easterlin, 'Lifecycle Happiness and Its Sources: Intersections of Psychology, Economics, and Demography', *Journal of Economic Psychology*, vol. 27, no. 4, 2006, pp. 463 – 482.

14 B. Judd, '"Middle age misery" peaks at 47.2 years of age – but do the statistics ring true?', ABC News, 14 January 2020, https://www.abc.net.au/news/2020-01-15/middle-age-miserypeaks-at-47.2-midlife-crisis/11866110 (accessed 1 April 2021).

15 D.G. Blanchflower and A.J. Oswald, 'Is Well-Being U-Shaped Over the Life Cycle?', *Social Science & Medicine*, vol. 66, no. 8, 2008, pp. 1733 – 1749, https://www.sciencedirect.com/science/article/abs/pii/S0277953608000245 (accessed 1 April 2021).

16 A.E. Clark, 'Born To Be Mild? Cohort Effects Don't (Fully) Explain Why Well-Being Is U-Shaped in Age', IZA Discussion Paper No. 3170, Bonn, Institute for the Study of Labor, 2007, https://www.econstor.eu/bitstream/10419/34422/1/551074736.pdf (accessed 1 April 2021).

17 D.G. Blanchflower and A.J. Oswald, 'Do Humans Suffer a Psychological Low in Midlife? Two Approaches (With and Without Controls) in Seven Data Sets', IZA Discussion Paper No. 10958, Bonn, Institute for the Study of Labor, 2017, https://papers.ssrn.com/sol3/papers.cfm?abstract_id=3029367 (accessed 7 April 2021).

18 G. Vassilev and M. Hamilton, *Personal and economic well-being in Great Britain: May 2020*, Office for National Statistics, 2020, https://www.ons.gov.uk/peoplepopulationandcommunity/wellbeing/bulletins/personalandeconomicwellbeingintheuk/may2020 (accessed 1 April 2021).

19 J. De Neve and M. Norton, 'Busts Hurt More Than Booms Help: New lessons for growth

policy from global wellbeing surveys', VOX EU, 8 October 2014, https://voxeu.org/article/wellbeing-research-recessions-hurtmore-booms-help (accessed 1 April 2021).

20 D. Kahneman and A. Tversky, 'Prospect Theory: An Analysis of Decision Under Risk', *Econometrica*, vol. 47, no. 2, 1979, pp. 263 – 292, https://www.jstor.org/stable/1914185?origin=crossref&seq=1 (accessed 1 April 2021).

21 E. Yechiam, 'The Psychology of Gains and Losses: More complicated than previously thought', *Psychological Science Agenda*, January 2015, https://www.apa.org/science/about/psa/2015/01/gains-losses (accessed 1 April 2021).

22 Source: Eurobarometer (1986 – 2018).

23 L. Greene, 'Are Millennials Really the Most Mentally Ill Generation?', *Moods Magazine*, 1 June 2016, www.moodsmag.com/blog/millennialsreally-mentally-ill-generation/ (accessed 1 April 2021).

24 L. Soeiro, 'Why Are Millennials So Anxious And Unhappy?', *Psychology Today*, 24 July 2019, https://www.psychologytoday.com/gb/blog/i-hearyou/201907/why-are-millennials-so-anxious-and-unhappy (accessed 1 April 2021).

25 C. Thorley, *Not By Degrees: Improving student mental health in the UK's universities*, London, London, Institute for Public Policy Research, 2017, https://www.ippr.org/files/2017-09/1504645674_not-bydegrees-170905.pdf (accessed 1 April 2021).

26 J.M. Twenge, A.B. Cooper, T.E. Joiner, M.E. Duffy and S.G. Binau, 'Age, Period, and Cohort Trends in Mood Disorder Indicators and Suicide-Related Outcomes in a Nationally Representative Dataset, 2005 – 2017', *Journal of Abnormal Psychology*, vol. 128, no. 3, 2019, 185 – 199, https://www.apa.org/pubs/journals/releases/abn-abn0000410.pdf (accessed 1 April 2021).

27 J. Twenge, *iGen: Why Today's Super-Connected Kids Are Growing Up Less Rebellious, More Tolerant, Less Happy-and Completely Unprepared for Adulthood-and What That Means for the Rest of Us*, New York, Atria Books, 2017.

28 D. James, J. Yates and E. Ferguson, 'Can the 12-item General Health Questionnaire Be Used To Identify Medical Students Who Might "Struggle" on the Medical Course? A prospective study on two cohorts', *BMC Medical Education*, vol. 13, no. 1, 2013, 48, https://www.ncbi.nlm.nih.gov/pmc/articles/PMC3616988 (accessed 1 April 2021).

29 Source: Health Survey for England (1991 – 2016).

30 Mental Health of Children and Young People Surveys, 'Mental health of children and young people in England, 2017', November 2018, https://digital.nhs.uk/data-and-information/publications/statistical/mental-health-of-children-andyoung-people-in-england/2017/2017 (accessed 1 April 2021).

31 Source: Adult Psychiatric Morbidity Survey (1993 – 2014). S. McManus, P. Bebbington, R. Jenkins, T. Brugha (eds), *Mental Health and Wellbeing in England: Adult Psychiatric Morbidity Survey 2014*, Leeds, NHS Digital, https://webarchive.nationalarchives. gov.

uk/20180328140249/http://digital.nhs.uk/catalogue/PUB21748 (accessed 7 April 2021)
32 Twenge, *iGen: Why Today's Super-Connected Kids Are Growing Up Less Rebellious*.
33 Source: Adult Psychiatric Morbidity Survey (1993 – 2014).
34 World Health Organization, 'Adolescent Mental Health in the European Region', factsheet, Copenhagen, WHO Europe, 2018, http://www.euro.who.int/__data/assets/pdf_file/0005/383891/adolescent-mh-fs-eng.pdf?ua=1 (accessed 1 April 2021).
35 L.Z. Li and S. Wang, 'Prevalence and Predictors of General Psychiatric Disorders and Loneliness during COVID-19 in the United Kingdom: Results from the Understanding Society UKHLS', medRxiv, 12 June 2020, https://www.medrxiv.org/content/10.1101/2020.06.09.20120139v1 (accessed 1 April 2021).
36 I. Sample, 'Covid poses "greatest threat to mental health since second world war"', *The Guardian*, 27 December 2020, https://www.theguardian.com/society/2020/dec/27/covid-poses-greatest-threat-tomental-health-since-second-worldwar (accessed 1 April 2021).
37 C. Gayer, R.L. Anderson, C. El Zerbi, L. Strang, V.M. Hall, G. Knowles, S. Marlow, M. Avendano, N. Manning and J. Das-Munshi, 'Impacts of social isolation among disadvantaged and vulnerable groups during public health crises', ESRC Centre for Society & Mental Health, King's College London, 2020, https://esrc.ukri.org/files/news-events-and-publications/evidence-briefings/impacts-of-socialisolation-among-disadvantaged-andvulnerable-groups-during-publichealth-crises/ (accessed 1 April 2021).
38 Mental Health Foundation, 'Coronavirus: The divergence of mental health experiences during the pandemic', n.d., https://www.mentalhealth.org.uk/coronavirus/divergence-mental-healthexperiences-during-pandemic (accessed 1 April 2021).
39 K. Rawlinson, 'Social Media Firms Must Share Child Mental Health Costs', *The Guardian*, 14 June 2018, https://www.theguardian.com/society/2018/jun/14/nhs-child-mental-healthcosts-social-media-firms-must-share (accessed 1 April 2021).
40 B. Duffy, H. Shrimpton and M. Clemence, *Millennial Myths and Realities*, London, Ipsos MORI, 2017, https://www.ipsos.com/ipsos-mori/en-uk/millennial-myths-and-realities (accessed 1 April 2021).
41 Y. Kelly, A. Zilanawala, C. Booker and A. Sacker, 'Social Media Use and Adolescent Mental Health: Findings from the UK Millennium Cohort Study', *EClinical Medicine*, vol. 6, 2018, pp. 59 – 68, https://www.thelancet.com/journals/eclinm/article/PIIS2589-5370(18)30060-9/fulltext (accessed 7 April 2021).
42 A. Orben and A.K. Przybylski, 'The Association Between Adolescent Well-Being and Digital Technology Use', *Nature Human Behaviour*, vol. 3, no. 2, 2019, pp. 173 – 182, https://www.gwern.net/docs/psychology/2019-orben.pdf (accessed 1 April 2021).
43 A. Orben, T. Dienlinand A.K. Przybylski, 'Social Media's Enduring Effect on Adolescent Life Satisfaction', *Proceedings of the National Academy of Sciences*, vol. 116, no. 21, 2019, 10226 – 10228, https://www.pnas.org/content/116/21/10226 (accessed 1 April 2021). 이 논문은 일

반적인 기술 사용을 관찰했지만, 같은 저자들의 논문들은 소셜 미디어 사용과의 관련성이 약하다는 것도 보여주고 있다.

44 R.M. Viner, A. Gireesh, N. Stiglic, L.D. Hudson, A.-L. Goddings, J.L. Ward and D.E. Nicholls, 'Roles of Cyberbullying, Sleep, and Physical Activity in Mediating the Effects of Social Media Use on Mental Health and Wellbeing Among Young People in England: A secondary analysis of longitudinal data', *The Lancet Child & Adolescent Health*, vol. 3, no. 10, 2019, pp. 685–696, https://www.thelancet.com/journals/lanchi/article/PIIS2352-4642(19)30186-5/fulltext (accessed 1 April 2021).

45 Department for Education, *State of the Nation 2019: Children and Young People's Wellbeing*, 2019, https://assets.publishing.service.gov.uk/government/uploads/system/uploads/attachment_data/file/838022/State_of_the_Nation_2019_young_people_children_wellbeing.pdf (accessed 1 April 2021).

46 P.M. Markey and C.J. Ferguson, 'Teaching Us To Fear: The Violent Video Game Moral Panic and The Politics of Game Research', *American Journal of Play*, vol. 10, no. 1, 2017, pp. 99–115, https://files.eric.ed.gov/fulltext/EJ1166785.pdf (accessed 1 April 2021).

47 Burdick, A., 'How to Fight Crime With Your Television', *The New Yorker*, 5 July 2018, https://www.newyorker.com/science/elements/how-to-fightcrime-with-your-television (accessed 7 April 2021).

48 Markey and Ferguson, 'Teaching Us To Fear'.

49 N. Howe, 'Millennials and the Loneliness Epidemic', *Forbes*, 3 May 2019, https://www.forbes.com/sites/neilhowe/2019/05/03/millennialsand-the-loneliness-epidemic/e5951b57676a (accessed 1 April 2021).

50 CBC Radio, 'Loneliness in Canadian Seniors an Epidemic, Says Psychologist', 20 September 2016, https://www.cbc.ca/radio/thecurrent/the-current-forseptember-20-2016-1.3770103/loneliness-in-canadian-seniors-anepidemic-says-psychologist-1.3770208 (accessed 1 April 2021).

51 L.C. Hawkley, K. Wroblewski, T. Kaiser, M. Luhmann and L.P. Schumm, 'Are US Older Adults Getting Lonelier? Age, period, and cohort differences', *Psychology and Aging*, vol. 34, no. 8, 2019, 1144–1157, https://www.ncbi.nlm.nih.gov/pubmed/31804118 (accessed 1 April 2021).

52 F. Nyqvist, M. Cattan, M. Conradsson, M. Nasman and Y. Gustafsson, 'Prevalence of Loneliness Over Ten Years Among the Oldest Old', *Scandinavian Journal of Public Health*, vol. 45, no. 4, 2017, pp. 411–418.

53 두 연구 모두 다음에 인용되었다. Hawkley et al., 'Are US Older Adults Getting Lonelier?'.

54 D.M.T. Clark, N.J. Loxton and S.J. Tobin, 'Declining Loneliness Over Time: Evidence from American colleges and high schools', *Personality and Social Psychology Bulletin*, vol. 41, no. 1, 2015, pp. 78–89, https://journals.sagepub.com/doi/abs/10.1177/0146167214557007?journalCode=pspc (accessed 1 April 2021).

55 B. DiJulio, L. Hamel, C. Munana and M. Brodie, *Loneliness and Social Isolation in the United States, the United Kingdom, and Japan: An International Survey*, San Francisco, Kaiser Family Foundation, http://files.kff.org/attachment/Report-Loneliness-and-Social-Isolation-in-the-United-States-the-United-Kingdom-and-Japan-An-International-Survey (accessed 1 April 2021).

56 Source: Community Life Study (2014–2018).

57 E. Klinenberg, *Going Solo: The extraordinary rise and surprising appeal of living alone*, London, Penguin, 2013.

58 US Census Bureau, 'U.S. Census Bureau Releases 2018 Families and Living Arrangements Tables', 14 November 2018, https://www.census.gov/newsroom/press-releases/2018/families.html (accessed 7 April 2021).

59 S.J. Dubner, 'Is There Really a "Loneliness Epidemic"?' (Ep. 407), *Freakonomics* podcast, 26 February 2020, https://freakonomics.com/podcast/loneliness/ (accessed 1 April 2021).

60 J. Lepore, 'The History of Loneliness', *The New Yorker*, 6 April 2020, https://www.newyorker.com/magazine/2020/04/06/the-history-of-loneliness (accessed 1 April 2021).

61 D. Scheimer and M. Chakrabarti, 'Former Surgeon General Vivek Murthy: Loneliness Is A Public Health Crisis', WBUR, 23 March 2020, https://www.wbur.org/onpoint/2020/03/23/vivek-murthy-loneliness (accessed 1 April 2021).

62 J. Holt-Lunstad, T.B. Smith, and J.B. Layton, 'Social Relationships and Mortality Risk: A meta-analytic review', *PLoS medicine*, vol. 7, no. 7, 2010, e1000316, https://doi.org/10.1371/journal.pmed.1000316 (accessed 1 April 2021).

63 T. Chivers, 'Is the "epidemic of loneliness" fake news?', UnHerd, 8 May 2019, from https://unherd.com/2019/05/is-the-epidemic-ofloneliness-fake-news/ (accessed 1 April 2021).

64 T. Chivers, 'Do we really have a "suicidal generation"?', UnHerd, 4 February 2019, https://unherd.com/2019/02/do-we-really-have-a-suicidalgeneration/ (accessed 1 April 2021).

65 Office for National Statistics, Suicides in the UK: 2018 registrations. Registered deaths in the UK from suicide analysed by sex, age, area of usual residence of the deceased and suicide method, 2018, https://www.ons.gov.uk/peoplepopulationandcommunity/birthsdeathsandmarriages/deaths/bulletins/suicidesintheunitedkingdom/2018registrations (accessed 1 April 2021). 미디어에서는 희귀한 사건의 변동성으로 인해 추세를 과대 해석하는 일이 잦다. 이를 피하기 위해 통계국은 추세를 확인할 때 자료를 보다 광범한 연령대로 나눈다.

66 Source: Office for National Statistics, National Records of Scotland and Northern Ireland Statistics and Research Agency (1981–2018).

67 Office for National Statistics, Middle-aged generation most likely to die by suicide and drug poisoning, 2019, https://www.ons.gov.uk/peoplepopulation andcommunity/healthandsocialcare/healthandwellbeing/articles/middleagedgenerationmost likelytodiebysuicideanddrugpoisoning/2019-08-13 (accessed 1 April 2021).

68 Source: Office for National Statistics, National Records of Scotland and Northern Ireland Sta-

tistics and Research Agency (1981 – 2018).

69 N. Dougall, C. Stark, T. Agnew, R. Henderson, M. Maxwell and P. Lambert, 'An Analysis of Suicide Trends in Scotland 1950 – 2014: Comparison with England & Wales', *BMC Public Health*, vol. 17, no. 1, 2017, 970, https://www.ncbi.nlm.nih.gov/pmc/articles/PMC5738808/ (accessed 1 April 2021).

70 BBC News, 'Deaths by Suicide and Drugs Highest Among Generation X', 13 August 2019, https://www.bbc.co.uk/news/health-49329595 (accessed 1 April 2021).

71 J. Emyr and A. Butt, Deaths related to drug poisoning by selected substances, dataset, 2020, https://www.ons.gov.uk/peoplepopulationandcommunity/birthsdeathsandmarriages/deaths/datasets/deaths relatedtodrugpoisoning byselectedsubstances (accessed 1 April 2021).

72 A. Case and A. Deaton, *Deaths of Despair and the Future of Capitalism*, Princeton University Press, 2020.

73 Psychology Wiki, 'Clustering illusion', n.d., https://psychology.wikia.org/wiki/Clustering_illusion (accessed 1 April 2021).

74 Wikipedia, 'Correlation does not imply causation', n.d., https://en.wikipedia.org/wiki/Correlation_ does_not_imply_causation (accessed 1 April 2021).

75 C.G. O'Boyle, *History of Psychology: A Cultural Perspective*, Psychology Press, 2014.

5장 건강

1 A. Case and A. Deaton, *Deaths of Despair and the Future of Capitalism*, Princeton University Press, 2020.

2 Ibid.

3 M. Roser, 'The Spanish Flu (1918-20): The global impact of the largest influenza pandemic in history', *OurWorldInData*, 2020, https://ourworldindata.org/spanish-flulargest-influenza-pandemic-in-history (accessed 1 April 2021).

4 D.M. Morens, J.K. Taubenberger and A.S. Fauci, 'Predominant Role of Bacterial Pneumonia as a Cause of Death in Pandemic Influenza: Implications for pandemic influenza preparedness', *Journal of Infectious Diseases*, vol. 198, no. 7, 2008, 962Y970, https://www.ncbi.nlm.nih.gov/pmc/articles/PMC2599911/ (accessed 1 April 2021).

5 Roser, 'The Spanish Flu (1918-20)'.

6 P. Jha, 'Avoidable Global Cancer Deaths and Total Deaths From Smoking', *Nature Reviews Cancer*, vol. 9, no. 9, 2009, pp. 655 – 664, https://www.nature.com/articles/nrc2703 (accessed 1 April 2021).

7 Centers for Disease Control Prevention, Current cigarette smoking among adults in the United States, 2016, https://www.cdc.gov/tobacco/data_statistics/fact_sheets/adult_ data/cig_smoking/ (accessed 1 April 2021).

8 NHS, 'Around 1.8m Fewer Adult Smokers in England in 2018 Compared With Seven Years

Ago', 2 July 2019, https://digital.nhs.uk/news-and-events/around-1.8m-feweradult-smokers-in-england-in-2018-compared-with-seven-years-ago (accessed 1 April 2021).

9   NHS, Statistics on Smoking, England, 27 May 2016, https://digital.nhs.uk/data-and-information/publications/statistical/statistics-on-smoking/statistics-on-smoking-england-2016 (accessed 1 April 2021).

10 Centers for Disease Control Prevention, Current cigarette smoking among adults in the United States.

11 The Tobacco Atlas, Consumption, 2020, https://tobaccoatlas.org/topic/consumption/ (accessed 1 April 2021).

12 Source: Health Survey for England (1999 – 2017).

13 L. Saad, 'U.S. Smoking Rate Still Coming Down', Gallup, 24 July 2008, https://news.gallup.com/poll/109048/us-smoking-rate-still-coming-down.aspx (accessed 1 April 2021).

14 Public Health England, 'E-cigarettes Around 95% Less Harmful Than Tobacco Estimates Landmark Review', 19 August 2015, https://www.gov.uk/government/news/e-cigarettesa-round-95-less-harmful-thantobacco-estimates-landmark-review (accessed 1 April 2021).

15 R. Harris and C. Wroth, 'FDA To Banish Flavored E-Cigarettes To Combat Youth Vaping', NPR, 11 September 2019, https://www.npr.org/sections/health-shots/2019/09/11/759851853/fda-to-banish-flavorede-cigarettes-to-combat-youth-vaping?t=1588112377545&t=1588799163720 (accessed 1 April 2021).

16 E. Nilsen, 'The FDA Has Officially Raised the Age to Buy Tobacco Products to 21', VOX, 27 December 2019, https://www.vox.com/2019/12/27/21039149/fda-officially-raisedage-to-buy-tobacco-from-18-to-21 (accessed 1 April 2021).

17 J. Belluz, 'Cigarette Packs Are Being Stripped of Advertising Around The World. But Not in the US', VOX, 2 June 2016, https://www.vox.com/2016/6/2/11818692/plain-packaging-policy-usaustralia (accessed 1 April 2021).

18 Source: Health Survey for England (1997 – 2017).

19 B. Duffy, H. Shrimpton and M. Clemence, *Millennial Myths and Realities*, London, Ipsos MORI, 2017, https://www.ipsos.com/ipsos-mori/en-uk/millennial-myths-and-realities (accessed 1 April 2021).

20 G. Borrud, 'German Teenagers Are Drinking Less Alcohol, But More Irresponsibly', DW, 4 February 2011, https://www.dw.com/en/german-teenagers-are-drinkingless-alcohol-but-more-irresponsibly/a-14818251 (accessed 1 April 2021); M. Livingston, J. Raninen, T. Slade, W. Swift, B. Lloyd and P. Dietze, 'Understanding Trends in Australian Alcohol Consumption—An Age – Period – Cohort Model', *Addiction*, vol. 111, no. 9, 2016, 1590 – 1598, https://onlinelibrary.wiley.com/doi/epdf/10.1111/add.13396 (accessed 1 April 2021).

21 A. Bhattacharya, *Youthful Abandon: Why are young people drinking less?*, Institute of Alcohol Studies, 2016, https://www.ias.org.uk/uploads/pdf/IAS%20reports/rp22072016.pdf (accessed 7 April 2021).

22 World Health Organization, *Global Status Report on Alcohol And Health 2018*, Geneva, WHO, 2018, https://www.who.int/publications/i/item/9789241565639 (accessed 1 April 2021).
23 M. Daly, 'Gen Z Is Too Busy to Drink or Do Drugs', *Vice*, 2 February 2017, https://www.vice.com/en/article/wnzg3y/this-is-why-gen-z-takesfewer-drugs-than-you (accessed 7 April 2021).
24 L.D. Johnston, R.A. Miech, P.M. O'Malley, J.E. Bachman and M.E. Patrick, *Monitoring the Future National Survey Results on Drug Use, 1975-2019: Overview, Key Findings on Adolescent Drug Use*, Institute for Social Research, 2020, http://www.monitoringthefuture.org/pubs/monographs/mtf-overview2019.pdf (accessed 1 April 2021).
25 Source: US General Social Survey (1975 – 2017).
26 R.A. Smith, 'The Effects of Medical Marijuana Dispensaries on Adverse Opioid Outcomes', *Economic Inquiry*, vol. 58, no. 2, 2020, 569 – 588, https://onlinelibrary.wiley.com/doi/pdf/10.1111/ecin.12825 (accessed 1 April 2021). P. Grinspoon, 'Access to Medical Marijuana Reduces Opioid Prescriptions', Harvard Health Blog, 25 June 2019, https://www.health.harvard.edu/blog/access-tomedical-marijuana-reduces-opioidprescriptions-2018050914509 (accessed 1 April 2021).
27 B. Duffy, *How Britain Became Socially Liberal*, The Policy Institute, King's College London, https://www.kcl.ac.uk/policy-institute/researchanalysis/moral-attitudes (accessed 1 April 2021).
28 Johnston et al., *Monitoring the Future National Survey Results on Drug Use*.
29 J. Ball, 'Teen Use of Cannabis Has Dropped in New Zealand, But Legalisation Could Make Access Easier', The Conversation, 20 February 2020, https://theconversation.com/teen-useof-cannabis-has-dropped-in-newzealand-but-legalisation-could-makeaccess-easier-132165 (accessed 1 April 2021).
30 Source: Health Survey for England (1992 – 2017).
31 A. Menayang, 'Millennials Are "The Most Health-Conscious Generation Ever," Says Report by The Halo Group', Food Navigator, 26 March 2017, from https://www.foodnavigator-usa.com/Article/2017/03/27/Millennials-scrutinize-healthclaims-more-than-other-generations (accessed 1 April 2021).
32 Goldman Sachs, 'Millennials Coming of Age', 2020, www.goldmansachs.com/our-thinking/pages/millennials/ (accessed 1 April 2021).
33 World Health Organization, 'Obesity and Overweight', factsheet, Geneva, WHO, 2020, https://www.who.int/news-room/fact-sheets/detail/obesityand-overweight (accessed 1 April 2021).
34 World Health Organization, 'Commission on Ending Childhood Obesity', 2018, https://www.who.int/end-childhood-obesity/en/ (accessed 1 April 2021).
35 D. Bann, W. Johnson, L. Li, D. Kuh and R. Hardy, 'Socioeconomic Inequalities in Body Mass

Index Across Adulthood: Coordinated analyses of individual participant data from three British birth cohort studies initiated in 1946, 1958 and 1970', *PLoS medicine*, vol. 14, no. 1, 2017, e1002214, doi:10.1371/journal.pmed.1002214.

36 F.J. Elgar, T.-K. Pfortner, I. Moor, B. De Clercq, G.W. Stevens and C. Currie, 'Socioeconomic Inequalities in Adolescent Health 2002 – 2010: A time-series analysis of 34 countries participating in the Health Behaviour in School-aged Children study', *The Lancet*, vol. 385, no. 9982, 2015, pp. 2088 – 2095, https://www.researchgate.net/publication/271207089_Socioeconomic_inequalities_in_adolescent_health_2002-2010_A_time-series_analysis_of_34_countries_participating_in_the_Health_Behaviour_in_Schoolaged_Children_study (accessed 1 April 2021).

37 W. Johnson, L. Li, D. Kuh and R. Hardy, 'How Has the Age-Related Process of Overweight or Obesity Development Changed Over Time? Co-ordinated analyses of individual participant data from five United Kingdom birth cohorts', *PLoS Medicine*, vol. 12, no. 5, 2015, e1001828, https://www.ncbi.nlm.nih.gov/pmc/articles/PMC4437909/ (accessed 1 April 2021).

38 Centers for Disease Prevention and Control, Mortality in the United States, 2017, November 2018, https://www.cdc.gov/nchs/products/databriefs/db328.htm (accessed 1 April 2021).

39 Office for National Statistics, Life expectancy at birth and selected older ages, 2020, https://www.ons.gov.uk/peoplepopulationandcommunity/birthsdeathsandmarriages/deaths/datasets/lifeexpectancyatbirthandselectedolderages (accessed 1 April 2021).

40 M. Marmot, J. Allen, T. Boyce, P. Goldblatt and J. Morrison, *Health Equity in England: The Marmot Review 10 years on*, Institute of Health Equity, 2020, http://www.instituteofhealthequity.org/resourcesreports/marmot-review-10-years-on/the-marmot-review-10-years-on-fullreport.pdf (accessed 1 April 2021).

41 *Wired*, 'Barack Obama: Now Is the Greatest Time to Be Alive', 12 October 2016, https://www.wired.com/2016/10/president-obama-guest-editswired-essay/ (accessed 1 April 2021).

42 B. Obama, Remarks by President Obama at Stavros Niarchos Foundation Cultural Center in Athens, Greece, 16 November 2016, https://obamawhitehouse.archives.gov/the-press-office/2016/11/16/remarkspresident-obama-stavros-niarchosfoundation-cultural-center (accessed 1 April 2021).

43 Office for National Statistics, 'Deaths involving COVID-19 by local area and socioeconomic deprivation: deaths occurring between 1 March and 17 April 2020', 1 May 2020, https://www.ons.gov.uk/peoplepopulationandcommunity/birthsdeathsandmarriages/deaths/bulletins/deathsinvolvingcovid19bylocalareasanddeprivation/deathsoccurringbetween1marchand17april (accessed 1 April 2021).

6장 사생활

1 S. Stephens-Davidowitz, *Everybody lies*, Harper Collins, 2017.
2 E. Cara, 'The Kids Are Boning Less', Gizmodo, 15 January 2018, https://gizmodo.com/the-kids-are-boningless-1821823267 (accessed 1 April 2021).
3 A. Hirschlag, 'Millennials Are Killing Relationships and We Should Be Concerned', SheKnows, 6 August 2015, https://www.sheknows.com/health-and-wellness/articles/1091871/millennial-daters-too-casual/ (accessed 1 April 2021).
4 S. Ramachandran, 'Let's Watch Netflix: Three Words Guaranteed to Kill a Romantic Mood', *Wall Street Journal*, 21 April 2019, from https://www.wsj.com/articles/three-wordsguaranteed-to-kill-a-romantic-moodlets-watch-netflix-11555863428 (accessed 1 April 2021).
5 The Original Boggart Blog, 'Silver Shaggers Risk STDs', 5 October 2010, https://originalboggartblog.wordpress.com/2010/10/05/silver-shaggersrisk-stds-9527525 (accessed 1 April 2021). A. Pereto, 'Patients over 60? Screen for STIs', *Athena Health*, 16 May 2018, https://www.athenahealth.com/insight/over-60-stis-may-notbe-done-you (accessed 1 April 2021). UK version: K. Forster, 'More Elderly People Being Diagnosed With STIs such as Chlamydia and Genital Warts', *Independent*, 8 December 2016, from https://www.independent.co.uk/life-style/health-and-families/health-news/older-people-stissexually-transmitted-infections-50-to-70-chief-medical-officer-reportdame-sally-a7463861.html (accessed 1 April 2021).
6 A. Abgarian, 'What's the Sexual Taboo That Will Define the Next Generation?', *Metro*, 29 May 2019, https://metro.co.uk/2019/05/29/sexual-taboo-will-define-nextgeneration-9689501/ (accessed 1 April 2021).
7 S. Coontz, *The Way We Never Were: American Families and the Nostalgia Trap*, Basic Books, 1992.
8 Ibid.
9 K. Paul, 'Millennials Are Killing Marriage—Here's Why That's A Good Thing', Market Watch, 16 February 2018, https://www.marketwatch.com/story/millennials-are-killing-marriage-heres-why-thats-a-goodthing-2018-02-08 (accessed 7 April 2021).
10 설문 자료를 이용한 분석. Centers for Disease Control and Prevention, *Youth Risk Behavior Survey Data Summary & Trends Report 2009 – 2019*, 2019, https://www.cdc.gov/healthyyouth/data/yrbs/yrbs_data_summary_and_trends.htm (accessed 7 April 2021).
11 B. Fearnow, 'Study: Millennials Waiting Much Longer to Have Sex, 1-in-8 Virgins at 26', *Newsweek*, 6 May 2018, https://www.newsweek.com/millennial-virginity-sex-intimacyuniversity-college-london-next-stepsproject-912283 (accessed 1 April 2021).
12 B. Zaba, E. Pisani, E. Slaymaker and J.T. Boerma, 'Age at First Sex: Understanding recent trends in African demographic surveys', *Sexually Transmitted Infections*, 80 (suppl 2), ii28-ii35, 2004, https://sti.bmj.com/content/80/suppl_2/ii28.full (accessed 1 April 2021).
13 Source: US General Social Survey (1988 – 2018).

14　S. Knapton, 'Couples Who Have Sex Just Once a Week Are Happiest', *The Telegraph*, 3 December 2016, https://www.telegraph.co.uk/science/2016/03/12/couples-who-have-sex-justonce-a-week-are-happiest/ (accessed 1 April 2021).

15　Source: US General Social Survey (1988 – 2018).

16　K. Julian, 'Why Are Young People Having So Little Sex?', *The Atlantic*, December 2018, https://www.theatlantic.com/magazine/archive/2018/12/the-sex-recession/573949/ (accessed 1 April 2021).

17　J.M. Twenge, R.A. Sherman and B.E. Wells, 'Declines in Sexual Frequency Among American Adults, 1989 – 2014', *Archives of Sexual Behavior*, vol. 46, no. 8, 2017, pp. 2389 – 2401, https://www.researchgate.net/publication/314273096_Declines_in_Sexual_Frequency_among_American_Adults_1989-2014 (accessed 1 April 2021).

18　K.R. Mitchell, C.H. Mercer, G.B. Ploubidis, K.G. Jones, J. Datta, N. Field, A.J. Copas, C. Tanton, C. Erens and P. Sonnenberg, 'Sexual Function in Britain: Findings from the third National Survey of Sexual Attitudes and Lifestyles (Natsal-3)', *The Lancet*, vol. 382, no. 9907, 2013, pp. 1817 – 1829, https://www.thelancet.com/journals/lancet/article/PIIS0140-6736(13)62366-1/fulltext (accessed 7 April 2021).

19　The Local, '"Tired" Swedes Have Less Sex Than Ever: Study', 24 May 2013, https://www.thelocal.se/20130524/48104 (accessed 1 April 2021).

20　F. Jackson-Webb, 'Australians Are Having Sex Less Often Than a Decade Ago', The Conversation, 7 November 2014, https://theconversation.com/australians-are-having-sex-less-oftenthan-a-decade-ago-33935 (accessed 1 April 2021).

21　J. Schifter, 'The End of Sex: The frequency of sexual activity has decreased significantly in the West of the world, *Wall Street International Magazine*, 13 January 2018, https://wsimag.com/culture/35096-the-endof-sex (accessed 1 April 2021).

22　서문에서 인용됨. K. Wellings, M.J. Palmer, K. Machiyama and E. Slaymaker, 'Changes in, and factors associated with, frequency of sex in Britain: evidence from three National Surveys of Sexual Attitudes and Lifestyles (Natsal)', *BMJ*, 365, 2019, https://www.bmj.com/content/365/bmj.l1525 (accessed 1 April 2021).

23　Ibid.

24　University of Tokyo, 'First National Estimates of Virginity Rates in Japan: One in ten adults in their 30s remains a virgin, heterosexual inexperience increasing', https://www.u-tokyo.ac.jp/focus/en/press/z0508_00035.html (accessed 1 April 2021).

25　OECD, SF2.3: Age of mothers at childbirth and age-specific fertility, Paris, OECD Publishing, May 2019, https://www.oecd.org/els/soc/SF_2_3_Age_mothers_childbirth.pdf (accessed 3 April 2021).

26　Office for National Statistics, 'Marriage and divorce on the rise at 65 and over', 18 July 2017, https://www.ons.gov.uk/peoplepopulationandcommunity/birthsdeathsandmarriages/marriagecohabitation andcivilpartnerships/articles/marriageanddivorceon theriseat65andover/2017-07-18 (accessed 7 April 2021).

27 M. Campbell, 'Forget Teen Pregnancies. Older Moms Are the New Normal', Maclean's, 20 August 2016, https://www.macleans.ca/society/health/forget-teenpregnancies-older-moms-newnormal/ (accessed 1 April 2021).
28 A. Picchi, 'Will Childless Millennials Turn America into Japan?', CBS News, 2015, https://www.cbsnews.com/news/will-childless-millennials-turnamerica-into-japan/ (accessed 1 April 2021).
29 M. Roser, 'Fertility Rate', *OurWorldInData*, 2 December 2017, https://ourworldindata.org/fertilityrate (accessed 1 April 2021).
30 BBC News, 'Birth Rate in England and Wales Hits Record Low', 1 August 2019, https://www.bbc.co.uk/news/health-49192445 (accessed 1 April 2021).
31 BBC News, 'US Birth Rates Drop to Lowest Since 1987', 17 May 2018, https://www.bbc.co.uk/news/worldus-canada-44151642 (accessed 1 April 2021).
32 Office for National Statistics, National population projections, fertility assumptions: 2018-based, 2019, https://www.ons.gov.uk/peoplepopulationandcommunity/populationandmigration/populationprojections/methodologies/nationalpopulationprojections fertilityassumptions2018based (accessed 1 April 2021).
33 D. Mangan, 'Baby Bust! Millennials' Birth Rate Drop May Signal Historic Shift', CNBC, 27 April 2015, https://www.cnbc.com/2015/04/27/babybust-millenials-birth-rate-drop-maysignal-historic-shift.html (accessed 1 April 2021).
34 Pew Research Center, *Attitudes About Aging: A Global Perspective*, 2014, https://www.pewresearch.org/global/2014/01/30/chapter-4-populationchange-in-the-u-s-and-the-worldfrom-1950-to-2050/:~:text=The%20old%2Dage%20dependency%20ratio,drop%2Doff%20in%20population%20growth (accessed 1 April 2021).
35 F. Bakar, 'Are We Going to See a Coronavirus Baby Boom?', *Metro*, 31 March 2020, https://metro.co.uk/2020/03/31/going-see-coronavirusbaby-boom-12484432/ (accessed 1 April 2021).
36 J.R. Udry, 'The Effect of the Great Blackout of 1965 on Births in New York City', *Demography*, vol. 7, no. 3, pp. 325–327, https://www.jstor.org/stable/2060151?seq=2metadata_info_tab_contents (accessed 1 April 2021).
37 M.S. Kearney and P.B. Levine, 'Half a Million Fewer Children? The coming COVID baby bust', Brookings, 15 June 2020, from https://www.brookings.edu/research/half-a-million-fewerchildren-the-coming-covid-babybust/ (accessed 1 April 2021).
38 Ibid.
39 Source: US General Social Survey (1974–2018).
40 Source: British Social Attitudes survey (1984–2018).
41 D. Vilibert, 'Jessica Valenti Debunks the Purity Myth', *Marie Claire*, 22 April 2009, https://www.marieclaire.com/sex-love/a2975/jessica-valentipurity-myth/ (accessed 1 April 2021).

42 L.B. Finer, 'Trends in Premarital Sex in the United States, 1954 – 2003', *Public Health Reports*, vol. 122, no. 1, 2007, pp. 73 – 78, https://www.ncbi.nlm.nih.gov/pmc/articles/PMC1802108/ (accessed 1 April 2021).

43 B. Duffy, *How Britain Became Socially Liberal*, The Policy Institute, King's College London, https://www.kcl.ac.uk/policy-institute/researchanalysis/moral-attitudes (accessed 1 April 2021).

44 United Nations Department of Economic and Social Affairs, Singulate Mean Age at Marriage, 2008, https://www.un.org/en/development/desa/population/publications/dataset/marriage/age-marriage.asp (accessed 1 April 2021).

45 Source: UN World Marriage data, Singulate Mean Age at Marriage (2017).

46 Source: British Social Attitudes survey (1983 – 2017).

47 J. Twenge, *iGen: Why Today's Super-Connected Kids Are Growing Up Less Rebellious, More Tolerant, Less Happy-and Completely Unprepared for Adulthood-and What That Means for the Rest of Us*, New York, Atria Books, 2017.

48 A. Cherlin, 'Marriage Has Become a Trophy', *The Atlantic*, March 2018, https://www.theatlantic.com/family/archive/2018/03/incredibleeverlasting-institution-marriage/555320/ (accessed 1 April 2021).

49 K.S. Hymowitz, 'Alone – The decline of the family has unleashed an epidemic of loneliness', *City Journal*, Spring 2019, https://www.city-journal.org/decline-of-family-lonelinessepidemic (accessed 1 April 2021).

50 Wikipedia, 'Rights and responsibilities of marriages in the United States', n.d., https://en.wikipedia.org/wiki/Rights_and_responsibilities_of_marriages_in_the_United_States (accessed 1 April 2021).

51 J. Cloud, '1,138 Reasons Marriage Is Cool', *Time*, 1 March 2004, http://content.time.com/time/magazine/article/0,9171,596123,00.html (accessed 1 April 2021).

52 Source: US General Social Survey (1988 – 2018).

53 R.D. Putnam, *Our Kids: The American Dream in Crisis*, New York, Simon and Schuster, 2016.

54 D. Brooks, 'Was the Nuclear Family a Mistake?', Medium.com, 10 February 2020, https://medium.com/theatlantic/was-the-nuclear-family-amistake-f9fdddf8bde (accessed 1 April 2021).

55 K. Musick and A. Meier, 'Are Both Parents Always Better Than One? Parental conflict and young adult well-being', *Social Science Research*, vol. 39, no. 5, 2010, pp. 814 – 830, https://www.ncbi.nlm.nih.gov/pmc/articles/PMC2930824/ (accessed 1 April 2021).

56 B. Jeffreys, 'Do Children in Two-Parent Families Do Better?', BBC News, 5 February 2019, https://www.bbc.co.uk/news/education-47057787 (accessed 1 April 2021).

57 R.V. Reeves and E. Krause, 'Cohabiting Parents Differ From Married Ones in Three Big Ways', Brookings, 5 April 2017, https://www.brookings.edu/research/cohabiting-parents-differfrom-married-ones-in-three-bigways/ (accessed 1 April 2021).

58 S. Harkness, P. Gregg and M. Salgado, 'The Rise in Lone Mother Families and Children's Cognitive Development: Evidence from the 1958, 1970 and 2000 British Birth Cohorts', Centre for Analysis of Social Policy, University of Bath, 2016, https://editorialexpress.com/cgi-bin/conference/download.cgi?db_name=SAEe2018&paper_id=127 (accessed 1 April 2021).

59 A.J. Cherlin, *The Marriage-Go-Round: The State of Marriage and the Family in America Today*, Vintage, 2010.

60 W.B. Wilcox and L. DeRose, 'Ties That Bind Childrearing in the Age of Cohabitation', *Foreign Affairs*, 14 February 2017, https://www.foreignaffairs.com/articles/2017-02-14/ties-bind (accessed 1 April 2021).

61 Office of National Statistics, Divorces in England and Wales: 2015, 2017, https://www.ons.gov.uk/peoplepopulationandcommunity/birthsdeathsandmarriages/divorce/bulletins/divorcesinenglandandwales/2015 (accessed 7 April 2021).

62 A. McCathie, 'Marriages Prove Enduring in Germany as Divorce Rate Falls', 2017 https://www.dpainternational.com/topic/marriagesprove-enduring-germany-divorcerate-falls-urn%3Anewsml%3Adpa.com%3A20090101%20%3A170711-99-199835 (accessed 7 April 2021).

63 F. Olito, 'How the Divorce Rate Has Changed Over the Last 150 Years', Insider, 30 January 2019, https://www.insider.com/divorce-rate-changesover-time-2019-1 (accessed 1 April 2021).

64 J. Wood, 'The United States Divorce Rate Is Dropping, Thanks to Millennials', World Economic Forum, 5 October 2018, https://www.weforum.org/agenda/2018/10/divorceunited-states-dropping-becausemillennials/ (accessed 1 April 2021).

65 J. Pinsker, 'The Not-So-Great Reason Divorce Rates Are Declining', *The Atlantic*, September 2018, https://www.theatlantic.com/family/archive/2018/09/millennials-divorce-baby-boomers/571282/ (accessed 1 April 2021).

66 H. Boyd, 'Silver Splicers Make Sixty the New Sexy', *The Times*, 15 June 2014, https://www.thetimes.co.uk/article/silver-splicers-make-sixty-thenew-sexy-lh87snwhtxp (accessed 1 April 2021).

67 Office for National Statistics, Marriage and divorce on the rise at 65 and over, 2017, from https://www.ons.gov.uk/peoplepopulationandcommunity/birthsdeathsandmarriages/marriagecohabitation andcivilpartnerships/articles/marriageanddivorceon theriseat65andover/2017-07-18 (accessed 1 April 2021).

68 Ibid.

69 C. Allred, 'Age Variation in the Divorce Rate, 1990 & 2017', Bowling Green State University, 2019, https://www.bgsu.edu/ncfmr/resources/data/family-profiles/allred-age-variation-div-rate-fp-19-13.html (accessed 1 April 2021).

70 Guardian Pass Notes, 'Meet the Silver Separators: Why Over-50s Top the Divorce Charts',

The Guardian, 24 November 2015, https://www.theguardian.com/lifeandstyle/shortcuts/2015/nov/24/silverseparators-over-50s-divorce-splittingup-children (accessed 1 April 2021).

71 M. Race, '"Divorce boom" forecast as lockdown sees advice queries rise', BBC News, 13 September 2020, https://www.bbc.co.uk/news/ukengland-54117821 (accessed 1 April 2021).

72 E. Eckholm, 'Saying No to "I Do," With the Economy in Mind', *The New York Times*, 28 September 2010, https://www.nytimes.com/2010/09/29/us/29marriage.html?_r=2 (accessed 1 April 2021).

73 J. Wolfers, 'How Marriage Survives', *The New York Times*, 13 October 2010, https://www.nytimes.com/2010/10/13/opinion/13wolfers.html (accessed 1 April 2021).

74 Source: US General Social Survey (1975–2018).

75 Mr Skin, 'Game of Nudes: 7 Seasons of nudity from the HBO series "Game of Thrones"', 2019, https://www.mrskin.com/infographic/game-of-thronesnudity-statistics (accessed 1 April 2021).

76 G.M. Hald, L. Kuyper, P.C. Adam and J.B. de Wit, 'Does Viewing Explain Doing? Assessing the Association Between Sexually Explicit Materials Use and Sexual Behaviors in a Large Sample of Dutch Adolescents and Young Adults', *Journal of Sexual Medicine*, vol. 10, no. 12, 2013, pp. 2986–2995, https://www.jsm.jsexmed. org/article/S1743-6095(15)30225-3/fulltext (accessed 1 April 2021).

77 University of Montreal, 'Are the Effects of Pornography Negligible?', *Science Daily*, 1 December 2009, https://www.sciencedaily.com/releases/2009/12/091201111202.htm (accessed 1 April 2021).

78 Alexa (Producer), Top Sites in GB, 2020, https://www.alexa.com/topsites/countries/GB (accessed 1 April 2021).

79 B. Duffy, H. Shrimpton and M. Clemence, *Millennial Myths and Realities*, London, Ipsos MORI, 2017, https://www.ipsos.com/ipsos-mori/en-uk/millennial-myths-and-realities (accessed 1 April 2021).

80 Stephens-Davidowitz, *Everybody Lies*.

81 S. Dubner, 'How to Think About Sex?' A Freakonomics Quorum, 12 September 2008, https://freakonomics.com/2008/09/12/howto-think-about-sex-a-freakonomicsquorum/ (accessed 1 April 2021).

82 D. Kushner, 'A Brief History of Porn on the Internet', *Wired*, 9 April 2019, https://www.wired.com/story/briefhistory-porn-internet/ (accessed 1 April 2021).

83 William A. Fisher and Taylor Kohut, 'Pornography Viewing: Keep Calm and Carry On', *Journal of Sexual Medicine*, vol. 14, no. 3, pp. 320–322, https://pubmed.ncbi.nlm.nih.gov/28262103/ (accessed 7 April 2021).

84 Department for Digital Culture, Media and Sport, Age Verification for pornographic material online: Impact Assessment, 13 June 2018, https://assets.publishing.service.gov.uk/govern-

ment/uploads/system/uploads/attachment_data/file/747187/Impact_ Assessment_Age_ Verification_ FINAL_20181009.pdf (accessed 1 April 2021).

85　D. Bricker and J. Ibbitson, *Empty Planet: The Shock of Global Population Decline*, Robinson, 2019.

86　S. Coontz, 'The Way We Never Were: For much of the century, traditional "family values" have been more myth than reality', *The New Republic*, 29 March 2016, https://newrepublic.com/article/132001/way-never (accessed 1 April 2021).

87　Putnam, *Our Kids*.

7장 문화

1　J. Bush [@JebBush] 'Not Cool, University of Manchester. Not Cool.' Twitter, 2 October 2018, https://twitter.com/JebBush/status/1047234246916677633 (accessed 1 April 2021).

2　CNN, 'Jeb Bush to Audience: "Please Clap"', 4 February 2016, https://www.youtube.com/watch?v=OUXvrWeQU0g (accessed 1 April 2021).

3　F. Furedi, 'Ban Applause? What Utter Claptrap!', *Daily Mail*, 27 October 2019, https://www.dailymail.co.uk/debate/article-7619941/Professorlashes-Oxford-latest-university-insistjazz-hands-student-events.html (accessed 1 April 2021).

4　J. Bacharach, 'Sometimes inclusion is going to be a bit embarrassing, But disability — invisible or otherwise — is a working-class issue that the left and right must take seriously', The Outline, 12 August 2019, https://theoutline.com/post/7800/dsa-conference-2019-invisible disability?zd=1&zi=dw23p6wl (accessed 1 April 2021).

5　Newshub, 'Sydney School Disputes "Clapping Ban"', July 2016, https://www.newshub.co.nz/home/world/2016/07/sydney-school-disputesclapping-ban.html (accessed 1 April 2021).

6　S. Weale and F. Perraudin, 'Jazz Hands at Manchester University: The Calm behind the Storm', *The Guardian*, 5 October 2018, https://www.theguardian.com/society/2018/oct/05/jazz-hands-at-manchesteruniversity-the-calm-behind-thestorm maincontent (accessed 1 April 2021).

7　J. Haidt [@JonHaidt], 'If Oxford Students Replace Clapping With "Jazz Hands" to Protect Some From Anxiety, Then Those Students Will Find Clapping Even More Traumatizing After They Leave Oxford. Safetyism Backfires in the Long Run', Twitter, 26 October 2019, https://twitter.com/jonhaidt/status/1188090469164765184?s=11 (accessed 1 April 2021).

8　N.B. Ryder, 'The Cohort as a Concept in the Study of Social Change', in: *Cohort Analysis in Social Research*, Springer, pp. 9–44, https://link.springer.com/chapter/10.1007/978-1-4613-8536-3_2 (accessed 1 April 2021).

9　Ibid.

10　Cision PR Newswire, 'New Report Reveals Demographics of Black Lives Matter Protesters Shows Vast Majority Are White, Marched Within Their Own Cities', 18 June 2020, https://www.prnewswire.com/news-releases/new-report-reveals-demographics-ofblacklives-matter-protesters-showsvast-majority-are-white-marchedwithin-their-own-cities-301079234.html (accessed 1 April 2021).

11 G.E. Pauley, '"Speech at the March on Washington" by John Lewis (28 August 1963)', *Voices of Democracy*, vol. 5, 2010, pp. 18 – 36, https://voicesofdemocracy.umd.edu/lewisspeech-at-the-march-on-washingtonspeech-text/ (accessed 1 April 2021).

12 J. Lewis, 'Together, You Can Redeem the Soul', *The New York Times*, 30 July 2020, https://www.nytimes.com/2020/07/30/opinion/john-lewis-civilrights-america.html (accessed 1 April 2021).

13 T. Chivers, 'How Racist Is Britain?' UnHerd, 14 December 2018, https://unherd.com/2018/12/how-racist isbritain/ (accessed 1 April 2021).

14 J. Singal, 'Psychology's Favorite Tool for Measuring Racism Isn't Up to the Job', The Cut, January 2017, https://www.thecut.com/2017/01/psychologys-racism-measuring-tool-isnt-up-to-the-job.html (accessed 1 April 2021).

15 N. Kelley, O. Khan and S. Sharrock, *Racial Prejudice in Britain Today*, London, NatCen Social Research and Runnymede Trust, http://natcen.ac.uk/media/1488132/racial-prejudicere-port_v4.pdf (accessed 1 April 2021).

16 Source: British Social Attitudes survey (1983 – 2013).

17 G. Livingston and A. Brown, 'Trends and Patterns in Intermarriage', Pew Research Center, 18 May 2017, https://www.pewsocialtrends.org/2017/05/18/1-trends-and-patterns-inintermarriage/ (accessed 1 April 2021).

18 Source: US General Social Survey (1990 – 2018).

19 L. Quillian, D. Pager, O. Hexel and A.H. Midtbøen, 'Meta-Analysis of Field Experiments Shows No Change in Racial Discrimination in Hiring Over Time', *Proceedings of the National Academy of Sciences*, vol. 114, no. 41, 2017, pp. 10870 – 10875, https://www.pnas.org/content/early/2017/09/11/1706255114 (accessed 1 April 2021).

20 R.D. Putnam, *The Upswing: How America Came Together a Century Ago and How We Can Do It Again*, Simon & Schuster, 2020.

21 C. Young, K. Ziemer and C. Jackson, 'Explaining Trump's Popular Support: Validation of a Nativism Index', *Social Science Quarterly*, vol. 100, no. 2, 2019, pp. 412 – 418, https://onlinelibrary.wiley.com/doi/abs/10.1111/ssqu.12593 (accessed 1 April 2021).

22 M. Goodwin and C. Milazzo, 'Taking Back Control? Investigating the Role of Immigration in the 2016 Vote for Brexit', *The British Journal of Politics and International Relations*, vol. 19, no. 3, 2017, pp. 450 – 464, https://nottingham-repository.worktribe.com/preview/865063/Taking%20 Back%20Control%20FINAL%20 SUBMISSION%2028%20April%20 2017.pdf (accessed 1 April 2021).

23 L. Davis and S.S. Deole, 'Immigration and the Rise of Far-Right Parties in Europe', *ifo DICE Report*, vol. 15, no. 4, 2017, pp. 10 – 15, https://www.ifo.de/DocDL/dice-report-2017-4-davisdeole-december.pdf (accessed 1 April 2021).

24 Source: Ipsos MORI Issues Index (1997 – 2018).
25 J. Cliffe, *Britain's Cosmopolitan Future. How the Country is Changing and Why its Politicians Must Respond*, London, Policy Network, 2015, http://policynetwork.org/wpcontent/uploads/2017/08/Britainscosmopolitan-future.pdf (accessed 1 April 2021).
26 D. Sosnik, 'America's Hinge Moment: Presidential Politics in 2016 Will Reflect the Shifting Reality of America', Politico, 29 March 2015, https://www.politico.com/magazine/story/2015/03/2016-predictionsamericas-sosnik-clinton-116580 (accessed 1 April 2021).
27 Ipsos MORI, *Shifting Ground: 8 Key Findings from a Longitudinal Study on Attitudes Towards Immigration and Brexit*, 2017, https://www.ipsos.com/ipsos-mori/en-uk/shifting-groundattitudes-towards-immigration-andbrexit (accessed 1 April 2021).
28 Source: Ipsos MORI Issues Index (1997 – 2018).
29 B. Chiripanhura and N. Wolf, 'Long-Term Trends in UK Employment: 1861 to 2018', Office for National Statistics, 2019, https://www.ons.gov.uk/economy/nationalaccounts/uksectoraccounts/compendium/economicreview/april2019/longterm trendsinukemployment1861to2018 womens-labour-market-participation (accessed 1 April 2021).
30 C. Goldin, 'A Grand Gender Convergence: Its Last Chapter', *American Economic Review*, vol. 104, no. 4, 2014, pp. 1091 – 1119, https://scholar.harvard.edu/files/goldin/files/goldin_aeapress_2014_1.pdf (accessed 1 April 2021).
31 S. Faludi, 'American Electra: Feminism's Ritual Matricide', *Harpers*, October 2010, https://harpers.org/archive/2010/10/american-electra/ (accessed 1 April 2021).
32 Source: US General Social Survey (1977 – 2018).
33 K.L. Eaves, *Moms in the Middle: Parenting Magazines, Motherhood Texts and the 'Mommy Wars'*, MA thesis, Wichita State University. https://pdfs.semanticscholar.org/03df/007b8788ce337609 6234e1e55f8d9a8e3317.pdf (accessed 1 April 2021).
34 Source: US General Social Survey (1974 – 2018).
35 B. Duffy, K. Hewlett, J. McCrae and J. Hall, *Divided Britain? Polarisation and Fragmentation Trends in the UK*, Policy Institute, King's College London, 2019, https://www.kcl.ac.uk/policy-institute/assets/dividedbritain.pdf (accessed 1 April 2021).
36 S. Kliff, 'What Americans Think of Abortion', VOX, 8 April 2018, https://www.vox.com/2018/2/2/16965240/abortion-decision-statistics-opinions (accessed 1 April 2021).
37 Source: British Social Attitudes survey (1983 – 2018).
38 Source: US General Social Survey (1974 – 2018).
39 Pew Research Center, 'The Global Divide on Homosexuality. Greater Acceptance in More Secular and Affluent Countries', 4 June 2013, https://www.pewresearch.org/global/2013/06/04/the-global-divide-onhomosexuality/ (accessed 1 April 2021).
40 GSS Data Explorer, Sexual Orientation, NORC at University of Chicago, 2020, https://gssdataexplorer.norc.org/trends/Gender%20&%20 Marriage?measure=sexornt (accessed 1 April 2021).

41 W. Dahlgreen and A.-E. Shakespeare, '1 in 2 Young People Say They Are Not 100% Heterosexual', YouGov, 16 August 2015, https://yougov.co.uk/topics/lifestyle/articles-reports/2015/08/16/half-young-not-heterosexual (accessed 1 April 2021).

42 B. Spencer, 'Only Half of Young Attracted Exclusively to Opposite Sex' *The Times*, 28 February 2021, https://www.thetimes.co.uk/article/only-halfof-young-attracted-exclusively-tooposite-sex-zbt9ckxwt (accessed 1 April 2021).

43 Z. Tsjeng, 'Teens These Days Are Queer AF, New Study Says', Vice, 10 March 2016, https://www.vice.com/en_us/article/kb4dvz/teens-thesedays-are-queer-af-new-study-says (accessed 1 April 2021).

44 A.C. Kinsey, W.B. Pomeroy, C.E. Martin and P.H. Gebhard, *Sexual Behavior in the Human Male*, W. B. Saunders & Co, 1948.

45 K.R. Mitchell, C.H. Mercer, G.B. Ploubidis, K.G. Jones, J. Datta, N. Field, A.J. Copas, C. Tanton, C. Erens and P. Sonnenberg, 'Sexual Function in Britain: Findings from the third National Survey of Sexual Attitudes and Lifestyles (Natsal-3)', *The Lancet*, vol. 382, no. 9907, 2013, pp. 1817–1829, https://www.thelancet.com/journals/lancet/article/PIIS0140-6736(13)62366-1/fulltext (accessed 7 April 2021).

46 G. Hinsliff, 'The Pansexual Revolution: How Sexual Fluidity Became Mainstream', *Guardian*, 14 Febuary 2019, https://www.theguardian.com/society/2019/feb/14/the-pansexual-revolution-howsexual-fluidity-became-mainstream (accessed 1 April 2021).

47 K. Steinmetz, 'The Transgender Tipping Point', *Time*, 29 May 2014, https://time.com/135480/transgendertipping-point/ (accessed 1 April 2021).

48 S. Marsh, 'The Gender-Fluid Generation: Young People on Being Male, Female or Non-Binary', *The Guardian*, 23 March 2016, https://www.theguardian.com/commentisfree/2016/mar/23/genderfluid-generation-young-people-malefemale-trans (accessed 1 April 2021).

49 Pew Research Center, *Generation Z Looks a Lot Like Millennials on Key Social and Political Issues*, 2019, https://www.pewsocialtrends.org/wp-content/uploads/sites/3/2019/01/Generations-full-report_FINAL_1.18.pdf (accessed 7 April 2021).

50 H. Shrimpton [@h_shrimpton], 'Could in part be driven by differences in familiarity: 7 in 10 Baby Boomers have never met or encountered someone who uses gender neutral terms but 3 in 10 Gen Z has someone in their social circle who uses gender neutral terms', Twitter, 15 July 2020, https://twitter.com/h_shrimpton/status/1283394380850696192 (accessed 1 April 2021).

51 YouGov, YouGov/PinkNews Survey Results: Do you think a person should or should not be able to self-identify as a gender different to the one they were born in? 2020, https://docs.cdn.yougov.com/ogu5gtx9us/PinkNewsResults_200629_ Education_Selfidentity.pdf (accessed 1 April 2021).

52 Ipsos, 'The Future of Gender is Increasingly Nonbinary: New Report Explores Public Opinion, Marketing and Business in the Gender Spectrum', press release, 7 January 2020, https://

www.ipsos.com/sites/default/files/ct/news/documents/2020-01/final_what_the_future_gender_pr.pdf (accessed 1 April 2021).

53 A. Brown, 'Republicans, Democrats Have Starkly Different Views on Transgender Issues', Pew Research Center, 8 November 2017, https://www.pewresearch.org/fact-tank/2017/11/08/transgender-issues-dividerepublicans-and-democrats/ (accessed 1 April 2021).

54 T. Stanley, 'The Gender Fad Will Pass, What's Important Is Getting Through it Without Permanent Damage', *The Telegraph*, 13 November 2017, https://www.telegraph.co.uk/news/2017/11/13/gender-fad-will-pass-importantgetting-without-permanent-damage/ (accessed 1 April 2021).

55 R. Neale, 'Working-Class Women and Women's Suffrage', *Labour History*, vol. 12, 1967, pp. 16–34, https://www.jstor.org/stable/27507859?seq=1 (accessed 1 April 2021).

56 S. Allen, 'Over a Third of Generation Z Knows a Non-Binary Person', Daily Beast, 24 January 2019, https://www.thedailybeast.com/over-a-third-ofgeneration-z-knows-a-non-binaryperson (accessed 1 April 2021).

57 Source: British Social Attitudes survey (1984–2017).

58 Grace Davie, 'What Are the Main Trends in Religion and Values in Britain?', Westminster Debates, 2 May 2012, https://www.reonline.org.uk/resources/westminster-faith-debate-what-are-the-main-trends-in-religionand-values-in-britain/ (accessed 7 April 2021).

59 Source: US General Social Survey (1974–2018).

60 Justin Welby, 'Good News for Everyone? Evangelism and Other Faiths', lecture 13 March 2019, https://www.archbishopofcanterbury.org/speaking-and-writing/speeches/archbishop-justin-welbys-deo-gloria-trust-lecture-evangelism-and (accessed 7 April 2021).

61 Pew Research Center, 'The Future of World Religions: Population Growth Projections 2010–2050', 2015, https://www.pewforum.org/2015/04/02/religious-projections-2010-2050/ (accessed 7 April 2021).

62 W. Lippmann, *Drift and Mastery: An Attempt to Diagnose the Current Unrest*, University of Wisconsin Press, 2015.

63 D. Murray, *The Madness of Crowds: Gender, Race and Identity*, London, Bloomsbury Publishing, 2019.

64 B. Obama, *A Promised Land*, Penguin Books, 2020.

8장 정치

1 실제로 맥밀런은 그렇게 말하지 않았다고 한다. 더 투박한 그의 실제 반응은 그가 '사건들의 대립'을 가장 두려워한다는 것이었다. 이 같은 되풀이는 대답을 더 우아하게 만들었고, 에스러운 에드워드 시대 방식의 표현으로 인기를 더해주었으며, 정치 역사에는 항상 예상치 못한 일이 영향을 미친다는 느낌을 주었다. 'Book Reveals the Famous One-Liners They Never Said', *Evening Standard*, 25 October 2006, https://www.standard.co.uk/showbiz/book-revealsthe-famous-one-liners-they-neversaid-7086553.html (accessed 7 April

2021).

2 N. Bochenski, 'Lying is Easy: Turnbull Calls for Less Spin', *Sydney Morning Herald*, 28 December 2012, https://www.smh.com.au/politics/federal/lying-is-easy-turnbull-calls-for-lessspin-20121228-2bybw.html (accessed 7 April 2021).

3 M.T. Grasso, S. Farrall, E. Gray, C. Hay and W. Jennings, 'Thatcher's Children, Blair's Babies, Political Socialisation And Trickle-Down Value-Change: An age, period and cohort analysis', *British Journal of Political Science*, vol. 49, no. 1, 2019, pp. 17–36, https://eprints.soton.ac.uk/390558/ (accessed 7 April 2021).

4 D. Desilver, 'The Politics of American Generations: How age affects attitudes and voting behaviour', Pew Research Center, 9 July 2014, https://www.pewresearch.org/fact-tank/2014/07/09/the-politics-of-americangenerations-how-age-affectsattitudes-and-voting-behavior/ (accessed 7 April 2021).

5 D. Thompson, 'The Millennials-Versus-Boomers Fight Divides the Democratic Party', *The Atlantic*, 10 December 2019, https://www.theatlantic.com/ideas/archive/2019/12/young-left-third-party/603232/ (accessed 7 April 2021).

6 OECD, *Youth Stocktaking Report*, Paris, OECD Publishing, n.d., http://www.oecd.org/gov/youth-stocktakingreport.pdf (accessed 7 April 2021).

7 I.P. Philbrick, 'Why Does America Have Old Leaders?' *New York Times*, 16 July 2020, https://www.nytimes.com/2020/07/16/opinion/americapresidents-old-age.html (accessed 7 April 2021).

8 A. Matheson, 'There Are Almost Five Times as Many Millennials in the House Than Last Session', 5 January 2019, *Boston Globe*, https://www.bostonglobe.com/news/politics/2019/01/05/thereare-almost-five-times-manymillennials-house-than-last-session/un75ohNKZSQHEQGCHHw7dI/story.html (accessed 7 April 2021).

9 J. Filipovic, 'Why Is Congress So Old?' Medium.com, 11 December 2020, https://gen.medium.com/why-is-congress-so-old-64f014a9d819 (accessed 7 April 2021).

10 Joe Biden, in a speech given in Miami, 6 October 2020.

11 J. Van Bavel and D.S. Reher, 'The Baby Boom and Its Causes: What We Know and What We Need to Know', *Population and Development Review*, vol. 39, no. 2, 2013, pp. 257–288, https://onlinelibrary.wiley.com/doi/epdf/10.1111/j.1728-4457.2013.00591.x?saml_referrer (accessed 7 April 2021).

12 C. Berry, *The Rise of Gerontocracy? Addressing the Intergenerational Democratic Deficit*, Intergenerational Foundation, 2012, http://www.if.org.uk/wp-content/uploads/2012/04/IF_Democratic_Deficit_final.pdf (accessed 7 April 2021).

13 Source: European Social Survey and US General Social Survey, 2018.

14 L. Gardiner, *Votey McVoteface: Understanding the Growing Turnout Gap Between the Generations*, London, Resolution Foundation, 2016, https://www.resolutionfoundation.org/publications/votey-mcvotefaceunderstanding-the-growing-turnoutgap-between-the-

generations/ (accessed 7 April 2021).

15 이것이 사람들이 말한 자신의 투표 여부에 근거하고 있음에 주의하라. 알다시피 이런 결과는 실제 투표율과 다르다. 사람들이 이런 종류의 설문에 일반 대중보다 정치에 더 관심이 있는 것처럼 답하거나, 투표 여부를 잘못 기억하기 때문이다. 실제 투표자의 연령 집단별 비율에 대한 공식 자료는 없다. 하지만 일부 설문 연구는 투표를 했다고 주장하는 사람들이 실제로 투표를 했는지 확인하기 위해 선거인 명부를 확인했고, 이 연구들은 젊은이들이 나이 든 사람들보다 과장하는 경향이 '강하다'는 것을 보여준다. 따라서 우리의 목적에 비추어볼 때, 투표율의 세대별 격차는 실재하며, 여기에서 보는 것보다 더 클 수 있다는 것을 알 수 있다.

16 London School of Economics, 'Why 2017 May Have Witnessed a Youthquake After All', LSE British Politics and Policy blog, 6 December 2018, https://blogs.lse.ac.uk/politicsandpolicy/was-therea-youthquake-after-all/ (accessed 7 April 2021).

17 'Millennials Across the Rich World Are Failing to Vote', *The Economist*, 4 February 2017, https://www.economist.com/international/2017/02/04/millennials-across-the-rich-world-are-failing-to-vote (accessed 7 April 2021).

18 K. Burns, 'Democrats Are Coalescing around Biden – Except for Young Voters', Vox, 18 March 2020, https://www.vox.com/policy-and-politics/2020/3/18/21184884/democrats-biden-young-voters-turnout-sanders (accessed 7 April 2021).

19 C. Vinopal, 'Sanders Banked on Young Voters. Here's How the Numbers Have Played Out', PBS, 11 March 2020, https://www.pbs.org/newshour/politics/sanders-banked-on-youngvoters-heres-how-the-numbers-haveplayed-out (accessed 7 April 2021).

20 D. Broockman and J. Kalla, 'Bernie Sanders Looks Electable in Surveys — But It Could Be a Mirage', Vox, 25 February 2020, https://www.vox.com/policy-and-politics/2020/2/25/21152538/bernie-sanders-electabilitypresident-moderates-data (accessed 7 April 2021).

21 Source: US General Social Survey (1974 – 2018).

22 Source: US General Social Survey (1974 – 2018).

23 A. Walczak, W. Van der Brug and C.E. De Vries, 'Long-and Short-Term Determinants of Party Preferences: Inter-generational differences in Western and East Central Europe', *Electoral Studies*, vol. 31, no. 2, June 2012, pp. 273 – 284, https://www.sciencedirect.com/science/article/abs/pii/S0261379411001399?via%3Dihub (accessed 7 April 2021).

24 Source: British Social Attitudes survey (1984 – 2017).

25 'Millennials across the Rich World Are Failing to Vote', *The Economist*.

26 Source: British Social Attitudes survey (1983 – 2017).

27 J. Tilley and G. Evans, 'Ageing and Generational Effects on Vote Choice: Combining Cross-Sectional and Panel Data to Estimate APC Effects', *Electoral Studies*, vol. 33, March 2014, pp. 19 – 27, https://www.sciencedirect.com/science/article/abs/pii/S0261379413000875 (accessed 7 April 2021).

28 Source: Ipsos MORI Political Monitor (1996 – 2017).
29 M. Ambinder, 'The GOP Generational Time Bomb', *The Atlantic*, 28 April 2008, https://www.theatlantic.com/politics/archive/2008/04/the-gopgenerational-time-bomb/52869/ (accessed 7 April 2021).
30 E. Siegfried, 'Hey, GOP, Here's Why Millennials Hate Us', Daily Beast, 26 June 2017, https://www.thedailybeast.com/hey-gop-heres-why-millennialshate-us (accessed 7 April 2021).
31 R. Larimore, 'Darwin Is Coming for the GOP', The Bulwark, 25 January 2019, https://thebulwark.com/darwinis-coming-for-the-gop/ (accessed 7 April 2021).
32 N. Ferguson and E. Freymann, 'The Coming Generation War', *The Atlantic*, 6 May 2019, https://www.theatlantic.com/ideas/archive/2019/05/coming-generation-war/588670/ (accessed 7 April 2021).
33 Exit poll results and analysis for the 2020 presidential election, *Washington Post*, 14 December 2020, https://www.washingtonpost.com/elections/interactive/2020/exit-polls/presidential-election-exit-polls/ (accessed 7 April 2021).
34 'How the 2020 Presidential Election Divided Voters', *Wall Street Journal*, 4 November 2020, https://www.wsj.com/articles/how-the-2020-presidential-election-divided-voters-11604521705 (accessed 7 April 2021).
35 Source: US General Social Survey (1974 – 2018).
36 D. Muller, *The 2019 Australian Election Study*, 2019, https://www.aph.gov.au/About_Parliament/Parliamentary_Departments/Parliamentary_Library/FlagPost/2019/December/The_2019_Australian_Election_Study (accessed 7 April 2021).
37 G. Chan, 'From Tax to Climate: Five Factors that Could Swing 2019 Federal Election', *The Guardian*, 11 April 2019, https://www.theguardian.com/australia-news/2019/apr/11/from-taxto-climate-five-factors-that-couldswing-2019-federal-election (accessed 7 April 2021).
38 Edelman, 'Trust in Government Plunges to Historic Low', 19 January 2014, https://www.edelman.com/news-awards/trust-governmentplunges-historic-low (accessed 7 April 2021).
39 Edelman, '2017 Edelman Trust Barometer Reveals Global Implosion of Trust', 2017, https://www.edelman.com/news-awards/2017-edelmantrust-barometer-reveals-globalimplosion (accessed 7 April 2021).
40 Edelman, '2018 Edelman Trust Barometer Reveals Record-Breaking Drop in Trust in the U.S.', 22 January 2018, https://www.edelman.com/news-awards/2018-edelman-trustbarometer-reveals-record-breakingdrop-trust-in-the-us (accessed 7 April 2021).
41 A. Prokop, 'Millennials Have Stopped Trusting the Government', Vox, 5 May 2014, https://www.vox.com/2014/5/5/5683176/millennials-have-stopped trusting-the-government (accessed 7 April 2021).
42 O. O'Neill, 'How to Trust Intelligently', TED Blog, 25 September 2013, https://blog.ted.com/

how-to-trustintelligently/:~:text=Onora%20 O'Neill%3A%20What%20 we,sensible%20 simply%20wants%20 more%20trust.&text=They%20 want%20well%2Ddirected%20 trust,and%20honest%20%E2%8-0%94%20so%2C%20trustworthy (accessed 7 April 2021).

43 N. Clarke, W. Jennings, J. Moss and G. Stoker, *The Good Politician: Folk Theories, Political Interaction, and the Rise of Anti-Politics*, Cambridge, Cambridge University Press, 2018.

44 Source: US General Social Survey (1974–2018).

45 A. Taub, 'How Stable Are Democracies? Warning Signs Are Flashing Red', *The New York Times*, 29 November 2016, https://www.nytimes.com/2016/11/29/world/americas/western-liberal-democracy.html (accessed 7 April 2021).

46 'Global Democracy Has Another Bad Year', *The Economist*, 22 January 2020, https://www.economist.com/graphicdetail/2020/01/22/global-democracyhas-another-bad-year?gclsrc=aw.ds&gclid=EAIaIQobChMIy6 erlvux6wIVFO3tCh1e6Q_ XEAAYASAA-EgJ0RPD_BwE&gclsrc=aw.ds (accessed 7 April 2021).

47 S. Saul, 'Watch Obama's Full Speech at the Democratic National Convention', *The New York Times*, 19 August 2020, https://www.nytimes.com/2020/08/19/us/politics/obama-speech.html (accessed 7 April 2021).

48 Y. Mounk and R.S. Foa, 'This Is How Democracy Dies', *The Atlantic*, 29 January 2020, https://www.theatlantic.com/ideas/archive/2020/01/confidence-democracy-lowestpoint-record/605686/ (accessed 7 April 2021).

49 Source: Eurobarometer (1975–2018).

50 M. Crozier, S.P. Huntington and J. Watanuki, *The Crisis of Democracy: Report on the Governability of Democracies to the Trilateral Commission*, New York University Press, 1975.

51 W. Strauss and N. Howe, *The Fourth Turning: What the Cycles of History Tell Us About America's Next Rendezvous with Destiny*, Bantam Press, 1997.

52 Ferguson and Freymann, 'The Coming Generation War'.

53 L. Gardiner and T. Bell, *My Generation, Baby: The Politics of Age in Brexit Britain*, London, Resolution Foundation, 2019, https://www.resolutionfoundation.org/comment/my-generation-baby-the-politics-ofage-in-brexit-britain/ (accessed 7 April 2021).

9장 환경

1 Z. Rahim, 'Davos 2019: David Attenborough issues stark warning about future of civilisation as he demands "practical solutions" to combat climate change', *The Independent*, 22 January 2019, https://www.independent.co.uk/environment/david-attenboroughdavos-2019-climate-changeswitzerland-world-economicforum-a8739656.html (accessed 7 April 2021).

2 R. Krznaric, *The Good Ancestor: How to Think Long-Term in a Short-Term World*, London, Random House, 2020.

3 D. Gilbert, *Stumbling on Happiness*, Vintage Canada, 2009.

4 R. Krznaric, *The Good Ancestor*.

5   R. Skidelsky, *John Maynard Keynes: The Economist as Saviour 1920-1937*, Macmillan, 1992.
6   Quoted in D. Willetts, *The Pinch: How the baby boomers took their children's future - and why they should give it back*, London, Atlantic Books, 2010.
7   'Extinction Rebellion: Climate protesters "making a difference"', BBC News, 21 April 2019, https://www.bbc.co.uk/news/uk-england-london-48003955 (accessed 7 April 2021).
8   NASA, 'Global Temperature', 2019, https://climate.nasa.gov/vital-signs/global-temperature/ (accessed 7 April 2021).
9   'Consensus on Consensus: A Synthesis of Consensus Estimates on Human-Caused Global Warming', *Environmental Science Letters*, vol. 11, no. 4, 2016, https://iopscience.iop.org/article/10.1088/1748-9326/11/4/048002/meta (accessed 7 April 2021).
10 Source: US General Social Survey (1993 - 2018).
11 Source: Ipsos MORI Issues Index (1997 - 2018).
12 B. Kennedy and C. Johnson, 'More Americans See Climate Change as a Priority, But Democrats Are Much More Concerned Than Republicans', 28 February 2020, https://www.pewresearch.org/fact-tank/2020/02/28/more-americans-see-climatechange-as-a-priority-but-democratsare-much-more-concerned-thanrepublicans/ (accessed 7 April 2021).
13 Source: US General Social Survey (1974 - 2018).
14 S. Cohen, 'The Age Gap in Environmental Politics', State of the Planet blog, 4 February 2019, https://blogs.ei.columbia.edu/2019/02/04/age-gap-environmental-politics/ (accessed 7 April 2021).
15 D. Becker and J. Gerstenzang, 'Millennials Reject Car Culture', USA Today, 19 June 2013, https://eu.usatoday.com/story/opinion/2013/06/19/millenials-car-culture-column/2435173/ (accessed 7 April 2021).
16 S. Wynes and K. Nicholas, 'The Climate Mitigation Gap: Education and Government Recommendations Miss the Most Effective Individual Actions', *Environmental Research Letters*, vol. 12, no. 7, 2017, https://iopscience.iop.org/article/10.1088/1748-9326/aa7541 (accessed 7 April 2021).
17 D. Thompson and J. Weissmann, 'The Cheapest Generation', *The Atlantic*, September 2012, https://www.theatlantic.com/magazine/archive/2012/09/the-cheapest-generation/309060/ (accessed 7 April 2021).
18 'The End of Car Culture', *The New York Times*, 29 June 2013, https://www.nytimes.com/2013/06/30/sunday-review/the-end-of-carculture.html (accessed 7 April 2021).
19 A. Delbosc and K. Ralph, 'A Tale of Two Millennials', *Journal of Transport and Land Use*, vol. 10, no. 1, 2017, pp. 903 - 910.
20 Thompson and Weissmann, 'The Cheapest Generation'; D. Thompson, 'Cars? Not For Us: The Cheapest Generation Explains "The Freedom of Not Owning"', *The Atlantic*, 24 August 2012, https://www.theatlantic.com/business/archive/2012/08/carsnot-for-us-the-cheapest-generation-explains-the-freedom-of-not-owning/261516/ (accessed 7 April 2021).

21 C.R. Knittel and E. Murphy, *Generational Trends in Vehicle Ownership and Use: Are Millennials Any Different?*, National Bureau of Economic Research Working Paper No. 25674, 2019, https://www.nber.org/papers/w25674 (accessed 7 April 2021).
22 A.T.M. Oakil, D. Manting and H. Nijland, 'Determinants of Car Ownership among Young Households in the Netherlands: The Role of Urbanization and Demographic and Economic Characteristics', *Journal of Transport Geography*, vol. 51, 2016, pp. 229–335, https://pure.uva.nl/ws/files/2734560/177530_JTRG_Manuscript.pdf (accessed 7 April 2021).
23 Source: Eurobarometer (2005–2018).
24 J. Vitale, K. Bowman and R. Robinson, 'How the Pandemic Is Changing the Future of Automotive', Deloitte, 13 July 2020, https://www2.deloitte.com/us/en/insights/industry/retaildistribution/consumer-behaviortrends-state-of-the-consumer-tracker/future-of-automotive-industrypandemic.html?id=us:2el:3pr:4di6831:5awa:6di:071420:&pkid=1007226 (accessed 7 April 2021).
25 P. Campbell, J. Miller, C. Bushey and K. Inagaki, 'Time to Buy a Car? Industry Hopes for Coronavirus Silver Lining', *Financial Times*, 20 May 2020, https://www.ft.com/content/488d5886-c6af-4e80-a479-36aca26edd1d (accessed 7 April 2021).
26 'Why Ethical Brands Must Engage More: Millennials', *Fortune*, 6 October 2015.
27 'Green Generation: Millennials Say Sustainability Is A Shopping Priority', Nielsen, 2015.
28 B. Duffy, F. Thomas, H. Shrimpton, H. Whyte-Smith, M. Clemence and T. Abboud, *Beyond Binary: The Lives and Choices of Generation Z*, London, Ipsos MORI, 2018, https://www.ipsos.com/ipsos-mori/en-uk/ipsos-thinksbeyond-binary-lives-and-choicesgeneration-z (accessed 7 April 2021).
29 Ipsos MORI, Key Influencer Tracking, n.d., www.ipsos-mori.com/researchspecialisms/reputationresearch/whatwedo/kit/sustainablebusinessmonitor.aspx (accessed 7 April 2021).
30 Source: European Social Survey (2002–2018).
31 K. Kusek, 'The Death Of Brand Loyalty: Cultural Shifts Mean It's Gone Forever', *Forbes*, 2016, https://www.forbes.com/sites/kathleenkusek/2016/07/25/the-death-of-brandloyalty-cultural-shifts-mean-its-goneforever/?sh=667137234dde (accessed 7 April 2021).
32 Retail Customer Experience, 'Study: Brand Loyalty Not Such a Biggie for Millennials', 2016, www.retailcustomerexperience.com/news/study-brand-loyalty-not-such-abiggie-for-millennials/ (accessed 7 April 2021).
33 Workplace Intelligence, The Millennial Consumer Study, 2015, http://workplaceintelligence.com/millennial-consumer-study/ (accessed 7 April 2021).
34 Bazaar Voice, *Talking to Strangers: Millennials Trust People over Brands*, 2012, media2.bazaarvoice.com/documents/Bazaarvoice_WP_Talkingto-Strangers.pdf (accessed 7 April 2021).
35 Yahoo Small Business, n.d., https://smallbusiness.yahoo.com/advisor/resource-center/millennials-changing-face-retailshopping-025220847/ (accessed 7 April 2021).
36 N.G. Barnes, 'Millennials Adept at Filtering Out Ads', eMarketer, 10 April 2015, www.emar-

keter.com/Article/Millennials-Adept-Filtering-Ads/1012335 (accessed 7 April 2021).

37 J.-F. Damais and R. Sant, *Healing the Pain: Responding to Bad Experiences to Boost Customer Loyalty*, Ipsos, 2016, https://www.ipsos.com/sites/default/files/publication/1970-01/Ipsos-Loyalty-Healing-the-Pain.pdf (accessed 7 April 2021).

38 A. Gore, *The Future*, WH Allen, 2013.

39 G. Monbiot, 'My Generation Trashed the Planet. So I Salute the Children Striking Back', *The Guardian*, 15 February 2019, https://www.theguardian.com/commentisfree/2019/feb/15/planet-children-protestclimate-change-speech (accessed 7 April 2021).

40 A. Karpf, 'Don't Let Prejudice Against Older People Contaminate the Climate Movement', *The Guardian*, 18 January 2020, https://www.theguardian.com/commentisfree/2020/jan/18/ageismclimate-movement-generationstereotypes (accessed 7 April 2021).

41 E.G. Hunter and G.D. Rowles, 'Leaving a Legacy: Toward a Typology', *Journal of Aging Studies*, vol. 19, no. 3, 2005, pp. 327–347.

42 M. McGrath, 'UN Report: Covid Crisis Does Little to Slow Climate Change', BBC News, 9 September 2020, https://www.bbc.co.uk/news/scienceenvironment-54074733 (accessed 7 April 2021).

43 B. Gates, 'COVID-19 Is Awful. Climate Change Could Be Worse', Gates Notes, 4 August 2020, https://www.gatesnotes.com/Energy/Climate-and-COVID-19 (accessed 7 April 2021).

44 P. Davies and M. Green, 'The EU Recovery Fund: "Building Back Better" in a Post-COVID-19 World', Environment, Land and Resources, 29 May 2020, https://www.globalelr.com/2020/05/the-eu-recovery-fundbuilding-back-better-in-a-post-covid-19-world/ (accessed 7 April 2021).

45 'Covid-19 and the Generational Divide', *Financial Times*, 2020, https://www.ft.com/content/6a880416-66fa-11ea-800dda70cff6e4d3 (accessed 7 April 2021).

10장 세대 가르기

1 Massis quoted in M. Hentea, 'The Problem of Literary Generations: Origins and Limitations', *Comparative Literature Studies*, vol. 50, no. 4, 2013, 567–588.

2 Dylan Thomas, quote taken from biography of Wilfred Owen, The Wilfred Owen Association, http://www.wilfredowen.org.uk/wilfredowen/biography:~:text=Wilfred%20Owen's%20Draft%20Preface&text=Nor%20is%20it%20about%20deeds,Poetry%20is%20in%20the%20pity (accessed 7 April 2021).

3 Ibid.

4 Hentea, 'The Problem of Literary Generations'.

5 B.S. Turner, 'Ageing and Generational Conflicts: A Reply to Sarah Irwin', *British Journal of Sociology*, 1998, pp. 299–304.

6 Quoted in: J. Bristow, *Stop Mugging Grandma: The 'Generation Wars' and Why Boomer*

Blaming Won't Solve Anything, Yale University Press, 2019.

7 Pew Research Center, 'Most Millennials Resist the "Millennial" Label', 3 September 2015, https://www.pewresearch.org/politics/2015/09/03/most-millennials-resist-themillennial-label/ (accessed 7 April 2021).

8 Ipsos MORI, BBC Identity Polling, 2014, https://www.ipsos.com/sites/default/files/migrations/en-uk/files/Assets/Docs/Polls/ipsos-moribbc-identity-poll-2014-tables.pdf (accessed 7 April 2021).

9 Source: Ipsos Global Trends survey (2019).

10 Ipsos, 'Ok, Boomer! Baby Boomers and the Consumption of the Future', 2019, https://www.ipsos.com/en-us/knowledge/overview/ok-boomer (accessed 7 April 2021).

11 Source: Ipsos Global Trends survey (2017 and 2019).

12 J. Lloyd Jones, 'The Worst-Raised Generation in History', *Muscatine Journal* (IA), 7 May 1969.

13 C. Martin, 'One In 10 Millennials Would Rather Lose A Finger Than Give Up Their Smartphone: Survey', AI&IOT Daily, 25 July 2018, https://www.mediapost.com/publications/article/322677/one-in-10-millennialswould-rather-lose-a-finger-t.html (accessed 7 April 2021).

14 G.F. Cooper, 'Fur Real: 40 Percent of People Would Give Up Dog to Keep Smartphone', 23 September 2020, https://www.cnet.com/news/surveysays-40-percent-of-people-would-give-up-dog-to-keep-smartphone/ (accessed 7 April 2021).

15 A. Chansanchai, 'Survey: One-third would rather give up sex than phone', NBC News, 4 August 2011, https://www.nbcnews.com/news/world/survey-one-third-would-rather-givesex-phone-flna121757 (accessed 7 April 2021).

16 'Survey Finds One-Third of Americans More Willing to Give Up Sex Than Their Mobile Phones', Telenav, 3 August 2011, http://investor.telenav.com/news-releases/news-releasedetails/survey-finds-one-thirdamericans-more-willing-give-sextheir (accessed 7 April 2021); D. Bates, 'Truth About Women's Relationship With Technology: Half would rather go without sex than give up a smart phone', MailOnline, 19 December 2013, https://www.dailymail.co.uk/news/article-2521626/Half-womensex-smart-phone.html (accessed 7 April 2021).

17 J. Ballard, 'Over Half of Millennials Say They Waste Too Much Time on Smartphones', 25 June 2018, https://today.yougov.com/topics/technology/articles-reports/2018/06/25/smartphone-habits-millennialsboomers-gen-x (accessed 7 April 2021).

18 Source: Ipsos MORI Tech Tracker (2010–19).

19 Digital Day Research, 2016, http://www.digitaldayresearch.co.uk/ (accessed 7 April 2021).

20 Source: Eurobarometer (2010–17).

21 F. Comunello, M. Fernandez Ardevol, S. Mulargia and F. Belotti, 'Women, Youth, and Everything Else. Age-Based and Gendered Stereotypes in Relation to Digital Technology Among

Elderly Italian Mobile Phone Users', *Media, Culture & Society*, vol. 39, no. 6 (2016), pp. 798-815, https://doi.org/10.1177/0163443716674363 (accessed 7 April 2021).
22 Source: Ipsos MORI Tech Tracker (2019).
23 M. Sweney, 'Is Facebook for Old People? Over-55s Flock in as the Young Leave', *The Guardian*, 12 February 2018, https://www.theguardian.com/technology/2018/feb/12/is-facebook-for-old-peopleover-55s-flock-in-as-the-young-leave (accessed 7 April 2021).
24 A. Cuthbertson, 'Facebook Is Officially for Old People', *Newsweek*, 12 February 2018, https://www.newsweek.com/facebook-officiallyold-people-803196 (accessed 7 April 2021).
25 'A Group Where we all Pretend to be Boomers', Facebook, https://www.facebook.com/groups/1288197298014311/?ref=group_header (accessed 7 April 2021).
26 A. Whalen, 'What Is "Boomer Remover" and Why Is It Making People So Angry?' *Newsweek*, 13 March 2020, https://www.newsweek.com/boomer-remover-meme-trendsvirus-coronavirus-social-mediacovid-19-baby-boomers-1492190 (accessed 7 April 2021).
27 The Irish Times [@IrishTimes], 'More than half of young people who worked before pandemic now claiming support' [Twitter], 4 May 2020, https://twitter.com/irishtimes/status/1257320516144074752?s=21 (accessed 7 April 2021).
28 '"Generation Covid" Hit Hard by the Pandemic, Research Reveals', BBC News, 26 October 2020, https://www.bbc.co.uk/news/uk-54662485 (accessed 7 April 2021).
29 H. Robertson, 'Young People Face Economic "Scarring" from Covid, Says Top Think Tank', City AM, 3 July 2020, https://www.cityam.com/young-people-face-economicscarring-from-covid-says-top-thinktank (accessed 7 April 2021).
30 J. Ball [@jamesrbuk], 'Millennials and Gen Z are supportive of lockdown largely to protect others' [Twitter], 18 May 2020, https://twitter.com/jamesrbuk/status/1262325042525941762?s=12 (accessed 7 April 2021).
31 D. Byrne, 'As an Isolated Older Person, I've Been Deeply Moved by the Sacrifices of Others', *The Guardian*, 31 March 2020, https://www.theguardian.com/commentisfree/2020/mar/31/isolated-older-personunderlying-conditions-coronaviruscrisis (accessed 7 April 2021).
32 A. Evans, 'COVID-19 and the Intergenerational Covenant', Global Dashboard, 31 March 2020, https://www.globaldashboard.org/2020/03/31/covid19-and-the-intergenerational-covenant/ (accessed 7 April 2021).
33 C.W. Rudolph and H. Zacher, '"The COVID-19 Generation": A Cautionary Note. Work, Aging and Retirement', 2020, https://www.ncbi.nlm.nih.gov/pmc/articles/PMC7184414/ (accessed 7 April 2021).
34 N. Goff [@nickgoff79], 'I would open pubs for 35-45 year olds exclusively first' [Twitter], 28 April 2020, https://twitter.com/nickgoff79/status/1255103061841842177?s=21 (accessed 7 April 2021).

35 P. Gray, 'The Special Value of Children's Age-Mixed Play', *American Journal of Play*, vol. 3, no. 4, 2011, pp. 500-522, https://www.psychologytoday.com/files/attachments/1195/ajp-age-mixingpublished.pdf (accessed 7 April 2021).

36 S. McLeod, 'Erik Erikson's Stages of Psychosocial Development', *Simply Psychology*, 2018, https://www.simplypsychology.org/Erik-Erikson.html (accessed 7 April 2021).

37 D. Brooks, 'The Moral Bucket List', *The New York Times*, 11 April 2015, https://www.nytimes.com/2015/04/12/opinion/sunday/david-brooks-themoral-bucket-list.html (accessed 7 April 2021).

38 Nesterly, https://www.nesterly.io/ (accessed 7 April 2021).

39 Hentea, 'The Problem of Literary Generations'.

40 J. Bristow, *The Sociology of Generations: New Directions and Challenges*, Palgrave Macmillan, 2016.

41 N. Annan, 'Grand Disillusions', *The New York Review*, 3 April 1980, https://www.nybooks.com/articles/1980/04/03/grand-disillusions/?lp_txn_id=991894 (accessed 7 April 2021).

42 T.A. Lambert, 'Generations and Change: Toward a Theory of Generations as a Force in Historical Process', *Youth & Society*, vol. 4, no. 1, 1972, pp.21-45, https://journals.sagepub.com/doi/pdf/10.1177/0044118X7200400103 (accessed 7 April 2021).

43 George E. Vaillant, 'Happiness is Love: Full Stop', Harvard Medical School and Brigham and Women's Hospital, n.d., https://www.duodecim.fi/xmedia/duo/pilli/duo99210x.pdf (accessed 7 April 2021).

44 K. Delaney, 'The Robot that Takes Your Job Should Pay Taxes, says Bill Gates', *Quartz*, 2017, https://qz.com/911968/bill-gates-the-robot-thattakes-your-job-should-pay-taxes/ (accessed 7 April 2021).

11장 모든 세대를 위한 조언

1 United Nations, Ending Poverty, n.d., https://www.un.org/en/global-issues/ending-poverty (accessed 7 April 2021).

2 Queen's broadcast to the UK and the Commonwealth, 5 April 2020, https://www.royal.uk/queens-broadcast-ukand-commonwealth (accessed 7 April 2021).

3 A. Comte, *Cours de philosophie positive*, 3rd ed., 6 vols., Paris, J.B. Bailliere, 1869, 4:450-51.

4 'I Feel Young in My Singapore: Action Plan for Successful Ageing', The Singapore Ministerial Committee on Ageing, 2016, https://sustainabledevelopment.un.org/content/documents/1525Action_Plan_for_Successful_Aging.pdf (accessed 7 April 2021).

5 'Discussion between Professor Sakura Osamu and Professor Saijo Tatsuyoshi', Discuss Japan, 9 January 2019, https://www.japanpolicyforum.jp/society/pt20190109210522.html (accessed 7 April 2021).

6 G. Mulgan, 'Social Sciences and Social Imagination', *Campaign for Social Science*, 12 May 2020.

7   M. Mazzucato, *Mission Economy: A Moonshot Guide to Changing Capitalism*, Allen Lane, 2021.
8   Encyclical Letter, 'Laudato Si Of The Holy Father Francis On Care For Our Common Home, the Vatican…', 24 May 2015, http://www.vatican.va/content/francesco/en/encyclicals/documents/papafrancesco_20150524_enciclicalaudato-si.html (accessed 7 April 2021).
9   R. Fisher, 'The Perils of Short-Termism: Civilisation's Greatest Threat', BBC News, 10 January 2019, https://www.bbc.com/future/article/20190109-the-perils-of-shorttermism-civilisations-greatest-threat (accessed 7 April 2021).
10 J. Davidson, *Futuregen: Lessons from a Small Country*, London, Chelsea Green Publishing Co, 2020.

세대 감각

초판 1쇄 발행 2022년 8월 29일
초판 4쇄 발행 2024년 9월 13일

지은이 바비 더피
옮긴이 이영래
발행인 김형보
편집 최윤경, 강태영, 임재희, 홍민기, 강민영, 송현주, 박지연
마케팅 이연실, 이다영, 송신아 **디자인** 송은비 **경영지원** 최윤영

발행처 어크로스출판그룹(주)
출판신고 2018년 12월 20일 제 2018-000339호
주소 서울시 마포구 동교로 109-6
전화 070-5080-4113(편집) 070-8724-5877(영업) **팩스** 02-6085-7676
이메일 across@acrossbook.com **홈페이지** www.acrossbook.com

한국어판 출판권 ⓒ 어크로스출판그룹(주) 2022

ISBN 979-11-6774-067-0 03300

- 잘못된 책은 구입처에서 교환해드립니다.
- 이 책은 저작권법에 따라 보호를 받는 저작물이므로 무단 전재와 무단 복제를 금지하며, 이 책의 전부 또는 일부를 이용하려면 반드시 저작권자와 어크로스출판그룹(주)의 서면 동의를 받아야 합니다.

만든 사람들
편집 곽성우 **교정** 이정란 **디자인** 송은비 **조판** 성인기획